HEYNE <

Das Buch

Der Planet Trantor ist der Regierungssitz von Imperator Cleon I., der über ein gigantisches Sternenreich herrscht. Doch das riesige Imperium zerfällt bereits, noch unbemerkt von Cleons Untertanen. Hari Seldon, ein hochbegabter Mathematiker, reist nach Trantor, um auf einem Kongress seine bahnbrechende Theorie vorzustellen: Die Zukunft lässt sich mittels der Mathematik vorhersagen. Diese Wissenschaft, die noch in den Kinderschuhen steckt, aber später als Psychohistorik das Schicksal der Galaxis nachhaltig prägen wird, interessiert den Imperator. Cleon I. will mit Hilfe der Psychohistorik den Untergang seines Imperiums verhindern. Er holt Seldon an seinen Hof, was seinem Ersten Minister Eto Demerzel missfällt. In letzter Sekunde wird Seldon gewarnt und begibt sich mit der jungen Bibliothekarin Dors Venabili auf eine gefährliche Flucht …

Mit dem Foundation-Zyklus schuf Isaac Asimov die wohl bekannteste Future History des 20. Jahrhunderts. In *Die Rettung des Imperiums* schildert Asimov, wie aus dem Mathematiker Hari Seldon der Psychohistoriker Hari Seldon wird und wie die ersten Grundsteine zum *Foundation-Projekt* gelegt werden.

»Wer immer sich an der nie endenden Diskussion über die Zukunft beteiligt, weiß, was wir Isaac Asimov zu verdanken haben.« – *The New Yorker*

Der Autor

Isaac Asimov zählt gemeinsam mit Arthur C. Clarke und Robert A. Heinlein zu den bedeutendsten Science-Fiction-Autoren, die je gelebt haben. Er wurde 1920 in Petrowitsch, einem Vorort von Smolensk, in der Sowjetunion geboren. 1923 wanderten seine Eltern in die USA aus und ließen sich in New York nieder. Während seines Chemie-Studiums an der Columbia University begann er, Geschichten zu schreiben. Seine erste Story erschien im Juli 1939, und in den folgenden Jahren veröffentlichte er in rascher Folge die Erzählungen und Romane, die ihn weltberühmt machten. Neben der Science Fiction schrieb Asimov auch zahlreiche populärwissenschaftliche Bücher zu den unterschiedlichsten Themen. Er starb im April 1992.

Mehr über Isaac Asimov und seine Romane auf:

diezukunft.de

ISAAC ASIMOV

DIE RETTUNG DES IMPERIUMS

ROMAN

WILHELM HEYNE VERLAG
MÜNCHEN

Titel der amerikanischen Originalausgabe
PRELUDE TO FOUNDATION
Deutsche Übersetzung von Heinz Nagel

MIX
Papier | Fördert gute Waldnutzung
FSC® C014496

Penguin Random House Verlagsgruppe FSC® N001967

3. Auflage

Redaktion: Wolfgang Jeschke

Printed in Germany
Umschlaggestaltung: Nele Schütz Design, München,
unter Verwendung von shutterstock / sgarne
Satz: Schaber Datentechnik, Austria
Druck und Bindung: GGP Media GmbH, Pößneck

ISBN 978-3-453-52837-6

www.diezukunft.de

INHALT

MATHEMATIKER

Cleon I. – … Der letzte Galaktische Kaiser aus der Entun-Dynastie. Er wurde im Jahre 11988 der Galaktischen Ära geboren, demselben Jahr, in dem auch Hari Seldon zur Welt kam. (Man nimmt an, Seldons Geburtsdatum sei möglicherweise manipuliert worden, um zu dem Cleons zu passen, dem Seldon angeblich kurz nach seiner Ankunft in Trantor begegnete.)

Cleon I. bestieg den Kaiserthron im Jahre 12010 im Alter von zweiundzwanzig Jahren; seine Herrschaft ist stellvertretend für einen eigenartigen Abschnitt der Ruhe in jenen turbulenten Zeiten. Ohne Zweifel ist dies der Fähigkeit seines Stabschefs Eto Demerzel zuzuschreiben, der ihn so geschickt dem Auge der Öffentlichkeit fernhielt, dass nur wenig über ihn bekannt ist. Cleon selbst …

ENCYCLOPAEDIA GALACTICA

1

Cleon unterdrückte ein Gähnen und meinte: »Demerzel, haben Sie zufällig je von einem Mann namens Hari Seldon gehört?«

Cleon war seit etwa zehn Jahren Kaiser, und gelegentlich schaffte er es, bei offiziellen Anlässen, mit den entsprechenden Gewändern und Insignien bekleidet, staatsmännisch auszusehen. So etwa wie in der ihn darstellenden Holografie, die in der Wandnische hinter ihm stand. Sie war so platziert, dass sie die anderen Nischen eindeutig dominierte, die die Holografien einiger seiner Vorfahren enthielten.

Die Holografie war nicht ganz ehrlich, denn Cleons Haar war zwar im Hologramm und der Wirklichkeit gleichermaßen hellbraun, aber in der Holografie etwas dichter. Sein Gesicht wies in natura eine gewisse Unsymmetrie auf, weil sein linker Mundwinkel etwas höher lag als der rechte, und das war irgendwie in der Holografie nicht zu erkennen. Und wenn er aufgestanden und neben die Holografie getreten wäre, dann hätte man erkennen können, dass er zwei Zentimeter kleiner war als das Bild, das ihn einen Meter dreiundachtzig groß darstellte – und vielleicht eine Spur korpulenter.

Natürlich handelte es sich bei der Holografie um das offizielle Krönungsporträt, und er war damals jünger gewesen. Er sah immer noch jung und recht gut aus, und wenn ihn nicht das offizielle Zeremoniell in seinen gnadenlosen Krallen hielt, strahlte sein Gesicht eine gewisse Freundlichkeit aus.

Demerzel sagte mit dem respektvollen Tonfall, um den er sich sorgfältig bemühte: »Hari Seldon? Der Name klingt mir fremd, Sire. Sollte ich ihn kennen?«

»Der Wissenschaftsminister hat ihn gestern Abend mir gegenüber erwähnt. Ich dachte, Sie würden ihn vielleicht kennen.«

Demerzel runzelte die Stirn, aber nur sehr leicht, weil man in der Gegenwart des Kaisers nicht die Stirn runzelte. »Der Wissenschaftsminister hätte diesen Mann *mir* gegenüber in meiner Eigenschaft als Stabschef erwähnen sollen. Wenn Sie von allen Seiten …«

Cleon hob die Hand, und Demerzel hielt sofort inne. »Bitte, Demerzel, man kann schließlich nicht immer auf Formalität bestehen. Als ich gestern Abend beim Empfang den Minister sah und ein paar Worte mit ihm wechselte, sprudelte es geradezu aus ihm heraus. Ich konnte schließlich doch nicht ablehnen, ihm zuzuhören, und war eigentlich sogar froh, dass ich das tat, weil es doch recht interessant war.«

»In welcher Weise interessant, Sire?«

»Nun, wir leben ja schließlich nicht mehr in der guten alten Zeit, wo sich alles um Wissenschaft und Mathematik drehte. Irgendwie scheint all das ausgestorben zu sein, vielleicht weil schon alle Entdeckungen gemacht sind, meinen Sie nicht? Aber allem Anschein nach gibt es immer noch interessante Ereignisse. Wenigstens hat man mir gesagt, dass es interessant war.«

»Der Wissenschaftsminister hat das gesagt, Sire?«

»Ja. Er sagte, dieser Hari Seldon hätte an einem Mathematikerkongress in Trantor teilgenommen – aus irgendeinem Grund wird dieser Kongress alle zehn Jahre abgehalten –, und er sagte, er hätte bewiesen, dass man die Zukunft auf mathematischem Wege vorhersagen könne.«

Demerzel gestattete sich ein kleines Lächeln. »Entweder irrt der Wissenschaftsminister, übrigens ein Mann von sehr geringem Scharfsinn, oder der Mathematiker. Die Zukunft vorherzusagen, ist doch ganz sicher ein Kindertraum von Zauberei.«

»Wirklich, Demerzel? Die Menschen glauben an solche Dinge.«

»Die Menschen glauben an vieles, Sire.«

»Aber sie glauben an *solche* Dinge. Deshalb ist es ohne Belang, ob die Vorhersage der Zukunft nun zutrifft oder nicht.

Wenn ein Mathematiker mir eine lange und glückliche Herrschaft vorhersagen sollte, eine Zeit des Friedens und des Wohlstands für das Reich – nun, wäre das nicht hübsch?«

»Es wäre sicherlich angenehm zu hören, aber was würde es bewirken, Sire?«

»Nun, wenn die Menschen daran glauben, dann würden sie doch sicherlich diesem Glauben entsprechend handeln. Gar manche Prophezeiung wurde allein schon dadurch, dass man sie glaubte, zur Tatsache. Dabei handelt es sich um ›sich selbst erfüllende Prophezeiungen‹. Jetzt, wo ich daran denke, fällt mir ein, dass Sie mir das einmal erklärt haben.«

»Ja, ich glaube, das habe ich, Sire«, sagte Demerzel. Er beobachtete den Kaiser dabei aufmerksam, als wollte er sehen, wie weit er gehen dürfe. »Aber wenn dem so ist, könnte man ja jeden die Prophezeiung machen lassen.«

»Man würde nicht jedem in gleicher Weise glauben, Demerzel. Aber ein Mathematiker, der seine Prophezeiung mit mathematischen Formeln und entsprechenden Begriffen stützen könnte, würde möglicherweise von niemandem verstanden werden, und doch würde jeder ihm glauben.«

»Wie gewöhnlich ist das, was Sie sagen, Sire, von großer Weisheit«, sagte Demerzel. »Wir leben in schweren Zeiten, und es wäre der Mühe wert, auf eine Weise Ruhe zu schaffen, die weder Geld noch militärischen Einsatz erfordert – denn weder das eine noch das andere hat in der jüngsten Zeit viel Nutzen gebracht, sondern eher Schaden.«

»Genau das, Demerzel«, sagte der Kaiser erregt. »Schaffen Sie mir diesen Hari Seldon her! Sie sagen ja immer, Ihre Fäden würden in jeden entlegenen Winkel dieser turbulenten Welt reichen, selbst dorthin, wohin sich meine Streitkräfte nicht wagen. Dann ziehen Sie eben an einem dieser Fäden und bringen mir diesen Mathematiker. Ich will ihn sehen.«

»Es soll geschehen, Sire«, sagte Demerzel, der Seldon bereits ausfindig gemacht hatte und sich in diesem Augenblick vornahm, den Minister für Wissenschaft dafür zu belobigen, dass er seine Aufgabe so gut erfüllt hatte.

2

Zu jener Zeit bot Hari Seldon kein eindrucksvolles Bild. Ebenso wie der Kaiser Cleon I. war er dreiunddreißig Jahre alt, aber nur 1,73 Meter groß. Sein Gesicht war glatt und fröhlich, sein Haar dunkelbraun, fast schwarz, und seine Kleidung zeigte den unverkennbaren Hauch der Provinzialität.

Für alle, die Hari Seldon in späteren Zeiten nur als legendären Halbgott kannten, musste es fast wie ein Sakrileg erscheinen, dass er kein weißes Haar hatte und auch kein altes, faltiges Gesicht, ein abgeklärtes, von Weisheit kündendes Lächeln. Auch dass er nicht in einem Rollstuhl saß. Aber auch dann, in fortgeschrittenem Alter, hatten seine Augen fröhlich geblickt. So war das eben.

Und jetzt blickten seine Augen besonders fröhlich, weil er seinen Aufsatz beim Zehnjahreskongress hatte vortragen dürfen. Er hatte sogar gewisses Interesse gefunden, und der alte Osterfith hatte ihm zugenickt und gesagt: »Genial, junger Mann. Genial.« Was aus Osterfith' Munde befriedigend war. Höchst befriedigend.

Aber jetzt gab es eine neue – höchst unerwartete – Entwicklung, und Seldon war nicht sicher, ob das seine gute Stimmung noch mehr heben und seine Befriedigung steigern sollte oder nicht.

Er starrte den großen jungen Mann in Uniform an – der Uniform mit dem Raumschiff und der Sonne auf der linken Brustseite des Uniformrocks.

»Leutnant Alban Wellis«, sagte der Offizier aus der Kaisergarde, ehe er seinen Ausweis wieder wegsteckte. »Würden Sie jetzt mitkommen, bitte.«

Wellis war natürlich bewaffnet. Vor seiner Tür warteten zwei weitere Gardisten. Seldon wusste, dass er trotz der Höflichkeit des Offiziers keine Wahl hatte, aber das war kein Grund, sich nicht um zusätzliche Informationen zu bemühen. »Um zum Kaiser gebracht zu werden?«, fragte er.

»Um zum Palast gebracht zu werden. So weit reichen meine Anweisungen.«

»Aber warum?«

»Das hat man mir nicht gesagt. Und ich habe strikte Anweisung, dass Sie mitkommen müssen – so oder so.«

»Aber das ist ja gerade, als ob ich verhaftet würde. Ich habe doch nichts getan.«

»Sehen Sie es doch einfach so, dass Sie eine Ehreneskorte bekommen – wenn Sie mich nicht noch länger aufhalten.«

Seldon hielt ihn nicht länger auf. Er presste die Lippen zusammen, als könnte er damit weitere Fragen blockieren, nickte und trat einen Schritt vor. Selbst wenn er dem Kaiser vorgestellt werden und kaiserliches Lob erhalten sollte, empfand er dabei keine Freude. Er war durchaus für das Imperium – das heißt für Frieden und Einheit für die Welten der Menschheit –, aber er war nicht für den Kaiser.

Der Leutnant ging voraus und die zwei Gardisten gingen hinterher. Seldon lächelte den Leuten zu, denen sie begegneten, und brachte es irgendwie zuwege, unbesorgt zu wirken. Vor dem Hotel bestiegen sie einen offiziellen Bodenwagen. (Seldon strich mit der Hand über die Polster; er war noch nie in etwas so Prunkvollem gefahren.)

Sie befanden sich in einem der wohlhabendsten Teile Trantors. Die Kuppel war hier hoch genug, um den Eindruck zu vermitteln, im Freien zu sein, und man hätte schwören können – selbst jemand wie Hari Seldon, der auf einer offenen Welt geboren und aufgewachsen war –, dass sie von der Sonne beschienen wurden. Man konnte weder Sonne noch Schatten sehen, aber die Luft war leicht und würzig.

Und dann ging das vorüber, und die Kuppel krümmte sich nach unten und die Wände wurden enger, und kurz darauf bewegten sie sich durch einen Tunnel, der in kurzen Abständen das Zeichen mit dem Raumschiff und der Sonne trug und – wie Seldon annahm – für offizielle Fahrzeuge reserviert war.

Eine Tür öffnete sich, und der Bodenwagen schoss hindurch. Als die Tür sich hinter ihnen schloss, befanden sie sich im Freien – wirklich im Freien. Auf Trantor gab es zweihundertfünfzig Quadratkilometer freies Land, das einzige, das es auf dem ganzen Planeten gab. Und darauf stand der Kaiserpalast. Seldon hätte gerne Gelegenheit gehabt, durch dieses freie Land zu wandern – nicht wegen des Palasts, sondern weil sich dort auch die Galaktische Universität befand und, was ihn besonders faszinierte, die Galaktische Bibliothek.

Aber indem er die verschlossene Welt von Trantor mit dem Park vertauschte, war er auch in eine Welt eingetreten, in der Wolken den Himmel bedeckten und ein kühler Wind an seinem Hemd zupfte. Er drückte den Knopf, der die Seitenscheibe des Bodenwagens schloss.

Draußen war ein trostloser Tag.

3

Seldon war ganz und gar nicht sicher, ob er den Kaiser zu Gesicht bekommen würde, bestenfalls würde er irgendeinen viert- oder fünftrangigen Beamten zu sehen bekommen, der behaupten würde, für den Kaiser zu sprechen.

Wie viele Menschen bekamen je den Kaiser zu Gesicht? Persönlich, und nicht nur in Holovision? Wie viele Menschen sahen den echten Kaiser, einen Kaiser zum Anfassen, einen Kaiser, der nie den Kaiserlichen Park verließ, durch den er, Seldon, sich jetzt bewegte?

Es war eine verschwindend kleine Zahl. Fünfundzwanzig Millionen bewohnte Welten, jede mit ihrer Last einer Milliarde menschlicher Wesen oder mehr – und wie viele unter all jenen Trillionen von Menschen hatten den Kaiser in Fleisch und Blut zu Gesicht bekommen oder würden ihn zu Gesicht bekommen? Tausend?

Und wen bekümmerte es? Der Kaiser war nicht mehr als ein Symbol des Imperiums, so wie das Raumschiff und die Sonne. Aber viel weniger weitreichend, viel weniger real. Seine Soldaten und seine Beamten, die überall herumkrochen, repräsentierten jetzt ein Imperium, das für seine Bürger eine Last geworden war – nicht aber der Kaiser.

Als man Seldon daher in einen Raum mittlerer Größe mit prunkvollem Mobiliar geleitete, wo ein jung aussehender Mann in einer Fensternische auf einer Tischkante saß, den einen Fuß auf dem Boden, den anderen frei in der Luft schwingend, ertappte er sich bei dem Gedanken, weshalb ihn eigentlich irgendein Beamter mit so freundlicher Miene ansehen sollte. Er hatte bereits zu oft erlebt, dass Regierungsbeamte – und ganz besonders solche in kaiserlichem Dienst – stets würdig blickten, als würden sie die Last der ganzen Galaxis auf ihren Schultern tragen. Und dabei schien es, als wäre ihr Ausdruck umso ernster und bedrohlicher, je geringer ihre Bedeutung war.

Möglicherweise war dies also ein Beamter so hohen Ranges, so hell von der Sonne der Macht bestrahlt, dass er keine Notwendigkeit empfand, ihr mit umwölkter Stirn entgegenzuwirken.

Seldon wusste nicht, wie beeindruckt er sein sollte, hatte aber das Gefühl, dass es wohl am besten wäre, stumm zu bleiben und seinem Gegenüber das erste Wort zu überlassen.

Der Beamte sagte: »Sie sind Hari Seldon, nehme ich an. Der Mathematiker.«

Seldon antwortete darauf mit einem knappen »Ja« und wartete.

Der junge Mann machte eine weit ausholende Handbewegung. »Eigentlich sollten Sie mich mit ›Sire‹ ansprechen, aber ich mag das Zeremoniell nicht. Ich erlebe die ganze Zeit nichts anderes, und das ermüdet. Wir sind allein, ich werde mir also den Luxus leisten, auf das Zeremoniell zu verzichten. Setzen Sie sich, Professor!«

Etwa in der Mitte der Rede wurde Seldon klar, dass er dem Kaiser Cleon, dem ersten Träger jenes Namens, gegenüberstand, und er war gebührend beeindruckt. Er erkannte eine schwache Ähnlichkeit (jetzt, wo er genauer hinsah) mit der offiziellen Holografie, die fast täglich in den Nachrichten auftauchte, aber in dieser Holografie war Cleon stets imposant gekleidet und wirkte größer, edler und starrer.

Und da saß jetzt das Original jener Holografie und schien irgendwie ganz gewöhnlich.

Seldon rührte sich nicht von der Stelle.

Der Kaiser runzelte die Stirn und sagte, stets gewohnt zu befehlen, selbst im Versuch, darauf zu verzichten, herrisch: »Ich sagte: ›Setzen Sie sich‹, Mann. Dort auf den Stuhl. Na los!«

Seldon setzte sich sprachlos. Er schaffte es nicht einmal, »Ja, Sire« zu sagen.

Cleon lächelte. »So ist's schon besser. Jetzt können wir wie zwei ganz gewöhnliche Menschen miteinander reden, was wir ja schließlich sind, wenn wir auf das Zeremoniell verzichten, wie, Mann?«

Seldon meinte vorsichtig: »Wenn Euer Kaiserliche Majestät es wünschen, dann ist es so.«

»Ach, kommen Sie schon, warum so vorsichtig? Ich will als Gleichberechtigter mit Ihnen reden. Das macht mir Freude. Bitte.«

»Ja, Sire.«

»Ein einfaches ›Ja‹ genügt, Mann. Komm ich denn überhaupt nicht an Sie heran?«

Cleon starrte Seldon an, und Seldon fand, dass es ein lebhafter und interessierter Blick war.

Schließlich sagte der Kaiser: »Sie sehen gar nicht wie ein Mathematiker aus.«

Endlich schaffte auch Seldon ein Lächeln. »Ich weiß nicht, wie ein Mathematiker aussehen sollte, Kaiserliche …«

Cleon hob warnend die Hand, und Seldon verschluckte den Titel.

»Weißhaarig, nehme ich an«, sagte Cleon. »Vielleicht bärtig, ganz sicher alt.«

»Aber selbst Mathematiker müssen anfangs jung sein.«

»Aber dann haben sie noch keinen Ruf. Wenn sie schließlich die Aufmerksamkeit der Galaxis auf sich ziehen, sind sie so, wie ich sie beschrieben habe.«

»Ich fürchte, ich bin ohne Ruf.«

»Und doch haben Sie bei diesem Kongress eine Rede gehalten.«

»Das haben viele von uns getan. Manche waren jünger als ich. Nur wenigen von uns ist Aufmerksamkeit zuteil geworden.«

»Ihr Vortrag hat allem Anschein nach die Aufmerksamkeit einiger meiner Beamten auf sich gezogen. Man sagt mir, Sie halten es für möglich, die Zukunft vorherzusagen.«

Plötzlich überkam Seldon große Müdigkeit. Allem Anschein nach wurde seine Theorie immer wieder falsch interpretiert. Vielleicht hätte er den Vortrag nicht halten sollen.

»Eigentlich nicht ganz«, wandte er ein. »Was ich getan habe, ist wesentlich weniger als das. In vielen Systemen ist die Situation so, dass unter gewissen Bedingungen chaotische Ereignisse stattfinden. Das bedeutet, dass es von einem bestimmten Anfangspunkt aus unmöglich ist, die Folgen vorherzusagen. Das gilt sogar in einigen ganz einfachen Systemen, aber je komplexer ein System ist, desto größer ist die Wahrscheinlichkeit, dass es chaotisch wird. Man hat stets angenommen, etwas so Kompliziertes wie die menschliche Gesellschaft würde schnell chaotisch und deshalb unvorhersehbar werden. Meine Arbeit läuft jetzt darauf hinaus, dass ich zu beweisen versuche, dass man beim Studium der menschlichen Gesellschaften einen Anfangspunkt wählen und geeignete Annahmen machen kann, die das Chaos unterdrücken. Dadurch wird es ermöglicht, die Zukunft vorherzusagen, natürlich nicht in allen Einzelheiten, aber in groben Zügen, nicht mit Sicherheit, aber mit berechenbarer Wahrscheinlichkeit.«

Der Kaiser, der aufmerksam zugehört hatte, sagte: »Aber bedeutet das denn nicht, dass Sie aufgezeigt haben, wie man die Zukunft vorhersagen kann?«

»Ich muss wiederum sagen, nicht ganz. Ich habe aufgezeigt, dass es theoretisch möglich ist, nicht mehr. Um mehr zu tun, müssten wir tatsächlich einen korrekten Anfangspunkt wählen, korrekte Annahmen machen und dann Mittel und Wege finden, um die Berechnungen in endlicher Zeit durchzuführen. Dafür habe ich in meiner Argumentation keine Lösung. Und selbst wenn wir zu all dem imstande wären, könnten wir bestenfalls nur zu Wahrscheinlichkeiten kommen. Das ist nicht dasselbe wie eine Vorhersage der Zukunft; es ist nur eine Vermutung bezüglich dessen, was wahrscheinlich geschehen wird. Jeder erfolgreiche Politiker, Geschäftsmann, ja sogar jeder beliebige Mensch muss diese Einschätzungen der Zukunft vornehmen, und das sogar ziemlich gut, sonst hat der oder die Betreffende keinen Erfolg.«

»Die tun es aber ohne Mathematik.«

»Richtig. Sie tun es mit Intuition.«

»Mit der geeigneten Mathematik wäre jeder imstande, die Wahrscheinlichkeit zu bewerten. Dann würde es keine Menschen mit besonderer Intuition brauchen, die erfolgreich werden.«

»Stimmt wiederum. Aber ich habe lediglich gezeigt, dass eine mathematische Analyse möglich ist. Ich habe nicht bewiesen, dass das praktisch durchführbar ist.«

»Kann etwas möglich und doch nicht praktisch durchführbar sein?«

»Für mich ist es theoretisch möglich, jede Welt der Galaxis zu besuchen und jeden Menschen auf jeder Welt zu begrüßen. Aber dies zu tun würde viel mehr Zeit in Anspruch nehmen, als ich Jahre zu leben habe. Und selbst wenn ich unsterblich wäre, nimmt die Bevölkerung heute schneller zu als ich die Menschen ansprechen könnte. Und, was viel wesentlicher ist, es würde eine große Zahl alter Menschen sterben, ehe ich je an sie herankommen könnte.«

»Und das gilt auch für Ihre Mathematik der Zukunft?«

Seldon zögerte kurz und fuhr dann fort: »Vielleicht würde es zu lange dauern, die Mathematik auszuarbeiten, selbst wenn man einen Computer so groß wie das Universum hätte, der mit Hyperraumtempo funktioniert. Bis eine Antwort da wäre, wären genügend Jahre verstrichen, um die Situation so gründlich zu ändern, dass die Antwort sinnlos wäre.«

»Warum kann man den Vorgang nicht vereinfachen?«, fragte Cleon Seldon.

»Kaiserliche Majestät …« – Seldon spürte, dass der Kaiser in dem Maße formeller wurde, wie die Antworten von seinen Wünschen abwichen, und reagierte seinerseits mit mehr Formalität –, »… bedenken Sie bitte, wie die Wissenschaft an das Studium der subatomaren Partikel herangegangen ist. Es gibt davon eine ungeheure Zahl, und jedes Partikel bewegt sich oder vibriert in willkürlicher, nicht vorhersehbarer Art. Dennoch erweist sich, dass diesem Chaos eine Ordnung zugrunde liegt, sodass wir eine Quantenmechanik entwickeln können, die auf alle Fragen Antwort gibt, die wir stellen können. Indem wir die Gesellschaft studieren, sehen wir die menschlichen Wesen so wie subatomare Partikel, nur dass jetzt noch zusätzlich der Faktor des menschlichen Bewusstseins hinzukommt. Partikel bewegen sich ohne Verstand; menschliche Wesen nicht. Wenn man die verschiedenen Einstellungen und Impulse des Bewusstseins in Betracht zieht, so macht das die Geschichte so kompliziert, dass die Zeit einfach nicht ausreicht, um alles zu bewältigen.«

»Könnte es für das Bewusstsein nicht ebenso wie für die Bewegung ohne Sinn eine zugrunde liegende Ordnung geben?«

»Vielleicht. Meine mathematische Analyse impliziert, dass allem Ordnung unterliegen muss, so unordentlich es auch erscheinen mag. Aber sie gibt keinen Hinweis darauf, wie man diese zugrunde liegende Ordnung finden kann. Bedenken Sie – fünfundzwanzig Millionen Welten, jede mit ihren speziellen Eigenschaften und ihrer speziellen Kultur, jede hinreichend anders als alle anderen, jede mit einer Milliarde oder mehr Menschen, von denen jeder Einzelne einen individuellen Verstand hat. Und all die Welten stehen miteinander in unzähligen Kombinationsmöglichkeiten in Verbindung. So sehr auch eine psychohistorische Analyse theoretisch möglich sein kann, so ist es doch höchst unwahrscheinlich, dass sie im praktischen Sinne möglich ist.«

»Was verstehen Sie unter ›psychohistorisch‹?«

»Ich bezeichne die theoretische Bewertung von Wahrscheinlichkeiten, die die Zukunft betreffen, als ›Psychohistorik‹.«

Der Kaiser stand plötzlich auf, schritt ans andere Ende des Raums, drehte sich um, schritt wieder zurück und blieb vor dem immer noch sitzenden Seldon stehen.

»Stehen Sie auf!«, befahl er.

Seldon erhob sich und blickte zu dem etwas größeren Kaiser auf. Er bemühte sich, seinem Blick nicht auszuweichen.

Schließlich sagte Cleon: »Diese Psychohistorik, von der Sie da reden … wenn man die praktikabel machen könnte, dann wäre sie sehr nützlich, nicht wahr?«

»Ungeheuer nützlich, ganz selbstverständlich. Zu wissen, was die Zukunft bringt, selbst in ganz allgemeiner Weise, würde uns eine neue, wunderbare Anleitung zum Handeln bieten, etwas, das die Menschheit noch nie zuvor besessen hat. Aber natürlich …« Er hielt inne.

»Nun?«, sagte Cleon ungeduldig.

»Nun, es scheint, dass die Ergebnisse einer psychohistorischen Analyse mit Ausnahme einiger weniger Entscheidungsträger für die Öffentlichkeit unbekannt bleiben müssen.«

»Unbekannt!«, rief Cleon überrascht.

»Das ist klar. Lassen Sie mich versuchen, es Ihnen zu erklären. Wenn man eine psychohistorische Analyse erstellt und ihre Ergebnisse der Öffentlichkeit bekanntgibt, würden die Emotionen und Reaktionen der Menschheit sofort verzerrt werden. Die psychohistorische Analyse, die auf Emotionen und Reaktionen basiert, die *ohne* Wissen der Zukunft ablaufen, würde sinnlos werden. Verstehen Sie?«

Die Augen des Kaisers hellten sich auf, und er lachte laut. »Wunderbar!«

Er schlug Seldon auf die Schulter, und Seldon zuckte unter dem Schlag etwas betreten zusammen.

»Begreifen Sie denn nicht, Mann?«, sagte Cleon. »Begreifen Sie wirklich nicht? Da haben Sie den Nutzen. Sie brauchen die Zukunft nicht vorherzusagen. Wählen Sie nur eine Zukunft aus – eine gute Zukunft, eine nützliche Zukunft –, und machen Sie die Art von Vorhersagen, die die menschlichen Gefühle und Reaktionen so ändern, dass die Zukunft, die Sie vorhergesagt haben, auch herbeigeführt wird. Besser eine gute Zukunft machen, als eine schlechte vorhersagen.«

Seldon runzelte die Stirn. »Ich begreife, was Sie meinen, Sire, aber das ist gleichermaßen unmöglich.«

»Unmöglich?«

»Nun, jedenfalls praktisch nicht durchführbar. Verstehen Sie nicht? Wenn man nicht mit menschlichen Emotionen und Reaktionen beginnen und die Zukunft vorhersagen kann, die daraus entsteht, kann man es auch nicht umgekehrt machen. Man kann nicht mit einer Zukunft anfangen und die menschlichen Emotionen und Reaktionen vorhersagen, die sie herbeiführen wird.«

Cleon blickte enttäuscht. Er presste die Lippen zusammen. »Und was ist mit Ihrem Vortrag? … So nennt man es doch, einen Vortrag? … Was nützt er dann?«

»Das war lediglich eine mathematische Demonstration. Mathematiker hat das interessiert, aber ich habe nie daran gedacht, dass meine Theorie in irgendeiner Weise praktischen Nutzen haben könnte.«

»Ich finde das widerwärtig«, sagte Cleon ärgerlich.

Seldon zuckte die Achseln. Er wusste jetzt mehr denn je, dass er den Vortrag nie hätte halten sollen. Was würde aus ihm werden, wenn der Kaiser es sich in den Kopf setzte, dass man versuchte, ihn zum Narren zu halten?

Und tatsächlich wirkte Cleon nicht so, als wäre er weit davon entfernt, das zu glauben.

»Trotzdem«, sagte er, »wenn Sie jetzt Vorhersagen der Zukunft machen würden, mathematisch gerechtfertigt oder nicht, Vorhersagen, die Regierungsbeamte – also Menschen, die darin Erfahrung haben, was die Öffentlichkeit wahrscheinlich tun wird – in einer Weise einschätzen, dass nützliche Reaktionen daraus entstehen werden?«

»Warum sollten sie mich dazu brauchen? Die Regierungsbeamten könnten diese Vorhersagen selbst machen und sich den Mann in der Mitte sparen.«

»Die Regierungsbeamten könnten das nicht so wirksam tun. Regierungsbeamte *machen* hie und da solche Aussagen. Aber man glaubt ihnen nicht unbedingt.«

»Warum sollte man mir glauben?«

»Sie sind Mathematiker. Sie hätten die Zukunft *berechnet*, nicht … nicht sie intuitiert – wenn das das richtige Wort ist.«

»Aber das hätte ich nicht.«

»Wer würde das wissen?« Cleon beobachtete ihn aus zusammengekniffenen Augen.

Ein paar Augenblicke lang herrschte Stille. Seldon fühlte sich in einer Falle. Wenn der Kaiser eine direkte Anweisung erteilte – konnte er dann riskieren, sich zu weigern? Wenn er sich weigerte, konnte es sein, dass man ihn ins Gefängnis steckte oder ihn sogar hinrichtete. Natürlich nicht ohne Verfahren, aber es bereitet große Schwierigkeiten, einen Prozess gegen die Wünsche einer entschlossenen Beamtenschaft zu führen, insbesondere wenn diese unter dem Kommando des Kaisers des riesenhaften Galaktischen Imperiums stand.

»Es würde nicht funktionieren«, sagte er schließlich.

»Weshalb nicht?«

»Wenn man mich aufforderte, vage Gemeinplätze vorherzusagen, die höchstwahrscheinlich erst lange nach dem Tode dieser Generation und vielleicht auch der nächsten Wirklichkeit würden, dann könnte es vielleicht gehen, aber die Öffentlichkeit würde andererseits dem Ganzen wenig Beachtung schenken. Eine noch so eindrucksvolle Eventualität in ein- oder zweihundert Jahren würde keinen großen Eindruck machen.

Um Resultate zu erzielen«, fuhr Seldon fort, »würde ich Dinge mit schärferen Konsequenzen vorhersagen müssen, unmittelbarere Eventualitäten. Nur darauf würde die Öffentlichkeit reagieren. Über kurz oder lang – und wahrscheinlich eher über kurz – würde eine der Eventualitäten nicht eintreten, und damit wäre meine Nützlichkeit sofort beendet. Und damit könnte es auch um Ihre Popularität geschehen sein, und was noch schlimmer ist, die Entwicklung der Psychohistorik würde nicht weiter unterstützt, die doch so nötig ist, wenn künftige Verbesserungen der mathematischen Erkenntnisse erwünscht sind.«

Cleon ließ sich in einen Sessel fallen und sah Seldon mit gefurchter Stirn an. »Ist das alles, wozu ihr Mathematiker fähig seid? Auf Unmöglichkeiten bestehen?«

Seldon gab sich die größte Mühe, nicht anmaßend zu klingen, als er sagte: »Sie sind es doch, Sire, der auf dem Unmöglichen beharrt.«

»Lassen Sie mich Sie auf die Probe stellen, Mann. Angenommen, ich würde Sie auffordern, Ihre Mathematik einzusetzen, um mir zu sagen, ob ich eines Tages ermordet werde? Was würden Sie sagen?«

»Mein mathematisches System würde auf eine so spezifische Frage keine Antwort liefern, selbst wenn die Psychohistorik noch so gut funktionierte. Alle Quantenmechanik in der Welt erlaubt es nicht, das Verhalten eines einzelnen Elektrons vorherzusagen. Nur das durchschnittliche Verhalten von vielen.«

»Sie kennen Ihre Mathematik besser als ich. Sprechen Sie einfach eine Vermutung aus. Werde ich eines Tages ermordet werden?«

»Sie stellen mir eine Falle, Sire«, sagte Seldon mit leiser Stimme. »Entweder müssen Sie mir sagen, welche Antwort Sie hören wollen, dann gebe ich sie Ihnen, oder Sie müssen mir das Recht geben, jede mir beliebige Antwort ungestraft zu geben.«

»Sprechen Sie, wie Sie wollen.«

»Ihr Ehrenwort?«

»Wollen Sie es schriftlich?«, fragte Cleon sarkastisch.

»Ihr mündliches Ehrenwort genügt mir«, sagte Seldon, dem das Herz sank, weil er dessen keineswegs sicher war.

»Sie haben mein Ehrenwort.«

»Dann kann ich Ihnen sagen, dass in den letzten vierhundert Jahren fast die Hälfte aller Kaiser Attentaten zum Opfer gefallen sind, woraus ich schließe, dass die Wahrscheinlichkeit Ihrer Ermordung ungefähr fünfzig Prozent beträgt.«

»Die Antwort kann jeder Idiot liefern«, sagte Cleon verächtlich. »Dazu braucht es keinen Mathematiker.«

»Und doch habe ich Ihnen mehrere Male gesagt, dass meine Mathematik für praktische Probleme unbrauchbar ist.«

»Können Sie nicht einmal annehmen, dass ich die Lektionen lernen werde, die mir meine unglücklichen Vorgänger geboten haben?«

Seldon atmete tief und stürzte sich dann hinein: »Nein, Sire. Die Geschichte zeigt immer wieder, dass wir die Lektionen *nicht* lernen, die die Vergangenheit uns anbietet. Sie haben mich beispielsweise hier in einer Privataudienz empfangen. Was, wenn ich es mir in den Sinn gesetzt hätte, Sie zu töten? – Was übrigens nicht der Fall ist, Sire«, fügte er hastig hinzu.

Cleon lächelte humorlos. »Guter Mann, Sie ziehen unsere Gründlichkeit nicht in Betracht – oder die Fortschritte, die die Technik gemacht hat. Wir haben alles studiert, was wir über Sie wissen. Als Sie hier ankamen, hat man Sie durch und durch untersucht. Ihr Ausdruck und Ihre Sprachabdrücke wurden analysiert. Wir kennen Ihren emotionellen Zustand in Einzelheiten; praktisch kennen wir Ihre Gedanken. Hätte der geringste Zweifel an Ihrer Harmlosigkeit bestanden, hätte man Sie nicht in meine Nähe gelassen. Tatsächlich würden Sie jetzt nicht mehr am Leben sein.«

Eine Welle der Übelkeit durchflutete Seldon, aber er antwortete: »Außenstehenden ist es immer schwergefallen, an Kaiser heranzukommen, selbst bei weniger weit fortgeschrittener Technik. Aber fast jedes Attentat war eine Palastrevolution. Diejenigen, die dem Kaiser am nächsten stehen, sind auch die größte Gefahr für ihn. Verglichen mit dieser Gefahr ist die gründliche Untersuchung von Außenstehenden belanglos. Und was Ihre eigenen Beamten angeht, Ihre eigenen Gardisten, Ihre intimen Freunde, so können Sie sie nicht so behandeln, wie Sie mich behandeln.«

»Das weiß ich auch«, sagte Cleon, »und zwar wenigstens so gut wie Sie. Die Antwort darauf ist, dass ich meine Umgebung anständig behandle und ihr keinen Grund zur Unzufriedenheit biete.«

»Eine unsinnige …«, begann Seldon und hielt dann verwirrt inne.

»Nur weiter!«, sagte Cleon ärgerlich. »Ich habe Ihnen erlaubt, offen zu sprechen. Inwiefern bin ich unsinnig?«

»Das Wort ist mir so herausgerutscht, Sire. Ich meine ›irrelevant‹. Es ist irrelevant, wie Sie Ihre unmittelbare Umgebung behandeln. Sie müssen argwöhnisch sein; es wäre unmenschlich, das nicht zu sein. Ein unbedachtes Wort, wie das, das ich gebrauchte, eine unbedachte Geste, ein rätselhafter Ausdruck, und Sie müssen sich etwas zurückziehen und argwöhnisch blicken. Und jeder Hauch von Argwohn löst einen Teufelskreis aus, der zu andersartigem Verhalten führt. Sie spüren das und werden argwöhnischer, und am Ende wird der Betreffende entweder hingerichtet oder Sie werden ermordet. Das ist ein Vorgang, den die Kaiser der letzten vierhundert Jahre nicht vermeiden konnten; und das ist nur ein Zeichen dafür, wie zunehmend schwieriger es wird, die Angelegenheiten des Imperiums zu führen.«

»Dann kann nichts, was ich tue, meine Ermordung verhindern.«

»Nein, Sire«, sagte Seldon, »andererseits ist es natürlich möglich, dass Sie Glück haben.«

Cleons Finger trommelten auf der Armlehne seines Sessels. Dann meinte er schroff: »Sie sind nutzlos, Mann, und Ihre Psychohistorik ist das auch. Verlassen Sie mich!« Und mit diesen Worten wandte der Kaiser den Blick von ihm und wirkte plötzlich viel älter als seine dreiunddreißig Jahre.

»Ich habe ja gesagt, dass meine Mathematik für Sie unbrauchbar sein würde. Ich bitte untertänigst um Nachsicht.«

Seldon versuchte sich zu verbeugen, aber auf irgendein Signal hin, das er nicht bemerkt hatte, traten zwei Wachen ein und führten ihn weg. Cleons Stimme hallte ihm noch nach: »Bringt den Mann an den Ort zurück, von dem man ihn vorher geholt hat!«

4

Eto Demerzel trat hervor und sah den Kaiser mit einer Andeutung der gebührenden Ehrerbietung an. »Sire, Sie wären beinahe ungehalten geworden«, sagte er.

Cleon blickte auf und zwang sich mit sichtlicher Mühe zu einem Lächeln. »Na schön, dann ist es eben so. Der Mann war sehr enttäuschend.«

»Und doch hat er nicht mehr versprochen, als er angeboten hatte.«

»Er hat nichts angeboten.«

»Und nichts versprochen.«

»Es war enttäuschend.«

»Vielleicht mehr als enttäuschend«, sagte Demerzel. »Der Mann ist ein wandelndes Pulverfass, Sire.«

»Ein *was*, Demerzel? Sie haben immer so seltsame Ausdrücke. Was ist ein Pulverfass?«

»Das ist einfach ein Ausdruck, den ich in meiner Jugend gehört habe, Sire«, sagte Demerzel würdevoll. »Das Imperium ist voll von seltsamen Ausdrücken, und manche kennt man auf Trantor nicht, so wie man die Redewendungen Trantors manchmal anderswo nicht versteht.«

»Wollen Sie mich lehren, dass das Imperium groß ist? Was meinen Sie damit, wenn Sie sagen, der Mann sei ein wandelndes Pulverfass?«

»Nur dass er viel Schaden anrichten kann, ohne das unbedingt zu wollen. Er kennt seine eigene Stärke nicht und seine Bedeutung auch nicht.«

»Das schließen Sie, wie, Demerzel?«

»Ja, Sire. Er ist ein Provinzler. Er kennt Trantor nicht und weiß nicht, wie die Dinge hier laufen. Er war nie zuvor auf unserem Planeten und kann sich deshalb nicht wie ein Mann von Geburt verhalten, ein Höfling. Und doch hat er sich Ihnen gegenüber behauptet.«

»Und warum auch nicht? Das habe ich ihm schließlich erlaubt. Ich habe auf jegliches Zeremoniell verzichtet. Ich habe ihn wie einen Ebenbürtigen behandelt.«

»Nicht ganz, Sire. Sie sind gar nicht fähig, andere als Ebenbürtige zu behandeln. Sie sind es gewohnt zu befehlen. Und selbst wenn Sie versuchten, jemandem die Befangenheit zu nehmen, so würden doch die wenigsten damit zurechtkommen. Die meisten würden sprachlos sein oder, schlimmer noch, untertänig und servil. Dieser Mann hat sich von Ihnen nicht einschüchtern lassen.«

»Nun, Sie mögen das bewundern, Demerzel, aber mir war er unsympathisch.« Cleon blickte zugleich nachdenklich und unzufrieden. »Haben Sie bemerkt, dass er nicht die geringsten Anstalten machte, mir seine Mathematik zu erklären? Es war gerade, als wüsste er, dass ich kein Wort davon verstehen würde.«

»Das hätten Sie auch nicht, Sire. Sie sind kein Mathematiker und auch sonst kein Wissenschaftler. Und auch kein Künstler. Es gibt viele Wissensbereiche, in denen andere mehr als Sie wissen. Es ist ihre Aufgabe, ihr Wissen dazu einzusetzen, um Ihnen zu dienen. Sie sind der Kaiser, und das ist mehr wert als all die speziellen Kenntnisse solcher Leute zusammengenommen.«

»Ist es das? Mir würde es ja nichts ausmachen, wenn mir ein alter Mann, der sein Wissen über viele Jahre hinweg angesammelt hat, das Gefühl vermittelte, unwissend zu sein. Aber dieser Seldon ist genauso alt wie ich. Wie kommt es, dass er so viel weiß?«

»Er brauchte sich nicht die Fähigkeit zu befehlen anzueignen, die Kunst, Entscheidungen zu treffen, die das Leben anderer beeinflussen.«

»Manchmal frage ich mich, Demerzel, ob Sie sich über mich lustig machen.«

»Sire?«, sagte Demerzel verweisend.

»Aber lassen Sie nur. Kehren wir noch einmal zu diesem Pulverfass zurück, von dem Sie sprachen. Warum halten Sie ihn für gefährlich? Mir schien er ein naiver Provinzler.«

»Das ist er auch. Aber er hat diese mathematische Entwicklung, die er betrieben hat.«

»Er sagt, das sei nutzlos.«

»Aber Sie dachten, sie könnte nützlich sein. Ich fand das auch, nachdem Sie mir Ihre Überlegung erklärt hatten. Andere könnten genauso denken. Der Mathematiker könnte selbst auf diese Idee kommen, jetzt, wo man es ihm bewusst gemacht hat. Und wer weiß, vielleicht überlegt er sich etwas, um die Methode zu nutzen. Und wenn ihm das gelingt, so muss ich sagen, dass es große Macht bedeutet, die Zukunft vorhersagen zu können, und wäre sie noch so nebulös. Selbst wenn er sich die Macht gar nicht wünscht, was eine Art der Selbstverleugnung wäre, die mir immer unwahrscheinlich vorgekommen ist, so könnte er von anderen benutzt werden.«

»Ich habe versucht, ihn zu benutzen, aber das wollte er nicht.«

»Er hatte nicht darüber nachgedacht. Vielleicht wird er das jetzt tun. Und wenn er nicht daran interessiert war, sich von Ihnen benutzen zu lassen, könnte er dann nicht etwa – sagen wir – vom Bürgermeister von Wye überredet werden?«

»Warum sollte er Wye helfen wollen und uns nicht?«

»Er hat das ja erklärt – es ist schwierig, die Gefühle und das Verhalten von Individuen vorherzusagen.«

Cleon zog eine finstere Miene und saß nachdenklich da. »Meinen Sie wirklich, er könnte diese Psychohistorik so weit entwickeln, dass sie tatsächlich einen Nutzen bringt? Er ist davon überzeugt, dass das nicht geht.«

»Mit der Zeit könnte er zu der Ansicht gelangen, dass er sich darin geirrt hat.«

»Dann hätte ich ihn wohl hierbehalten sollen«, sagte Cleon.

»Nein, Sire«, erklärte Demerzel. »Sie haben instinktiv richtig gehandelt, als Sie ihn gehen ließen. Ihn einzusperren, selbst ohne diesen Begriff zu gebrauchen, würde zu Verärgerung und Verzweiflung führen, und das würde ihm weder dabei helfen, seine Ideen weiterzuentwickeln, noch ihn besonders dazu bewegen, uns zu helfen. Da ist es schon besser, ihn gehen zu lassen, aber ihn immer an einer unsichtbaren Leine zu halten. Auf diese Weise können wir sicher sein, dass er nicht von einem Ihrer Feinde missbraucht wird, Sire, und können abwarten, bis die Zeit kommt, wo er seine Wissenschaft fertig entwickelt hat. Und dann können wir an unserer Leine ziehen und ihn herholen. Und dann könnten wir ja ... versuchen, ihn zu überzeugen.«

»Aber was ist, wenn ihn doch einer meiner Feinde für sich gewinnt, oder besser gesagt, ein Feind des Imperiums, denn ich bin ja schließlich das Imperium. Oder wenn er sich aus freien Stücken dafür entschließt, einem Feind zu Diensten zu sein – verstehen Sie, ich kann das nicht völlig ausschließen.«

»Sollten Sie auch nicht. Ich werde dafür sorgen, dass es nicht dazu kommt. Aber wenn es trotz aller Mühe dennoch geschieht, wäre es besser, wenn keiner ihn hat, als wenn der Falsche ihn kontrolliert.«

Cleon wirkte beunruhigt. »Ich überlasse das alles Ihnen, Demerzel, aber ich hoffe, dass wir nicht zu hastig sind. Er könnte immerhin auch eine theoretische Wissenschaft bringen, die nicht funktionieren kann und wird.«

»Durchaus möglich, Sire, aber es wäre weniger gefährlich, wenn wir davon ausgehen, dass der Mann wichtig ist – oder es sein könnte. Wir verlieren nur wenig Zeit und sonst gar nichts, wenn wir herausfinden, dass wir uns um ein Nichts gekümmert haben. Aber wenn wir feststellen, dass wir jemanden von großer Wichtigkeit ignoriert haben, verlieren wir vielleicht eine ganze Galaxis.«

»Nun gut denn«, sagte Cleon, »aber ich hoffe nur, dass ich nicht alle Einzelheiten erfahren muss – falls sie sich als unangenehm erweisen.«

»Hoffen wir, dass das nicht der Fall sein wird«, sagte Demerzel.

5

Seldon hatte einen Abend, eine Nacht und einen Teil des Vormittags Zeit, um sein Zusammentreffen mit dem Kaiser zu verarbeiten. Wenigstens erweckte das wechselnde Licht auf den Wegen, den Fahrkorridoren, den Plätzen und den Parks des Kaiserlichen Bezirks von Trantor den Eindruck, dass ein Abend, eine Nacht und ein Teil des Vormittags verstrichen waren.

Er saß in einem kleinen Park auf einem kleinen Plastiksitz, der sich seinem Körper anpasste, und fühlte sich recht wohl. Dem Licht nach zu schließen, schien es Vormittag zu sein, und die Luft war gerade kühl genug, um frisch zu wirken, ohne aber kalt zu sein.

War es immer so? Er dachte an den grauen Tag draußen, als er zum Kaiser gegangen war. Und dann dachte er an all die grauen Tage und die kalten und heißen Tage und die verregneten und verschneiten Tage auf Helicon, seiner Heimat, und fragte sich, ob man sie wohl vermissen konnte. War es möglich, in einem Park auf Trantor zu sitzen, Tag für Tag ideales Wetter zu haben, sodass man das Gefühl hatte, von überhaupt nichts umgeben zu sein – und dann den heulenden Wind oder beißende Kälte oder bedrückende Feuchtigkeit zu vermissen?

Vielleicht. Aber nicht am ersten Tag und nicht am zweiten und auch am siebenten nicht. Er würde nur noch diesen einen Tag haben und morgen abreisen. Er wollte es hier genießen, so lange er konnte. Schließlich war es durchaus möglich, dass er nie wieder nach Trantor zurückkehrte.

Dennoch empfand er nach wie vor etwas Unbehagen darüber, dass er sich einem Mann gegenüber so unehrerbietig verhalten hatte, der die Macht besaß, einen einsperren oder hinrichten zu lassen – oder der zu allermindest den wirtschaftlichen oder gesellschaftlichen Tod durch Verlust von Stellung und Status herbeiführen konnte.

Vor dem Zubettgehen hatte Seldon im enzyklopädischen Teil des Computers seines Hotelzimmers über Cleon I. nachgesehen. Der Kaiser war dort hochgelobt worden, wie das ohne Zweifel bei allen Kaisern zu ihren Lebzeiten der Fall gewesen war, ganz gleich, was ihre Taten auch gewesen sein mochten. Seldon hatte sich dafür nicht sonderlich interessiert, wohl aber für die Tatsache, dass Cleon im Palast geboren war und das Palastgelände nie verlassen hatte. Er war nie in Trantor selbst gewesen, in keinem Teil dieser vielkuppeligen Welt. Das war vielleicht eine Frage der Sicherheit, aber es bedeutete jedenfalls, dass der Kaiser sich in einem Gefängnis befand, ob er das nun sich selbst gegenüber zugab oder nicht. Es mochte wohl das luxuriöseste Gefängnis der ganzen Galaxis sein, aber ein Gefängnis war es dennoch.

Und wenn der Kaiser auch durchaus freundlich gewirkt und in keiner Weise den Anschein erweckt hatte, ein blutrünstiger Autokrat zu sein, wie das so viele seiner Vorgänger gewesen waren, so war es doch nicht gut, seine Aufmerksamkeit auf sich gezogen zu haben. Seldon war recht froh darüber, dass er tags darauf nach Helicon abreisen würde, obwohl es zu Hause Winter sein würde (noch dazu ein recht hässlicher).

Er blickte in das helle, diffuse Licht auf. Obwohl es hier drinnen nie regnen konnte, war die Luft keineswegs trocken. Nicht weit von ihm entfernt plätscherte ein Springbrunnen; die Pflanzen waren grün und hatten wahrscheinlich noch nie Trockenheit zu spüren bekommen. Gelegentlich raschelte es im Blattwerk, so als würden sich dort kleine Lebewesen versteckt halten. Er hörte das Summen von Bienen.

Wenn man in der Galaxis von Trantor sprach, dann immer als von einer Welt aus Metall und Keramik, aber in diesem kleinen Fleckchen wirkte sie eher rustikal.

Es gab noch ein paar Leute, die den klaren Tag nutzten, und alle trugen leichte Hüte, manche ganz kleine. Nicht weit von ihm entfernt war eine hübsche junge Frau zu sehen, aber sie beugte sich über ein Sichtgerät, sodass man ihr Gesicht nicht erkennen konnte. Ein Mann ging vorüber, warf ihm einen kurzen Blick zu und setzte sich dann ihm gegenüber und vergrub sich dann sofort in einem Bündel von Ausdrucken, wobei er ein eng anliegendes rosafarbenes Hosenbein über das andere schlug.

Eigenartigerweise schienen die Männer zu Pastellfarben zu neigen, während die Frauen meist Weiß trugen. Da die Umgebung so sauber war, machte es durchaus Sinn, helle Farben zu tragen. Er blickte amüsiert auf seinen dunkelbraunen heliconischen Anzug. Falls er auf Trantor bleiben würde, würde er sich passende Kleidung kaufen müssen, wenn er nicht wollte, dass er Neugierde erweckte oder gar ausgelacht wurde. Der Mann mit den Ausdrucken hatte ihm beispielsweise gerade einen neugierigen Blick zugeworfen – ohne Zweifel war das seiner außenweltlerischen Kleidung zuzuschreiben.

Seldon war erleichtert, dass der Mann nicht lächelte. Er konnte zwar mit Gleichmut darüber hinwegsehen, dass er komisch wirkte, aber daran auch noch Spaß zu finden, war zu viel verlangt.

Seldon beobachtete den Mann recht unauffällig, weil es so schien, als versuchte er mit sich selbst ins Reine zu kommen. Im Augenblick sah er aus, als wollte er etwas sagen, schien es sich dann aber anders zu überlegen und erneut den Wunsch zum Reden zu verspüren. Seldon fragte sich, worauf es schließlich hinauslaufen mochte. Er studierte den Mann. Er war groß, breitschultrig und ohne den geringsten Bauchansatz. Sein Haar war dunkel mit ein paar blonden Strähnchen. Er war glatt rasiert und blickte ernst und vermittelte den Eindruck von Stärke, ohne freilich hervortretende Muskelpakete zu haben. Sein Gesicht wirkte etwas vierschrötig angenehm, aber alles andere als »hübsch«. Als der Mann schließlich seinen inneren Kampf mit sich verloren (oder vielleicht gewonnen) hatte und sich zu ihm vorbeugte, war Seldon zu dem Schluss gelangt, dass er ihn mochte.

»Entschuldigen Sie«, sagte der Mann, »waren Sie nicht bei dem Mathematikerkongress?«

»Ja, allerdings«, meinte Seldon freundlich.

»Ah, ich dachte doch, dass ich Sie dort gesehen habe. Dieser Augenblick des Erkennens war es – entschuldigen Sie –, der mich dazu veranlasste, mich hierherzusetzen. Ich belästige Sie aber doch nicht ...«

»Ganz und gar nicht. Ich habe im Augenblick überhaupt nichts zu tun und genieße das.«

»Wollen mal sehen, wie nahe ich komme. Sie sind Professor Seldom.«

»Seldon. Hari Seldon. Wirklich nahe. Und Sie?«

»Chetter Hummin.« Der Mann wirkte etwas verlegen. »Ein recht hausbackener Name, fürchte ich.«

»Ich hatte noch nie mit einem Chetter zu tun«, sagte Seldon. »Und auch nicht mit einem Hummin. Das macht Sie irgendwie einmalig, denke ich. Man könnte es natürlich so sehen, dass es besser ist, als mit den zahllosen Haris verwechselt zu werden, die es gibt. Oder den Seldons.«

Seldon zog seinen Stuhl näher an den Hummins heran und scharrte damit über die leicht elastischen Ceramoidfliesen.

»Weil Sie gerade ›hausbacken‹ sagen«, meinte er. »Was halten Sie von diesen fremdartigen Kleidern, die ich trage? Mir ist nie in den Sinn gekommen, dass ich mir trantorianische Kleidung besorgen sollte.«

»Sie könnten sich ja welche kaufen«, sagte Hummin und betrachtete Seldon mit unterdrückter Missbilligung.

»Ich werde morgen abreisen, und außerdem könnte ich mir das nicht leisten. Mathematiker haben manchmal mit großen Zahlen zu tun, aber nicht wenn es um ihr Einkommen geht – ich nehme an, Sie sind Mathematiker, Hummin.«

»Nein, in dem Punkt habe ich null Talent.«

»Oh.« Seldon wirkte enttäuscht. »Sie sagten doch, Sie hätten mich beim Kongress gesehen.«

»Ich war als Zuhörer dort. Ich bin Journalist.« Er fuchtelte mit seinen Ausdrucken herum, schien plötzlich zu bemerken, dass er sie in der Hand hielt und stopfte sie in die Jackettasche. »Ich liefere das Material für die Holosendungen.« Und dann nachdenklich: »Tatsächlich bin ich es ziemlich satt.«

»Ihre Arbeit?«

Hummin nickte. »Ich bin es leid, all den Unsinn von sämtlichen Welten einzusammeln. Es geht ja doch dauernd abwärts.« Er sah Seldon prüfend an. »Aber manchmal passiert doch etwas Interessantes. Ich hörte, man hat Sie in Gesellschaft eines Offiziers der Kaiserlichen Garde gesehen, und zwar am Palasttor. Sie sind doch nicht etwa vom Kaiser empfangen worden, oder?«

Das Lächeln verschwand aus Seldons Gesicht, und er sagte langsam: »Wenn das der Fall war, dann wäre das wohl kaum etwas, das Sie veröffentlichen können.«

»Nein, nein, natürlich nicht. Falls Sie das noch nicht wissen, Seldon, will ich es Ihnen sagen – das erste Gesetz der Medienwelt ist, dass *niemals* etwas über den Kaiser oder sein persönliches Gefolge gesagt wird, das nicht offiziell verlautbart wird. Das ist natürlich ein Fehler, weil die Gerüchte, die im Umlauf sind, viel schlimmer sind als die Wahrheit, aber so ist es eben.«

»Aber wenn Sie es nicht berichten können, weshalb fragen Sie dann?«

»Private Neugierde. Glauben Sie mir, ich erfahre in meinem Beruf viel mehr, als je an die Öffentlichkeit kommt. – Lassen Sie mich raten – ich konnte Ihrem Vortrag nicht folgen, aber soweit ich ihn verstanden habe, sprachen Sie von der Möglichkeit, die Zukunft vorherzusagen.«

Seldon schüttelte den Kopf und murmelte: »Es war ein Fehler.«

»Wie bitte?«

»Nichts.«

»Nun, eine Vorhersage – eine exakte Vorhersage – würde den Kaiser und jeden anderen in der Regierung interessieren. So vermute ich, dass Cleon, erster Träger dieses Namens, Sie danach befragt hat. Und ob Sie ihm nicht bitte ein paar Vorhersagen liefern würden.«

»Ich habe nicht vor, über die Angelegenheit zu sprechen«, meinte Seldon etwas steif.

Hummin zuckte leichthin die Achseln. »Eto Demerzel war dabei, nehme ich an.«

»Wer?«

»Sie haben nie von Eto Demerzel gehört?«

»Niemals.«

»Cleons zweites Ich – Cleons Gehirn – Cleons böser Geist. All das hat man ihn genannt – wenn wir uns auf Ausdrücke beschränken wollen, die nicht den Tatbestand der Beleidigung erfüllen. Er muss dabeigewesen sein.«

Seldon blickte verwirrt und Hummin meinte: »Nun, Sie haben ihn vielleicht nicht gesehen, aber er war dabei. Und wenn er glaubt, dass Sie die Zukunft vorhersagen können ...«

»Ich kann die Zukunft nicht vorhersagen«, sagte Seldon und schüttelte entschieden den Kopf. »Wenn Sie meinen Vortrag gehört haben, dann wissen Sie auch, dass ich nur von einer theoretischen Möglichkeit sprach.«

»Trotzdem. Wenn er *glaubt, dass* Sie die Zukunft vorhersagen können, dann wird er sie nicht weglassen.«

»Das muss er aber doch getan haben. Ich bin hier.«

»Das hat gar nichts zu bedeuten. Er weiß, wo Sie sind und wird es auch weiterhin wissen. Und wenn er Sie haben will, wird er Sie bekommen, wo immer Sie dann sind. Und wenn er zu dem Schluss gelangt, Sie könnten ihm nützlich sein, dann wird er alles Nützliche aus Ihnen herausquetschen. Und wenn er beschließt, Sie sind gefährlich, wird er Ihr Leben aus Ihnen herausquetschen.«

Seldon starrte den Journalisten an. »Was haben Sie eigentlich vor? Wollen Sie mir Angst machen?«

»Ich versuche, Sie zu warnen.«

»Ich glaube das nicht, was Sie sagen.«

»Nein? Vor einer Weile haben Sie gesagt, etwas sei ein Fehler gewesen. Glauben Sie, es sei ein Fehler gewesen, den Vortrag zu halten – dachten Sie, das würde Sie in Schwierigkeiten bringen?«

Seldon kaute beunruhigt auf seiner Unterlippe. Diese Vermutung kam der Wahrheit unangenehm nahe – und in diesem Augenblick spürte Seldon, dass er Gesellschaft bekommen hatte.

Sie warfen keinen Schatten, denn dazu war das Licht zu weich, zu gleichmäßig. Es war einfach eine Bewegung, die ihm aus dem Augenwinkel heraus auffiel – und dann kam sie zum Stillstand.

FLUCHT

Trantor – … Die Hauptwelt des Ersten Galaktischen Imperiums erlebte unter Cleon I. ihr »Zwielicht«. Dem äußeren Anschein nach stand Trantor damals auf dem Höhepunkt seiner Macht. Seine Landfläche von 200 Millionen Quadratkilometern war völlig überkuppelt (mit Ausnahme des Kaiserlichen Parks), darunter erstreckte sich eine endlose Stadt über die Kontinentalmassen hinweg. Die Bevölkerung betrug 40 Milliarden, und obwohl es zahlreiche (und im Rückblick unübersehbare) Anzeichen dafür gab, dass die Probleme wuchsen, hielten jene, die auf Trantor lebten, diese Welt ohne Zweifel immer noch für die ewige Welt der Legende und rechneten damit, dass sie jemals …

ENCYCLOPAEDIA GALACTICA

6

Seldon blickte auf. Ein junger Mann stand vor ihm und sah mit leicht verächtlich wirkender, amüsierter Miene auf ihn herab. Neben ihm stand ein zweiter junger Mann – dieser vielleicht etwas jünger. Beide waren groß und kräftig.

Sie waren äußerst modisch gekleidet, hochmodisch für trantorianische Verhältnisse, dachte Seldon – grell kontrastierende Farben, breite Fransengürtel, runde Hüte mit breiten Krempen und einem grell rosafarbenen Band, das hinten herunterhing.

Für Seldon war das ein belustigender Anblick, und er lächelte.

Der junge Mann, der vor ihm stand, herrschte ihn an: »Was gibt's denn zu grinsen, Außenseiter?«

Seldon ignorierte die unhöfliche Anrede und meinte sanft: »Bitte verzeihen Sie mein Lächeln. Ich habe mich nur an Ihrem Kostüm erfreut.«

»Meinem Kostüm? So? Und was tragen Sie? Was ist das für scheußliches Zeug, das Sie da anhaben?« Seine Hand berührte Seldons Jackett am Revers – schwer und langweilig, dachte Seldon selbst, im Vergleich mit den fröhlichen Kleidern, die der andere trug.

»Ich fürchte, das ist meine Außenweltlerkleidung«, sagte Seldon. »Ich habe sonst nichts.«

Er bemerkte, dass die wenigen anderen, die in dem kleinen Park saßen, aufstanden und weggingen. Es war, als rechneten sie mit Verdruss, mit dem sie nichts zu tun haben wollten. Seldon fragte sich, ob sein neuer Freund Hummin auch weggehen würde, hielt es aber für unklug, den jungen Mann aus den Augen zu lassen, der ihm gegenüberstand. Er kippte auf seinem Stuhl etwas nach hinten.

»Sie sind ein Außenweltler?«, fragte der junge Mann.

»Das stimmt. Demzufolge meine Kleider.«

»›Demzufolge‹? Was für ein Wort ist das? Ein Außenweltwort?«

»Ich meine damit, dass meine Kleider Ihnen deshalb seltsam erscheinen müssen. Ich bin hier zu Besuch.«

»Von welchem Planeten?«

»Helicon.«

Die Augenbrauen des jungen Mannes schoben sich zusammen. »Nie gehört.«

»Nun, es ist kein besonders großer Planet.«

»Warum gehen Sie nicht dorthin zurück?«

»Das habe ich vor. Ich reise morgen ab.«

»Früher! Jetzt!«

Der junge Mann warf seinem Begleiter einen Blick zu. Seldon folgte dem Blick und entdeckte dabei Hummin. Er war *nicht* weggegangen, aber abgesehen von ihm und den zwei jungen Männern war der Park jetzt leer.

»Ich hatte gedacht, ich würde den heutigen Tag damit verbringen, mir ein paar Sehenswürdigkeiten anzusehen«, sagte Seldon.

»Nein. Das wollen Sie nicht. Sie reisen sofort ab.«

Seldon lächelte. »Tut mir leid. Das werde ich nicht.«

Der junge Mann sagte zu seinem Partner: »Gefallen dir seine Kleider, Marbie?«

Jetzt äußerte sich Marbie zum ersten Mal. »Nein. Ekelhaft. Übel kann einem dabei werden.«

»Dann kann man nicht zulassen, dass er herumläuft, und den Leuten davon übel wird, Marbie. Das ist für die Gesundheit nicht gut.«

»Nein, ganz und gar nicht, Alem«, sagte Marbie.

Alem grinste. »Na, Sie haben ja gehört, was Marbie gesagt hat.«

Jetzt schaltete Hummin sich ein. »Hören Sie, Sie beide, Alem, Marbie, oder wie Sie sonst heißen«, sagte er. »Jetzt haben Sie Ihren Spaß gehabt. Wie wär's, wenn Sie jetzt weitergehen würden?«

Alem, der Seldon drohend näher gerückt war und sich etwas vorgebeugt hatte, richtete sich auf und drehte sich herum. »Wer sind Sie denn?«

»Ich wüsste nicht, dass Sie das etwas angeht«, herrschte Hummin ihn an.

»Sind Sie Trantorianer?«, fragte Alem.

»Geht Sie ebenfalls nichts an.«

Alem runzelte die Stirn und sagte: »Angezogen sind Sie wie ein Trantorianer. Wir interessieren uns nicht für Sie, also machen Sie sich keinen Ärger!«

»Ich habe vor, hierzubleiben. Und das bedeutet, dass wir zu zweit sind. Zwei gegen zwei ist wahrscheinlich nicht die Art von Kampf, die Sie gerne haben. Warum gehen Sie also nicht und holen sich ein paar Freunde, damit Sie mit zwei Leuten fertigwerden?«

»Ich finde wirklich, dass Sie gehen sollten, Hummin«, sagte Seldon. »Es ist sehr freundlich von Ihnen, dass Sie mir beistehen wollen, aber ich möchte nicht, dass Sie verletzt werden.«

»Das sind keine gefährlichen Leute, Seldon. Bloß armselige Lakaien, die keinen halben Credit wert sind.«

»Lakaien?«, rief Alem wütend, und Seldon nahm daraufhin an, dass das Wort auf Trantor eine beleidigendere Bedeutung als auf Helicon haben musste.

»Komm, Marbie«, sagte Alem mit drohender Stimme. »Kümmer du dich um diesen Lakaienwichser, und ich werd diesem Außenweltler die Kleider herunterreißen. Er ist ja schließlich derjenige, den wir haben wollen. Also ...«

Seine Hände schossen plötzlich vor, um Seldon am Revers zu packen und ihn in die Höhe zu reißen. Seldon stieß, wie es schien instinktiv, zu, und sein Stuhl kippte nach hinten. Er packte die ihm entgegengestreckten Hände, sein Fuß kam hoch, und sein Stuhl fiel um.

Irgendwie wirbelte Alem plötzlich durch die Luft, schlug dabei einen Salto und krachte hinter Seldon hart zu Boden.

Seldon drehte sich herum, während sein Stuhl umfiel, war augenblicklich wieder auf den Beinen, blickte auf Alem hinunter und dann zur Seite, um zu sehen, was Marbie machte. Alem lag reglos da, das Gesicht vor Schmerz verzerrt. Er hatte zwei verstauchte Daumen, einen stechenden Schmerz im Unterleib und eine ziemlich geprellte Wirbelsäule.

Hummins linker Arm hatte sich von hinten um Marbies Hals gelegt, während seine rechte Hand Marbies rechten Arm scharf nach hinten verdreht hatte. Marbies Gesicht war gerötet, während er nach Atem rang. Ein Messer, in dem ein kleiner Lasereinsatz blitzte, lag neben ihnen auf dem Boden.

Hummin lockerte seinen Griff etwas und sagte mit besorgt klingender Stimme: »Sie haben dem da ziemlich wehgetan.«

»Ja, das fürchte ich auch«, sagte Seldon. »Wenn er etwas schlimmer gestürzt wäre, hätte er sich den Hals gebrochen.«

»Was für ein Mathematiker sind Sie denn?«, fragte Hummin.

»Ein heliconischer.« Er beugte sich vor, um das Messer aufzuheben, musterte es prüfend und meinte dann: »Ekelhaft – und tödlich.«

»Eine gewöhnliche Klinge würde auch reichen, nur dass sie keine Kraftquelle braucht – aber lassen wir die beiden laufen. Ich bezweifle, dass sie noch was von uns wollen.«

Er ließ Marbie los, worauf dieser sich zuerst die Schulter und dann den Hals rieb. Nach Luft ringend funkelte er die beiden Männer mit hasserfüllten Augen an.

»Ihr beiden verschwindet jetzt hier am besten«, sagte Hummin mit scharfer Stimme. »Sonst müssten wir Sie wegen Mordversuchs anzeigen. Es wird sich beweisen lassen, dass das Messer einem von euch gehört.«

Seldon und Hummin sahen Marbie dabei zu, wie er Alem beim Aufstehen behilflich war und ihn stützte, während er schmerzverkrümmt davonhumpelte.

Seldon streckte Hummin die Hand hin: »Wie kann ich Ihnen dafür danken, dass Sie mir als Fremdem gegen zwei Angreifer geholfen haben? Ich bezweifle, dass ich mit beiden alleine fertig geworden wäre.«

Hummin hob abwehrend die Hand. »Ich hatte keine Angst vor ihnen. Das sind bloß zwei rauflustige Lakaien. Ich brauchte nur zuzupacken – und Sie natürlich auch.«

»Sie packen ja recht gefährlich zu«, meinte Seldon.

Hummin zuckte die Achseln. »Sie auch.« Und dann fügte er im selben Tonfall hinzu: »Kommen Sie, wir sehen besser zu, dass wir hier verschwinden! Wir vergeuden unsere Zeit.«

»Warum müssen wir hier weg?«, fragte Seldon. »Haben Sie Sorge, dass die beiden zurückkommen könnten?«

»Die ganz bestimmt nicht. Aber von diesen tapferen Leuten, die den Park so schnell verlassen haben, um sich einen unangenehmen Anblick zu ersparen, könnte jemand die Polizei verständigt haben.«

»Gut. Die Namen der Burschen haben wir ja. Und beschreiben können wir sie auch.«

»Sie beschreiben? Warum sollte die Polizei an ihnen interessiert sein?«

»Das war doch ein Überfall.«

»Reden Sie keinen Unsinn! Wir haben keinen einzigen Kratzer abbekommen, und die beiden sind praktisch krankenhausreif, ganz besonders Alem. *Wir* sind es, die man anzeigen würde.«

»Aber das ist doch unmöglich! Diese Leute haben doch alles gesehen.«

»Man wird keine Leute befragen. – Seldon, sehen Sie zu, dass Sie das in Ihren Kopf bekommen. Diese beiden sind hierhergekommen, um Sie zu finden – ganz speziell *Sie.* Man hat ihnen gesagt, dass Sie heliconianische Kleidung tragen, und man hat Sie wahrscheinlich genau beschrieben. Vielleicht hat man ihnen sogar eine Holografie gezeigt. Ich vermute, dass sie von den Leuten ausgeschickt waren, die hier die Polizei kontrollieren. Wir sollten also wirklich nicht länger warten.«

Hummin entfernte sich eilig, und seine Hand packte Seldon am Oberarm. Seldon war es unmöglich, den Griff abzuschütteln, und folgte ihm.

Sie erreichten eiligen Schritts eine Arkade, und ehe Seldons Augen sich an das schwache Licht gewöhnen konnten, hörten sie die Bremsen eines Bodenwagens quietschen.

»Da sind sie schon«, murmelte Hummin. »Schneller, Seldon!« Sie sprangen auf ein Laufband und tauchten in der Menge unter.

7

Seldon hatte Hummin zu überreden versucht, ihn zu seinem Hotel zu bringen, aber damit war Hummin nicht einverstanden.

»Sind Sie verrückt?«, zischte er. »Die werden Sie dort erwarten.«

»Aber mein ganzes Gepäck ist dort.«

»Das wird warten müssen.«

Sie befanden sich in einem Apartment in einer sympathischen Wohnanlage, die, soweit Seldon das zu beurteilen vermochte, überall stehen konnte. Er sah sich in dem Zimmer um. Den meisten Raum nahmen ein Schreibtisch, ein Sessel, ein Bett und ein Computerschirm ein. Da war kein Platz, um eine Mahlzeit einzunehmen und keinerlei Waschgelegenheit; Hummin hatte ihm den Weg zu einem Gemeinschaftswaschraum etwas weiter unten am Korridor gezeigt. Jemand war hereingekommen, ehe Seldon ganz fertig war. Er hatte einen kurzen, neugierigen Blick auf Seldons Kleider geworfen, ohne auf Seldon selbst zu achten, und dann wieder weggesehen.

Seldon erwähnte das Hummin gegenüber, worauf der den Kopf schüttelte und meinte: »Wir müssen Ihre Kleider loswerden. Dass aber auch Helicon eine so völlig andere Mode hat …«

Seldon unterbrach ihn ungeduldig: »Könnte es nicht sein, dass Sie sich das alles nur einbilden, Hummin? Zur Hälfte haben Sie mich ja überzeugt, aber das könnte doch auch nur eine Art … eine Art …«

»Suchen Sie etwa nach dem Wort ›Verfolgungswahn‹?«

»Ja, ich geb's ja zu. Sie könnten sich das alles nur einbilden, eine Art Paranoia.«

»Überlegen Sie doch mal, ja?«, sagte Hummin. »In mathematischen Begriffen kann ich es Ihnen nicht erklären, aber sie hatten eine Unterredung mit dem Kaiser. Geben Sie es zu! Er wollte etwas von Ihnen, und Sie haben es ihm nicht gegeben. Das können Sie ruhig auch zugeben. Ich nehme an, er interessiert sich für Einzelheiten der Zukunft, und Sie haben das abgelehnt. Vielleicht meint Demerzel, Sie würden nur so tun, als hätten Sie keine Einzelheiten – Sie würden sich zieren, um einen höheren Preis zu bekommen oder vielleicht auch, dass jemand anderer mitbietet. Wer weiß das schon? Ich sagte Ihnen schon, wenn Demerzel Sie haben will, dann kriegt er Sie, ganz gleich, wo Sie sind. Das habe ich Ihnen schon gesagt, ehe diese beiden Spinner aufgetaucht sind. Ich bin Journalist *und* Trantorianer. Und ich weiß, wie solche Dinge laufen. Alem hat doch gesagt: ›Er ist ja schließlich derjenige, den wir haben wollen.‹ Erinnern Sie sich daran?«

»Ja, allerdings.« Seldon nickte.

»Für ihn war ich bloß der ›Lakaienwichser‹, den man fernhalten musste, während er seinen eigentlichen Auftrag erledigte und auf Sie losging.«

Hummin nahm auf dem Sessel Platz und wies auf das Bett. »Legen Sie sich hin, Seldon, machen Sie es sich bequem! Wer auch immer diese beiden geschickt hat – und meiner Ansicht nach muss es Demerzel gewesen sein –, kann auch andere schicken, also müssen wir Ihre Kleidung loswerden. Ich glaube, dass jeder Heliconier, der in der Kleidung seiner Welt in diesem Sektor erwischt wird, Schwierigkeiten haben wird, bis er beweisen kann, dass er nicht Seldon heißt.«

»Ach, hören Sie doch auf!«

»Nein, wirklich. Sie müssen die Kleider ausziehen, und wir müssen sie atomisieren – wenn wir es schaffen, unbeobachtet an eine Abfalleinheit zu kommen. Ehe wir das tun können, muss ich Ihnen einen trantorianischen Anzug besorgen. Sie sind kleiner als ich, darauf werde ich achten. Aber wenn der Anzug nicht genau passt, macht es ja nichts …«

Seldon schüttelte den Kopf. »Ich habe kein Geld bei mir, um dafür zu bezahlen. Mein ganzes Geld – und viel ist es nicht – liegt in meinem Hotelsafe.«

»Darüber werden wir uns ein andermal den Kopf zerbrechen. Sie müssen jetzt ein paar Stunden hierbleiben, während ich die nötige Kleidung besorge.«

Seldon spreizte die Hände und seufzte resigniert. »Also gut. Wenn es wirklich so wichtig ist, dann bleibe ich.«

»Sie werden auch ganz sicher nicht versuchen, zu Ihrem Hotel zu gelangen? Ehrenwort?«

»Mein Wort als Mathematiker. Aber all die Mühe, die Sie für mich auf sich nehmen, ist mir wirklich peinlich. Und die Kosten auch. Schließlich wollten mir die beiden doch, trotz allem, was Sie von Demerzel sagen, weder wehtun noch mich verschleppen. Sie haben nur gedroht, mir die Kleider wegzunehmen.«

»Keineswegs. Sie hatten vor, Sie zum Raumhafen zu bringen und Sie in ein Hyperschiff nach Helicon zu setzen.«

»Das war doch eine alberne Drohung – die kann man doch nicht ernst nehmen.«

»Warum nicht?«

»Ich werde doch nach Helicon reisen. Das habe ich denen doch gesagt. Morgen.«

»Und Sie haben immer noch vor, morgen zu reisen?«, fragte Hummin.

»Aber sicher. Warum nicht?«

»Es gibt eine Anzahl wichtige Gründe, die dagegen sprechen.«

Plötzlich wurde Seldon ungehalten. »Jetzt kommen Sie, Hummin, ich kann dieses Spiel nicht weiterspielen. Ich bin hier fertig und will nach Hause. Meine Tickets sind im Hotelzimmer. Am liebsten würde ich sie gegen Tickets für heute umtauschen. Wirklich, das ist mein Ernst.«

»Sie können nicht nach Helicon zurück.«

Seldons Gesicht rötete sich. »Warum nicht? Wartet man dort etwa auch auf mich?«

Hummin nickte. »Jetzt werden Sie nicht gleich ungehalten, Seldon. Die würden ganz sicher auch dort auf Sie warten. Hören Sie mir gut zu! Wenn Sie nach Helicon gehen, sind Sie so gut wie in Demerzels Gewalt. Helicon ist sicheres imperiales Territorium. Hat Helicon sich je gegen das Reich aufgelehnt, sich je den Fahnen eines Gegenkaisers angeschlossen?«

»Nein, das hat es nicht – und auch aus gutem Grund. Es ist von größeren, mächtigeren Welten umgeben und braucht den imperialen Frieden für seine Sicherheit.«

»Genau! Das Imperium und seine Außenstelle auf Helicon kann daher auf volle Unterstützung der Regierung rechnen. Sie würden zu jeder Zeit unter Beobachtung stehen. Und wann immer Demerzel Sie haben will, kann er Sie bekommen. Und abgesehen von meiner Warnung würden Sie davon nichts bemerken und würden, von einem Gefühl falscher Sicherheit erfüllt, in aller Offenheit arbeiten.«

»Das ist doch lächerlich. Wenn er will, dass ich nach Helicon gehe, bräuchte er mich doch bloß in Frieden zu lassen – ich wollte doch morgen ohnehin dorthin reisen. Warum sollte er diese zwei Raufbolde schicken, nur um das Ganze ein paar Stunden zu beschleunigen, und das Risiko eingehen, dass ich gewarnt werde und vorsichtiger bin?«

»Warum sollte er glauben, dass Sie vorsichtiger sein würden? Er wusste doch nicht, dass ich bei Ihnen sein würde und Sie mit meinen paranoiden Vorstellungen beschwätze, wie Sie es nennen.«

»Selbst wenn man einmal davon absieht, dass ich gewarnt würde, warum all die Mühe, bloß um meine Abreise um ein paar Stunden zu beschleunigen?«

»Vielleicht hatte er Angst, Sie würden es sich anders überlegen.«

»Und wohin hätte ich gehen sollen, wenn nicht nach Hause? Er könnte mich doch selbst auf … auf Anacreon erreichen, gute zehntausend Parsek entfernt – wenn ich es mir in den Kopf setzen sollte, dorthin zu reisen. Was ist schon Entfernung für ein Hyperraumschiff? Selbst wenn ich eine Welt finde, die dem Imperium nicht ganz so treu ergeben ist wie Helicon, was gibt es schon für eine Welt, die sich tatsächlich in Aufruhr befindet? Im Imperium herrscht Frieden. Selbst wenn es Welten gibt, denen man in der Vergangenheit Ungerechtigkeiten zugefügt hat und die das nicht vergessen haben, wird sich doch keine davon gegen die bewaffnete Macht des Imperiums auflehnen, nur um mich zu schützen.«

Hummin hörte geduldig zu, nickte dann, blickte aber immer noch so ernst und beunruhigt wie zu Anfang. »Sie haben ja so weit recht, aber es gibt eine Welt, die in Wirklichkeit nicht unter der Kontrolle des Kaisers steht. Und das ist es, was Demerzel vermutlich beunruhigt.«

Seldon überlegte einen Augenblick lang, dachte über die jüngsten politischen Entwicklungen nach, fand aber keine Welt, auf der die Macht des Imperiums etwa hilflos sein könnte. Schließlich meinte er: »Welche Welt ist das?«

»Sie befinden sich auf ihr«, sagte Hummin, »und das macht die Angelegenheit in Demerzels Augen so gefährlich, kann ich mir vorstellen. Er ist weniger darauf erpicht, dass Sie nach Helicon reisen, als darauf, dass Sie Trantor verlassen, ehe es Ihnen aus irgendeinem Grund in den Sinn kommt – und sollten es nur touristische Gründe sein – hierzubleiben.«

Die beiden Männer saßen einander stumm gegenüber, bis Seldon schließlich mit einem Anflug von Sarkasmus sagte: »Trantor! Die Hauptwelt des Imperiums mit der Heimatbasis der Flotte auf einer Raumstation, die sie umkreist, die Welt, auf der die Eliteeinheiten der Armee stationiert sind. Wenn Sie wirklich glauben, *Trantor* sei vor dem Zugriff des Kaisers sicher, dann sind Sie nicht nur paranoid, sondern Sie fantasieren.«

»Nein! Sie sind ein Außenweltler, Seldon. Sie wissen nicht, was Trantor wirklich ist. Trantor – das sind vierzig Milliarden Menschen! Es gibt nur eine Handvoll Welten, die auch nur ein Zehntel dieser Bevölkerungszahl besitzen. Dies ist eine Welt von unvorstellbarer technischer und zivilisatorischer Komplexität. Wir befinden uns hier im Kaiserlichen Bezirk – dem Ort mit dem höchsten Lebensstandard der Galaxis, und dieser Bezirk ist ausschließlich von Funktionären des Imperiums bewohnt. Aber davon abgesehen, gibt es auf dem Planeten über achthundert weitere Bezirke, von denen einige Subkulturen haben, die sich völlig von der unseren hier unterscheiden, und von denen die meisten für das Imperium unberührbar sind.«

»Weshalb unberührbar?«

»Das Imperium kann nicht ernsthaft gegen Trantor Gewalt anwenden. Wenn es das täte, würde das in der einen oder anderen Weise die subtile Technik erschüttern, von der der ganze Planet abhängt. Diese Technik ist so verzahnt, dass die geringste Störung des Gleichgewichts das Ganze zum Einsturz bringen könnte. Glauben Sie mir, Seldon, wir auf Trantor können beobachten, was geschieht, wenn es zu einem Erdbeben kommt, das nicht sofort gedämpft wird, oder einem Vulkanausbruch, der nicht rechtzeitig kanalisiert wird, einem Sturm, der nicht abgeleitet wird, oder irgendeinem menschlichen Fehler, der unbemerkt bleibt. Der ganze Planet fängt an zu taumeln, und es bedarf jeder Anstrengung, um sofort das Gleichgewicht wiederherzustellen.«

»Davon habe ich nie gehört.«

Ein Lächeln huschte über Hummins Gesicht. »Selbstverständlich nicht. Wollen Sie denn, dass das Imperium zugibt, wie schwach es im Kern ist? Aber ich als Journalist, ich weiß es, selbst wenn die Außenwelten es nicht wissen, selbst wenn das die meisten auf Trantor nicht wissen. Und das Imperium selbst ist ganz natürlich daran interessiert, diese Ereignisse zu vertuschen. Glauben Sie mir! Der Kaiser weiß – und Eto Demerzel weiß –, selbst wenn Sie es nicht wissen, dass eine Störung Trantors das Imperium zerstören könnte.«

»Schlagen Sie aus diesem Grund vor, dass ich auf Trantor bleiben soll?«

»Ja. Ich kann Sie zu einem Ort auf Trantor bringen, wo Sie vor Demerzel absolut sicher sein werden. Sie werden Ihren Namen nicht zu ändern brauchen und werden sich ganz frei bewegen können, und doch wird er nicht an Sie herankönnen. Deshalb wollte er Sie dazu zwingen, Trantor sofort zu verlassen. Und wenn der Zufall uns nicht zusammengeführt hätte und Sie sich nicht so überraschend gut hätten verteidigen können, dann wäre ihm das auch gelungen.«

»Aber wie lange werde ich auf Trantor bleiben müssen?«

»So lange Ihre Sicherheit das erfordert. Möglicherweise den Rest Ihres Lebens.«

8

Hari Seldon betrachtete seine Holografie, die Hummins Projektor zeigte. Sie wirkte dramatischer und nützlicher als ein Spiegel. Tatsächlich hatte es den Anschein, als befände er sich zweimal im Raum.

Seldon studierte den Ärmel seines neuen Hemds. Seine heliconische Einstellung ließ ihn wünschen, es wäre etwas weniger grell, aber er war immerhin dafür dankbar, dass Hummin gedecktere Farben gewählt hatte, als sie hier auf dieser Welt gemeinhin üblich waren. (Bei dem Gedanken an die Kleidung der beiden jungen Männer, die sie angegriffen hatten, schauderte ihn immer noch.)

»Und diesen Hut muss ich wohl auch tragen?«, sagte er.

»Im Kaiserlichen Bezirk ja. Es gilt als Zeichen niedriger Abkunft, hier barhäuptig zu gehen. Anderswo sind die Bräuche in dieser Hinsicht anders.«

Seldon seufzte. Der runde Hut war aus weichem Material und lag dicht am Kopf an. Die Krempe war ringsum gleichmäßig breit, aber schmaler als die Krempe der Hüte der zwei jungen Raufbolde. Seldon tröstete sich damit, dass der Hut beim zweiten Hinsehen eigentlich sogar recht elegant wirkte.

»Er hat aber keinen Riemen um das Kinn.«

»Natürlich nicht. Solche Hüte tragen nur junge Stutzer.«

»Junge *was?*«

»Ein Stutzer ist jemand, der mit seiner Kleidung schockieren will. Ich bin sicher, dass es bei Ihnen auf Helicon auch solche Leute gibt.«

Seldon schnaubte verächtlich. »Manche tragen ihr Haar auf der einen Seite schulterlang und rasieren sich die andere Seite glatt.« Er lachte bei dem Gedanken daran.

Hummin verzog den Mund. »Das sieht sicher ungemein hässlich aus.«

»Schlimmer. Es gibt Linke und Rechte, wie es scheint, und jeder findet die andere Version hochgradig widerwärtig. Die beiden Gruppen prügeln sich häufig auf den Straßen.«

»Dann denke ich, werden Sie den Hut ertragen können, ganz besonders ohne Riemen.«

»Ich werd mich daran gewöhnen«, räumte Seldon ein.

»Er wird etwas Aufmerksamkeit erwecken. Es ist ein eher gedecktes Modell, und Sie sehen damit aus, als hätten Sie Trauer. Und er passt nicht *ganz*. Außerdem merkt man Ihnen an, dass Sie sich damit unbehaglich fühlen. Aber wir werden ja nicht lang im Kaiserlichen Bezirk sein. – Genug gesehen?« Damit erlosch die Holografie.

»Was haben Sie denn dafür bezahlt?«, wollte Seldon wissen.

»Ist das wichtig?«

»Es stört mich, bei Ihnen Schulden zu haben.«

»Machen Sie sich darüber keine Gedanken. Ich hab's ja freiwillig getan. Aber jetzt sind wir lange genug hier gewesen. Ich bin ganz sicher, dass man meine Beschreibung aufgenommen und weitergegeben hat. Die werden ganz bestimmt hierherkommen.«

»In dem Fall«, meinte Seldon, »ist das Geld, das Sie ausgeben, fast ohne Belang. Sie bringen sich meinetwegen persönlich in Gefahr.«

»Das weiß ich. Aber ich tue es aus freien Stücken und kann auf mich selbst aufpassen.«

»Aber warum …?«

»Über die philosophischen Hintergründe können wir später sprechen – ich habe Ihre Kleider übrigens atomisiert. Ich glaube nicht, dass man mich dabei beobachtet hat. Natürlich hat es einen Energieanstieg gegeben, und das ist sicher registriert worden. Jemand könnte daraus schließen, was geschehen ist – und es ist schwer, *irgendetwas* zu vertuschen, wenn wachsame Augen und ein scharfer Verstand einen entdecken wollen. Aber wir wollen hoffen, dass wir weit weg von hier sind, ehe die sich das alles zusammenreimen.«

9

Sie gingen im weichen, gelben Licht, und Hummins Augen wanderten pausenlos nach allen Seiten; Seldon spürte, dass ihm nichts Wichtiges entging. Sie bewegten sich mit der Menge, überholten nicht und wurden auch nicht überholt.

Dabei führte Hummin ein lockeres Gespräch über Dinge ohne Belang.

Seldon, der nervös und unsicher war, hatte Schwierigkeiten, den Gesprächsfaden nicht zu verlieren. »Man scheint hier sehr viel zu Fuß zu gehen«, sagte er. »Die Schlangen in beiden Richtungen und an den Kreuzungen sind endlos.«

»Warum auch nicht?«, fragte Hummin. »Zu Fuß zu gehen, ist immer noch die beste Methode, kurze Entfernungen zu überbrücken und zugleich die bequemste, billigste und gesündeste. Daran haben auch zahllose Jahre des technischen Fortschritts nichts geändert – leiden Sie unter Höhenangst, Seldon?«

Seldon blickte über das Geländer zu seiner Rechten in den tiefen Abgrund, der die zwei Fußgängerbahnen voneinander trennte – die in entgegengesetzter Richtung zwischen den in regelmäßigen Abständen angebrachten Verbindungsstegen dahinzogen. Ein leichter Schauder erfasste ihn. »Wenn Sie meinen, ob ich jetzt Angst habe – nun, nein, die habe ich nicht. Aber angenehm ist es nicht, nach unten zu sehen. Wie weit ist es hinunter?«

»Hier sind es vielleicht vierzig oder fünfzig Etagen. Im Kaiserlichen Bezirk ist das ganz normal, und in ein paar anderen hoch entwickelten Regionen auch. An den meisten anderen Orten bewegt man sich sozusagen in Bodenhöhe.«

»Ich könnte mir vorstellen, dass diese Bahnen zu Selbstmordversuchen ermuntern.«

»Selten. Dafür gibt es einfachere Methoden. Außerdem ist Selbstmord auf Trantor keine Form gesellschaftlicher Schmähung. Um sein Leben selbst zu beenden, gibt es verschiedene eigens dafür eingerichtete Zentren, die einige Methoden anbieten – wenn man bereit ist, sich vorher einem psychotherapeutischen Test zu unterziehen. Aber Unfälle gibt es natürlich hier und da auch. Deshalb habe ich nicht gefragt. Wir gehen jetzt zu einer Taxivermietung, wo man mich als Journalisten kennt. Ich habe denen gelegentlich Gefälligkeiten erwiesen, und manchmal tun sie mir auch einen Gefallen. Sie werden vergessen, mich zu registrieren, und werden auch nicht bemerken, dass ich in Begleitung bin. Das kostet natürlich extra, und falls Demerzels Leute sie genügend unter Druck setzen, müssen sie natürlich die Wahrheit sagen und sich auf schlampige Buchführung hinausreden. Aber bis dahin vergeht wahrscheinlich einige Zeit.«

»Weshalb fragen Sie nach Höhenangst?«

»Nun, wir kommen wesentlich schneller hin, wenn wir einen gravitischen Lift benutzen. Das tun nur wenige Leute, und ich muss Ihnen sagen, dass ich selbst von dem Gedanken nicht gerade erbaut bin. Wenn Sie meinen, dass Sie es schaffen, sollten wir es aber tun.«

»Was ist ein gravitischer Lift?«

»Eine Einrichtung, die sich noch im Experimentierstadium befindet. Vielleicht kommt einmal die Zeit, wo solche Lifts auf ganz Trantor verbreitet sein werden, vorausgesetzt, man gewöhnt sich im psychologischen Sinne daran. Dann kommt vielleicht einmal der Tag, wo man so etwas auch auf anderen Welten einsetzt. Es handelt sich sozusagen um einen Liftschacht ohne Liftkabine. Man tritt einfach in den freien Raum und sinkt – oder erhebt sich – unter dem Einfluss von Antigravitation. So ziemlich die einzige Anwendung von Antigravitation, die bis jetzt genutzt wird, weil es auch die einfachste ist.«

»Und was passiert, wenn die Energie ausfällt, während man unterwegs ist?«

»Genau das, was Sie vermuten. Man fällt und – wenn man nicht schon genügend weit unten ist – stirbt dabei. Ich habe bis jetzt noch nicht gehört, dass so etwas passiert ist. Und glauben Sie mir, wenn es schon einmal passiert wäre, würde ich das wissen. Man würde die Meldung vielleicht aus Gründen der Sicherheit verschweigen – das ist der Vorwand, den die immer gebrauchen, um schlechte Nachrichten zu unterdrücken –, aber ich würde es wissen. Wir sind gleich da. Wenn Sie es nicht wollen, lassen wir es, aber die Korridore sind langsam und mühsam und vielen wird nach einer Weile darauf schlecht.«

Hummin bog in einen Quergang und strebte einer weiten Fläche zu, wo eine Reihe von Männern und Frauen warteten, ein paar davon mit Kindern.

»Ich hab davon zu Hause noch nie gehört«, sagte Seldon mit leiser Stimme. »Die Medien sind bei uns natürlich schrecklich provinziell, aber man sollte eigentlich glauben, dass so etwas zumindest erwähnt wird, wenn es existiert.«

»Es ist noch eine reine Versuchsanlage«, meinte Hummin, »und beschränkt sich auch auf den Kaiserlichen Bezirk. Der Energieverbrauch ist noch völlig unwirtschaftlich. Deshalb ist die Regierung auch noch nicht gerade scharf darauf, an die Öffentlichkeit zu gehen. Der alte Kaiser, Stanel VI., der Vorgänger Cleons, der alle dadurch in Erstaunen versetzte, dass er im Bett starb, hat darauf bestanden, dass man an einigen Stellen solche Lifts installierte. Es heißt, dass er eine Verbindung zwischen seinem Namen und der Einführung der Antigravitation herstellen wollte, weil er um seinen Platz in den Geschichtswerken bangte, wie das alte Männer häufig tun, die nichts Großes geleistet haben. Wie gesagt, vielleicht breitet sich die Technik einmal aus. Andererseits ist es durchaus möglich, dass es beim gravitischen Lift bleibt.«

»Was sollte denn sonst noch daraus entstehen?«, fragte Seldon.

»Nun, ein Einsatz in der Raumfahrt. Aber das erfordert noch viele neue Erkenntnisse. Und soweit mir bekannt ist, sind die meisten Physiker fest davon überzeugt, dass es unmöglich ist – aber schließlich waren auch die meisten überzeugt, dass selbst gravitische Lifts unmöglich sind.«

Die Schlange vor ihnen wurde schnell kürzer, und dann stand Seldon mit Hummin plötzlich ganz vorne, mit einer offenen Spalte im Boden vor sich. Ein leichtes Glitzern hing vor ihm in der Luft. Er streckte automatisch die Hand aus und spürte einen leichten Schlag. Es tat nicht weh, aber er zog schnell die Hand zurück.

»Eine elementare Vorsichtsmaßnahme, um die Leute daran zu hindern, über den Rand zu treten, ohne die Schalter zu betätigen«, erklärte Hummin. Er tastete ein paar Zahlen auf dem Schaltbrett ein, und das Glitzern verschwand. Seldon spähte über den Rand in den Abgrund.

»Vielleicht ist es besser für Sie – oder leichter«, meinte Hummin, »wenn wir uns einhaken und Sie die Augen schließen. Es dauert nur ein paar Sekunden.«

Eigentlich ließ er Seldon gar keine Wahl. Er griff nach seinem Arm, und wieder packte er so fest zu, dass Seldon einfach mit musste. Hummin trat ins Nichts, und Seldon (der peinlich berührt feststellte, dass er ein kleines quietschendes Keuchen von sich gab) wurde mitgezogen.

Er presste die Augen fest zu und hatte überhaupt nicht das Gefühl zu fallen, spürte auch keine Luftbewegung. Ein paar Sekunden verstrichen, und er wurde nach vorne gezogen. Er stolperte, gewann sein Gleichgewicht zurück und fand sich auf festem Boden.

»Haben wir es geschafft?«, fragte er und schlug die Augen auf.

»Nun, wir sind nicht tot«, sagte Hummin trocken und ging weiter, Seldon immer noch am Arm festhaltend, sodass der keine andere Wahl hatte, als ihm zu folgen.

»Ich meine, haben wir die richtige Etage erreicht?«

»Selbstverständlich.«

»Was wäre denn passiert, wenn jemand anderer nach oben unterwegs gewesen wäre, während wir nach unten fielen?«

»Es gibt zwei separate Spuren. In der einen Spur fällt jeder mit dem gleichen Tempo; in der anderen steigt jeder mit dem gleichen Tempo nach oben. Der Schacht ist nur dann frei, wenn zwischen den Leuten wenigstens ein Abstand von zehn Metern ist. Wenn alles richtig funktioniert, gibt es keine Kollisionsgefahr.«

»Ich habe überhaupt nichts gespürt.«

»Weshalb sollten sie? Es hat ja keine Beschleunigung stattgefunden. Nach der ersten Zehntelsekunde war Ihre Geschwindigkeit konstant und die Sie umgebende Luft hat sich mit derselben Geschwindigkeit mit Ihnen nach unten bewegt.«

»Großartig.«

»Unbedingt. Aber nicht wirtschaftlich. Und es scheint kein großer Druck zu bestehen, die Wirtschaftlichkeit zu steigern, sodass das Ganze sich lohnen würde. Man hört überall denselben Refrain. ›Wir schaffen es nicht. Es geht nicht.‹ Und das gilt für alle.« Hummin zuckte sichtlich verärgert die Achseln und sagte: »Aber hier ist die Taxivermietung. Bringen wir es hinter uns!«

10

Seldon gab sich Mühe, in der Mietstation für Lufttaxis unauffällig zu wirken, hatte damit aber einige Schwierigkeiten. Ostentativ unauffällig zu wirken – also das Gesicht abzuwenden, wenn jemand vorbeikam, oder mit übermäßigem Interesse eines der Fahrzeuge zu betrachten –, war ganz sicherlich der beste Weg, Aufmerksamkeit auf sich zu ziehen. Es galt also lediglich, sich auf unschuldige Art normal zu geben.

Aber was war normal? Er fühlte sich in seinen Kleidern unbehaglich. Sie hatten keine Taschen, er wusste also nicht, wohin mit den Händen. Die zwei Beutel, die links und rechts von seinem Gürtel baumelten, machten ihn nervös, weil sie ihn bei jeder Bewegung anstießen, sodass er dauernd meinte, jemand hätte ihn angerempelt. Er musterte die vorbeikommenden Frauen. Die hatten keine Beutel, wenigstens keine, die herunterbaumelten. Dafür trugen sie kleine schachtelähnliche Gegenstände, die sie mit irgendeiner Vorrichtung, die er nicht erkennen konnte, an der einen oder anderen Hüfte befestigten. Wahrscheinlich irgendein pseudomagnetischer Vorgang, sagte er sich. Ihre Kleidung war ziemlich hochgeschlossen, wie er bedauernd feststellte, und keine der Frauen hatte irgendeine Art von Dekolleté, obwohl manche Kleider wenigstens so geschnitten waren, dass der Po betont wurde.

Hummin war inzwischen sehr geschäftig gewesen, hatte die notwendigen Kreditkarten vorgelegt und kam jetzt mit dem supraleitenden Keramikplättchen zurück, mit dem das ihm zugewiesene Lufttaxi zu aktivieren war.

»Steigen Sie ein, Seldon«, sagte er und wies auf ein kleines zweisitziges Fahrzeug.

»Mussten Sie etwas unterschreiben, Hummin?«, wollte Seldon wissen.

»Natürlich nicht. Man kennt mich hier und besteht nicht auf Formalitäten.«

»Was meinen die denn, was Sie tun?«

»Sie haben mich nicht gefragt, und ich habe von mir aus nichts gesagt.« Er schob das Plättchen ein, und Seldon spürte ein leichtes Vibrieren, als das Lufttaxi zum Leben erwachte.

»Wir fahren nach D-7«, sagte Hummin im Gesprächston.

Seldon wusste nicht, was D-7 bedeutete, nahm aber an, dass es sich um irgendeine Routenführung handelte.

Das Lufttaxi fand seinen Weg an anderen Bodenwagen vorbei und erreichte schließlich eine glatte, ansteigende Bahn, wo es sein Tempo steigerte. Dann hob es mit einem leichten Ruck ab.

Seldon, der automatisch von einem Gurtsystem angeschnallt worden war, das sich aus dem Sitz geschoben hatte, spürte, wie er zuerst in den Sessel und gleich darauf gegen die Gurte gedrückt wurde.

»Das hat sich nicht wie Antigravitation angefühlt«, sagte er.

»Das war es auch nicht«, sagte Hummin. »Das war ein kleines Düsentriebwerk. Gerade genug, um uns in die Rohre zu heben.«

Was jetzt vor ihnen auftauchte, sah wie eine Klippe mit einer Unzahl von Höhlenöffnungen aus; Hummin manövrierte ihr Fahrzeug auf die D-7-Öffnung zu, wobei er anderen Lufttaxis ausweichen musste, die anderen Tunnels zustrebten.

»Sie könnten aber leicht abstürzen«, sagte Seldon und räusperte sich.

»Das würde ich wahrscheinlich auch, wenn alles nur von meiner Reaktionsfähigkeit abhinge. Aber das Taxi ist computerisiert, und der Computer kann ohne das geringste Problem ins Steuer eingreifen. Das gilt natürlich für die anderen Taxis auch.«

Sie glitten in D-7 hinein, als ob etwas sie eingesogen hätte, und das helle Licht des offenen Platzes draußen verdüsterte sich und wich einem wärmeren, gelblichen Lichtschein.

Hummin ließ das Steuer los und lehnte sich zurück. Er atmete tief und sagte: »So, das hätten wir geschafft. Hätte ja immerhin sein können, dass man uns an der Station festhält. Hier drin sind wir einigermaßen in Sicherheit.«

Sie bewegten sich glatt und schnell, und die Wände des Tunnels huschten an ihnen vorbei. Es war fast kein Laut zu hören, nur ein gleichmäßiges samtiges Surren.

»Wie schnell fahren wir?«, wollte Seldon wissen.

Hummin sah kurz auf die Armaturen. »Dreihundertfünfzig Stundenkilometer.«

»Magnetantrieb?«

»Ja. Sie haben das vermutlich auf Helicon auch.«

»Ja. Eine Linie. Aber ich bin noch nie damit gefahren, obwohl ich das immer vorhatte. Aber damit ist es sicher nicht zu vergleichen.«

»Sicher nicht. Trantor hat viele Tausende von Kilometern dieser Tunnels, die den ganzen Festlandsockel wie ein Netz durchziehen, und dazu noch eine ganze Anzahl unter den weniger tiefen Meeren. Hier ist das das wichtigste Fernverkehrsmittel.«

»Wie lange werden wir unterwegs sein?«

»Um unser unmittelbares Ziel zu erreichen? Etwas mehr als fünf Stunden.«

»Fünf Stunden!« Seldon schien damit nicht einverstanden.

»Keine Sorge. Wir kommen etwa alle zwanzig Minuten an Raststationen vorbei und können dort anhalten, den Tunnel verlassen, uns die Beine etwas vertreten oder essen. Aber ich möchte das natürlich so selten wie möglich tun.«

Eine Weile fuhren sie schweigend dahin, und dann zuckte Seldon zusammen, als zu ihrer Rechten ein paar Sekunden lang grelles Licht aufflammte, in dessen Schein er zwei Lufttaxis zu sehen glaubte.

»Das war eine Raststätte«, sagte Hummin auf seine unausgesprochene Frage.

»Werde ich dort, wo Sie mich hinbringen, wirklich in Sicherheit sein?«, fragte Seldon.

»Jedenfalls vor allen offensichtlichen Maßnahmen seitens der Behörden«, erklärte Hummin. »Wenn man natürlich Einzelpersonen gegen Sie einsetzt – einen Spion, einen Agenten oder einen bezahlten Meuchelmörder –, muss man vorsichtig sein. Aber ich werde Ihnen natürlich einen Leibwächter besorgen.«

Jetzt wurde Seldon unruhig. »Bezahlte Meuchelmörder? Ist das Ihr Ernst? Würden die mich wirklich töten wollen?«

»Demerzel will das sicherlich nicht«, erklärte Hummin. »Ich vermute, dass er Sie lieber benutzen will, als Sie töten. Aber es könnten ja andere Feinde auftauchen, oder es könnte zu unglückseligen Verkettungen von Umständen kommen. Man kann schließlich nicht als Schlafwandler durchs Leben gehen.«

Seldon schüttelte den Kopf und wandte sich ab. Vor nur achtundvierzig Stunden war er noch ein belangloser, praktisch unbekannter Mathematiker von einer der Außenwelten gewesen, nichts anderes im Sinn, als den Rest seines Aufenthalts auf Trantor mit dem Besichtigen von Sehenswürdigkeiten zu verbringen und damit, dass er die gigantischen Ausmaße dieser riesigen Welt in sich aufnahm. Aber jetzt begann es ihm langsam klar zu werden: Man suchte ihn, die Macht des Imperiums jagte ihn. Das Ungeheuerliche der Situation zog ihn in seinen Bann, und ihn schauderte.

»Und was ist mit *Ihnen*, und dem, was Sie tun?«

»Nun«, meinte Hummin nachdenklich, »besonders freundliche Gefühle werden sie mir gegenüber wahrscheinlich nicht hegen, denke ich. Kann durchaus sein, dass mir irgendein geheimnisvoller Attentäter, den man nie fassen wird, den Schädel einschlägt.«

Hummin sagte das ohne die Spur einer Gemütsregung und ohne dass sein gelassener Gesichtsausdruck sich dabei veränderte, aber Seldon zuckte zusammen.

»Ich hab mir schon gedacht, dass Sie damit rechnen würden«, meinte er. »Aber Ihnen scheint das – nichts auszumachen.«

»Ich bin ein alter Trantorianer. Ich kenne diesen Planeten so gut, wie man ihn nur gerade kennen kann. Ich kenne viele Leute, und viele von ihnen sind mir verpflichtet. Ich gefalle mir in der Vorstellung, dass ich gerissen bin und dass man mich nicht so leicht übertölpelt. Wie gesagt, Seldon, ich bin ziemlich davon überzeugt, dass ich schon für mich sorgen kann.«

»Freut mich, dass Sie so empfinden, und ich hoffe nur, dass Sie auch recht haben, Hummin. Aber mir will es einfach nicht in den Kopf, warum Sie überhaupt ein solches Risiko eingehen. Was bin ich denn für Sie? Weshalb sollten Sie auch nur das kleinste Risiko für jemanden eingehen, der für Sie ein Fremder ist?«

Hummin konzentrierte sich einen Augenblick lang auf die Armaturen und sah dann Seldon mit ernster Miene an.

»Ich will Sie aus demselben Grund retten, der den Kaiser dazu veranlasst, Sie benutzen zu wollen – wegen Ihrer Fähigkeit, die Zukunft vorherzusagen.«

Seldon empfand tiefe Enttäuschung. Es ging also gar nicht darum, ihn zu retten; er war lediglich die hilflose umstrittene Beute konkurrierender Räuber. Zornig meinte er: »Diese Präsentation beim Mathematikerkongress soll mir wohl ewig anhängen. Damit habe ich mein ganzes Leben ruiniert.«

»Nein. Keine vorschnellen Schlüsse, Mathematiker! Der Kaiser und seine Beamten sind nur aus einem einzigen Grund an Ihnen interessiert, nämlich, um ihr eigenes Leben sicherer zu machen. Ihre Fähigkeiten interessieren die nur insoweit, als man sie dazu einsetzen kann, um die Herrschaft des Kaisers zu sichern und diese Herrschaft auch für seinen Sohn zu bewahren und die Positionen, den Status und die Macht seiner Beamten zu schützen. Ich aber will Ihre Kräfte zum Nutzen der ganzen Galaxis.«

»Und das ist etwas anderes?«, brauste Seldon auf.

Hummin antwortete mit gerunzelter Stirn: »Wenn Sie nicht erkennen, dass das etwas völlig anderes ist, dann sollten Sie sich eigentlich schämen. Die menschlichen Bewohner der Galaxis haben schon vor dem augenblicklich regierenden Kaiser existiert, vor der Dynastie, die er vertritt, vor dem Imperium selbst. Die Menschheit ist viel älter als das Imperium. Möglicherweise ist sie vielleicht sogar viel älter als die fünfundzwanzig Millionen Welten der Galaxis. Es gibt Legenden von einer Zeit, wo die Menschheit nur eine einzige Welt bewohnt haben soll.«

»Legenden!«, sagte Seldon und zuckte die Achseln.

»Ja, Legenden. Aber ich sehe keinen Grund, weshalb das nicht tatsächlich einmal so gewesen sein sollte, vielleicht vor zwanzigtausend oder mehr Jahren. Ich nehme an, dass die Menschheit nicht einfach plötzlich zu existieren begonnen hat, komplett ausgerüstet mit dem Wissen um die Hyperraumfahrt. Es muss doch ganz sicher einmal eine Zeit gegeben haben, wo die Menschen *nicht* mit Oberlichtgeschwindigkeit reisen konnten. Zu der Zeit müssen sie Gefangene eines einzigen Planetensystems gewesen sein. Und wenn wir in der Zeit nach vorne blicken, dann werden die Menschen auf den Welten der Galaxis ganz sicher auch dann noch existieren, wenn Sie und der Kaiser tot sind, auch nachdem seine Dynastie ein Ende gefunden hat und nachdem die Institutionen des Imperiums sich aufgelöst haben. In diesem Falle ist es nicht wichtig, sich übermäßige Sorgen über Individuen zu machen, über den Kaiser und den kaiserlichen Prinzen. Es ist nicht einmal wichtig, sich über die Funktionen des Imperiums selbst Sorgen zu machen. Was ist mit den Trillionen von Menschen, die es in der Galaxis gibt? Was ist mit ihnen?«

»Nun, ich nehme an, dass Welten und Menschen fortbestehen werden«, sagte Seldon.

»Empfinden Sie denn überhaupt kein Bedürfnis, sich mit den Umständen zu befassen, unter denen sie fortexistieren werden?«

»Nun, man würde annehmen, dass sie weiterhin so existieren werden, wie sie das jetzt tun.«

»Man würde das *annehmen*, aber könnte man es denn zufolge dieser Kunst der Vorhersage, von der Sie sprechen, nicht auch *wissen?*«

»Ich nenne es Psychohistorik. Theoretisch könnte man das.«

»Und Sie empfinden keinerlei Drang in sich, diese Theorie in die Praxis umzusetzen?«

»Das würde ich mit dem größten Vergnügen tun, aber dieser Wunsch zeugt nicht automatisch auch die Fähigkeit, es zu tun. Ich habe dem Kaiser gesagt, dass man die Psychohistorik nicht in eine praktikable Technik umsetzen kann, und ich sehe mich gezwungen, Ihnen dasselbe zu sagen.«

»Und Sie haben nicht die Absicht, wenigstens den Versuch zu machen, eine solche Praxis zu entwickeln?«

»Nein, ebenso wenig wie ich finde, dass ich versuchen sollte, einen Haufen Kieselsteine von der Größe Trantors in Angriff zu nehmen, sie Stück für Stück zu zählen und sie dann in absteigender Größenordnung zu sortieren. Ich würde *wissen, dass* ich das in einem ganzen Leben nicht schaffen könnte, und wäre daher nicht so närrisch, auch nur vorzugeben, ich würde das versuchen.«

»Würden Sie es versuchen, wenn Sie die Wahrheit über die Lage der Menschheit wüssten?«

»Das ist eine unmögliche Frage. Was *ist* denn die Wahrheit über die Lage der Menschheit? Behaupten Sie, sie zu kennen?«

»Ja, das tue ich, und sie lässt sich in vier Worten zusammenfassen.« Hummin blickte wieder nach vorne, wandte sich kurz der ausdruckslosen Schwärze des Tunnels zu, die auf sie zu drängte, sich dehnte und sich hinter ihnen wieder zusammenzog. Und dann sprach er die vier Worte mit grimmiger Miene aus.

Er sagte: »Das Galaktische Imperium stirbt.«

UNIVERSITÄT

Die Universität von Streeling – … Ein Institut für höhere Bildung im Bezirk Streeling des alten Trantor … Trotz zahlreicher Ansprüche auf Ruhm in den Geistes- und Naturwissenschaften verdankt die Universität ihren Ruf doch etwas anderem. Wahrscheinlich hätte es Generationen von Gelehrten an der Universität überrascht, dass Streeling in späteren Jahren seinen Ruf in erster Linie der Tatsache verdankte, dass ein gewisser Hari Seldon während der Zeit der Flucht kurze Zeit dort geweilt hatte.

ENCYCLOPAEDIA GALACTICA

11

Hummin hatte ganz leise gesprochen, und Hari Seldon hüllte sich eine ganze Weile in unbehagliches Schweigen. Plötzlich erkannte er seine eigenen Unzulänglichkeiten und schrumpfte förmlich in sich zusammen.

Er hatte eine neue Wissenschaft entwickelt: die Psychohistorik. Er hatte die Gesetze der Wahrscheinlichkeit auf sehr subtile Weise erweitert und so neue Komplexitäten und Unsicherheiten einbezogen und hatte am Ende elegante Gleichungen mit unzähligen Unbekannten vor sich gehabt – vermutlich sogar einer unendlichen Zahl; das konnte er nicht sagen.

Aber es war ein mathematisches Spiel und sonst nichts.

Er hatte die Psychohistorik – oder zumindest die Basis der Psychohistorik – aber nur als mathematische Kuriosität. Wo war das historische Wissen, das den leeren Gleichungen vielleicht Bedeutung verleihen konnte?

Er besaß keines. Er hatte sich nie für Geschichte interessiert. Die Geschichte Helicons kannte er in groben Zügen. Auf den heliconischen Schulen waren Kurse in jenem kleinen Fragment des menschlichen Epos natürlich Pflichtfächer gewesen. Doch darüber hinaus? Was er sonst in sich aufgenommen hatte, war lediglich das nackte Knochenwerk, das jedermann kannte – halb Legende und die andere Hälfte ohne Zweifel verzerrt.

Und doch, wie konnte jemand behaupten, das Galaktische Imperium sei im Begriff zu sterben? Es hatte jetzt seit zehntausend Jahren als allgemein akzeptiertes Imperium existiert, und selbst vorher hatte Trantor als die Hauptwelt des beherrschenden Königreiches zweitausend Jahre lang praktisch ein Imperium besessen. Das Imperium hatte die ersten Jahrhunderte seiner Existenz überlebt, wo da und dort ganze Abschnitte der

Galaxis einfach das Ende ihrer Unabhängigkeit nicht hatten hinnehmen wollen. Es hatte all die Leiden überlebt, die gelegentlich Rebellionen, dynastische Kriege und Zeiten des Zusammenbruchs mit sich gebracht hatten. Die meisten Welten freilich waren von solchen Dingen kaum berührt worden, und Trantor selbst war beständig gewachsen, bis es zu dem weltumfassenden menschlichen Habitat geworden war, das sich jetzt die Ewige Welt nannte.

Natürlich waren die letzten vierhundert Jahre etwas unruhiger gewesen, und eine Anzahl Kaiser waren Meuchelmördern zum Opfer gefallen. Aber selbst das hatte sich inzwischen beruhigt. Und im Augenblick war die Galaxis so ruhig, wie sie das nur je gewesen war. Unter Cleon I. und vor ihm unter seinem Vater Stanel VI. herrschte Wohlstand auf den Welten – und Cleon selbst galt nicht als Tyrann. Selbst jene, die das Imperium als Institution ablehnten, hatten nur selten über Cleon etwas wahrhaft Schlechtes zu sagen, so sehr sie sich auch immer wieder gegen Eto Demerzel ereiferten.

Warum also sollte Hummin sagen, dass das Galaktische Imperium sterbe – und noch dazu mit solcher Überzeugung?

Hummin war Journalist. Wahrscheinlich kannte er die galaktische Geschichte im Detail, und er musste die augenblickliche Situation sogar in allen Einzelheiten kennen. War es das, was ihm das Wissen lieferte, das hinter seinen so überzeugend gesprochenen Worten stand? Und was für Wissen war das?

Seldon war ein paarmal nahe daran, die Frage zu stellen und eine Antwort zu fordern. Aber an Hummins ernstem Gesicht war etwas, das ihn davon abhielt. Und für ihn selbst war es geradezu ein unverrückbarer Glaubenssatz, dass das Galaktische Imperium ein Axiom war, etwas Gegebenes, der Grundstein, auf dem alles beruhte – und auch das hielt ihn vom Fragen ab. Nein, wenn *das* nicht stimmte, dann wollte er es nicht wissen.

Nein, er konnte einfach nicht glauben, dass er unrecht hatte. Das Galaktische Imperium konnte ebenso wenig enden wie das

Universum selbst. Und wenn das Universum endete, dann – und nur dann – würde auch das Imperium ein Ende haben.

Seldon schloss die Augen und versuchte zu schlafen, konnte es aber natürlich nicht. Würde er die Geschichte des Universums studieren müssen, um Fortschritte in seiner Theorie der Psychohistorik zu machen?

Konnte er das? Es gab fünfundzwanzig Millionen Welten, und jede mit ihrer endlos komplizierten Geschichte. Wie sollte er das alles studieren? Er wusste, dass es Buchfilme in vielen Bänden gab, die sich mit der galaktischen Geschichte befassten. Aus irgendeinem längst vergessenen Anlass hatte er sich einmal einen dieser Filme angesehen und ihn zu langweilig gefunden und deshalb nach der Hälfte aufgehört. Die Buchfilme hatten sich mit wichtigen Welten befasst. Von manchen enthielten sie die ganze oder fast die ganze Geschichte; bei anderen nur die Abschnitte, in denen sie Bedeutung erlangten, und dann nur, bis sie wieder verblassten. Er erinnerte sich, dass er im Index Helicon nachgeschlagen und nur eine einzige Stelle gefunden hatte. Er hatte die entsprechenden Tasten gedrückt, um die Stelle auf den Schirm zu holen, und fand Helicon in einer Liste von Welten, die sich irgendwann einmal kurze Zeit hinter einem ganz bestimmten Prätendenten auf den Kaiserlichen Thron zusammengeschart hatten, der freilich seinen Anspruch nicht hatte durchsetzen können. Helicon war der Vergeltung damals vermutlich einfach deshalb entgangen, weil es nicht einmal hinreichende Bedeutung besaß, um bestraft zu werden.

Welchen Nutzen hatte also eine solche Geschichte? Ganz sicherlich würde die Psychohistorik die Aktionen und Reaktionen und Interaktionen jeder Welt in Betracht ziehen müssen – jeder *einzelnen* Welt. Wie aber konnte man die Geschichte von fünfundzwanzig Millionen Welten studieren und all die möglichen Interaktionen in Betracht ziehen? Das war ganz sicherlich unmöglich. Und das bestärkte ihn erneut in dem Schluss, dass die Psychohistorik von theoretischem Interesse war, praktisch aber nie eingesetzt werden konnte.

Seldon spürte, wie er sanft nach vorne gedrückt wurde und schloss daraus, dass das Lufttaxi wohl seine Fahrt verlangsamte.

»Was ist?«, fragte er.

»Ich denke, wir sind jetzt weit genug gefahren, um eine kleine Pause zu riskieren«, meinte Hummin. »Wir könnten einen Bissen essen, einen Schluck trinken und uns frisch machen.«

Und tatsächlich erreichten sie im Laufe der nächsten fünfzehn Minuten, während das Lufttaxi beständig seine Fahrt verlangsamte, eine beleuchtete Nische. Das Taxi bog aus seiner Fahrbahn ab und fand zwischen fünf oder sechs anderen Fahrzeugen einen Parkplatz.

12

Hummins geübter Blick schien die Raststätte, die anderen Taxis, die Gänge, die Männer und die Frauen alle mit einem Blick in sich aufzunehmen. Seldon, der bemüht war, nicht aufzufallen und nicht wusste, wie er das anstellen sollte, beobachtete ihn, wobei er sich bemühte, auch dabei nicht aufzufallen.

Als sie schließlich an einem kleinen Tisch Platz nahmen und ihre Bestellungen eintasteten, sagte Seldon, bemüht, die Frage möglichst gleichgültig klingen zu lassen. »Alles in Ordnung?«

»Scheint so«, sagte Hummin.

»Wie können Sie das sagen?«

Hummins dunkle Augen ruhten einen Moment lang auf Seldon. »Instinkt«, sagte er. »Jahre, in denen ich Nachrichten gesammelt habe. Man sieht hin und weiß es einfach: ›Nichts Neues hier.‹«

Seldon nickte und empfand Erleichterung. Zwar hatte Hummin etwas sarkastisch gesprochen, aber einiges Wahre musste schon an dem sein, was er sagte. Seine Zufriedenheit überdauerte freilich den ersten Bissen, den er von seinem Sandwich nahm, nur wenige Sekunden. Er blickte mit vollem Mund zu Hummin auf. »Das ist eine Raststätte, mein Freund«, sagte Hummin. »Billig, schnell und nicht besonders gut. Das Zeug ist hier gezüchtet und enthält ziemlich viel scharfe Hefe. Trantorianische Gaumen sind das gewöhnt.«

Seldon hatte Mühe, das Zeug hinunterzuschlucken. »Aber im Hotel …«

»Da waren Sie im Kaiserlichen Bezirk, Seldon. Dort werden die Lebensmittel importiert, und die wenige Mikronahrung, die man dort benutzt, ist von höchster Qualität. Außerdem ist sie teuer.«

Seldon überlegte, ob er einen zweiten Bissen nehmen sollte. »Sie meinen, solange ich auf Trantor bleibe …«

Hummin machte eine verweisende Handbewegung. »Lassen Sie bei niemandem den Eindruck entstehen, dass Sie Besseres gewöhnt sind. Es gibt Orte auf Trantor, wo es schlimmer ist, wenn man als Aristokrat identifiziert wird, als wenn man als Außenweltler erkannt wird. Überall wird das Essen nicht so schlecht sein, das kann ich Ihnen versichern. Diese Raststätten haben den Ruf besonders niedriger Qualität. Wenn Sie dieses Sandwich hinunterbekommen, werden Sie überall auf Trantor essen können. Und schaden wird es Ihnen nicht. Es ist nicht faulig oder schlecht oder dergleichen. Es hat nur einen scharfen, kräftigen Geschmack, und ehrlich gesagt, kann sogar sein, dass Sie sich daran gewöhnen. Ich kenne genügend Trantorianer, die ehrliches Essen ausspucken und sagen, ihm fehlte dieses selbst gemachte Aroma.«

»Werden auf Trantor viele Lebensmittel erzeugt?«, fragte Seldon. Er blickte schnell zur Seite und sah, dass in ihrer unmittelbaren Umgebung niemand saß. Und so fuhr er leise fort: »Ich habe oft gehört, dass es zwanzig Welten der Umgebung erfordert, um die Hunderte von Frachtschiffen zu füllen, die es braucht, um Trantor jeden Tag satt zu bekommen.«

»Ich weiß. Und Hunderte, um die Abfallprodukte wegzuschaffen. Und wenn die Story wirklich gut klingen soll, können Sie ja sagen, dass dieselben Frachtschiffe dazu benutzt werden, die Lebensmittel in die eine und die Abfälle in die andere Richtung zu transportieren. Es stimmt schon, dass wir eine beträchtliche Menge an Lebensmitteln importieren, aber das sind hauptsächlich Luxusgüter. Und wir exportieren sehr viel Abfallstoffe, natürlich sorgfältig behandelt, als organischer Dünger – und die anderen Welten brauchen das ebenso dringend wie wir Lebensmittel. Aber das ist nur ein winziger Bruchteil des Ganzen.«

»Wirklich?«

»Ja. Neben den Fischen im Meer gibt es überall Gärten und Zuchtfarmen. Und Obstbäume und Geflügel und Kaninchen und weit ausgedehnte Farmen für Mikroorganismen – die man gewöhnlich als Hefefarmen bezeichnet, obwohl die Hefe nur den geringsten Teil der Produktion darstellt. Tatsächlich ist Trantor in vieler Hinsicht so etwas wie eine riesengroße, über alle Maßen angewachsene Weltraumsiedlung. Haben Sie je so etwas besucht?«

»Allerdings.«

»Weltraumsiedlungen sind im Wesentlichen umschlossene Städte, in denen alles künstlich wieder aufbereitet wird, mit künstlicher Ventilation, künstlichem Tag und ebensolcher Nacht und so weiter. Trantor unterscheidet sich nur in dem Punkt, dass selbst die größte Weltraumsiedlung nur eine Bevölkerung von zehn Millionen hat, während auf Trantor viertausendmal so viele Menschen leben. Wir haben natürlich eine Schwerkraft. Und in Bezug auf unsere Mikronahrung ist uns keine Weltraumsiedlung ebenbürtig. Wir haben Hefetanks, Pilzkolonien und Algenteiche, die so riesengroß sind, dass man sie sich kaum vorstellen kann. Und unsere Stärke ist künstliche Würze, die mit großer Sorgfalt zugefügt wird. Das ist es, was dem, das Sie gerade essen, Geschmack verleiht.«

Seldon hatte inzwischen den größten Teil seines Sandwiches verzehrt und fand es gar nicht mehr so widerwärtig wie es ihm beim ersten Bissen vorgekommen war. »Und eine nachteilige Wirkung brauche ich nicht zu befürchten?«

»Das ist eine Frage der Darmflora. Hie und da bekommt irgendein armer Außenweltler Durchfall, aber das kommt nur höchst selten vor, und man entwickelt schnell Widerstandskräfte dagegen. Trotzdem, trinken Sie Ihren Milchshake, der Ihnen wahrscheinlich nicht schmecken wird. Er enthält ein Antidiarrhömittel, das Sie schützen sollte, falls Sie für solche Sachen empfindlich sind.«

»Hören Sie auf, davon zu reden!«, sagte Seldon ärgerlich. »Man redet sich so etwas leicht ein.«

»Trinken Sie aus und reden Sie sich eben nichts ein.«

Sie beendeten ihr Mahl schweigend und machten sich wieder auf den Weg.

13

Sie rasten wieder durch den Tunnel. Seldon beschloss, die Frage auszusprechen, die in der letzten Stunde an ihm genagt hatte.

»Warum haben Sie gesagt, dass das Galaktische Imperium stirbt?«

Hummin drehte sich halb zu Seldon herum. »Als Journalist werde ich von allen Seiten mit Statistiken überschüttet, bis sie mir wieder zu den Ohren herauskommen. Und ich darf nur sehr wenig davon veröffentlichen. Die Bevölkerung Trantors nimmt ab. Vor fünfundzwanzig Jahren betrug sie beinahe fünfundvierzig Milliarden.

Zum Teil ist diese Abnahme durch einen Rückgang in der Geburtenrate bedingt. Nun hat Trantor nie eine besonders hohe Geburtenrate gehabt. Wenn Sie sich auf Ihren Reisen auf Trantor umsehen, werden Sie in Anbetracht der riesigen Bevölkerung nur sehr wenige Kinder entdecken. Aber trotzdem, sie nimmt ab. Und dann kommt noch die Auswanderung hinzu. Mehr Menschen verlassen Trantor als hier ankommen.«

»Angesichts der großen Bevölkerung ist das nicht sonderlich überraschend«, sagte Seldon.

»Trotzdem ist es ungewöhnlich, weil es bisher nicht so war. Und dann stagniert in der ganzen Galaxis der Handel. Die Leute meinen, weil es im Augenblick keine Rebellionen gibt und weil überall Ruhe herrscht, wäre alles gut und die Schwierigkeiten der letzten paar Hundert Jahre wären vorüber. Aber politische Auseinandersetzungen, Rebellionen und Unruhen sind alle auch Anzeichen einer gewissen Vitalität. Aber jetzt herrscht eine allgemeine Müdigkeit, Lethargie. Es ist still. Nicht weil die Menschen zufrieden und wohlhabend sind, sondern weil sie müde sind und aufgegeben haben.«

»Oh, ich weiß nicht«, sagte Seldon zweifelnd.

»Ich schon. Und das Antigrav-Phänomen, von dem wir vorher gesprochen haben, passt da auch hinein. Wir haben ein paar gravitische Lifts im Einsatz, aber es werden keine neuen gebaut. Die Anlage ist unrentabel, und niemand scheint daran interessiert, sie profitabel zu machen. Der technische Fortschritt ist seit Jahrhunderten langsamer geworden und bewegt sich jetzt nur noch im Kriechtempo. In manchen Fällen hat er völlig aufgehört. Haben Sie das nicht bemerkt? Schließlich sind Sie Mathematiker.«

»Ich kann nicht sagen, dass ich darüber nachgedacht hätte.«

»Niemand tut das. Man nimmt es einfach hin. Die Wissenschaftler verstehen sich heutzutage ganz hervorragend darauf zu erklären, etwas sei unmöglich, unpraktisch oder nutzlos. Sie verdammen jegliche Art von Spekulation. Sie zum Beispiel – was halten Sie von der Psychohistorik? Theoretisch interessant, aber im praktischen Sinne unbrauchbar. Habe ich recht?«

»Ja und nein«, sagte Seldon verstimmt. »Im praktischen Sinne ist sie wirklich unbrauchbar, aber nicht, weil ich keinen Sinn mehr für das Abenteuer, für das Neue hätte, das kann ich Ihnen versichern. Sie ist wirklich unbrauchbar.«

»Das zumindest«, sagte Hummin mit einem Anflug von Sarkasmus, »ist Ihr Eindruck in dieser Atmosphäre des Niedergangs und des Zerfalls, in der das ganze Imperium lebt.«

»Diese Atmosphäre des Niedergangs und des Zerfalls«, wandte Seldon verärgert ein, »ist *Ihr* Eindruck. Ist es möglich, dass Sie unrecht haben?«

Hummin sah kurz zu Seldon hinüber und wirkte einen Augenblick lang nachdenklich. Dann sagte er: »Ja, ich könnte unrecht haben. Ich spreche nur aus Intuition, aus Vermutungen heraus. Ich brauche eine funktionierende Technik der Psychohistorik.«

Seldon zuckte die Achseln und nahm den Köder nicht an. »Ich habe keine solche Technik, die ich Ihnen geben könnte«, sagte er. »Aber nehmen wir einmal an, Sie hätten recht. Nehmen wir an, das Imperium sei wirklich im Begriff zu zerfallen und würde schließlich nicht mehr sein. Dann wird immer noch die menschliche Spezies existieren.«

»Aber unter welchen Lebensumständen, Mann? Trantor hat fast zwölftausend Jahre lang unter starken Herrschern im Wesentlichen den Frieden bewahrt. Es hat Unterbrechungen gegeben – Rebellionen, Bürgerkriege, viel Leid –, aber insgesamt betrachtet hat in der Galaxis Frieden geherrscht. Warum ist Helicon so positiv zum Imperium eingestellt? Ihre Welt, meine ich. Weil sie klein ist und von den benachbarten Welten verschlungen würde, würde das Imperium nicht ihre Sicherheit garantieren.«

»Sagen Sie denn allgemeinen Krieg und Anarchie vorher, wenn das Imperium versagt?«

»Selbstverständlich. Ich bin kein Anhänger des Kaisers oder der Kaiserlichen Institutionen im Allgemeinen, aber ich habe keinen Ersatz dafür. Ich weiß nicht, was sonst den Frieden bewahren sollte, und ich bin nicht bereit loszulassen, bis ich etwas anderes in der Hand habe.«

»Sie reden ja, als würden Sie die Kontrolle über die Galaxis ausüben«, sagte Seldon. »*Sie* sind nicht bereit loszulassen? *Sie* müssen etwas anderes in der Hand haben? Wer sind Sie, um so zu sprechen?«

»Ich spreche ganz allgemein, bildhaft«, sagte Hummin. »Ich mache mir keine Sorge um Chetter Hummin persönlich. Man könnte sagen, dass das Imperium meine Zeit überdauern wird; es könnte sogar in meiner Zeit noch einmal Zeichen der Besserung erkennen lassen. Der Niedergang einer Institution ist nichts Geradliniges. Bis zum endgültigen Absturz mögen noch tausend Jahre vergehen, und Sie können sich ja vorstellen, dass ich bis dahin tot sein werde. Und Nachkommen werde ich ganz sicher keine hinterlassen. Was Frauen betrifft, so gehe ich keine längeren Bindungen ein, Kinder habe ich keine und beabsichtige auch nicht, welche in die Welt zu setzen. Ich habe dem Schicksal keine Geiseln gegeben. Ich habe nach Ihrem Vortrag über Sie nachgelesen. Sie haben auch keine Kinder.«

»Ich habe Eltern und zwei Brüder, aber keine Kinder.« Seldon lächelte. »Einmal fühlte ich mich sehr zu einer Frau hingezogen, aber sie fand, dass ich mich noch mehr zu meiner Mathematik hingezogen fühlte.«

»Und waren Sie das?«

»Mir schien das nicht so, aber ihr. Also hat sie mich verlassen.«

»Und seitdem hatten Sie niemanden mehr?«

»Nein. Im Augenblick kann ich mich noch zu gut an den Schmerz erinnern.«

»Nun, dann scheint es ja so zu sein, als ob wir beide die Sache durchaus abwarten und das Leiden anderen Leuten überlassen könnten, nach unserer Zeit. Früher wäre ich vielleicht bereit gewesen, das zu akzeptieren, aber jetzt nicht mehr. Denn jetzt *habe* ich ein Werkzeug …«

»Und was ist das für ein Werkzeug?«, fragte Seldon, der die Antwort bereits kannte.

»Sie!«, sagte Hummin.

Und weil Seldon gewusst hatte, was Hummin sagen würde, vergeudete er gar keine Zeit dazu, schockiert oder erstaunt zu sein. Er schüttelte einfach den Kopf und sagte: »Da haben Sie unrecht. Ich bin kein Werkzeug, das man benutzen kann.«

»Warum nicht?«

Seldon seufzte. »Wie oft muss ich es denn noch wiederholen? Die Psychohistorik ist keine praktische Studie. Die bestehende Schwierigkeit ist fundamentaler Natur. Alle Zeit und aller Raum des Universums würden nicht ausreichen, um die notwendigen Probleme zu lösen.«

»Und da sind Sie sich ganz sicher?«

»Unglücklicherweise ja.«

»Es geht doch nicht darum, dass Sie die ganze Geschichte des Galaktischen Imperiums ausarbeiten, das wissen Sie doch. Sie brauchen nicht in allen Einzelheiten nachzuspüren, was jeder einzelne Mensch tut, ja nicht einmal, was aus jeder Welt wird. Es gibt nur bestimmte Fragen, auf die Sie Antwort geben müssen: Wird das Galaktische Imperium fallen, und wenn ja, wann? Wie werden die Lebensumstände der Menschheit nachher sein? Kann man etwas tun, um den Sturz zu verhindern oder um die Lebensbedingungen nach dem Sturz zu lindern? Mir scheint, dass das vergleichsweise einfache Fragen sind.«

Seldon schüttelte den Kopf und lächelte betrübt. »Die Geschichte der Mathematik ist voll einfacher Fragen, auf die es nur die kompliziertesten Antworten gab – oder gar keine.«

»Und da kann man gar nichts machen? Ich kann sehen, dass das Imperium fällt, aber ich kann es nicht beweisen. All meine Schlüsse sind subjektiv, und ich kann nicht aufzeigen, dass ich mich nicht irre. Und da es sich dabei um eine höchst beunruhigende Aussicht handelt, würden die Menschen es vorziehen, meinen subjektiven Schluss nicht zu glauben, und deshalb wird nichts geschehen, um den Fall zu verhindern oder auch nur ihn zu lindern. Sie könnten den bevorstehenden Fall *bewei-*

sen, oder was das betrifft, auch beweisen, dass es nicht dazu kommen wird.«

»Aber genau das ist es, was ich nicht tun kann. Ich kann keine Beweise für Sie finden, wo es keine gibt. Ich kann ein mathematisches System nicht praktikabel machen, wenn es das nicht ist. Ich kann für Sie keine zwei geraden Zahlen finden, deren Summe eine ungerade Zahl ist, ganz gleich, wie dringend Sie – oder die ganze Galaxis – diese ungerade Zahl vielleicht brauchen.«

»Nun, dann sind Sie auch Teil des Niedergangs«, sagte Hummin. »Sie sind bereit, das Scheitern hinzunehmen.«

»Habe ich denn eine Wahl?«

»Können Sie es nicht wenigstens *versuchen?* Und wenn Ihnen die Mühe noch so nutzlos erscheint, haben Sie denn etwas Besseres, das Sie mit Ihrem Leben anfangen können? Haben Sie ein sinnvolleres Ziel? Haben Sie ein Vorhaben, das Ihnen in Ihren eigenen Augen in höherem Maße Rechtfertigung liefert?«

»Millionen von Welten. Milliarden von Zivilisationen. Trillionen von Menschen. Dezillionen von Beziehungen – und Sie wollen, dass ich da Ordnung hineinbringe.«

»Nein, ich will, dass Sie es *versuchen*, um jener Millionen von Welten, Milliarden von Zivilisationen und Trillionen von Menschen willen. Nicht für den Kaiser. Nicht für Demerzel. Für die Menschheit.«

»Ich werde scheitern«, sagte Seldon.

»Dann werden wir nichts verloren haben. Werden Sie es versuchen?«

Und wieder hörte sich Seldon gegen seinen Willen und ohne zu wissen, warum er es tat, sagen: »Ich werde es versuchen.« Und der Kurs seines Lebens war bestimmt.

14

Die Reise war beendet, und das Lufttaxi schob sich in eine viel breitere Parkbucht als jene an der Raststätte. (Seldon konnte sich immer noch an den Geschmack des Sandwiches erinnern und schnitt eine Grimasse.)

Hummin gab das Fahrzeug ab und kam zurück, wobei er seine Kreditkarte in eine kleine Innentasche seines Hemds schob. »Hier sind Sie sicher. Dies ist der Streeling-Bezirk.«

»Streeling?«

»Er ist nach jemandem benannt, der diese Gegend hier ursprünglich für die Besiedlung erschlossen hat, vermute ich. Die meisten Bezirke sind nach irgendwelchen historischen Persönlichkeiten benannt, und deshalb sind die meisten Namen hässlich und manche schwer auszusprechen. Trotzdem, wenn Sie die Leute hier dazu bringen wollten, Streeling in ›Wohlgeruch‹ oder dergleichen umzuwandeln, gäbe es einen Krawall.«

»Natürlich«, sagte Seldon und schnüffelte, »hier herrscht ja auch nicht gerade Wohlgeruch.«

»Das ist fast nirgends auf Trantor der Fall, Sie werden sich daran gewöhnen.«

»Ich bin froh, dass wir hier sind«, sagte Seldon. »Nicht dass es mir hier besonders gefiele, aber das lange Sitzen war doch recht anstrengend. Auf Trantor zu reisen, muss ja schrecklich sein. Auf Helicon reisen wir durch die Luft von einem Ort zum anderen, und zwar in wesentlich weniger Zeit als wir hier dazu gebraucht haben, um nicht einmal zweitausend Kilometer zurückzulegen.«

»Wir haben auch Düsenflugzeuge.«

»Aber in dem Fall ...«

»Eine Fahrt mit einem Lufttaxi konnte ich mehr oder weniger anonym arrangieren. Mit einem Flugzeug wäre das viel schwieriger gewesen. Und obwohl wir hier in Sicherheit sind, wäre mir doch wohler, wenn Demerzel nicht erfahren würde, wo Sie sind. – Wir sind übrigens noch nicht fertig. Für die letzte Teilstrecke nehmen wir den Express.«

Seldon kannte den Ausdruck. »Das ist eine von diesen offenen Einschienenbahnen, die sich in einem elektromagnetischen Feld bewegen, stimmt das?«

»Ja, richtig.«

»So etwas haben wir auf Helicon nicht. Wir brauchen sie dort auch nicht. Ich habe an meinem ersten Tag in Trantor einen Express genommen, für die Strecke vom Raumhafen zum Hotel. Ein ziemlich neues Erlebnis für mich, aber wenn ich das die ganze Zeit tun müsste, dann würden mir wahrscheinlich der Lärm und die Menschenmassen auf die Nerven gehen.«

Hummin sah ihn amüsiert an. »Und Sie haben Ihr Ziel erreicht?«

»Ja, die Hinweistafeln waren nützlich. Ich hatte Schwierigkeiten mit dem Ein- und Aussteigen, aber man hat mir geholfen. Alle konnten ja an meinen Kleidern erkennen, dass ich ein Außenweltler war, aber das wird mir erst jetzt klar. Aber sie schienen mir alle gern zu helfen; wahrscheinlich weil es für sie amüsant war, meine Ungeschicklichkeit zu beobachten.«

»Da Sie jetzt mit dem Reisen per Express vertraut sind, werden Sie ja nicht mehr ungeschickt sein.« Hummin sagte das mit freundlicher Stimme, aber seine Mundwinkel kräuselten sich. »Kommen Sie also!«

Sie schlenderten nicht besonders schnell auf dem Weg dahin, der so beleuchtet war, wie man es an einem wolkigen Tag erwarten konnte, und der hie und da heller wurde, als würde die Sonne gelegentlich durch die Wolken brechen. Seldon blickte automatisch nach oben, um zu sehen, ob das wirklich der Fall war, aber der »Himmel« über ihnen war eine konturlose leuchtende Fläche.

Hummin bemerkte es und sagte: »Dieser Wechsel in der Helligkeit scheint für die menschliche Psyche angenehm zu sein. Es gibt Tage, an denen man den Eindruck hat, die Straße läge in hellem Sonnenlicht da, dann wieder Tage, die wesentlich dunkler sind, als es jetzt der Fall ist.«

»Aber kein Regen und kein Schnee?«

»Und auch kein Hagel und keine Graupelschauer. Nein. Und auch keine hohe Luftfeuchtigkeit oder bittere Kälte. Trantor hat schon seine Vorzüge, Seldon, selbst jetzt.«

In beiden Richtungen waren eine Menge Leute unterwegs, darunter auch eine ganze Anzahl junger Leute, und auch einige Kinder in Begleitung der Erwachsenen. Alle wirkten wohlhabend und vertrauenerweckend. Beide Geschlechter waren in gleicher Weise vertreten, und die Kleidung hier war deutlich gedeckter als im Kaiserlichen Bezirk. Sein von Hummin ausgewähltes Kostüm passte genau. Nur sehr wenige trugen Hüte, und Seldon nahm den seinen erleichtert ab und trug ihn in der Hand.

Er sah keine tiefe Schlucht zwischen den beiden Hälften des Laufgangs, und ganz wie Hummin das im Kaiserlichen Bezirk vorhergesagt hatte, gingen sie, wie es schien, auf Bodenniveau. Es gab auch keine Fahrzeuge, und Seldon machte Hummin gegenüber darüber eine Bemerkung.

»Im Kaiserlichen Bezirk gibt es eine ganze Menge, weil sie von Beamten benutzt werden«, sagte Hummin. »Sonst sind Privatfahrzeuge selten, und soweit doch welche benutzt werden, gibt es für sie separate Tunnel. Eigentlich braucht man sie nicht, es gibt ja schließlich den Express und für die kürzeren Entfernungen Laufbänder. Für noch kürzere Entfernungen haben wir Fußwege und können unsere Beine gebrauchen.«

Seldon hörte jetzt gelegentlich halb gedämpfte seufzende und ächzende Laute und sah in der Ferne das endlose Band der Expresskabinen.

»Da ist es ja«, sagte er und deutete darauf.

»Ich weiß, aber gehen wir doch zu einer Station. Dort sind mehr Kabinen, und man kann leichter einsteigen.«

Als sie wohlbehalten im Inneren einer Expresskabine angelangt waren, wandte Seldon sich Hummin zu und sagte: »Es erstaunt mich ja doch, wie leise der Express ist. Ich weiß, dass die Kabinen von einem elektromagnetischen Feld bewegt werden, aber selbst dafür scheint es mir leise.« Er lauschte auf das gelegentliche metallische Ächzen, das dadurch hervorgerufen wurde, dass ihre Kabine sich an den benachbarten Kabinen rieb.

»Ja, es ist wirklich ein Wunderwerk der Technik«, sagte Hummin, »aber Sie hätten das früher sehen sollen, auf seinem Höhepunkt. Als ich noch jung war, war das wesentlich leiser als jetzt. Und manche Leute behaupten, vor fünfzig Jahren hätte man nicht einmal ein Flüstern gehört – aber wahrscheinlich muss man da auch die nostalgischen Gefühle mit in Betracht ziehen.«

»Warum ist es denn heute nicht mehr so?«

»Weil die Anlagen nicht mehr richtig gewartet werden. Ich sagte Ihnen doch, dass alles verfällt.«

Seldon runzelte die Stirn. »Aber die Leute sitzen doch ganz sicher nicht herum und sagen: ›Wir verkommen. Lassen wir doch den Express fallen.‹«

»Nein, das tun sie nicht. Da steckt auch keine Absicht dahinter. Schadstellen werden geflickt, beschädigte Kabinen überholt und Magneten ersetzt. Aber das Ganze geschieht gleichgültiger, oberflächlicher und in größeren Zeitabständen. Es steht einfach nicht genügend Geld zur Verfügung.«

»Und wo ist das Geld hingeraten?«

»In andere Bereiche. Wir hatten Jahrhunderte der Unruhe. Die Marine ist viel umfangreicher und um ein Vielfaches teurer als früher einmal. Die Streitkräfte werden viel besser bezahlt, um sie ruhig zu halten. Unruhen, Revolten und gelegentliche lokale Bürgerkriege kosten ihren Preis.«

»Aber unter Cleon hat doch immer Ruhe geherrscht. Und wir haben schon seit fünfzig Jahren Frieden.«

»Ja, aber gut bezahlte Soldaten wären sicherlich nicht damit einverstanden, wenn man ihnen die Löhnung kürzt, nur weil Frieden herrscht. Admirale sträuben sich dagegen, dass Schiffe eingemottet werden und dass man ihnen den Dienstrang kürzt, nur weil es weniger Arbeit für sie gibt. Also fließen die Gelder immer noch – selbstverständlich absolut unproduktiv – in die Streitkräfte, und wichtige Bereiche, die der Öffentlichkeit nutzen, lässt man verkommen. Das ist es, was ich Zerfall nenne. Wie würden Sie denn dazu sagen? Glauben Sie nicht auch, dass Sie diesen Gesichtspunkt schließlich in Ihre psychohistorischen Überlegungen einbauen werden?«

Seldon rutschte etwas auf seinem Sitz herum, gab aber keine Antwort. Nach einer Weile fragte er: »Wo fahren wir übrigens hin?«

»Zur Streeling-Universität.«

»Ah, deshalb war mir der Name vertraut. Ich habe von der Universität gehört.«

»Das überrascht mich nicht. Trantor hat beinahe hunderttausend geisteswissenschaftliche Institute, und Streeling gehört zu den tausend angesehensten davon.«

»Werde ich dort wohnen?«

»Eine Weile zumindest. Ein Universitätscampus ist im Großen und Ganzen ein Zufluchtsort, der auch Schutz vor der Staatsmacht bietet. Sie werden dort in Sicherheit sein.«

»Aber werde ich auch willkommen sein?«

»Warum nicht? Heutzutage findet man nur mit Mühe einen guten Mathematiker. Vielleicht kann man Sie dort gebrauchen. Und Sie könnten die Universität vielleicht auch brauchen – und zwar nicht nur als Versteck.«

»Sie meinen, das ist ein Ort, wo ich meine Vorstellungen weiterentwickeln kann.«

»Das haben Sie versprochen«, sagte Hummin.

»Ich habe versprochen, dass ich es *versuchen* werde«, sagte Seldon und dachte bei sich, dass es etwa genau so war, als hätte er versprochen, aus Sand ein Seil zu drehen.

15

Daraufhin war ihr Gespräch verebbt, und Seldon blickte auf die Bauten des Streeling-Sektors hinaus, die an ihnen vorüberhuschten. Einige waren recht niedrig, während andere den Anschein erweckten, als würden sie den »Himmel« berühren. Die endlose Folge von Bauwerken war immer wieder von breiten Durchfahrten durchbrochen, und häufig konnte man auch schmalere Gassen sehen.

Einmal kam ihm plötzlich in den Sinn, dass die Gebäude sich zwar nach oben reckten, aber ebenso auch in die Tiefe reichten und vielleicht sogar tiefer waren als hoch. Und in dem Augenblick, wo ihm der Gedanke kam, war er auch überzeugt, dass er zutraf.

Gelegentlich sahen sie im Hintergrund ein Stück von der Expressbahn entfernt grüne Flecken und sogar kleine Bäume.

So blickte er eine Weile hinaus und bemerkte dann, dass das Licht schwächer wurde. Er sah sich um und wandte sich zu Hummin, der seine Frage ahnte.

»Der Nachmittag geht zu Ende«, sagte er, »und die Nacht rückt heran.«

Seldons Brauen schoben sich in die Höhe, und seine Mundwinkel bogen sich nach unten. »Das ist eindrucksvoll. Ich habe da ein Bild vor mir, wie der ganze Planet dunkel wird, und dann, in ein paar Stunden, wieder hell.«

Hummin lächelte. »Es ist nicht ganz so, Seldon. Der Planet wird nie ganz abgeschaltet – oder eingeschaltet. Die Schattenlinie der Abenddämmerung zieht allmählich über den Planeten, und einen halben Tag darauf folgt ihre Linie der Morgendämmerung. Tatsächlich folgt der Effekt dem echten Tag und der echten Nacht über den Kuppeln ziemlich genau, sodass in den nördlichen und südlichen Regionen Tag und Nacht ihre Länge mit den Jahreszeiten ändern.«

Seldon schüttelte den Kopf. »Aber warum zuerst den Planeten völlig überdachen und dann so tun, als läge er im Freien?«

»Ich nehme an, weil die Leute es so lieber haben. Die Trantorianer schätzen den Vorteil, unter Dach zu leben, aber sie mögen trotzdem nicht in unangenehmer Weise daran erinnert werden. Sie wissen sehr wenig über die trantorianische Psychologie, Seldon.«

Seldons Gesicht rötete sich leicht. Er war nur ein Heliconier und wusste sehr wenig über die Millionen von Welten außerhalb Helicons. Seine Unwissenheit beschränkte sich nicht auf Trantor. Wie sollte er aber dann praktische Anwendung für seine Theorie der Psychohistorik finden?

Wie konnte jede beliebige Zahl von Menschen – und selbst alle zusammen – genügend wissen?

Das erinnerte Seldon an eine Rätselfrage, die man ihm einmal gestellt hatte, als er noch jung gewesen war: Kann man sich ein relativ kleines Stück Platin mit Handgriffen daran vorstellen, das eine beliebige Zahl von Menschen, ganz gleich, wie viele es sind, mit bloßer Körperkraft heben kann?

Die Antwort darauf war ja. Ein Kubikmeter Platin wiegt bei Standardschwerkraft zweiundzwanzigtausendvierhundertzwanzig Kilogramm. Wenn man annimmt, dass jede Person einhundertzwanzig Kilogramm vom Boden hochheben kann, dann würden einhundertachtundachtzig Leute ausreichen, um den Platinblock zu heben. – Aber es wäre unmöglich, einhundertachtundachtzig Menschen um den Kubikmeter so zusammenzuzwängen, dass jeder ihn anfassen kann. Man könnte wahrscheinlich nicht einmal mehr als neun Leute um den Platinwürfel gruppieren. Und Hebel oder andere derartige Vorrichtungen waren nicht zulässig. Es musste die »bloße Körperkraft« sein.

In gleicher Weise konnte es sein, dass es einfach keine Möglichkeit gab, genügend Menschen zu bekommen, um mit der gesamten Summe des Wissens umzugehen, die die Psychohistorik brauchte, selbst wenn die Fakten in Computern und nicht in einzelnen menschlichen Gehirnen gespeichert waren. Es konnte sich sozusagen nur eine beschränkte Anzahl von Leuten um das Wissen sammeln und es mitteilen.

»Sie wirken bedrückt, Seldon«, sagte Hummin.

»Ich denke über meine Unwissenheit nach.«

»Das ist eine nützliche Aufgabe. Die würde Trillionen von Menschen guttun. – Aber es ist Zeit auszusteigen.«

Seldon blickte auf. »Wie kann man das feststellen?«

»Genau so wie Sie das an Ihrem ersten Tag auf Trantor im Express feststellen konnten. Ich gehe nach den Anzeigetafeln.«

Seldon entdeckte eine, die draußen an ihnen vorbeihuschte: STREELING-UNIVERSITÄT – 3 MINUTEN.

»Wir steigen an der nächsten Station aus. Seien Sie vorsichtig!«

Seldon folgte Hummin nach draußen, wobei er feststellte, dass der Himmel jetzt eine tiefe Purpurfarbe angenommen hatte, und dass die Wege, Korridore und Gebäude alle beleuchtet und von einem gelben Schein eingehüllt waren.

Es hätte ebenso gut Abenddämmerung auf Helicon sein können. Hätte man ihn mit einer Binde über den Augen hierhergebracht und die Binde jetzt entfernt, so wäre er vielleicht überzeugt gewesen, er befände sich in irgendeiner besonders dicht bebauten inneren Region einer der größeren Städte Helicons.

»Wie lange, glauben Sie, werde ich in der Streeling-Universität bleiben, Hummin?«, fragte er.

»Darauf ist schwer zu antworten, Seldon«, sagte Hummin in seiner ruhigen Art. »Vielleicht Ihr ganzes Leben.«

»*Was?*«

»Vielleicht auch nicht. Aber als Sie diesen Vortrag über Psychohistorik hielten, hat Ihr Leben aufgehört, Ihr eigenes zu sein. Der Kaiser und Demerzel haben Ihre Wichtigkeit sofort erkannt. Und ich auch. Und nach allem, was mir bekannt ist, auch viele andere. Und sehen Sie, das bedeutet, dass Sie jetzt nicht mehr sich selbst gehören.«

BIBLIOTHEK

Venabili, Dors – … Historikerin, in Cinna geboren … Wahrscheinlich wäre ihr Leben weiterhin ereignislos verlaufen, hätte sie nicht nach zwei Jahren in der Fakultät der Streeling-Universität die Bekanntschaft des jungen Hari Seldon während »der Flucht« gemacht …

ENCYCLOPAEDIA GALACTICA

16

Der Raum, in dem Hari Seldon sich befand, war größer als Hummins Raum im Kaiserlichen Bezirk. Es war ein Schlafzimmer mit einer Waschnische, ohne eine Koch- oder Essgelegenheit. Der Raum hatte kein Fenster, nur einen von einem Gitter geschützten Ventilator in der Decke, der ein gleichmäßig seufzendes Geräusch erzeugte.

Seldon sah sich etwas bedrückt um.

Hummin deutete den Blick richtig und meinte: »Es ist nur für diese Nacht, Seldon. Morgen wird jemand kommen und Sie zur Universität bringen. Dort wird es behaglicher für Sie sein.«

»Entschuldigen Sie, Hummin, aber woher wissen Sie das?«

»Ich werde das Nötige veranlassen. Ich kenne hier ein paar Leute …« – er lächelte humorlos – »… und habe noch ein paar Gefälligkeiten gut. Und jetzt müssen wir einige Einzelheiten besprechen.«

Er sah Seldon an und sagte: »Was Sie in Ihrem Hotelzimmer zurückgelassen haben, ist verloren. Ist dabei auch irgendetwas Unersetzliches?«

»Nichts, was wirklich unersetzlich wäre. Es gibt dort ein paar persönliche Gegenstände, die mir etwas bedeuten, aber wenn sie weg sind, sind sie weg. Und dann natürlich einige Notizen zu meinem Vortrag. Ein paar Berechnungen. Der Vortrag selbst.«

»Der ist ja allgemein bekannt, bis man ihn als gefährlich einstuft und aus dem Verkehr zieht, was wahrscheinlich in Kürze der Fall sein wird. Trotzdem werde ich sicherlich eine Kopie beschaffen können. Und Sie könnten ihn ja jedenfalls auch rekonstruieren, nicht wahr?«

»Ja, das kann ich. Deshalb sagte ich ja, dass nichts wirklich unersetzlich ist. Außerdem habe ich fast tausend Credits, einige Bücher, Kleidung, meine Tickets nach Helicon und derlei Dinge verloren.«

»Alles zu ersetzen. – Ich werde jetzt veranlassen, dass Ihnen eine Kreditkarte auf meinen Namen ausgestellt wird und an mich verrechnet. Das wäre dann für die üblichen Ausgaben.«

»Das ist ungewöhnlich großzügig von Ihnen. Ich kann das nicht annehmen.«

»Es ist überhaupt nicht großzügig, da ich hoffe, dass Sie auf diese Weise das Imperium retten werden. Sie *müssen* es annehmen.«

»Aber wie viel können Sie sich leisten, Hummin? Ich werde diese Kreditkarte, wenn ich sie schon verwende, immer mit schlechtem Gewissen benutzen.«

»Alles, was Sie zu Ihrem Überleben oder für vernünftigen Komfort brauchen, kann ich mir leisten, Seldon. Natürlich möchte ich nicht, dass Sie die Turnhalle der Universität kaufen oder eine Million Credits verschenken.«

»Darüber brauchen Sie sich keine Sorgen zu machen, aber schließlich ist mein Name registriert.«

»Das macht nichts. Der Kaiserlichen Regierung ist es eindeutig untersagt, irgendeine Sicherheitskontrolle über die Universität oder ihre Angehörigen auszuüben. Hier herrscht völlige Freiheit. Hier darf über alles diskutiert und hier kann alles gesagt werden.«

»Was ist mit Gewaltverbrechen?«

»Darum kümmern sich die Universitätsbehörden selbst im Rahmen der Vernunft – und es gibt praktisch keine Gewaltverbrechen. Die Studenten und die Fakultät wissen ihre Freiheit zu schätzen und begreifen, worauf sie beruht. Zu viel Rowdytum sind die Ansätze zu Aufruhr und Blutvergießen, und die Regierung könnte das Gefühl bekommen, sie hätte ein Recht, die ungeschriebene Übereinkunft zu brechen und

Truppen zu schicken. Das will niemand, nicht einmal die Regierung. Und deshalb wird ein empfindliches Gleichgewicht bewahrt. Mit anderen Worten, nicht einmal Demerzel selbst kann Sie ohne wesentlich mehr Anlass, als irgendjemand in der Universität der Regierung in wenigstens anderthalb Jahrhunderten je geliefert hat, einfach hier herausholen lassen. Andererseits, wenn Sie ein Studentenagent vom Universitätsgelände lockt …«

»Ein Studentenagent – gibt es so etwas?«

»Wie kann ich das sagen? Vielleicht. Man kann jeden Menschen bedrohen oder manipulieren oder einfach kaufen – und von da an befindet er sich im Dienste Demerzels oder möglicherweise von jemand anderem. Ich kann also gar nicht oft genug betonen: Sie sind relativ sicher, aber *absolut* sicher ist niemand. Sie werden vorsichtig sein müssen. Aber obwohl ich jetzt diese Warnung ausspreche, möchte ich nicht, dass Sie geduckt durchs Leben gehen. Sie werden insgesamt hier viel sicherer sein, als wenn Sie nach Helicon zurückgekehrt oder zu irgendeiner Welt der Galaxis außerhalb Trantos gereist wären.«

»Das hoffe ich«, sagte Seldon bedrückt.

»Das weiß ich«, sagte Hummin. »Sonst würde ich es nicht für klug halten, Sie zu verlassen.«

»Mich verlassen?« Seldon blickte auf. »Das dürfen Sie nicht tun. Sie kennen diese Welt, ich nicht.«

»Sie werden mit anderen beisammen sein, die diese Welt kennen und diesen Bezirk sogar besser als ich. Was mich angeht, so muss ich gehen. Ich bin diesen ganzen Tag mit Ihnen zusammen gewesen und wage es nicht, mein eigenes Leben länger aufzugeben. Ich darf nicht zu viel Aufmerksamkeit auf mich ziehen. Bedenken Sie, dass es auch für mich Unsicherheiten gibt, so wie für Sie.«

Seldon wurde rot. »Sie haben recht. Ich kann nicht erwarten, dass Sie sich endlos für mich in Gefahr bringen. Ich hoffe, dass Sie nicht bereits ruiniert sind.«

»Wer kann das sagen?«, sagte Hummin kühl. »Wir leben in gefährlichen Zeiten. Denken Sie nur immer daran, wenn es jemanden gibt, der die Zeiten sicherer machen kann – wenn nicht für uns, dann für jene, die nach uns folgen –, dann sind das Sie! Möge dieser Gedanke künftig für Sie ein Antrieb sein, Seldon.«

17

Der Schlaf versagte sich Seldon. Er wälzte sich in der Dunkelheit herum und dachte nach. Er hatte sich noch nie so allein und hilflos gefühlt wie nachdem Hummin ihm zugenickt, ihm kurz die Hand gedrückt und ihn dann zurückgelassen hatte. Jetzt war er auf einer fremden Welt – noch dazu in einem fremden Teil jener Welt. Der einzige Mensch, den er als Freund betrachten konnte (und das seit nicht einmal einem Tag), hatte ihn verlassen, und er hatte keine Ahnung, was aus ihm werden oder was er tun würde, weder morgen noch irgendwann in der Zukunft.

All dies war dem Schlaf natürlich nicht gerade förderlich, und so kam es, dass ihn etwa um die Zeit, wo er bar jeglicher Hoffnung entschied, dass er in dieser Nacht nicht schlafen würde, vielleicht überhaupt nie mehr, die Erschöpfung übermannte …

Als er erwachte, war es immer noch dunkel – das heißt, nicht ganz, denn er sah auf der anderen Seite des Zimmers ein rotes Licht hell und schnell blinken, und dazu war ein rhythmisches, raues Schnarren zu hören. Das war es ohne Zweifel, was ihn geweckt hatte.

Während er sich zu erinnern versuchte, wo er war, und sich bemühte, den beschränkten Botschaften, die seine Sinne empfingen, etwas Sinn abzugewinnen, hörte das Blitzen und Schnarren auf, und er wurde sich eines ungeduldigen Klopfens bewusst.

Das Klopfen kam vermutlich von der Tür, aber er konnte sich nicht erinnern, wo die Tür war. Vermutlich gab es auch einen Kontakt, der es erlaubte, den Raum mit Licht zu füllen, aber er erinnerte sich auch nicht, wo der war.

Er setzte sich im Bett auf und tastete ziemlich verzweifelt an der linken Wand entlang und rief: »Einen Augenblick bitte.«

Er fand den Schalter, und plötzlich erblühte der Raum in weichem Licht.

Er stieg hastig aus dem Bett, blinzelte, immer noch auf der Suche nach der Tür, fand sie schließlich und streckte die Hand aus, um sie zu öffnen, erinnerte sich im letzten Augenblick daran, dass er vorsichtig sein musste, und sagte mit plötzlich strenger, keinen Unsinn duldender Stimme: »Wer ist da?«

Eine sanft klingende Frauenstimme sagte: »Mein Name ist Dors Venabili, und ich bin gekommen, um Dr. Hari Seldon zu sprechen.«

Und während diese Worte zu hören waren, stand plötzlich eine Frau in der Tür, ohne dass die Tür je geöffnet worden war.

Einen Augenblick lang starrte Hari Seldon sie überrascht an, und dann wurde ihm bewusst, dass er nur mit seiner Unterwäsche bekleidet war. Er gab einen halb erstickten Laut von sich und hastete zum Bett, und erst da wurde ihm klar, dass er eine Holografie vor sich hatte. Dem Bild fehlte der harte Rand der Realität, und jetzt wurde offenkundig, dass die Frau ihn nicht ansah. Sie zeigte sich nur, um sich zu identifizieren.

Er blieb stehen, atmete tief durch und sagte dann mit etwas lauterer Stimme, damit man ihn durch die Tür hören konnte: »Ich komme gleich, warten Sie. Lassen Sie mir … vielleicht eine halbe Stunde.«

Die Frau – oder jedenfalls die Holografie – sagte: »Ich werde warten« und verschwand.

Eine Dusche gab es nicht, also rieb er sich mit einem feuchten Lappen ab, was zu einer Überschwemmung auf dem Kachelboden in der Waschecke führte. Er fand Zahnpasta, aber keine Zahnbürste, also benutzte er seinen Zeigefinger. Er hatte keine andere Wahl, als die Kleider wieder anzuziehen, die er am Vortag getragen hatte. Schließlich öffnete er die Tür.

Dabei wurde ihm bewusst, dass sie sich in Wirklichkeit keineswegs identifiziert hatte. Sie hatte lediglich einen Namen genannt, und Hummin hatte ihm nicht gesagt, wen er erwarten solle, ob es diese Dors Soundso oder jemand anderer sein sollte. Er hatte sich sicher gefühlt, weil die Holografie ihm eine sympathisch wirkende junge Frau gezeigt hatte, aber nach allem, was er wusste, mochten sich in ihrer Gesellschaft vielleicht ein halbes Dutzend feindseliger junger Männer befinden.

Er spähte vorsichtig hinaus, sah nur die Frau und öffnete die Tür so weit, dass sie eintreten konnte, schloss die Tür sofort wieder und sperrte sie ab.

»Entschuldigen Sie«, sagte er, »wie spät ist es?«

»Neun«, sagte sie. »Der Tag hat schon lange begonnen.«

»Vormittag?«, fragte er.

»Natürlich.«

»In diesem Raum sind keine Fenster«, sagte er, wie um sich zu entschuldigen.

Dors ging an sein Bett, beugte sich vor und berührte einen kleinen, dunklen Punkt an der Wand. An der Decke, unmittelbar über seinem Kopfkissen erschienen rote Ziffern: 0903.

Sie lächelte, ohne damit ein Gefühl der Überlegenheit auszudrücken. »Tut mir leid«, sagte sie. »Aber ich hatte eigentlich angenommen, Chetter Hummin hätte Ihnen gesagt, dass ich um neun Uhr kommen würde. Das Problem mit ihm ist, dass er es so gewöhnt ist, alles zu wissen, dass er gar nicht in Erwägung zieht, andere könnten gelegentlich etwas *nicht* wissen. – Und ich hätte mich auch nicht per Holografie identifizieren sollen. Ich kann mir vorstellen, dass Sie das auf Helicon nicht haben, und ich habe Sie damit vielleicht erschreckt.«

Seldon spürte, wie sich seine Spannung lockerte. Sie wirkte natürlich und freundlich auf ihn, und der beiläufige Hinweis auf Hummin beruhigte ihn. »Sie täuschen sich in Bezug auf Helicon, Fräulein …«

»Bitte nennen Sie mich Dors.«

»Trotzdem täuschen Sie sich in Bezug auf Helicon, Dors. Wir haben sehr wohl Radioholografie, aber ich konnte mir nie eine solche Anlage leisten. Und in den Kreisen, in denen ich verkehre, auch niemand. Also habe ich so etwas noch nie am eigenen Leib erlebt. Aber ich habe durchaus schnell begriffen, was geschehen war.«

Er studierte sie. Sie war nicht sonderlich groß, eher durchschnittlich für eine Frau. Ihr Haar war von dunklem rötlichen Gold. Sie trug es in kurzen Locken in die Stirn frisiert. (Er hatte einige Frauen auf Trantor gesehen, die ihr Haar so trugen. Das war offenbar gerade Mode – auf Helicon hätte man darüber gelacht.) Sie war nicht gerade eine Schönheit, aber von angenehmer Erscheinung, was besonders an ihren vollen Lippen lag, die so wirkten, als würde sie ständig etwas amüsiert lächeln. Sie war schlank, gut proportioniert und sah recht jung aus. (Zu jung, dachte er, etwas beunruhigt, um ihm viel nützen zu können.)

»Habe ich die Musterung bestanden?«, fragte sie. (Sie schien auch Hummins Trick zu beherrschen, seine Gedanken zu erraten, dachte Seldon. Oder vielleicht kannte er den Trick nicht, sie zu verbergen.)

»Tut mir leid«, sagte er. »Es scheint, dass ich Sie angestarrt habe, aber ich wollte mir nur ein Urteil über Sie bilden. Ich bin hier an einem fremden Ort, kenne niemanden und habe keine Freunde.«

»Bitte, Dr. Seldon, betrachten Sie mich als Freundin. Mr. Hummin hat mich gebeten, mich um Sie zu kümmern.«

Seldon lächelte wehmütig. »Dafür sind Sie vielleicht etwas jung.«

»Sie werden feststellen, dass ich das nicht bin.«

»Nun, ich werde mir Mühe geben, Ihnen so wenig wie möglich zur Last zu fallen. Könnten Sie bitte Ihren Namen wiederholen?«

»Dors Venabili.« Sie buchstabierte ihren Familiennamen und wies darauf hin, dass die Betonung auf der zweiten Silbe lag. »Wie ich schon sagte, nennen Sie mich bitte Dors. Und wenn es Ihnen nicht so unangenehm ist, werde ich Sie Hari nennen. Wir sind hier in der Universität recht formlos in der Hinsicht, ja man gibt sich fast peinlich Mühe, keine Anzeichen von Status zur Schau zu stellen, sei er nun ererbt oder beruflich.«

»Sagen Sie unbedingt Hari.«

»Gut. Dann werde ich auch formlos bleiben. Der Instinkt für Formalität, falls es so etwas gibt, würde mich beispielsweise dazu veranlassen, Sie um Erlaubnis zu bitten, ob ich mich setzen darf. Aber formlos werde ich mich einfach hinsetzen.« Damit nahm sie auf dem einzigen Stuhl im Raum Platz.

Seldon räusperte sich. »Es ist ganz offenkundig, dass ich noch etwas verwirrt bin. Ich hätte Sie bitten sollen, Platz zu nehmen.« Er setzte sich auf sein zerwühltes Bett und wünschte, er hätte daran gedacht, es etwas herzurichten – aber sie hatte ihn überrascht.

Sie meinte freundlich: »Ich werde Ihnen jetzt sagen, wie es hier läuft, Hari. Zuerst gehen wir in einem der Universitätscafés frühstücken. Dann besorge ich Ihnen ein Zimmer in einem der Domizile – ein besseres als dieses hier. Sie werden ein Fenster haben. Hummin hat mich instruiert, Ihnen eine Kreditkarte auf seinen Namen zu beschaffen, aber ich werde ein oder zwei Tage brauchen, der Universitätsbürokratie eine abzupressen. Bis dahin werde ich für Ihre Ausgaben verantwortlich sein, Sie können mir das ja später zurückzahlen. – Und wir können Sie hier gut gebrauchen. Chetter Hummin hat mir gesagt, dass Sie Mathematiker sind, und aus irgendeinem Grund herrscht an der Universität großer Mangel an guten Mathematikern.«

»Hat Hummin Ihnen gesagt, dass ich ein guter Mathematiker bin?«

»Das hat er tatsächlich. Er sagte, Sie seien ein bemerkenswerter Mann.«

»Je nun.« Seldon betrachtete verlegen seine Fingernägel. »Es würde mich freuen, als solcher angesehen zu werden, aber Hummin kennt mich nicht einmal einen Tag, und vorher hat er einen Vortrag von mir gehört, dessen Qualität er unmöglich beurteilen kann. Ich glaube, er ist nur höflich gewesen.«

»Das glaube ich nicht«, sagte Dors. »Er ist selbst ein höchst bemerkenswerter Mensch und hat sehr viel Erfahrung mit Leuten. Ich vertraue auf sein Urteil. Jedenfalls kann ich mir vorstellen, dass Sie Gelegenheit bekommen werden, sich zu beweisen. Sie können Computer programmieren, nehme ich an.«

»Natürlich.«

»Ich spreche von Lehrcomputern, wie Sie sich vorstellen können, und meine Frage ist, ob Sie Programme entwickeln können, um verschiedene Phasen der zeitgenössischen Mathematik zu lehren.«

»Ja, das ist Teil meines Berufes. Ich bin Hilfsdozent für Mathematik an der Universität von Helicon.«

»Ja, ich weiß«, sagte sie. »Das hat Hummin mir gesagt. Das bedeutet natürlich, alle werden wissen, dass Sie kein Trantorianer sind, aber das wird keine Schwierigkeiten bereiten. Wir sind hier vorwiegend Trantorianer an der Universität, aber es gibt eine Anzahl von Außenweltlern von allen möglichen Welten, und das wird durchaus akzeptiert. Ich will damit nicht sagen, dass Sie nie Negatives über Außenweltler hören werden, aber wahrscheinlich dann eher von Außenweltlern als von Trantorianern. Ich bin übrigens selbst auch von außerplanet.«

»Oh?« Er zögerte, fand aber dann, die Höflichkeit erforderte, dass er fragte. »Von welcher Welt kommen Sie?«

»Ich bin von Cinna. Haben Sie je davon gehört?«

Wenn er jetzt aus Höflichkeit log, würde man ihn vielleicht ertappen, dachte Seldon, und so sagte er: »Nein.«

»Das überrascht mich gar nicht. Wahrscheinlich ist Cinna noch unbedeutender als Helicon. – Jedenfalls, um auf das Programmieren mathematischer Lehrcomputer zurückzukommen – ich nehme an, dass man das entweder geschickt oder kläglich machen kann.«

»Allerdings.«

»Und Sie würden es geschickt tun?«

»Das möchte ich mindestens annehmen.«

»Dann wäre das ja klar. Die Universität wird Sie dafür bezahlen, also gehen wir jetzt essen. Haben Sie übrigens gut geschlafen?«

»Erstaunlicherweise ja.«

»Und sind Sie hungrig?«

»Ja, aber …« Er stockte.

»Aber Sie machen sich Sorgen, das Essen könnte Ihnen nicht schmecken, nicht wahr?«, fragte sie vergnügt. »Nun, das brauchen Sie nicht. Nachdem ich selbst von außerplanet bin, kann ich Ihnen durchaus nachfühlen, was Sie über den hohen Anteil von Mikronahrung in allem denken. Aber hier in der Universität isst man gar nicht so schlecht, wenigstens im Fakultätsspeisesaal. Die Studenten haben es da nicht ganz so gut, aber das härtet sie ab.«

Sie stand auf und wandte sich der Tür zu, blieb aber stehen, als Seldon sich die Frage nicht verkneifen konnte: »Gehören Sie der Fakultät an?«

Sie drehte sich um und lächelte verschmitzt. »Sehe ich dafür nicht alt genug aus? Ich habe vor zwei Jahren auf Cinna meinen Doktor gemacht und seitdem bin ich hier. In zwei Wochen werde ich dreißig.«

»Tut mir leid«, sagte Seldon und lächelte jetzt seinerseits, »aber wenn Sie wie vierundzwanzig aussehen, dürfen Sie es nicht übel nehmen, wenn man Ihren akademischen Status anzweifelt.«

»Wenn das jetzt nicht nett war!«, sagte Dors lächelnd, und Seldon empfand ein angenehmes Gefühl der Wärme. Wenn man mit einer attraktiven Frau Freundlichkeiten austauscht, kann man sich einfach nicht mehr ganz als Fremder fühlen.

18

Dors hatte recht. Das Frühstück war keineswegs schlecht. Es gab etwas unverkennbar Eiartiges, und das Fleisch war angenehm geräuchert. Das Schokoladengetränk (die Trantorianer liebten Schokolade, und Seldon machte das nichts aus) war vermutlich synthetisch, aber es schmeckte gut, und das konnte man auch von den Brötchen sagen.

Er hielt es für richtig, das auch zu sagen. »Das war wirklich ein sehr angenehmes Frühstück. Das Essen, die Umgebung, alles.«

»Es freut mich, dass Sie so denken«, sagte Dors.

Seldon sah sich um. In der einen Wand waren Fenster, aber es kam kein echtes Sonnenlicht herein. (Er fragte sich, ob er es irgendwann lernen würde, sich mit diffusem Licht zu begnügen, und aufhören würde, in jedem Raum nach Flecken von Sonnenlicht Ausschau zu halten.) Trotzdem war es sogar recht hell, denn der lokale Wettercomputer hatte offenbar die Entscheidung getroffen, dass die Zeit für einen klaren Tag gekommen war.

Die Tische waren jeweils für vier Personen gedeckt, und an den meisten davon saß auch die volle Zahl, aber Dors und Seldon blieben an ihrem Tisch allein. Dors hatte ein paar von den Männern und Frauen an den Tisch gerufen und sie vorgestellt. Alle waren höflich gewesen, aber niemand hatte sich zu ihnen gesetzt. Dors wollte das ohne Zweifel so, aber Seldon sah nicht, wie sie es bewerkstelligte.

»Sie haben mich noch keinen Mathematikern vorgestellt«, sagte er.

»Ich hab noch keinen gesehen, den ich kenne. Die meisten Mathematiker beginnen ihren Tag früh und haben um acht

Uhr bereits Vorlesungen. Ich habe das Gefühl, dass jeder Student, der so unvernünftig ist, Mathematik zu belegen, die entsprechende Vorlesung so schnell wie möglich hinter sich bringen will.«

»Sie selbst sind offenbar keine Mathematikerin.«

»Alles andere, nur das nicht«, sagte Dors und lachte. »Wirklich *alles*. Mein Feld ist die Geschichte. Ich habe bereits einige Arbeiten über den Aufstieg Trantors veröffentlicht – ich meine das primitive Königreich, nicht diese Welt. Ich nehme an, dass das einmal mein Spezialgebiet werden wird – das Königliche Trantor.«

»Wunderbar«, sagte Seldon.

»Wunderbar?« Dors musterte ihn fragend. »Interessieren Sie sich auch für das Königliche Trantor?«

»In gewisser Weise schon. Für das und andere ähnliche Dinge. Ich habe nie Geschichte studiert, und das hätte ich tun sollen.«

»Hätten Sie das? Wenn Sie Geschichte studiert hätten, hätten Sie wohl kaum Zeit gehabt, Mathematik zu studieren. Und Mathematiker braucht man dringend, besonders an dieser Universität. Wir sind bis hierher voll mit Historikern«, sagte sie und hob die Hand an die Augenbrauen, »und mit Volkswirten und Politologen, aber dafür knapp an Naturwissenschaftlern und Mathematikern. Chetter Hummin hat mich einmal darauf hingewiesen. Er nannte es den Niedergang der Naturwissenschaft und schien der Ansicht zu sein, dass es sich um ein allgemeines Phänomen handelte.«

»Nun, wenn ich sage, ich hätte Geschichte studieren sollen, meine ich nicht, dass ich die Geschichte zu meinem Lebensinhalt hätte machen wollen«, sagte Seldon. »Ich meinte, ich hätte so viel davon studieren sollen, dass es mir bei meiner Mathematik nützt. Mein Spezialgebiet ist die mathematische Analyse gesellschaftlicher Strukturen.«

»Klingt ja schrecklich.«

»In gewisser Weise ist es das auch. Es ist sehr kompliziert. Ohne sehr viel mehr darüber zu wissen, wie sich die Gesellschaften entwickelt haben, ist es für mich hoffnungslos. Mein Bild ist zu statisch, verstehen Sie?«

»Ich verstehe gar nichts, weil ich nichts darüber weiß. Chetter hat mir gesagt, Sie seien dabei, etwas zu entwickeln, was sich Psychohistorik nennt und sehr wichtig sei. Habe ich mir das richtig gemerkt? Psychohistorik?«

»Das stimmt. Ich hätte es ›Psychosoziologie‹ nennen sollen, aber ich hatte das Gefühl, das Wort sei zu hässlich. Vielleicht wusste ich sogar instinktiv, dass Geschichtswissen notwendig war und habe dann einfach nicht genug auf meine Gedanken geachtet.«

»Psychohistorik klingt besser, aber ich weiß nicht, was es ist.«

»Das weiß ich selbst kaum.« Er brütete ein paar Minuten lang, sah die Frau, die ihm gegenüber saß, an und hatte das Gefühl, sie würde vielleicht dazu beitragen, dass er sich in seinem Exil nicht ganz so als Verbannter fühlte. Er dachte an die andere Frau, die er vor ein paar Jahren gekannt hatte, verdrängte den Gedanken dann aber bewusst. Wenn er je wieder eine Gefährtin fand, würde es eine sein müssen, die Verständnis für das Leben eines Wissenschaftlers hatte und für das, was ein solches Leben von einem Menschen forderte.

Um seinen Gedanken eine andere Richtung zu geben, sagte er: »Chetter Hummin hat mir gesagt, die Regierung würde die Universität in keiner Weise belästigen.«

»Da hat er recht.«

Seldon schüttelte den Kopf. »Das scheint mir aber ein beinahe unglaublich nachsichtiges Verhalten der Kaiserlichen Regierung. Die Bildungsinstitutionen auf Helicon sind bei Weitem nicht so unabhängig.«

»Auf Cinna auch nicht, auch auf keiner anderen Außenwelt, abgesehen vielleicht von ein oder zwei der allergrößten. Trantor ist da völlig anders.«

»Ja, aber warum?«

»Weil Trantor der Mittelpunkt des Imperiums ist. Die hiesigen Universitäten verfügen über ungeheures Prestige. Alle Universitäten in der ganzen Galaxis bringen Akademiker hervor, aber die Menschen, die die Macht im Imperium ausüben – die hohen Beamten, die zahllosen Millionen von Leuten, die als Tentakel des Imperiums in jeden fernsten Winkel der Galaxis hineinreichen –, werden hier auf Trantor ausgebildet.«

»Ich habe nie die Statistiken gesehen ...«, begann Seldon.

»Glauben Sie mir einfach. Es ist sehr wichtig, dass die Beamten des Imperiums eine gemeinsame Basis haben, ein besonderes Gefühl für das Reich. Und sie können nicht alle Einwohner Trantors sein, sonst würden die Außenwelten unruhig werden. Aus diesem Grund muss Trantor Millionen von Außenweltlern anziehen, die sich hier ausbilden lassen. Es ist unwichtig, woher sie kommen, mit welchem Akzent sie sprechen oder aus welchem Kulturkreis sie stammen, so lange sie nur die Patina Trantos annehmen und sich mit der Lebensweise und dem Erziehungssystem Trantors identifizieren. Das ist es, was das Imperium zusammenhält. Die Außenwelten sind auch viel weniger unruhig, wenn ein nennenswerter Anteil der Verwaltungsbeamten, die die Kaiserliche Regierung vertreten, von Geburt und Herkunft ihresgleichen sind.«

Wieder empfand Seldon ein Gefühl der Verlegenheit. Darüber hatte er nie nachgedacht. Er fragte sich, ob man wohl je ein wahrhaft großer Mathematiker sein konnte, wenn man nur etwas von Mathematik verstand. »Ist das allgemein bekannt?«, fragte er.

»Wahrscheinlich nicht«, sagte Dors nach kurzer Überlegung. »Es steht so grenzenlos viel Wissen zur Verfügung, dass die Spezialisten sich an ihre Spezialgebiete klammern, weil die sie davon abschirmen, über sonst etwas Bescheid wissen zu müssen. Das erspart es ihnen, überschwemmt zu werden.«

»Aber *Sie* wissen es.«

»Aber das ist meine Spezialität. Ich bin Historikerin und befasse mich mit dem Aufstieg des Königlichen Trantor, und genau diese Verwaltungstechnik war eines der Mittel, womit Trantor seinen Einfluss ausbreitete und so den Übergang vom Königlichen Trantor zum Kaiserlichen Trantor bewirkte.«

»Wie schädlich übermäßige Spezialisierung doch ist«, sagte Seldon, fast im Selbstgespräch. »Damit wird das Wissen an einer Million Punkten beschnitten, bis es verblutet.«

Dors zuckte die Achseln. »Was kann man denn tun? – Aber sehen Sie, wenn Trantor Außenweltlern das Studium an trantorianischen Universitäten schmackhaft machen möchte, dann muss es ihnen doch einen Gegenwert dafür geben, dass sie sich selbst entwurzeln und eine fremde Welt mit einer unglaublichen künstlichen Struktur und einer ungewöhnlichen Lebensweise aufsuchen. Ich bin jetzt seit zwei Jahren hier und habe mich immer noch nicht daran gewöhnt. Vielleicht schaffe ich es nie. Aber dann habe ich natürlich auch nicht die Absicht, die Verwaltungslaufbahn einzuschlagen, also zwinge ich mich auch nicht, eine Trantorianerin zu werden.

Und was Trantor im Austausch dafür anbietet, ist nicht nur die Aussicht auf eine Position mit hohem Status, beträchtlicher Macht und natürlich hohem Einkommen, sondern auch die Freiheit. Während die Studenten hier ausgebildet werden, haben sie die Freiheit, sich gegen die Regierung auszusprechen, gegen sie zu demonstrieren und ihre eigenen Theorien und Ansichten zu entwickeln. Das genießen sie. Und viele kommen hierher, um das Gefühl der Freiheit zu erleben.«

»Ich kann mir vorstellen, dass es auch hilft, den Druck etwas zu mindern«, sagte Seldon. »Sie genießen alle die selbstgefällige Betrachtungsweise eines jungen Revolutionärs und können Dampf ablassen. Und wenn sie einmal so weit sind, dass sie ihren Platz in der kaiserlichen Hierarchie einnehmen, sind sie bereit, sich in ein Leben des Konformismus und des Gehorsams einzufügen.«

»Vielleicht haben Sie recht. Jedenfalls bewahrt die Regierung aus all diesen Gründen die Freiheit der Universität. Das ist keineswegs eine Frage der Nachsicht oder der Großzügigkeit. Das ist einfach Schlauheit.«

»Und wenn Sie nicht die Verwaltungslaufbahn einschlagen wollen, was werden Sie dann einmal werden?«

»Historikerin. Ich werde lehren und Buchfilme in die Programme eingeben.«

»Kein besonders hoher Status.«

»Und nicht viel Geld, Hari, was wichtiger ist. Und was den Status betrifft, dann ist das genau die Art von Schieben und Geschobenwerden, die ich mir ersparen möchte. Ich habe viele Menschen mit Status gesehen, aber bis jetzt noch keinen, der auf mich einen glücklichen Eindruck machte. Status bleibt nicht still unter einem sitzen, man muss dauernd kämpfen, um nicht abzusinken. Selbst Kaiser bringen es die meiste Zeit zuwege, ein schlimmes Ende zu nehmen. Vielleicht gehe ich eines Tages einfach nach Cinna zurück und übernehme eine Professur.«

»Und eine Ausbildung auf Trantor wird Ihnen Status verleihen.«

Dors lachte. »Ja, wahrscheinlich schon, aber wem würde das auf Cinna schon etwas bedeuten? Cinna ist eine langweilige Welt, voll Farmen, mit einer Menge Vieh, vierbeinigem und zweibeinigem.«

»Wird es Ihnen dort nach Trantor nicht langweilig vorkommen?«

»Darauf hoffe ich ja gerade. Und wenn es zu langweilig wird, kann ich es ja immer noch so deichseln, dass ich ein Stipendium bekomme, um hierhin oder dorthin zu gehen und etwas historische Forschung zu betreiben. Das ist der Vorteil in meinem Fach.«

»Von einem Mathematiker andererseits«, sagte Seldon mit einem Anflug von Bitterkeit über etwas, das ihn bislang nie gestört hatte, »erwartet man, dass er vor seinem Computer sitzt und denkt. Und weil wir gerade von Computern sprechen ...« Er zögerte. Sie hatten gefrühstückt, und sie würde wahrscheinlich irgendwelche Pflichten haben.

Aber sie schien es überhaupt nicht eilig zu haben. »Ja? Wo wir gerade von Computern sprechen?«

»Würde ich wohl Erlaubnis bekommen, die Geschichtsbibliothek zu benutzen?«

Jetzt war sie an der Reihe zu zögern. »Ich glaube, das wird sich einrichten lassen. Wenn Sie an Mathematikprogrammierung arbeiten, wird man Sie wahrscheinlich als eine Art Fakultätsmitglied betrachten, und ich könnte darum bitten, dass man Ihnen die Erlaubnis gibt. Nur ...«

»Nur?«

»Ich will Sie ja nicht verletzen, aber Sie sind Mathematiker und sagen, Sie wüssten nichts über Geschichte. Würden Sie denn wissen, wie man eine historische Bibliothek benutzt?«

Seldon lächelte. »Ich nehme an, dass Sie auch Computer benutzen, ganz so wie in einer Mathematik-Bibliothek.«

»Ja, schon, aber es gibt da ganz besondere Programmiertricks. Sie kennen die Standardnachschlagefilme nicht, und wissen nicht, wie man schnell ein Thema findet und Unwichtiges überliest. Es mag ja sein, dass Sie ein hyperbolisches Intervall in der Dunkelheit finden ...«

»Sie meinen ein hyperbolisches Integral«, unterbrach Seldon.

Dors ging nicht darauf ein. »Aber wahrscheinlich wissen Sie nicht, wie Sie in weniger als anderthalb Tagen die Bedingungen des Vertrages von Poldark finden können.«

»Ich nehme an, das könnte ich lernen.«

»Wenn ... wenn ...« Sie wirkte etwas beunruhigt. »Wenn Sie das wollen, hätte ich einen Vorschlag. Ich gebe einen Wochenkurs – eine Stunde pro Tag, ohne Punkte – über den Gebrauch der Bibliothek. Das ist für Studenten der unteren Semester. Würden Sie es als unter Ihrer Würde ansehen, an einem solchen

Kurs teilzunehmen? Mit Studenten der unteren Semester meine ich? Der Kurs beginnt in drei Wochen.«

»Sie könnten mir ja Privatunterricht erteilen.« Seldon staunte selbst ein wenig über den leicht anzüglichen Ton, den seine Stimme dabei angenommen hatte.

Auch ihr war er nicht entgangen. »Nun ja, das könnte ich. Aber ich glaube, Sie wären mit einer formelleren Unterweisung besser dran. Wir werden die Bibliothek benutzen, müssen Sie wissen, und am Ende des Kurses wird man Sie auffordern, Informationen über bestimmte historische Themen ausfindig zu machen. Sie werden während der ganzen Zeit in Wettbewerb mit den anderen Studenten stehen, und das wird Ihnen beim Lernen helfen. Privatunterricht wäre da wesentlich weniger wirksam, das kann ich Ihnen versichern. Aber ich verstehe natürlich, dass es Ihnen etwas schwerfällt, sich dem Wettbewerb mit jungen Studenten auszusetzen. Wenn Sie es nicht so gut schaffen wie diese jungen Leute, könnte es sein, dass Sie sich erniedrigt fühlen. Sie müssen dabei aber bedenken, dass diese Studenten bereits elementare Geschichte studiert haben, und Sie vielleicht nicht.«

»Habe ich nicht. Daran ist gar kein ›Vielleicht‹. Ich fürchte den Wettbewerb nicht und glaube auch nicht, dass mir dabei eine Perle aus der Krone fällt – wenn ich nur lerne, wie man in historischen Werken nachschlägt.«

Seldon war bereits klar, dass er anfing, an dieser jungen Frau Gefallen zu finden und daher mit Vergnügen die Gelegenheit ergriff, von ihr ausgebildet zu werden. Und ebenso war ihm auch sehr wohl die Tatsache bewusst, dass er an einem Wendepunkt angelangt war.

Er hatte Hummin versprochen, dass er versuchen würde, eine praktische Psychohistorik zu entwickeln, aber das war ein intellektuelles und nicht etwa emotionelles Versprechen gewesen. Jetzt war er fest entschlossen, der Psychohistorik an die Gurgel zu gehen – wenn das nötig sein sollte –, um sie zu einem praktikablen Werkzeug zu machen. Und daran war vielleicht Dors Venabili schuld.

Oder hatte Hummin etwa damit gerechnet? Dieser Hummin, dachte Seldon, war vielleicht eine höchst gefährliche Person.

19

Cleon I. hatte die Abendmahlzeit beendet, unglücklicherweise eine höchst formelle Staatsaktion. Das bedeutete, dass er sich die Zeit hatte nehmen müssen, mit verschiedenen Beamten – von denen er keinen einzigen kannte – in gedrechselten Sätzen zu sprechen, die darauf abgestimmt waren, jedem seine Streicheleinheit zu verpassen und seine Loyalität der Krone gegenüber zu aktivieren. Ferner bedeutete es, dass das Essen in lauwarmem Zustand zu ihm gelangte und noch weiter abgekühlt war, bis er es schließlich essen konnte.

Es musste doch Mittel und Wege geben, um so etwas zu vermeiden. Vielleicht sollte er vorher für sich alleine essen oder mit ein oder zwei Vertrauten, mit denen er sich entspannen konnte. Anschließend konnte er ja dann der formellen Mahlzeit beiwohnen, bei der man ihm dann lediglich eine importierte Birne reichen konnte. Birnen liebte er. Aber würde das vielleicht die Gäste beleidigen, die die Weigerung des Kaisers, mit ihnen gemeinsam die Mahlzeit einzunehmen, vielleicht als bewusste Beleidigung auffassen würden?

Seine Frau war in dieser Hinsicht natürlich völlig unbrauchbar, denn ihre Anwesenheit würde seine Unzufriedenheit nur noch weiter steigern. Er hatte sie geheiratet, weil sie einer mächtigen Dissidentenfamilie angehörte, die infolge dieser Heirat ihr Dissidententum etwas mildern sollte. Cleon hoffte freilich inbrünstig, dass sie zumindest das nicht tun würde. Er war völlig damit einverstanden, sie ihr eigenes Leben in ihrem eigenen

Teil des Palastes leben zu lassen – abgesehen von den ständigen Bemühungen natürlich, einen Thronerben zu produzieren –, weil er sie – um die Wahrheit zu sagen – überhaupt nicht mochte. Und jetzt, wo sich ein Erbe eingestellt hatte, konnte er sie völlig ignorieren.

Er kaute ein paar Nüsse, von denen er sich beim Weggehen vom Tisch eine Handvoll mitgenommen hatte, und sagte: »Demerzel!«

»Sire?«

Demerzel tauchte immer sofort auf, wenn Cleon ihn rief. Ob er sich nun dauernd in Hörweite an der Tür aufhielt oder sich näherte, weil sein auf Dienen gerichteter Instinkt ihn irgendwie alarmierte, wusste Cleon nicht. Aber jedenfalls tauchte er auf, und das war das Wichtige. Natürlich gab es Zeiten, wo Demerzel in Reichsangelegenheiten abwesend sein musste. Cleon war das immer höchst unsympathisch, weil ihn zu solchen Zeiten stets ein Gefühl der Unsicherheit beschlich.

»Was ist aus diesem Mathematiker geworden? Ich habe vergessen, wie er hieß?«

Demerzel, der ganz sicherlich wusste, wen der Kaiser meinte, der aber vielleicht prüfen wollte, wie gut das Erinnerungsvermögen des Kaisers tatsächlich war, sagte: »Welchen Mathematiker hatten Sie im Sinn, Sire?«

Cleon machte eine ungeduldige Handbewegung. »Den Wahrsager. Den, der mich sprechen wollte.«

»Den, nach dem wir geschickt haben?«

»Nun gut, dann haben wir eben nach ihm geschickt. Jedenfalls ist er zu mir gekommen. Sie wollten sich doch der Sache annehmen, wie ich mich entsinne. Haben Sie das?«

Demerzel räusperte sich. »Sire, ich habe es versucht.«

»Ah! Das heißt, dass Sie es nicht geschafft haben, nicht wahr?« Cleon fühlte ein gewisses Gefühl der Befriedigung. Demerzel war der Einzige seiner Minister, dem es auch nichts ausmachte, etwas nicht zu schaffen. Die anderen gaben das nie zu, und da sie dennoch häufig etwas nicht schafften, war es schwierig, ihre Fehler zu korrigieren. Vielleicht konnte Demerzel es sich leisten, ehrlicher zu sein, weil er so selten einen Auftrag nicht erfüllen konnte. Wenn Demerzel nicht gewesen wäre, dachte Cleon bedrückt, hätte er vielleicht nie erfahren, was Ehrlichkeit bedeutete. Vielleicht hatte das vor ihm noch kein Kaiser erfahren, und vielleicht war das einer der Gründe, weshalb das Imperium …

Er schob den Gedanken von sich und ärgerte sich plötzlich über das Schweigen des anderen und sagte scharf, weil er ein Geständnis wollte, nachdem er ja gerade Demerzels Ehrlichkeit für sich bewundert hatte: »Nun, Sie *haben* es doch nicht geschafft, oder?«

Demerzel zuckte mit keiner Wimper. »Sire, ich habe es teilweise nicht geschafft. Ich war der Ansicht, es könnte uns Schwierigkeiten bereiten, ihn hier auf Trantor zu haben, wo die Dinge … nun … problematisch sind, und dachte, es wäre angenehmer, wenn er auf seinen Heimatplaneten zurückkehrte. Er hatte das ohnehin für den nächsten Tag vor, aber da immerhin die Gefahr bestand, dass es zu Komplikationen kam – dass er also etwa doch auf Trantor bleiben wollte –, sorgte ich dafür, dass zwei junge Männer von der Straße ihn noch am selben Tag zu seinem Schiff brachten.«

»Kennen Sie Männer von der Straße, Demerzel?« Cleon schien das zu amüsieren.

»Sire, es ist wichtig, Zugang zu vielen Arten von Menschen zu haben, denn jeder Typ hat seinen ganz besonderen Nutzen – und Männer von der Straße gehören auch dazu. Übrigens hatten sie keinen Erfolg.«

»Und warum war das so?«

»Eigenartigerweise konnte Seldon sie abwehren.«

»Der Mathematiker konnte kämpfen?«

»Allem Anschein nach schließen sich die Mathematik und die Kunst der Selbstverteidigung nicht notwendigerweise gegenseitig aus. Ich brachte in Erfahrung, wenn auch etwas zu spät, dass seine Welt Helicon dafür bekannt ist – für die Kriegskünste, nicht die Mathematik. Dass ich das nicht früher in Erfahrung brachte, war tatsächlich ein schwerer Fehler, Sire, und ich kann Sie dafür nur um Vergebung bitten.«

»Aber dann ist der Mathematiker ja vermutlich am nächsten Tag nach Hause abgereist, so wie er das geplant hatte.«

»Unglücklicherweise ist mein Schuss nach hinten losgegangen. Der Zwischenfall beunruhigte ihn, und er beschloss, nicht nach Helicon zurückzukehren, sondern blieb auf Trantor. Möglicherweise hat ihn ein Passant dahingehend beraten, der zufällig Zeuge der Auseinandersetzung war. Das war eine weitere Komplikation, mit der ich nicht gerechnet hatte.«

Kaiser Cleon runzelte die Stirn. »Dann ist unser Mathematiker – wie heißt er doch?«

»Seldon, Sire. Hari Seldon.«

»Dann ist dieser Seldon jetzt unserem Zugriff entzogen?«

»In gewissem Sinne könnte man das sagen, Sire. Wir haben natürlich Erkundigungen angestellt und herausgefunden, wohin er sich begeben hat. Er befindet sich jetzt in der Streeling-Universität und ist dort für uns unberührbar.«

Der Kaiser blickte finster, und sein Gesicht rötete sich dabei leicht. »Dieses Wort ärgert mich – ›unberührbar‹. Es sollte im ganzen Reich keinen Ort geben, den meine Hand nicht erreichen kann. Und doch sagen Sie mir, dass hier auf meiner eigenen Welt jemand unberührbar sein kann. Unerträglich!«

»Ihre Hand kann die Universität erreichen, Sire. Sie können Ihre Armee hineinschicken und diesen Seldon jederzeit herausholen. Nur dass es … unerwünscht ist, das zu tun.«

»Warum sagen Sie nicht ›unpraktisch‹, Demerzel? Sie klingen jetzt wie der Mathematiker, als er von seiner Wahrsagekunst sprach. Es ist möglich, aber unpraktisch. Ich bin ein Kaiser, der alles möglich, aber nur sehr wenig praktisch findet.

Denken Sie daran, Demerzel, wenn ich schon Seldon nicht erreichen kann, Sie erreiche ich jederzeit.«

Eto Demerzel überhörte die letzte Bemerkung. Der »Mann hinter dem Thron« wusste, wie wichtig er dem Kaiser war und hatte solche Drohungen nicht das erste Mal gehört. Er wartete schweigend, während der Kaiser eine finstere Miene machte. Cleon trommelte mit den Fingern auf der Armlehne seines Sessels. Schließlich fragte er: »Nun, was nützt uns dieser Mathematiker, wenn er in der Streeling-Universität ist?«

»Nun, es könnte ja möglich sein, Sire, aus der Not eine Tugend zu machen. Er könnte ja in der Universität zu dem Entschluss kommen, an seiner Psychohistorik zu arbeiten.«

»Obwohl er darauf beharrt, dass sie keinen praktischen Nutzen hat?«

»Er könnte ja unrecht haben und herausfinden, dass er unrecht hat. Und wenn er das herausfindet, dann würden wir ganz sicherlich irgendeine Möglichkeit ausfindig machen, ihn aus der Universität herauszuholen. Es ist sogar möglich, dass er sich unter diesen Umständen freiwillig auf unsere Seite schlagen würde.«

Der Kaiser überlegte eine Weile stumm und meinte dann: »Und wenn uns jemand anderer dabei zuvorkommt und ihn vor uns in seine Gewalt bringt?«

»Wer würde denn so etwas tun wollen, Sire?«, fragte Demerzel sanft.

»Der Bürgermeister von Wye beispielsweise«, sagte Cleon, und plötzlich wurde seine Stimme laut. »Er träumt immer noch davon, die Macht im Reich an sich zu reißen.«

»Das Alter hat ihm die Zähne gezogen, Sire.«

»Glauben Sie das ja nicht, Demerzel.«

»Und wir haben keinen Grund zu der Annahme, dass er an Seldon interessiert ist oder auch nur von ihm weiß, Sire.«

»Hören Sie doch auf, Demerzel! Wenn wir von dem Vortrag gehört haben, könnte Wye das genauso gut. Wenn wir die mögliche Bedeutung Seldons erkennen, könnte Wye das auch.«

»Wenn das geschehen sollte«, sagte Demerzel, »oder selbst dann, wenn es eine gewisse Wahrscheinlichkeit dafür geben sollte, hätten wir die Rechtfertigung dafür, harte Maßnahmen zu ergreifen.«

»Wie hart?«

Demerzel überlegte einen Augenblick lang und formulierte dann vorsichtig: »Nun, man könnte argumentieren, ehe wir zulassen, dass Seldon in Wyes Hände fällt, könnten wir es vielleicht vorziehen, ihn niemandem in die Hand fallen zu lassen, also veranlassen, dass er aufhört zu existieren, Sire.«

»Ihn töten lassen, meinen Sie«, sagte Cleon.

»Wenn Sie es so ausdrücken wollen, Sire«, sagte Demerzel.

20

Hari Seldon lehnte sich in seinem Sessel in dem Alkoven zurück, den man ihm auf Dors Venabilis Veranlassung zugewiesen hatte. Er war unzufrieden.

Obwohl er in seinen Gedanken diesen Begriff benutzte, wusste er, dass er viel zu schwach war, um seine Gefühle richtig auszudrücken. Er war nicht nur unzufrieden, er war wütend – ganz besonders, weil er eigentlich gar nicht wusste, weshalb er so wütend war. War es wegen der Geschichtswerke? Wegen der Menschen, die sie geschrieben hatten? Wegen der Welten und der Menschen, die die Geschichte gemacht hatten?

Doch welches Ziel auch immer seine Wut hatte, eigentlich hatte das gar nichts zu bedeuten. Das Einzige, was zählte, war, dass seine Aufzeichnungen nutzlos waren, dass sein neues Wissen nutzlos war. Dass alles nutzlos war.

Er befand sich jetzt seit beinahe sechs Wochen in der Universität. Er hatte es gleich zu Anfang geschafft, ein Computerterminal zu finden, und hatte mit seiner Arbeit begonnen – zwar ohne ausdrückliche Unterweisung, aber mit dem Instinkt, den er sich in den Jahren seiner mathematischen Studien angeeignet hatte. Es war langsam, stockend, gegangen, aber dafür hatte es ihm auch ein wenig Spaß gemacht, sich in kleinen Schritten an die Antworten auf seine Fragen heranzutasten.

Dann kam die Woche der Unterweisung mit Dors, wobei er ein paar Tricks gelernt hatte, sich andererseits aber auch hatte ärgern müssen. Sein Ärger rührte von den Seitenblicken, die ihm die jungen Studenten immer wieder zuwarfen, die sich über sein Alter lustig machten und immer wieder die Stirn runzelten, wenn Dors ihn mit »Doktor« ansprach.

»Ich möchte nicht, dass die glauben, Sie wären irgendein rückständiger ewiger Student«, meinte sie.

»Aber das ist denen doch inzwischen sicherlich klar. Jetzt müsste doch ein ganz einfaches ›Seldon‹ genügen.«

»Nein«, sagte Dors und lächelte plötzlich. »Außerdem spreche ich Sie gerne als ›Dr. Seldon‹ an. Mir gefällt es, dass Sie dabei jedes Mal so verlegen aussehen.«

»Sie haben ja einen ganz besonders sadistischen Humor.«

»Wollen Sie mir denn die Freude nehmen?«

Aus irgendeinem Grund brachte ihn das zum Lachen. Die natürliche Reaktion wäre doch ganz sicherlich gewesen, den Vorwurf des Sadismus weit von sich zu weisen. Irgendwie machte es ihm Spaß, dass sie den Ball sozusagen aufnahm und ihn in sein Feld zurückschlug. Und dieser Gedanke wiederum löste fast automatisch eine Frage aus: »Spielen Sie hier in der Universität Tennis?«

»Es gibt Plätze, aber ich spiele nicht.«

»Gut. Ich werde es Ihnen beibringen. Und dann werde ich Sie mit Professor Venabili ansprechen.«

»Das tun Sie ja beim Unterricht auch.«

»Sie werden staunen, wie lächerlich das auf dem Tennisplatz klingt.«

»Vielleicht gefällt es mir dann.«

»In dem Fall werde ich vielleicht versuchen herauszubringen, was Ihnen sonst noch gefallen könnte.«

»Ich sehe schon, dass Sie eine besonders anzügliche Art von Humor haben.«

Den Ball hatte sie ihm absichtlich zugespielt, und er sagte: »Wollen Sie mir denn die Freude nehmen?«

Sie lächelte. Nachher, auf dem Tennisplatz, hielt sie sich überraschend gut. »Und Sie haben ganz sicher noch nie Tennis gespielt?«, fragte er, noch etwas außer Atem, als sie die erste Runde hinter sich hatten.

»Ganz bestimmt«, sagte sie.

Und in einem weiteren Punkt führte der Unterricht bei ihm zu Verstimmung, aber der war mehr privater Natur. Er lernte die erforderliche Technik, um sich Zugang zu historischen Daten zu verschaffen, und ärgerte sich dann – für sich – über seine vorangegangenen Versuche, den Gedächtnisspeicher des Computers zu benutzen. Es war einfach eine völlig andere Denkweise als die, die man in der Mathematik benutzte. Sie war gleichermaßen logisch, nahm er an, da man sie konsequent und ohne dass dabei Fehler auftraten, nutzen konnte, um sich in jeder beliebigen Richtung zu bewegen. Aber es war jedenfalls eine in den Grundzügen andere Art der Logik als die, welche er gewöhnt war.

Aber mit oder ohne Unterweisung, ob er sich nun mühsam fortbewegte oder schnell, er gelangte einfach nicht zu Resultaten.

Sein Ärger kam auf dem Tennisplatz zum Ausdruck. Dors gelangte schnell an den Punkt, wo es nicht mehr nötig war, ihr leicht und vorsichtig zuzuspielen, um ihr Zeit zu lassen, Richtung und Distanz richtig einzuschätzen. Das machte es ihm leicht zu vergessen, dass sie dennoch nur eine Anfängerin war, und er drückte seinen Ärger in seinen Schlägen aus, indem er die Bälle auf sie abfeuerte, als wären sie Laserstrahlen.

Sie kam ans Netz und sagte: »Ich kann ja verstehen, dass Sie mich umbringen wollen, weil es Sie ganz bestimmt ärgert, dass ich so oft den Aufschlag verpatze. Mich wundert nur, dass Sie meinen Kopf um drei Zentimeter verfehlt haben. Ich meine, Sie haben mich ja nicht einmal *angekratzt*. Können Sie es denn nicht besser?«

Seldon versuchte erschreckt zu erklären, brachte aber nur zusammenhangloses Gestammel heraus.

»Schauen Sie«, meinte sie, »ich werde mich heute ohnehin nicht mehr in Gefahr bringen, also sollten wir vielleicht jetzt duschen gehen und dann eine Tasse Tee miteinander trinken. Dann können Sie mir ja sagen, was Sie *wirklich* umbringen wollten. Wenn ich nicht das wahre Opfer war und Sie sich Ihren Ärger nicht herunterreden können, dann sind Sie mir auf der anderen Seite des Netzes viel zu gefährlich, als dass ich mich noch einmal als Ziel zur Verfügung stellen möchte.«

Beim Tee sagte er dann: »Dors, ich habe ein Geschichtswerk nach dem anderen überflogen, wirklich nur überflogen, flüchtig. Ich hatte bis jetzt noch keine Zeit für tiefer gehende Studien. Trotzdem ist mir jetzt schon klar geworden, dass sämtliche Buchfilme sich nur auf dieselben paar Ereignisse konzentrieren.«

»Wesentliche Ereignisse. Solche, die Geschichte machten.«

»Das ist nur ein Vorwand. Sie kopieren einander. Dort draußen gibt es fünfundzwanzig Millionen Welten, und davon werden vielleicht fünfundzwanzig nennenswert erwähnt.«

»Sie lesen nur die allgemeine galaktische Geschichte«, erklärte Dors. »Sehen Sie sich die Werke an, die sich mit einigen der kleineren Welten befassen. Auf jeder Welt, und wäre sie auch noch so klein, lehrt man die Kinder zuerst die lokale Geschichte, ehe sie überhaupt herausfinden, dass es draußen eine riesengroße bewohnte Galaxis gibt. Wissen Sie selbst denn im Augenblick nicht viel mehr über Helicon als über den Aufstieg Trantors oder den Großen Interstellaren Krieg?«

»Dabei handelt es sich auch um recht beschränktes Wissen«, sagte Seldon bedrückt: »Ich kenne die Geografie Helicons und die Geschichte der Besiedlung unseres Planeten und weiß von all den Boshaftigkeiten des Planeten Jennisek – das ist unser Erbfeind, obwohl unsere Lehrer sehr darauf bedacht waren, uns beizubringen, dass wir vom ›traditionellen Rivalen‹ sprechen sollten. Aber welche Beiträge Helicon für die allgemeine galaktische Geschichte geleistet hat, habe ich nie gelernt.«

»Vielleicht gibt es gar keine solchen Beiträge.«

»Seien Sie nicht albern. Natürlich hat es die gegeben. Vielleicht waren sie nicht besonders groß, keine riesigen Weltraumschlachten um Helicon oder Rebellionen oder Friedensverträge. Vielleicht hat nie jemand, der Anspruch auf den Thron erhob, Helicon zu seinem Stützpunkt erklärt. Aber irgendwelche subtilen Einflüsse *muss* es gegeben haben. Es kann doch ganz sicherlich nichts an irgendeinem Ort geschehen, ohne Einfluss auf den Rest der Welt zu haben. Und doch habe ich nichts gefunden, das mir weiterhilft. – Sehen Sie mal, Dors, in der Mathematik kann man *alles* im Computer finden, alles, was wir wissen oder in zwanzigtausend Jahren herausgefunden haben. In der Geschichte ist das nicht so. Historiker picken herum und wählen aus, und jeder von ihnen pickt sich dasselbe.«

»Aber Hari«, sagte Dors, »Mathematik ist etwas Geordnetes, was der Mensch erfunden hat. Eines folgt aus dem anderen. Es gibt Definitionen und Axiome, die alle bekannt sind. Es ist … es ist … alles aus einem Stück. Die Geschichte ist anders. In ihr werden die Taten und Gedanken von Trillionen von Menschen unbewusst herausgearbeitet. Die Historiker *müssen* sich etwas herauspicken und ihre Wahl treffen.«

»Ganz genauso ist es«, sagte Seldon, »aber ich muss die ganze Geschichte kennen, wenn ich die Gesetze der Psychohistorik entwickeln soll.«

»In dem Fall werden Sie die Gesetze der Psychohistorik nie formulieren.«

Das war am Vortag gewesen. Nun saß Seldon in seinem Sessel in seinem Alkoven, nach einem weiteren nutzlos verbrachten Tag, und konnte Dors' Stimme noch immer hören, als sie sagte: »In dem Fall werden Sie die Gesetze der Psychohistorik nie formulieren.«

Das war genau das, was er von Anfang an gedacht hatte. Und wenn Hummin nicht vom Gegenteil überzeugt gewesen wäre und er nicht die seltsame Fähigkeit besessen hätte, Seldon mit dem Feuer seiner eigenen Überzeugung anzustecken, hätte Seldon weiterhin so gedacht.

Und doch konnte er auch nicht einfach loslassen. Würde es vielleicht nicht doch irgendeinen Ausweg geben? Aber es wollte ihm keiner in den Sinn kommen.

OBERSEITE

Trantor – … Fast nie aus der Weltraumperspektive abgebildet. Schon lange gilt Trantor für die Menschheit als eine Welt des Innern, und das Bild, das man sich von Trantor macht, ist ein Bild einer menschlichen Bienenwabe, die unter den Kuppeln ihre Existenz führte. Und doch gab es auch ein Äußeres, und noch heute existieren aus dem Weltraum aufgenommene Holografien, die in unterschiedlichem Ausmaß Details zeigen (siehe Abb. 14 und 15). Die Oberfläche der Kuppeldome und der Übergang zwischen der riesigen Stadt und der Atmosphäre darüber wurde zur Blütezeit Trantors als »Oberseite« bezeichnet …

ENCYCLOPAEDIA GALACTICA

21

Und doch fand sich Hari Seldon auch am darauffolgenden Tag wieder in der Bibliothek ein. Zum einen war da das Versprechen, das er Hummin gegeben hatte. Er hatte versprochen, dass er sich alle Mühe geben würde, und konnte jetzt nicht gut halbherzig an die Sache herangehen. Zum anderen war er es auch sich selbst schuldig – weil ihm der Gedanke an einen Misserfolg zutiefst unangenehm war. Bis jetzt wenigstens; nicht so lange er sich selbst plausibel einreden konnte, dass er Hinweisen nachging.

So starrte er die Liste der Nachschlagewerke an, die er bis jetzt noch nicht konsultiert hatte, und versuchte, eine Entscheidung darüber zu treffen, welches davon ihm nützlich sein könnte. Er hatte sich schon fast damit abgefunden, dass ihm wohl nicht erspart bleiben würde, jede einzelne Stelle zu überprüfen, als ihn ein leises Pochen an der Wand aus seinen Gedanken riss.

Seldon blickte auf und sah sich dem etwas verlegenen Gesicht Lisung Randas gegenüber, der um die Alkovenwand zu ihm hereinblickte. Seldon kannte Randa, Dors hatte ihn ihm vorgestellt, und er hatte mit ihm (und anderen) mehrere Male gegessen.

Randa, ein Psychologiedozent, war klein, untersetzt und behäbig, mit einem runden, freundlichen Gesicht und einem fast immerwährenden Lächeln. Seine Gesichtsfarbe war gelblich, und er hatte die schmalen Augen, die für Menschen auf Millionen von Welten so charakteristisch sind. Seldon waren solche Züge wohl vertraut, denn viele der großen Mathematiker hatten so ausgesehen, und er hatte häufig ihre Hologramme gesehen. Auf Helicon freilich war ihm nie einer dieser Orientalen begegnet. (Man nannte sie aus Tradition so, obwohl niemand den Grund dafür kannte; und es hieß, dass den Orientalen selbst der Begriff unangenehm war, aber auch dafür kannte niemand den Grund.)

»Hier auf Trantor gibt es Millionen von uns«, hatte Randa gesagt und ihn ohne eine Spur von Verlegenheit angelächelt, als Seldon beim ersten Zusammentreffen seine Überraschung nicht hatte verbergen können. »Sie finden auch eine Menge Südländer – dunkle Haut und kurzes, lockiges Haar. Haben Sie je einen gesehen?«

»Nicht auf Helicon«, murmelte Seldon.

»Auf Helicon gibt es wohl nur Westler? Wie langweilig. Aber das macht nichts.« (Nachher hatte Seldon darüber nachgedacht, dass es Orientalen, Südländer und Westler, aber keine Nordländer oder Nordler gab. Er hatte bei seiner Suche in den Nachschlagewerken versucht, eine Antwort darauf zu finden, aber das war ihm nicht gelungen.)

Und jetzt sah ihn Randas freundliches Gesicht mit einem fast lächerlich wirkenden Ausdruck der Besorgnis an. »Bei Ihnen alles in Ordnung, Seldon?«, fragte er.

Seldon starrte ihn an. »Ja, selbstverständlich. Warum auch nicht?«

»Ich gehe nur nach dem Geräusch, mein Freund. Sie haben geschrien.«

»Geschrien?« Seldon sah ihn ungläubig, beinahe beleidigt an.

»Nicht laut. So.« Randa biss die Zähne zusammen und entlockte seiner Kehle ein halb ersticktes schrilles Geräusch. »Wenn ich mich geirrt haben sollte, dann bitte ich um Entschuldigung für die unnötige Störung. Bitte verzeihen Sie mir.«

Seldon ließ den Kopf hängen. »Ich habe Ihnen verziehen, Lisung. Man hat mir schon gesagt, dass ich dieses Geräusch tatsächlich manchmal von mir gebe. Ich kann Ihnen versichern, das ist unbewusst. Ich merke das nie.«

»Ist Ihnen dann wenigstens bekannt, *warum* Sie es tun?«

»Ja. Aus Enttäuschung. *Enttäuschung.*«

Randa winkte Seldon näher zu sich heran, und seine Stimme wurde noch leiser. »Wir stören die Leute hier. Gehen wir ins Foyer hinaus, ehe man uns hinauswirft.«

Als sie draußen ihre Getränke vor sich stehen hatten, meinte Randa: »Darf ich Sie fragen – aus rein beruflichem Interesse –, *warum* Sie enttäuscht sind?«

Seldon zuckte die Achseln. »Warum ist man gewöhnlich enttäuscht? Ich habe mich in etwas verbissen, ohne Fortschritte zu machen.«

»Aber Sie sind Mathematiker, Hari. Wie kommt es, dass etwas in der Geschichtsbibliothek Ihnen Enttäuschung bereitet?«

»Was haben *Sie* denn hier gemacht?«

»Ich wollte mir nur den Weg etwas abkürzen und bin deshalb durchgegangen, als ich Sie ... stöhnen hörte. Und jetzt ist es natürlich keine Abkürzung mehr ...« – er lächelte –, »... sondern eher eine Verzögerung – aber die begrüße ich natürlich.«

»Ich wünschte, ich befände mich auch nur auf dem Weg durch die Geschichtsbibliothek, aber ich versuche ein mathematisches Problem zu lösen, das gewisse Geschichtskenntnisse erfordert, und ich fürchte, ich komme damit nicht besonders gut zurecht.«

Randa starrte Seldon mit einer für seine Person ungewöhnlich ernsten Miene an und meinte dann: »Entschuldigen Sie, aber jetzt muss ich wohl das Risiko eingehen, dass ich Sie beleidige. Ich habe Sie computert.«

»*Mich* computert!« Seldons Augen weiteten sich, und er spürte, wie er ärgerlich wurde.

»Jetzt *habe* ich Sie beleidigt. Aber wissen Sie, ich hatte einen Onkel, der auch Mathematiker war. Vielleicht haben Sie sogar von ihm gehört. Kiangtau Randa.«

»Mit dem Randa sind Sie verwandt?«, meinte Seldon erstaunt.

»Ja. Er ist der ältere Bruder meines Vaters und war mir recht böse, dass ich nicht in seine Fußstapfen getreten bin – er hat selbst keine Kinder. Ich dachte, es würde ihn irgendwie freuen, dass ich einen Mathematiker kennengelernt habe und wollte mit Ihnen prahlen – wenn ich das konnte –, also habe ich nachgesehen, was in der Mathematikbibliothek über Sie zu finden war.«

»Ich verstehe. Das haben Sie also dort gemacht. Nun – es tut mir leid. Ich kann mir nicht vorstellen, dass Sie besonders viel Stoff zum Prahlen gefunden haben.«

»Da irren Sie sich. Ich war recht beeindruckt. Ich konnte zwar mit den Themen Ihrer Vorträge nicht viel anfangen, aber irgendwie schien alles doch sehr beeindruckend. Und als ich dann noch in den Nachrichtenarchiven nachsah, fand ich heraus, dass Sie vor ein paar Wochen an dem Mathematikerkongress hier teilgenommen haben. Und demzufolge … Was ist ›Psychohistorik‹ eigentlich? Die beiden ersten Silben haben natürlich meine Neugierde geweckt.«

»Auf den Begriff sind Sie also gestoßen.«

»Wenn ich mich nicht völlig irre, so können Sie anscheinend den künftigen Kurs der Geschichte ermitteln.«

Seldon nickte müde. »Das ist mehr oder weniger das, was die Psychohistorik kann, oder besser gesagt, können soll.«

»Aber handelt es sich dabei um ein ernsthaftes Studium?« Randa lächelte. »Sie werfen nicht nur Stöckchen?«

»Werfen Stöckchen?«

»Das ist so ein Spiel, das die Kinder auf meinem Heimatplaneten Hopara spielen. Damit soll man die Zukunft vorhersagen können, und wenn man ein kluges Kind ist, kann man einiges daraus machen. Sagen Sie einem Mädchen, dass es schöne Kinder haben und einen reichen Mann heiraten wird. Schon haben Sie ein Stück Kuchen oder ein Halbcreditstück. Sie wird nicht warten, ob es wirklich dazu kommt; Sie bekommen Ihren Lohn schon dafür, dass Sie es sagen.«

»Ach so. Nein, ich werfe keine Stöckchen. Die Psychohistorik ist eine rein abstrakte Studie. Völlig abstrakt. Man kann sie überhaupt nicht in der Praxis anwenden, nur …«

»Jetzt kommen wir zur Sache. Das Interessante sind immer die Ausnahmen.«

»Nur dass ich gerne eine solche Ausnahme entwickeln möchte. Wenn ich mehr über Geschichte wüsste, könnte ich vielleicht …«

»Ah, deshalb beschäftigen Sie sich also mit Geschichte?«

»Ja, aber es nützt mir nichts«, sagte Seldon betrübt. »Es gibt zu viel Geschichte und zu wenig davon wird berichtet.«

»Und das ist es, was Sie enttäuscht?«

Seldon nickte.

»Aber Sie sind doch erst ein paar Wochen hier«, sagte Randa.

»Das stimmt. Aber ich kann jetzt schon erkennen …«

»In ein paar Wochen können Sie gar nichts erkennen. Möglicherweise müssen Sie Ihr ganzes Leben damit verbringen, um nur einen winzigen Schritt vorwärtszukommen. Vielleicht erfordert es viele Generationen der Arbeit vieler Mathematiker, um wirklich weiterzukommen.«

»Das weiß ich, Lisung, aber davon bin ich nicht gerade entzückt. Ich möchte selbst sichtbare Fortschritte erzielen.«

»Nun, wenn Sie sich selbst verrückt machen, hilft Ihnen das ganz bestimmt nicht weiter. Falls Sie sich dann wohler fühlen, kann ich Ihnen ein Thema nennen, das viel weniger kompliziert ist als die menschliche Geschichte, und an dem die Menschen ich weiß nicht wie lange gearbeitet haben, ohne viel Fortschritte zu erzielen. Ich weiß das, weil eine Gruppe hier an der Universität daran arbeitet und einer meiner besten Freunde der Gruppe angehört. Sie reden von Enttäuschung! Sie wissen doch gar nicht, was Enttäuschung ist.«

»Was ist das für ein Thema?« Seldon spürte, wie die Neugierde sich in ihm regte.

»Meteorologie.«

»Meteorologie!« Seldon empfand fast ein Gefühl des Abscheus über den Vergleich.

»Jetzt schneiden Sie nicht gleich ein Gesicht. Schauen Sie, jede bewohnte Welt hat eine Atmosphäre. Jede Welt hat ihre eigene atmosphärische Zusammensetzung, ihren eigenen Temperaturbereich, ihre eigene Rotations- und Umlaufgeschwindigkeit, ihre eigene Achsneigung und ihre eigene Verteilung zwischen Land und Wasser. Wir haben fünfundzwanzig Millionen verschiedener Probleme, und niemandem ist es bisher gelungen, so etwas wie einen gemeinsamen Nenner zu finden.«

»Das liegt daran, weil das Verhalten der Atmosphäre leicht in eine chaotische Phase eintritt. Das weiß doch jeder.«

»Das sagt mein Freund Jenarr Leggen auch. Sie haben ihn kennengelernt.«

Seldon dachte nach. »Ein ziemlich großer Mann mit langer Nase? Redet nicht viel?«

»Der ist es – und Trantor selbst ist ein größeres Rätsel als jede andere Welt. Nach den Archiven hatte Trantor bei der ersten Besiedelung ein ziemlich normales Wettermuster. Als die Bevölkerung dann wuchs und die Verstädterung sich ausbreitete, wurde mehr Energie eingesetzt, sodass auch mehr Wärme an die Atmosphäre abgegeben wurde. Die Eiskappen an den Polen schmolzen ab, die Wolkenschicht wurde dicker und das Wetter wurde lausiger. Das löste unterirdische Bewegungen aus und führte damit zu einem Teufelskreis. Je schlimmer das Wetter wurde, desto eifriger grub man in die Tiefe und baute Kuppeln, und das Wetter wurde noch schlimmer. Jetzt ist der Planet mit einer fast beständigen Wolkendecke überzogen, und es regnet häufig – oder schneit, wenn es dafür kalt genug ist. Nur dass man es auch heute noch nicht ordentlich vorhersagen kann. Bis jetzt hat noch niemand eine Analyse entwickelt, die zufriedenstellend erklärt, weshalb das Wetter sich in solchem Maße verschlechtert hat oder wie man die Veränderungen von Tag zu Tag einigermaßen genau vorhersagen kann.«

Seldon zuckte die Achseln. »Ist so etwas denn wichtig?«

»Für einen Meteorologen schon. Warum sollten sie nicht über ihre Probleme ebenso enttäuscht sein wie Sie über die Ihren? Jetzt seien Sie bloß kein Chauvinist.«

Seldon erinnerte sich an den bedeckten Himmel und die Kühle, als er zum Kaiserpalast gegangen war.

»Und was wird unternommen?«, fragte er.

»Nun, es gibt hier an der Universität ein umfangreiches Projekt zu diesem Thema, und Jenarr Leggen arbeitet daran mit. Man ist der Ansicht, wenn man die Wetterveränderung auf Trantor versteht, würde man eine ganze Menge über die grundlegenden Gesetzmäßigkeiten der allgemeinen Meteorologie lernen. Leggen wünscht sich das ebenso sehr, wie Sie sich Ihre Gesetze der Psychohistorik wünschen. Also hat er ein ganzes Arsenal von Instrumenten aller Art an der Oberseite aufgebaut … Sie wissen schon, über den Kuppeln. Aber bis jetzt hat ihn das auch nicht weitergebracht. Und wenn jetzt schon seit so vielen Generationen so umfangreich an der Atmosphäre gearbeitet wird, ohne dass es zu Ergebnissen kam, wie können Sie sich da beklagen, dass Sie in ein paar Wochen mit Ihren geschichtlichen Forschungen nicht weitergekommen sind?«

Randa hatte recht, dachte Seldon, er selbst war unvernünftig gewesen und hatte unrecht. Und doch … und doch … Hummin würde sagen, dass dieses Scheitern der wissenschaftlichen Methode ein weiteres Zeichen der allgemeinen Degeneration war. Vielleicht hatte er auch recht, nur dass er von allgemeiner Degeneration und *durchschnittlichen* Effekten sprach. Seldon hatte nicht das Gefühl, selbst zu degenerieren.

Interessiert fragte er: »Sie meinen, die Menschen klettern aus den Kuppeln hinaus ins Freie?«

»Ja. Sie nennen das die Oberseite. Aber irgendwie ist das komisch. Die meisten auf Trantor geborenen Menschen sind dazu nicht bereit. Sie gehen nicht gerne an die Oberseite, ihnen wird dabei irgendwie schwindlig oder so etwas. Die meisten, die im Meteorologieprojekt tätig sind, sind Außenweltler.«

Seldon sah zum Fenster hinaus auf die Rasenflächen und kleinen Gärten des Universitätsgeländes, alle hell und schattenlos beleuchtet, und meinte nachdenklich: »Ich weiß nicht, ob ich es den Trantorianern verübeln kann, dass sie das behagliche Leben vorziehen. Aber eigentlich sollte man meinen, dass die Neugierde wenigstens *einige* an die Oberseite drängt. Mich würde es dort draußen interessieren.«

»Sie meinen, Sie würden gerne Meteorologen in Aktion erleben?«

»Ich glaube schon. Wie kommt man an die Oberseite?«

»Da ist nichts dabei. Sie fahren mit einem Lift hinauf, öffnen eine Tür, und schon sind Sie da. Ich bin auch schon dort gewesen. Es ist … neuartig.«

»Das würde mich eine Weile von der Psychohistorik ablenken.« Seldon seufzte. »Ich glaube, mir wäre das angenehm.«

»Andererseits«, meinte Randa, »hat mein Onkel immer gesagt: ›Alles Wissen ist eins‹, und vielleicht hat er recht gehabt. Vielleicht lernen Sie etwas von der Meteorologie, das Ihnen bei Ihrer Psychohistorik behilflich ist. Ist das nicht möglich?«

Seldon lächelte schief. »Möglich ist eine ganze Menge.« Und in Gedanken fügte er für sich selbst hinzu: aber nicht praktisch.

22

Dors schien amüsiert. »Meteorologie?«

»Ja«, sagte Seldon. »Die haben für morgen Arbeit eingeplant, und ich werde mit ihnen gehen.«

»Sind Sie der Geschichte müde geworden?«

Seldon nickte bedrückt. »Ja, das bin ich. Die Abwechslung wird mir guttun. Außerdem sagt Randa, das sei auch ein Problem, das zu umfangreich ist, als dass die Mathematik es bewältigen könnte. Und es wird mir guttun, wenn ich sehe, dass meine Lage keineswegs einmalig ist.«

»Ich hoffe, Sie haben keine Agoraphobie.«

Seldon lächelte. »Nein, die habe ich nicht, aber ich verstehe schon, warum Sie fragen. Randa sagt, die Trantorianer würden häufig an Agoraphobie leiden und nicht an die Oberseite gehen. Ich kann mir vorstellen, dass sie sich ohne eine schützende Umhüllung unbehaglich fühlen.«

Dors nickte. »Natürlich, aber es gibt auch viele Trantorianer auf den Planeten der Galaxis – Touristen, Verwaltungsbeamte, Soldaten. Und auf den Außenwelten ist die Agoraphobie auch nicht gerade selten.«

»Das mag sein, Dors, aber ich leide nicht darunter. Ich bin neugierig und freue mich auf die Abwechslung, also werde ich morgen mitgehen.«

Dors zögerte. »Ich sollte eigentlich mitkommen, aber ich bin morgen sehr beschäftigt – aber wenn Sie nicht unter Agoraphobie leiden, werden Sie ja keine Schwierigkeiten haben und vermutlich wird es Ihnen großen Spaß machen. Und entfernen Sie sich nicht zu weit von den Meteorologen. Ich habe schon gehört, dass Leute dort oben verloren gegangen sind.«

»Ich werde aufpassen. Dass ich mich irgendwo verlaufen hätte, liegt schon sehr lange zurück.«

23

Jenarr Leggen wirkte irgendwie finster. Das lag nicht so sehr an seiner Hautfarbe, die sogar recht hell war, auch nicht an seinen Augenbrauen, wenn diese auch recht dicht und dunkel waren. Es lag eher daran, dass seine Augenbrauen sich über tief liegenden Augen und einer langen, ziemlich vorstehenden Nase wölbten. Demzufolge wirkte er höchst unfröhlich. Seine Augen lächelten nicht, und wenn er sprach, was nicht sehr oft vorkam, hatte er eine tiefe, kräftige Stimme, die für seinen recht hageren Körper erstaunlich voll tönte.

»Sie werden wärmere Kleidung brauchen, Seldon«, sagte er.

Seldon sagte: »Oh?« und sah sich um.

Außer Leggen und Seldon hatten sich noch zwei Männer und zwei Frauen versammelt, die sich jetzt darauf vorbereiteten, nach oben zu gehen. Ihre ziemlich seidige trantorianische Kleidung war, ebenso wie dies auch bei Leggen der Fall war, von dicken Pullovern bedeckt, die, was Seldon nicht überraschte, recht kräftig und bunt gemustert waren. Und keine zwei davon ähnelten sich auch nur im Entferntesten.

Seldon blickte an sich hinab und sagte. »Tut mir leid, ich wusste nicht – aber ich besitze gar keine geeignete Überbekleidung.«

»Ich kann Ihnen etwas geben. Ich glaube, hier ist irgendwo noch einer – ja, da ist er, ein wenig abgewetzt, aber besser als nichts.«

»Wenn man solche Pullover trägt, kann einem darunter unangenehm warm werden«, sagte Seldon.

»Hier schon«, sagte Leggen. »Auf der Oberseite herrschen ganz andere Umweltbedingungen. Dort ist es kalt und windig. Schade, dass ich keine übrigen Hosen und Stiefel für Sie habe. Die werden Sie sich nachher auch noch wünschen.«

Sie nahmen einen Karren mit Instrumenten mit, die sie nacheinander mit, wie Seldon fand, unnötiger Langsamkeit überprüften.

»Ist Ihr Heimatplanet kalt?«, fragte Leggen.

»Teile davon sind das natürlich schon«, sagte Seldon. »Der Teil Helicons, wo ich herkomme, ist mild und häufig regnerisch.«

»Das ist schade. Dann wird Ihnen das Wetter nicht gefallen.«

»Nun, für die Zeit, die wir oben sein werden, werde ich es wohl ertragen.«

Als sie fertig waren, begab sich die Gruppe in einen Lift, der die Aufschrift trug: NUR FÜR DEN DIENSTGEBRAUCH.

»Das ist, weil er zur Oberseite fährt«, sagte eine der jungen Frauen, »und niemand ohne guten Grund dort hinauffahren sollte.«

Seldon sah die junge Frau jetzt zum ersten Mal, hatte aber gehört, dass sie mit Klausia angesprochen wurde. Er wusste nicht, ob das ein Vorname, ein Familienname oder ein Spitzname war.

Der Lift unterschied sich durch nichts von anderen, die Seldon bisher benutzt hatte, sei es nun hier auf Trantor oder zu Hause auf Helicon (abgesehen natürlich von dem gravitischen Lift, den er und Hummin benutzt hatten), aber das Wissen, dass der Lift ihn aus den Grenzen des Planeten hinaus in die Leere darüber tragen würde, erzeugte in ihm das Gefühl, es handle sich um ein Raumschiff.

Seldon lächelte innerlich. Eine unsinnige Vorstellung.

Der Lift bebte leicht, was Seldon an Hummins Vorahnungen vom allgemeinen Niedergang der Galaxis erinnerte. Leggen und die beiden anderen Männer und eine der beiden Frauen wirkten wie erstarrt; sie warteten, als hätten sie jegliche Denk- und sonstige Tätigkeit eingestellt, bis sie die Kabine verlassen konnten. Aber Klausia sah ihn immer wieder an, als fände sie ihn schrecklich eindrucksvoll.

Seldon beugte sich zu ihr hinüber und flüsterte ihr zu (er wollte die anderen nicht stören): »Fahren wir sehr hoch hinauf?«

»Hoch?«, wiederholte sie. Sie sprach mit ganz normaler Stimme, da sie offenbar nicht der Ansicht war, dass die anderen Stille wünschten. Sie wirkte sehr jung, und Seldon kam in den Sinn, dass sie vielleicht eine Studentin in den ersten Semestern war.

»Es dauert noch recht lange. Die Oberseite muss viele Stockwerke hoch in der Luft sein.«

Einen Augenblick lang blickte sie verwirrt. Dann sagte sie: »O nein, gar nicht hoch. Wir haben sehr tief angefangen. Die Universität liegt auf einem niedrigen Niveau. Wir verbrauchen viel Energie. Und unten sind die Energiekosten niedriger.«

»So«, sagte Leggen. »Wir sind da. Schaffen wir die Geräte hinaus.«

Die Liftkabine kam mit einem leichten Zittern zum Stillstand, und die breite Tür schob sich auf. Die Temperatur sank sofort; Seldon steckte die Hände in die Taschen und war sehr froh, einen Pullover zu tragen. Ein kalter Wind zerzauste ihm das Haar, und er dachte, dass ein Hut recht nützlich gewesen wäre. Und noch während er das dachte, zog Leggen etwas aus einer Tasche seines Pullovers, klappte es auf und setzte es sich auf den Kopf. Die anderen taten es ihm gleich.

Nur Klausia zögerte etwas, ehe sie ihre Kopfbedeckung aufsetzte, und bot sie dann Seldon an.

Seldon schüttelte den Kopf. »Ich kann Ihnen nicht Ihre Mütze wegnehmen, Klausia.«

»Nehmen Sie nur! Ich habe langes Haar, und das ist recht dicht. Ihres ist kurz und ein wenig … dünn.«

Seldon hätte dem gerne mit Nachdruck widersprochen und hätte das zu anderer Zeit auch getan. Jetzt freilich nahm er die Mütze und murmelte: »Vielen Dank. Wenn Ihnen kalt wird, gebe ich sie Ihnen zurück.«

Vielleicht war sie gar nicht so jung. Das war ihr rundes Gesicht, fast ein Babygesicht. Und jetzt, wo sie auf ihr Haar aufmerksam gemacht hatte, sah er, dass es einen bezaubernden rostbraunen Farbton hatte. Er hatte auf Helicon noch nie solches Haar gesehen.

Draußen war es wolkig wie zu der Zeit, als man ihn über freies Land zum Palast gebracht hatte. Es war wesentlich kälter als es damals gewesen war, aber das lag vermutlich daran, dass inzwischen sechs Wochen vergangen waren und der Winter bereits angebrochen war. Die Wolken waren dicker als sie ihm das letzte Mal vorgekommen waren, und der Tag war deutlich dunkler und irgendwie drohend – oder war das nur, weil es später am Tage war? Aber sie würden doch ganz sicher nicht heraufkommen, um wichtige Arbeit zu erledigen, ohne sich dafür genügend Zeit bei Tageslicht zu lassen. Oder rechneten sie etwa damit, dass sie nur kurze Zeit brauchen würden?

Er hätte gerne gefragt, aber dann kam ihm in den Sinn, dass ihnen vielleicht im Augenblick nicht danach war, Fragen zu beantworten. Alle schienen sich in einem Zustand zu befinden, der zwischen höchster Erregung und Zorn einzuordnen war.

Seldon inspizierte seine Umgebung.

Er stand auf etwas, das er für Metall hielt, wenigstens schloss er das aus dem Geräusch, das dabei entstand, als er verstohlen mit dem Fuß aufstampfte. Aber es war kein nacktes Metall, denn er hinterließ beim Gehen Fußabdrücke. Die Oberfläche war ganz offensichtlich mit Staub oder feinem Sand oder Ton bedeckt.

Nun, und warum auch nicht? Schließlich würde wohl kaum jemand hier heraufkommen, um abzustauben. Er bückte sich, um seine Neugierde zu befriedigen und etwas von dem »Staub« aufzuheben.

Klausia war neben ihn getreten. Sie bemerkte, was er tat, und sagte, fast wie eine Hausfrau, die man bei einer peinlichen Nachlässigkeit ertappt hat: »Wegen der Instrumente fegen wir hier immer. An den meisten anderen Orten an der Oberseite ist es viel schlimmer, aber eigentlich hat es nichts zu bedeuten. Es isoliert, müssen Sie wissen.«

Seldon brummte etwas Unverständliches und sah sich um. Es bestand nicht die geringste Chance, dass er die Instrumente verstand, die so aussahen, als wüchsen sie aus dem dünnen Erdreich (wenn man das so bezeichnen konnte). Er hatte nicht die leiseste Ahnung, woraus sie bestanden oder was mit ihnen gemessen wurde.

Leggen kam jetzt auf ihn zu. Er hob die Beine sorgfältig und setzte sie mit der gleichen Sorgfalt auf, und Seldon dachte, dass er das vermutlich tat, um die Instrumente nicht in Schwingungen zu versetzen. Er nahm sich vor, selbst auch so zu gehen.

»Sie! Seldon!«

Seldon gefiel der Ton nicht und so erwiderte er kühl: »Ja, Dr. Leggen?«

»Nun, dann eben Dr. Seldon.« Er sagte das mit einiger Ungeduld. »Randa hat mir gesagt, dass Sie Mathematiker sind.«

»Das ist richtig.«

»Ein guter?«

»Das würde ich gerne annehmen, aber das ist schwer zu garantieren.«

»Und Sie interessieren sich für unlösbare Probleme?«

»Nun, ich sitze gerade mit einem fest«, sagte Seldon voll Mitgefühl.

»Ich auch. Sie können sich gerne umsehen. Wenn Sie irgendwelche Fragen haben, wird Ihnen unsere Referendarin Klausia behilflich sein. Könnte ja sein, dass Sie uns helfen können.«

»Das würde mich sehr freuen, aber ich verstehe überhaupt nichts von Meteorologie.«

»Das ist schon in Ordnung, Seldon. Ich möchte nur, dass Sie ein gewisses Gefühl für diese Geschichte bekommen, und dann würde ich gerne über *meine* Mathematik mit Ihnen reden.«

»Ich stehe zu Ihren Diensten.«

Leggen wandte sich ab. Sein langes, mürrisch blickendes Gesicht wirkte grimmig. Dann wandte er sich um. »Wenn Ihnen kalt wird – *zu* kalt – die Lifttür ist offen. Sie brauchen nur einzusteigen und auf die Stelle zu drücken, wo UNIVERSITÄTSBASIS steht. Dann bringt der Lift Sie nach unten und kehrt automatisch wieder zu uns zurück. Klausia wird es Ihnen zeigen – falls Sie es vergessen sollten.«

»Das werde ich nicht.«

Diesmal ging er wirklich, und Seldon blickte ihm nach und spürte, wie der kalte Wind wie ein Messer durch seinen Pullover schnitt. Klausia kam zu ihm zurück, ihr Gesicht war vom Wind leicht gerötet.

»Dr. Leggen scheint verstimmt«, sagte Seldon. »Oder ist das seine übliche Einstellung?«

Sie kicherte. »Er sieht die meiste Zeit verstimmt aus. Im Augenblick ist er es tatsächlich.«

»Warum?«, fragte Seldon.

Klausia sah sich um, wobei ihr langes Haar im Wind flog. Dann sagte sie: »Ich sollte es ja eigentlich nicht sagen, aber ich tu es trotzdem. Dr. Leggen hatte sich ausgerechnet, dass heute genau zu diesem Zeitpunkt ein Riss in den Wolken sein würde, und er hatte vor, ein paar spezielle Messungen im Sonnenlicht durchzuführen. Nur … nun, sehen Sie sich das Wetter an.«

Seldon nickte.

»Wir haben Holovisionsempfänger hier oben, also wusste er, dass es wolkig war – schlimmer als üblich –, und ich nehme an, er hat gehofft, dass an den Instrumenten irgendetwas nicht stimmte, damit es deren Schuld und nicht die seiner Theorie wäre. Aber bis jetzt haben sie noch nichts gefunden, was auf einen Defekt hindeutet.«

»Deshalb sieht er also so unglücklich aus.«

»Nun, *glücklich* sieht der nie aus.«

Seldon sah sich um und kniff dabei die Augen zusammen. Trotz der Wolkendecke war das Licht grell. Jetzt bemerkte er, dass der Boden unter seinen Füßen nicht ganz horizontal war. Er stand auf einer schwach gewölbten Kuppel. Und als er sich umsah, erkannte er, dass in allen Richtungen Kuppeln waren, verschieden hoch und mit unterschiedlichem Umfang.

»Die Oberseite scheint unregelmäßig zu sein«, sagte er.

»Ja, größtenteils, denke ich. So hat es sich ergeben.«

»Gibt es irgendeinen Grund dafür?«

»Eigentlich nicht. So wie man es mir erklärt hat – ich habe mich auch umgesehen und gefragt, so wie Sie jetzt, wissen Sie –, haben ursprünglich die Leute auf Trantor einzelne Orte überkuppelt, Einkaufszentren, Sportstätten und dergleichen und schließlich ganze Städte, sodass es da und dort eine Menge von Kuppeln gab mit unterschiedlichen Höhen und Durchmessern. Als sie alle zusammenkamen, war alles unregelmäßig, aber als es so weit war, beschlossen die Leute einfach, dass es auch so bleiben sollte.«

»Sie meinen, dass etwas ganz Zufälliges später als Tradition angesehen wurde?«

»Ja, ich denke schon – wenn Sie es so ausdrücken wollen.«

(Wenn etwas ganz Zufälliges leicht als Tradition angesehen werden kann und damit unverrückbar oder fast unverrückbar wird, dachte Seldon, würde das dann ein Gesetz der Psychohistorik sein? Es klang trivial, aber wie viele andere gleichermaßen triviale Gesetze mochte es geben? Eine Million? Eine Milliarde? Gab es vielleicht relativ wenige allgemeine Gesetze, von denen man diese trivialen als logische Folge ableiten konnte? Doch wie sollte er das sagen können? Eine Weile vergaß er, in Gedanken versunken, fast den schneidenden Wind.)

Aber Klausia spürte den Wind, denn sie fröstelte und sagte: »Es ist sehr unangenehm. Unter der Kuppel ist es viel besser.«

»Sind Sie Trantorianerin?«, fragte Seldon.

»Ja, allerdings.«

Seldon erinnerte sich daran, dass Randa den meisten Trantorianern Agoraphobie zugeschrieben hatte, und sagte: »Macht es Ihnen etwas aus, hier oben zu sein?«

»Es ist mir widerwärtig«, gestand Klausia. »Aber ich will mein Diplom, und Dr. Leggen sagt, das bekomme ich nicht, wenn ich nicht auch hier draußen arbeite. Also stehe ich hier und verabscheue meine Arbeit, insbesondere wenn es so kalt ist. Übrigens, Sie würden sich bei dieser Kälte wahrscheinlich nicht träumen lassen, dass auf diesen Kuppeln tatsächlich etwas wächst, oder?«

»*Tatsächlich?*« Er sah Klausia scharf an und argwöhnte, dass sie sich über ihn lustig machte. Aber sie wirkte völlig unschuldig. Nur – wie viel davon war echt, wie viel war einfach ihr Babygesicht?

»Oh, sicher. Selbst hier, wenn es wärmer ist. Sehen Sie die Erde hier? Wir fegen sie immer weg, wegen unserer Arbeit, wie ich schon sagte. Aber an anderen Stellen sammelt sie sich, und an den tiefen Stellen, wo die Kuppeln aneinandergebaut sind, ist die Erdschicht ziemlich dick. Dort wachsen Pflanzen in ihr.«

»Aber wo kommt die Erde denn her?«

»Als die Kuppeln nur einen Teil des Planeten bedeckten, hat der Wind Erde auf ihnen abgelagert, Stück für Stück. Und als dann Trantor ganz überkuppelt war und man die Wohnetagen immer tiefer und tiefer eingrub, verteilte man etwas von dem ausgegrabenen Erdreich an der Oberseite.«

»Aber wie halten denn die Kuppeln das aus?«

»Das ist kein Problem. Die Kuppeln sind sehr stark und sind fast überall gestützt. In einem Buchfilm habe ich einmal gesehen, dass man ursprünglich vorhatte, auf der Oberseite Getreide zu züchten, aber dann erwies es sich als viel vernünftiger, dies im Innern der Kuppel zu tun. Hefe und Algen lassen sich auch innerhalb der Kuppel kultivieren, sodass man nicht mehr so viel Getreide brauchte. Also beschloss man, die Oberseite einfach wild wuchern zu lassen. Tiere gibt es auf der Oberseite auch – Schmetterlinge, Bienen, Mäuse, Hasen. Eine ganze Menge sogar.«

»Beschädigen denn die Pflanzenwurzeln die Kuppeln nicht?«

»Das haben sie in Tausenden von Jahren bisher nicht getan. Die Kuppeln sind besonders behandelt, um die Wurzeln abzustoßen. Hauptsächlich wächst ja Gras, aber es gibt auch Bäume. Sie würden es selbst sehen können, wenn dies jetzt die warme Jahreszeit wäre, oder wenn wir uns weiter im Süden befinden würden, oder Sie in einem Raumschiff säßen.« Sie sah ihn aus dem Augenwinkel an. »Haben Sie Trantor aus dem Weltraum gesehen, als Sie landeten?«

»Nein, Klausia. Ich muss gestehen, dass es dazu keine Gelegenheit gab. Das Hyperschiff war dafür nie in einer günstigen Position. Haben *Sie* je Trantor aus dem Weltraum gesehen?«

Sie lächelte. »Ich bin nie im Weltraum gewesen.«

Seldon sah sich um. Überall grau.

»Ich kann es einfach nicht glauben«, sagte er. »Dass es an der Oberseite Vegetation gibt, meine ich.«

»Es ist aber wahr. Ich habe Leute sagen hören – Außenweltler wie Sie, die Trantor aus dem Weltraum gesehen haben –, dass der Planet grün aussieht, wie ein Rasen, weil die Vegetation hauptsächlich Gras und Gebüsch ist. Bäume gibt es auch. Nicht weit von hier ist ein kleines Wäldchen. Ich habe es selbst gesehen. Es sind immergrüne Bäume, und sie sind bis zu sechs Meter hoch.«

»Wo?«

»Von hier aus kann man es nicht sehen. Es ist auf der anderen Seite der Kuppel. Es …«

Der Ruf war nur schwach zu hören. (Seldon bemerkte erst jetzt, dass sie, während sie sich unterhalten hatten, ein Stück weit gegangen waren und sich damit aus der unmittelbaren Umgebung der anderen entfernt hatten.) »Klausia. Kommen Sie zurück! Wir brauchen Sie.«

»Oh – oh«, machte Klausia. »*Komme schon* – tut mir leid, Dr. Seldon, ich muss gehen.« Sie eilte davon und schaffte es trotz ihrer dick gefütterten Stiefel, dabei leichtfüßig zu wirken.

Hatte sie sich über ihn lustig gemacht? Mit ihm gespielt? Hatte sie dem leichtgläubigen Außenweltler eine ganze Handvoll Lügen aufgetischt, um sich darüber zu amüsieren? Derartiges hatte es auf jeder Welt und zu jeder Zeit schon gegeben. Auch ihr rückhaltlos ehrlich wirkendes Gesicht bot keine Garantie dafür, dass es nicht so war, sonst brauchte ja jeder Lügner nur ganz bewusst ein solches Gesicht aufzusetzen.

War es also möglich, dass es auf der Oberseite wirklich sechs Meter hohe Bäume gab? Ohne viel darüber nachzudenken, ging er in Richtung auf die höchste Kuppel am Horizont weiter. Er schwang die Arme, damit ihm wärmer werden sollte. Und seine Füße fühlten sich an wie Eisklumpen.

Klausia hatte ihm keine Richtung gezeigt. Sie hätte das tun können, um ihm zu zeigen, wo die Bäume standen, aber das hatte sie nicht getan. Warum nicht? Aber sie war natürlich weggerufen worden.

Die Kuppeln waren eher breit als hoch. Und das war gut so, sonst hätte das Gehen wesentlich größere Schwierigkeiten bereitet. Andererseits bedeutete die sanfte Böschung, dass er zuerst ein Stück gehen musste, ehe er den höchsten Punkt einer Kuppel erreichen und auf der anderen Seite hinunterblicken konnte.

Schließlich war es so weit, dass er die andere Seite der Kuppel erkennen konnte, die er bestiegen hatte. Er blickte zurück, um sich zu vergewissern, ob er die Meteorologen und ihre Instrumente immer noch sehen konnte. Sie waren ein gutes Stück entfernt in einem fernen Tal, aber er konnte sie noch ganz deutlich sehen. Gut.

Er sah kein Wäldchen, keine Bäume, aber es war eine Vertiefung zu erkennen, die sich zwischen zwei Kuppeln hindurchschlängelte. Zu beiden Seiten dieser Falte in der Außenhaut des Planeten war die Erde dichter, und man konnte einzelne Flecken von etwas erkennen, das vielleicht Moos sein mochte. Wenn er der Falte folgte und sie tief genug wurde und die Erde dick genug war, mochte es tatsächlich Bäume geben.

Er sah sich um und versuchte, sich Landmarken einzuprägen, aber da war nur das Auf und Ab der Kuppeln. Er zögerte, Dors' Warnung davor, sich zu verlaufen, die ihm zunächst völlig unnötig erschienen war, ergab jetzt wesentlich mehr Sinn.

Trotzdem schien ihm klar, dass die Falte eine Art Straße war. Wenn er ihr ein Stück weit folgte, brauchte er sich nur umzudrehen und auf demselben Weg, den er gekommen war, wieder zurückkehren, um diesen Punkt zu erreichen.

Er schritt zielbewusst aus und folgte der gerundeten Falte nach unten. Über ihm war ein leises Grollen zu hören, aber er achtete nicht darauf. Er hatte sich entschlossen, dass er Bäume sehen wollte, und das war alles, was ihn im Augenblick beschäftigte.

Das Moos wurde dicker und breitete sich wie ein Teppich aus. Hie und da waren auch einzelne Grasbüschel zu erkennen. Trotz der düsteren, grauen Stimmung, die an der Oberseite herrschte, war das Moos hellgrün, und Seldon kam in den Sinn, dass es auf einem mit Wolken verhangenen Planeten vermutlich ziemlich viel Regen geben würde.

Die Falte setzte sich fort, folgte der Krümmung der Kuppel, und da – über der nächsten Rundung – war ein dunkler Fleck vor dem grauen Himmel zu erkennen. Er wusste, dass er die Bäume gefunden hatte.

Und dann, gerade als könnte sein Verstand, den der Anblick jener Bäume jetzt befreit hatte, sich anderen Dingen zuwenden, nahm Seldon das Grollen zur Kenntnis, das er schon vorher gehört hatte und das er ohne nachzudenken als Maschinengeräusch abgetan hatte. Jetzt dachte er darüber nach: Handelte es sich tatsächlich um ein Maschinengeräusch?

Warum nicht? Er stand auf einer der Myriaden von Kuppeln, die Hunderte von Millionen Quadratkilometern der Weltstadt bedeckten. Unter diesen Kuppeln musste es Maschinen aller Art geben – Lüftungsmotoren zum Beispiel. Vielleicht war es das, was man selbst dann hörte, wenn all die anderen Laute der Weltstadt verstummt waren. Nur dass das Geräusch nicht aus dem Boden zu kommen schien. Er blickte zu dem grauen, formlosen Himmel auf. Nichts.

Er fuhr fort, den Himmel abzusuchen und zwischen seinen Augen bildeten sich senkrechte Falten, und dann, in der Ferne …

Ein kleiner Punkt vor dem grauen Hintergrund. Und was immer es auch war, es schien sich zu bewegen, als versuchte es, sich zu orientieren, ehe die Wolken es wieder einhüllten.

Und dann war ihm plötzlich klar, ohne zu wissen, warum er das dachte: Die sind hinter mir her!

Und bevor er sich seine nächste Handlung überlegen konnte, hatte er auch schon gehandelt. Er rannte verzweifelt die Falte entlang, auf die Bäume zu. Dann, um sie schneller zu erreichen, bog er nach links und rannte eine flache Kuppel hinauf, durch braune, absterbende, farnartige Gewächse, zwischen denen dornige Büsche mit hellroten Beeren wuchsen.

24

Seldon stand keuchend vor einem Baum, hielt sich an ihm fest, umklammerte ihn. Er hielt Ausschau nach dem Flugobjekt, wartete darauf, dass es wieder auftauchte, um sich dann hinter dem Baum zu verstecken, wie ein Eichhörnchen.

Der Baum war kalt, seine Rinde rau – aber er bot Deckung. Das reichte natürlich dann nicht aus, wenn man einen Hitzesucher einsetzte. Andererseits würde der kalte Baumstamm vielleicht selbst hier helfen und nur ein verschwommenes Bild erzeugen.

Unter sich spürte er harte Erde. Selbst in diesem Augenblick, in dem er sich versteckte, in dem er versuchte, seinen Verfolger zu sehen und seinerseits unsichtbar zu bleiben, musste er unwillkürlich darüber nachdenken, wie dick die Erdschicht wohl sein mochte, wie lange es gedauert hatte, bis sie sich angesammelt hatte, wie viele Kuppeln in den wärmeren Regionen Trantors Wälder auf ihrem Rücken trugen, und ob die Bäume sich immer nur auf die Einschnitte zwischen den Kuppeln beschränkten und die höheren Regionen anderen Gewächsen überließen, wie Moos, Gras und Gestrüpp.

Jetzt sah er es wieder. Es war kein Hyperschiff, nicht einmal eine normale Düsenmaschine. Es war ein Düsenschweber. Er konnte den schwachen Schein der Ionenstreifen aus den Spitzen eines Hexagons kommen sehen; sie neutralisierten die Schwerkraft und bewirkten, dass die Tragflächen die Maschine in der Luft hielten wie einen großen schwebenden Vogel. Es war ein Fahrzeug, das schweben und planetarisches Terrain erforschen konnte.

Seine Rettung hatte er nur den Wolken zuzuschreiben. Selbst wenn sie Infrarotscanner einsetzten, würden diese nur erkennen lassen, dass unten Leute waren. Der Düsenschweber würde unter die Wolkenbank gehen müssen, ehe seine Insassen eine Chance hatten zu erkennen, wie viele Menschen da waren und ob sich darunter vielleicht auch die Person befand, die sie suchten.

Der Düsenschweber war jetzt näher, aber er konnte sich auch vor ihm nicht versteckt halten. Das Dröhnen seines Antriebs verriet ihn, und den konnten sie nicht abschalten, wenigstens nicht, solange sie ihre Suche fortsetzen wollten. Seldon kannte diesen Fahrzeugtyp; es war auf Helicon und vielen anderen nicht überkuppelten Welten, wo der Himmel dann und wann aufklarte, weit verbreitet und wurde auch viel von Privatleuten genutzt.

Nur, welchen Nutzen sollten Düsenschweber eigentlich auf Trantor haben, wo alles menschliche Leben der Welt von Kuppeln geschützt war, und wo die ganze Welt praktisch ewig unter einer Wolkendecke lag – abgesehen von ein paar Regierungsfahrzeugen, die genau für diesen Zweck bestimmt waren, nämlich einen Flüchtigen zu ergreifen, den man aus den Kuppeln herausgelockt hatte?

Warum auch nicht? Die Ordnungskräfte der Regierung hatten keinen Zugang zum Universitätsgelände, aber vielleicht befand Seldon sich nicht länger im Schutzbereich der Universität. Er befand sich oben auf den Kuppeln, und das war möglicherweise außerhalb der Jurisdiktion jeglicher lokalen Behörde. Ein kaiserliches Fahrzeug war vielleicht berechtigt, überall auf der Kuppeloberfläche zu landen, und Menschen, die sie dort antrafen, zu verhören oder zu entfernen. Hummin hatte ihn davor nicht gewarnt, aber vielleicht hatte er einfach nicht daran gedacht.

Der Düsenschweber war jetzt näher gerückt, suchte herum wie ein blindes Tier, das seine Beute ausschnüffelt. Würde es ihnen in den Sinn kommen, diese Baumgruppe abzusuchen? Würden sie landen und bewaffnete Soldaten ausschicken, um das kleine Gehölz zu durchstöbern?

Und wenn sie das taten, welche Möglichkeiten hatte er dann? Er war unbewaffnet, und all seine Beweglichkeit nützte ihm nichts gegen den lähmenden Schmerz einer Neuronenpeitsche. Doch es kam kein Landeversuch. Entweder hatten sie nicht erkannt, was die Bäume zu bedeuten hatten …

Oder …

Plötzlich kam ihm ein neuer Gedanke. Und wenn dies nun überhaupt kein Verfolger war? Wenn dieses Fahrzeug einfach nur Teil der meteorologischen Einrichtung war? Meteorologen würden doch sicher auch die oberen Bereiche der Atmosphäre untersuchen wollen.

War er vielleicht ein Narr, wenn er sich davor versteckte?

Der Himmel begann dunkler zu werden. Die Wolken wurden dichter oder, was wahrscheinlicher war, die Nacht brach herein.

Und es wurde kälter und würde noch kälter werden. Würde er hier draußen bleiben und erfrieren, weil ein völlig harmloser Düsenschweber aufgetaucht war und in ihm ein Gefühl der Paranoia ausgelöst hatte, das er noch nie zuvor empfunden hatte? Es drängte ihn, das Wäldchen zu verlassen und zur meteorologischen Station zurückzufliehen.

Woher sollte der Mann, den Hummin so fürchtete – Demerzel –, schließlich wissen, dass Seldon sich genau in diesem

Augenblick an der Oberseite befand und festgenommen werden konnte?

Einen Augenblick lang schien ihm diese Überlegung schlüssig, und er trat vor Kälte zitternd hinter dem Baum hervor.

Und dann rannte er eilig zurück, als das Fahrzeug wesentlich näher wieder auftauchte. Er hatte nicht gesehen, dass es irgendetwas tat, was auf meteorologische Studien deutete. Es tat nichts, das man als Messen, Prüfen oder Mustersammeln erkennen konnte. Würde er aber solches sehen, wenn es geschah? Er kannte die Instrumente nicht, die sich an Bord des Fahrzeugs befanden, und wusste nicht, wie sie funktionierten. Wenn sie wirklich meteorologische Arbeiten verrichteten, würde er das vielleicht gar nicht erkennen können. Dennoch, durfte er das Risiko eingehen, die schützende Deckung zu verlassen?

Immerhin – was, wenn Demerzel tatsächlich von seiner Anwesenheit an der Oberseite wusste, einfach, weil einer seiner Agenten in der Universität davon wusste und es gemeldet hatte. Lisung Randa, der fröhliche, stets lächelnde kleine Orientale, hatte vorgeschlagen, dass er an die Oberseite gehen sollte, sogar mit einigem Nachdruck, nicht etwa beiläufig. War er möglicherweise ein Agent der Regierung, und hatte er Demerzel irgendwie informiert?

Und dann war da Leggen, der ihm den Pullover gegeben hatte. Der Pullover war nützlich, aber warum hatte Leggen ihm nicht früher gesagt, dass er einen brauchen würde? War an dem Pullover, den er trug, vielleicht etwas Besonderes? Er war einfarbig purpur, während alle anderen nach trantorianischer Mode kräftig gemustert war. Jedermann, der aus der Höhe herunterblickte, würde einen dunklen Flecken zwischen anderen erkennen, die hell und gemustert waren, und würde sofort wissen, wen sie haben wollten.

Und Klausia? Angeblich war sie an der Oberseite, um Meteorologie zu studieren und den Meteorologen zu helfen. War es möglich, dass sie zu ihm gekommen war, mit ihm geredet und ihn unauffällig von den anderen entfernt hatte, um ihn zu isolieren, damit man ihn leichter einfangen konnte?

Und was das betraf, wie stand es um Dors Venabili? Sie wusste, dass er an die Oberseite gehen wollte. Sie hatte ihn nicht daran gehindert. Sie hätte mitkommen können, aber sie war bequemerweise beschäftigt.

Das Ganze war eine Verschwörung! Ganz sicherlich war es das!

Er hatte sich jetzt selbst überzeugt und jeglichen Gedanken abgetan, den Schutz der Bäume zu verlassen. (Seine Füße fühlten sich wie Eisklumpen an, und es schien auch nichts zu helfen, mit ihnen aufzustampfen.) Würde denn dieser Düsenschweber nie wegfliegen?

Und noch während er das dachte, schwoll das Brausen der Motoren an, und der Düsenschweber hob sich in die Wolken und verschwand.

Seldon lauschte aufmerksam, bereit, auch das leiseste Geräusch zu erkennen, und vergewisserte sich, dass die Maschine endgültig verschwunden war. Und dann, selbst nachdem er dessen ganz sicher war, fragte er sich, ob das Ganze vielleicht nicht doch nur eine List war, um ihn aus dem Versteck herauszulocken. Er blieb, wo er war, während die Minuten langsam dahinkrochen und die Nacht sich senkte.

Und als er schließlich überzeugt war, dass er nur noch die Alternative hatte, hier zu Eis zu erstarren, trat er aus dem Schutz der Bäume hervor.

Ein düsteres Dämmerlicht herrschte. Sie konnten ihn nur mit einem Infrarotscanner ausmachen, aber in dem Fall würde er hören, wenn der Düsenschweber zurückkam. Er wartete am Rande des Wäldchens, zählte vor sich hin, bereit, sich beim leisesten Geräusch wieder in dem Wäldchen zu verstecken – obwohl er sich nicht vorstellen konnte, was ihm das nützen würde, sobald man ihn einmal entdeckt hatte.

Seldon sah sich um. Wenn er die Meteorologen finden konnte, würden die sicherlich künstliches Licht haben. Aber davon abgesehen, würde da nichts sein.

Er konnte seine Umgebung immer noch erkennen, aber in einer Viertelstunde, allerhöchstens einer halben Stunde, würde das nicht mehr gehen. Ohne Licht und über sich einen wolkigen Himmel würde es dunkel sein – völlig dunkel. Verzweifelt von der Aussicht darauf, von völliger Dunkelheit umhüllt zu sein, wurde Seldon bewusst, dass er so schnell wie möglich den Weg zurück zu der Furche finden musste, die ihn hierhergeführt hatte. Dazu musste er den Weg zurückgehen, den er gekommen war. Die Arme an sich gepresst, damit sie ihn etwas wärmen sollten, setzte er sich in die Richtung in Bewegung, von der er glaubte, dass dort die Falte zwischen den Kuppeln sein würde.

Natürlich war es durchaus möglich, dass mehr als eine Falte von dem Wäldchen wegführte, aber er konnte schwach einige der Beerensträucher erkennen, die er beim Herkommen gesehen hatte und die jetzt fast schwarz und nicht mehr rot wirkten. Er konnte sich eine Verzögerung nicht leisten und musste davon ausgehen, dass er recht hatte. Er eilte so schnell er konnte dahin, vom schwächer werdenden Licht und der Vegetation unter seinen Füßen geleitet.

Aber er konnte nicht immer in der Falte bleiben. Er war über die Kuppel gekommen, die ihm weit und breit als die höchste erschienen war, und hatte eine Bodenfalte gefunden, die im rechten Winkel seinen Weg kreuzte. Nach seiner Überlegung sollte er jetzt nach rechts abbiegen, dann scharf nach links, und das würde ihn wieder auf den Weg bringen, der zurück zur Kuppel der Meteorologen führte.

Seldon bog nach links und konnte, als er den Kopf hob, vor dem nur wenig helleren Himmel die Krümmung einer Kuppel erkennen. Das musste sie sein!

Oder war das nur Wunschdenken?

Er hatte keine andere Wahl, als anzunehmen, dass sie es war. Die Augen auf den höchsten Punkt gerichtet, um sich so auf einer einigermaßen geraden Linie bewegen zu können, strebte er so schnell er konnte, darauf zu. Als er näher kam, konnte er die Abgrenzung der Kuppel gegen den Himmel mit immer weniger Sicherheit erkennen, je größer sie vor ihm aufragte. Bald würde er – vorausgesetzt er hatte recht – einen leichten Abhang hinaufgehen. Sobald der Abhang sich einebnete, würde er auf der anderen Seite nach unten blicken und die Lichter der Meteorologen entdecken können.

In der pechschwarzen Finsternis konnte er nicht erkennen, was vor ihm lag. Er wünschte, es gäbe wenigstens ein paar Sterne, die den Himmel erleuchteten, und fragte sich, ob es wohl so war, wenn man blind war. Er fuchtelte mit den Armen vor sich herum, als wären sie Antennen.

Von Minute zu Minute wurde es kälter, und er blieb stehen, um sich in die Hände zu blasen und sie sich dann in die Achselhöhlen zu stecken. Er wünschte sich, er könnte mit den Füßen das Gleiche tun. Wenn jetzt ein Niederschlag einsetzte, dachte er, würde es Schnee sein – oder noch schlimmer: Eisregen.

Weiter … weiter. Es gab sonst nichts zu tun.

Am Ende schien ihm, als würde er sich bergab bewegen. Das war entweder Wunschdenken, oder er hatte die Kuppel überquert.

Er blieb stehen. Wenn er die Kugel hinter sich gebracht hatte, sollte er das künstliche Licht der meteorologischen Station sehen können. Er würde die Lichter sehen, die die Meteorologen selbst trugen, sie würden funkeln oder wie Leuchtkäfer tanzen.

Seldon schloss die Augen, als könnte er sie damit an die Dunkelheit anpassen und es dann aufs Neue versuchen, aber das war natürlich unsinnig. Mit geschlossenen Augen war es nicht dunkler als mit offenen, und als er sie wieder aufschlug, war es nicht heller als vorher.

Vielleicht waren Leggen und die anderen schon weg, hatten ihre Lampen mitgenommen und auch die Beleuchtung der Instrumente abgeschaltet. Oder vielleicht hatte er, Sheldon, die falsche Kuppel erstiegen. Oder er hatte sich entlang der Kuppel auf einem gekrümmten Weg bewegt und sah jetzt in die falsche Richtung. Oder er hatte die falsche Seite ausgewählt und sich von dem Wäldchen in einer ganz falschen Richtung entfernt.

Was sollte er tun?

Wenn er in die falsche Richtung blickte, bestand die Möglichkeit, dass rechts oder links von ihm Licht zu sehen sein würde – und das war es nicht. Wenn er der falschen Falte gefolgt war, dann gab es überhaupt keine Möglichkeit, zu dem Wäldchen zurückzukehren, um sich dort eine andere Falte auszuwählen. Seine einzige Chance lag darin, dass er in die richtige Richtung blickte und dass die meteorologische Station mehr oder weniger direkt vor ihm lag. Außer dass die Meteorologen sich entfernt und sie in Dunkelheit zurückgelassen hatten. Also weiter! Die Chancen auf Erfolg mochten gering sein, aber eine andere Chance hatte er nicht.

Er vermutete, dass er etwa eine halbe Stunde damit verbracht hatte, sich von der meteorologischen Station bis zum höchsten Punkt der Kuppel zu bewegen, wobei er ein Stück des Weges mit Klausia im Schlendertempo gegangen war. Jetzt, wo die Dunkelheit drohte, eilte er hingegen fast im Laufschritt dahin.

Seldon quälte sich weiter. Es wäre schön gewesen, jetzt zu wissen, wie spät es war, und er hatte natürlich ein Zeitband, aber in der Dunkelheit …

Er blieb stehen. Er trug ein trantorianisches Zeitband, das die galaktische Standardzeit angab (wie alle Zeitbänder das taten), und darüber hinaus trantorianische Lokalzeit. Gewöhnlich konnte man Zeitbänder in der Dunkelheit sehen, weil sie phosphoreszierten. Ein heliconisches Zeitband würde das jedenfalls; warum also nicht auch ein trantorianisches?

Er blickte widerstrebend und besorgt auf sein Zeitband und berührte den Kontakt, der die Lichtquelle einschaltete. Das Zeitband glühte schwach und verriet ihm, dass es inzwischen 18.47 Uhr war. Nachdem es jetzt schon Nacht war, wusste Seldon, dass dies die winterliche Jahreszeit sein musste – wie weit lag die Sonnwende zurück? Wie stark war die Achsneigung? Wie lang war das Jahr? Wie weit vom Äquator entfernt befand er sich hier? Auf keine dieser Fragen gab es auch nur die Andeutung einer Antwort. Aber was zählte, war, dass das schwache Licht sichtbar war.

Er war nicht blind! Irgendwie verlieh ihm der schwache Schein seines Zeitbandes neue Hoffnung.

Seine Stimmung stieg. Er würde sich weiter in die Richtung bewegen, die er sich ausgewählt hatte. Eine halbe Stunde lang würde noch gehen. Wenn er dann auf nichts stieß, würde er noch fünf Minuten zulegen, nicht mehr – genau fünf Minuten. Wenn er dann immer noch auf nichts gestoßen war, würde er stehen bleiben und nachdenken. Aber das würde erst in fünfunddreißig Minuten sein. Bis dahin würde er sich nur auf das Gehen konzentrieren und sich fest vornehmen, sich wärmer zu fühlen. (Er wackelte mit den Zehen. Er konnte sie immer noch fühlen.)

Seldon trottete weiter, und die halbe Stunde verstrich. Er blieb stehen und setzte seinen Marsch dann nach einigem Zögern weitere fünf Minuten fort.

Jetzt musste er entscheiden. Da war nichts, vielleicht war er nirgends, weit entfernt von jeder Öffnung in die Kuppel hinein. Andererseits war es ebenso gut möglich, dass er drei Meter links – oder rechts – oder vor – der meteorologischen Station stand. Vielleicht war er nur zwei Armlängen von der Öffnung entfernt, die ins Innere der Kuppel führte, die jetzt freilich nicht mehr offen sein würde.

Was nun? Hatte es irgendeinen Sinn zu schreien? Er war von völliger Stille eingehüllt, wenn man einmal vom Pfeifen des Windes absah. Wenn es in der Vegetation auf den Kuppeln Vögel, Tiere oder Insekten gab, dann befanden sie sich während dieser Jahreszeit oder zu dieser Nachtzeit nicht hier oder jedenfalls nicht an dieser Stelle. Der Wind ließ ihn frösteln.

Vielleicht hätte er die ganze Zeit schreien sollen. Die kalte Luft hätte den Schall vielleicht weit getragen. Aber wäre da denn jemand, um ihn zu hören?

Würden sie ihn innerhalb der Kuppel hören? Gab es Instrumente, um Geräusche oder Bewegungen draußen zu entdecken? War es nicht vielleicht möglich, dass innen irgendwelche Überwachungseinrichtungen angebracht waren?

Das kam ihm lächerlich vor. Sie müssten doch seine Schritte gehört haben.

Und dennoch …

Er rief: »Hilfe! Hilfe! Kann mich jemand hören?«

Sein Schrei war halbherzig und ihm irgendwie peinlich. Es kam ihm albern vor, in das schwarze Nichts hinauszuschreien.

Andererseits, dachte er, dass es noch viel alberner war, in einer Lage wie der seinen zu zögern. Panik stieg in ihm auf. Er atmete tief – eisige Luft – und schrie, solange er konnte. Noch ein eiskalter Atemzug und wieder ein Schrei, diesmal schon etwas schriller. Und dann noch einer.

Seldon hielt inne, außer Atem, drehte den Kopf nach allen Seiten, obwohl da nichts zu sehen war. Nicht einmal ein Echo konnte er wahrnehmen. Jetzt blieb ihm nichts anderes, als auf die Morgendämmerung zu warten. Aber wie lange dauerte die Nacht um diese Jahreszeit? Und wie kalt würde sie werden?

Er spürte einen winzigen kalten Stich im Gesicht. Und dann noch einen.

In der pechschwarzen Finsternis fiel Eisregen. Und es gab keine Möglichkeit, Schutz und Obdach zu finden.

Wenn der Düsenschweber mich gesehen und mitgenommen hätte, wäre es besser gewesen, dachte er. Ich würde ein Gefangener sein, mich aber zumindest im Warmen befinden und mich behaglich fühlen.

Oder, wenn Hummin sich nicht eingemischt hätte, dann wäre ich schon seit Langem wieder in Helicon, unter Überwachung zwar, aber im Warmen und behaglich. Das war im Augenblick alles, wonach er sich sehnte – Wärme und Behaglichkeit.

Aber im Augenblick konnte er nur warten. Er kauerte sich nieder und wusste, dass er es nicht wagen durfte einzuschlafen, wie lange die Nacht auch sein mochte. Er schlüpfte aus den Schuhen und rieb sich die eisigen Füße, zog dann aber schnell die Schuhe wieder an.

Er wusste, dass er dies die ganze Nacht durch immer wiederholen und auch die Hände und Ohren reiben musste, um den Blutkreislauf in Gang zu halten. Aber das allerwichtigste war, daran zu denken, dass er unter keinen Umständen einschlafen durfte. Denn das würde den sicheren Tod bedeuten.

Und nachdem er sich das alles sorgfältig überlegt hatte, fielen ihm die Augen zu, und er nickte ein, und der Eisregen ging auf ihn nieder.

RETTUNG

Leggen, Jenarr – … Seine beträchtlichen Leistungen in der Meteorologie verblassen vor dem, was als Leggen-Kontroverse in die Geschichte eingegangen ist. Seine Mitschuld daran, dass Hari Seldon in Gefahr geriet, steht außer Zweifel, aber die Diskussion darüber, ob dies unabsichtlich geschah oder Teil einer bewussten Verschwörung war, ist nie zur Ruhe gekommen. Beide Seiten haben ihre Argumente mit großer Leidenschaft vorgebracht, aber selbst die ausführlichsten Untersuchungen erlaubten keine endgültigen Schlüsse. Dennoch reichte der Verdacht aus, um in den darauffolgenden Jahren Leggens Karriere und sein Privatleben zu vergiften.

ENCYCLOPAEDIA GALACTICA

25

Das Tageslicht war noch nicht ganz verblasst, als Dors Venabili Jenorr Leggen aufsuchte. Auf ihren recht besorgten Gruß reagierte er mit einem Brummen und einem kurzen Kopfnicken.

»Nun«, sagte sie etwas ungeduldig, »wie war er?«

Leggen, der damit beschäftigt war, Daten in seinen Computer einzugeben, sagte: »Wie war *wer?*«

»Mein Bibliothekstudent Hari. Dr. Hari Seldon. Er ist mit Ihnen an die Oberseite gegangen. War er eine Hilfe für Sie?«

Leggen nahm die Hände von der Tastatur seines Computers und drehte sich in seinem Sessel herum. »Dieser Bursche von Helicon? Er war zu überhaupt nichts zu gebrauchen. Hat keinerlei Interesse gezeigt. Er hat sich die ganze Zeit die Landschaft angesehen, wo es doch gar keine Landschaft gab, die man hätte ansehen können. Ein komischer Kauz. Warum waren Sie so scharf darauf, ihn hinaufzuschicken?«

»Das war nicht meine Idee. Er wollte das. Das verstehe ich nicht. Er war sehr interessiert. – Wo ist er jetzt?«

Leggen zuckte die Achseln. »Woher soll ich das wissen? Irgendwo.«

»Wo ist er denn hingegangen, nachdem er mit Ihnen heruntergekommen ist? Hat er das gesagt?«

»Er ist nicht mit uns heruntergekommen. Ich sagte Ihnen doch, er hatte kein Interesse.«

»Wann ist er dann heruntergekommen?«

»Das weiß ich nicht. Ich habe ihn ja schließlich nicht beobachtet. Ich hatte ungeheuer viel Arbeit. Vor zwei Tagen muss ein Gewitter gewesen sein und ziemlich viel Niederschläge, und beides unerwartet. Nichts, was unsere Instrumente anzeigten, bot dafür eine Erklärung, und auch dafür nicht, dass Sonnenschein, den wir heute erwarteten, *nicht* eintrat. Und jetzt versuche ich, mir darauf einen Reim zu machen, und Sie *stören* mich.«

»Sie meinen, Sie haben nicht gesehen, dass er wieder nach unten gegangen ist?«

»Jetzt hören Sie – ich habe mich nicht mit ihm beschäftigt. Der Idiot war nicht einmal korrekt angezogen; ich sah auf den ersten Blick, dass er die Kälte höchstens eine halbe Stunde würde ertragen können. Ich habe ihm einen Pullover gegeben, aber seinen Beinen und Füßen konnte der natürlich nicht helfen. Also habe ich den Lift für ihn offen gelassen und ihm gesagt, wie man damit umgeht, und ihm erklärt, dass die Kabine ihn nach unten bringen und dann automatisch wieder zurückkehren würde. Das war alles sehr einfach, und ich bin deshalb sicher, dass er hinuntergefahren ist, als ihn fror, und dann ist die Kabine wieder zurückgekommen, und schließlich sind wir alle hinuntergefahren.«

»Aber Sie wissen nicht genau, wann er hinunterfuhr?«

»Nein, das weiß ich nicht. Ich sagte Ihnen doch, ich hatte zu tun. Aber als wir oben Schluss machten, war er ganz sicher nicht mehr da. Und um die Zeit setzte bereits die Dämmerung ein, und es sah so aus, als würde es Eisregen geben. Also wird er wohl runtergefahren sein.«

»Hat ihn sonst jemand runterfahren sehen?«

»Das weiß ich nicht. Klausia vielleicht. Sie war eine Weile mit ihm beisammen. Warum fragen Sie nicht sie?«

Dors fand Klausia in ihrem Apartment, sie kam gerade aus der Dusche.

»Dort oben war es kalt«, sagte sie.

»Waren Sie auf der Oberseite mit Hari Seldon beisammen?«, erkundigte sich Dors.

»Ja, eine Weile«, sagte Klausia, und ihre Augenbrauen hoben sich. »Er wollte herumschlendern und Fragen über die Vegetation dort oben stellen. Ein intelligenter Bursche ist das, Dors. Ihn schien alles zu interessieren. Also habe ich ihm gesagt, so viel ich konnte, bis Leggen mich zurückrief. Er war wieder einmal richtig schlechter Laune. Das Wetter funktionierte nicht, und er …«

Dors ließ sie nicht weiterreden. »Dann haben Sie Hari nicht mit dem Lift hinunterfahren sehen?«

»Ich habe ihn überhaupt nicht mehr gesehen, nachdem Leggen mich zu sich rief – aber er *muss* hier unten sein. Oben war er nicht, als wir wegfuhren.«

»Aber ich kann ihn nirgends finden.«

Klausia blickte verstört. »Wirklich? – Aber *irgendwo* hier unten muss er sein.«

»Nein, er *muss nicht* irgendwo hier unten sein«, sagte Dors, deren Besorgnis wuchs. »Was ist, wenn er immer noch auf der Oberseite ist?«

»Das ist unmöglich. Er war nicht da, als wir wegfuhren, und wir haben uns selbstverständlich vorher nach ihm umgesehen. Leggen hatte ihm gezeigt, wie man hinunterfährt. Er war nicht richtig angezogen, und das Wetter war scheußlich. Leggen hatte ihm gesagt, wenn ihm kalt würde, sollte er nicht auf uns warten. Und ihm *war* kalt. Das weiß ich! Was hätte er also anderes tun können, als hinunterfahren?«

»Aber niemand hat *gesehen, dass* er hinuntergefahren ist. Könnte ihm dort oben irgendetwas zugestoßen sein?«

»*Nein.* Nicht so lange ich bei ihm war. Nur gefroren hat er natürlich.«

Dors, die nun ernsthaft beunruhigt war, sagte: »Da niemand ihn hinunterfahren sah, könnte es sein, dass er noch oben ist. Sollten wir nicht hinauffahren und nachsehen?«

»Ich sagte Ihnen doch, dass wir uns umgesehen haben, ehe wir weggegangen sind. Es war noch ziemlich hell, und er war weit und breit nicht zu sehen.«

»Lassen Sie uns dennoch nachsehen.«

»Aber *ich* kann nicht mit Ihnen hinaufgehen. Ich bin nur Referendarin und habe die Kombination gar nicht, mit der man die Kuppel an der Oberseite öffnet. Sie müssen Dr. Leggen fragen.«

26

Dors Venabili wusste, dass Leggen jetzt nicht freiwillig an die Oberseite gehen würde. Man würde ihn zwingen müssen.

Also sah sie zuerst noch einmal in der Bibliothek und in den Speisesälen nach. Dann rief sie Seldons Zimmer an. Schließlich ging sie selbst hin und betätigte das Türsignal. Als niemand reagierte, bat sie den Stockwerksverwalter, ihr zu öffnen. Seldon war nicht da. Sie befragte einige der Leute, deren Bekanntschaft er in den letzten paar Wochen gemacht hatte. Niemand hatte ihn gesehen.

Nun, dann würde sie Leggen eben *zwingen*, sie zur Oberseite mitzunehmen. Aber inzwischen war es Nacht geworden. Er würde sich widersetzen, und sie hatte keine Lust, Zeit mit langen Streitereien zu vergeuden, während möglicherweise Hari Seldon in einer eisigen Nacht dort oben in der Falle saß, und der Eisregen langsam in Schnee überging.

Plötzlich kam ihr eine Idee, und sie eilte an den kleinen Universitätscomputer, der die Aktivitäten der Studenten der Fakultät und des Dienstleistungsstabes überwachte.

Ihre Finger huschten über die Tastatur, und bald hatte sie das, was sie wollte.

Drei von ihnen waren in einem anderen Teil des Campus. Sie nahm sich einen kleinen Gleitkarren und fand das Domizil, das sie suchte. *Einer* von ihnen würde doch ganz sicherlich da sein – oder wenigstens auffindbar.

Sie hatte Glück. Schon beim ersten Türsignal, das sie betätigte, leuchtete die Fragelampe auf. Sie gab ihre Personennummer ein, der auch zu entnehmen war, welcher Fakultät sie angehörte.

Die Tür öffnete sich, und ein dicklicher Mann mittleren Alters starrte sie an. Er war offenbar gerade damit beschäftigt gewesen, sich vor dem Abendessen frisch zu machen. Sein dunkelblondes Haar war zerzaust, und er trug nur Unterwäsche.

»Tut mir leid«, sagte er. »Sie kommen in einem ungünstigen Augenblick. Was kann ich für Sie tun, Dr. Venabili?«

Etwas außer Atem antwortete sie: »Sie sind doch Rogen Benastra, der Chefseismologe, nicht wahr?«

»Ja.«

»Dies ist ein dringender Notfall. Ich muss die seismologischen Aufzeichnungen der Oberseite in den letzten paar Stunden sehen.«

Benastra starrte sie an. »Warum? Es ist doch überhaupt nichts passiert. Ich würde das sonst wissen. Der Seismograph würde uns informieren.«

»Ich spreche nicht von einem Meteoreinschlag.«

»Ich auch nicht. Dafür brauchen wir keine Seismographen. Ich spreche von Kies, winzigen Frakturen. Nichts dergleichen für den heutigen Tag.«

»Das auch nicht. Bitte. Gehen Sie mit mir zum Seismographen und lesen Sie ihn für mich ab. Es geht um Leben und Tod.«

»Ich bin zum Abendessen verabredet …«

»Ich sagte, dass es um Leben und Tod geht, und damit ist es mir durchaus ernst.«

»Ich verstehe nicht …«, sagte Benastra, aber dann konnte er Dors' bohrendem Blick nicht länger standhalten. Er trocknete sich das Gesicht ab, hinterließ eine kurze Nachricht und zog sich an.

Dann rannten sie fast im Laufschritt (weil Dors nicht zu drängeln aufhörte) zu dem kleinen, gedrungen wirkenden Seismologiegelände. Dors, die überhaupt nichts von Seismologie verstand, sagte: »Abwärts? Wir gehen nach unten?«

»Unter die bewohnten Etagen. Selbstverständlich. Der Seismograph ist am Muttergestein befestigt, um ihn vom dauernden Vibrieren der Stadt zu isolieren.«

»Aber wie können Sie denn von hier unten feststellen, was an der Oberseite geschieht?«

»Der Seismograph ist mit einer Reihe von Drucksensoren verbunden, die in der Kuppelwand angebracht sind. Wenn auch nur ein einziger Kieselstein von außen auftrifft, hüpft der Indikator hier auf dem Bildschirm. Wir können den Winddruck an der Kuppel hier messen, wir können …«

»Ja, ja«, sagte Dors ungeduldig. Sie war nicht hierhergekommen, um sich eine Vorlesung über Seismographen oder sonstige Instrumente halten zu lassen. »Können Sie menschliche Schritte feststellen?«

»Menschliche Schritte?« Benastra sah sie verwirrt an. »Das ist an der Oberseite doch unwahrscheinlich.«

»Heute Nachmittag war eine Gruppe von Meteorologen an der Oberseite.«

»Oh. Nun. Fußstapfen würden wohl kaum feststellbar sein.«

»Wenn Sie genau hinsehen, würden sie das schon sein, und das erwarte ich jetzt von Ihnen.«

Benastra ließ sich nicht anmerken, ob ihn der Befehlston in ihrer Stimme störte. Er betätigte einen Schalter, und der Bildschirm leuchtete auf.

Rechts außen war ein dicker Lichtpunkt zu erkennen, von dem aus eine dünne waagrechte Linie bis zum linken Bildschirmrand reichte. Die Linie kräuselte sich etwas, sie hatte in willkürlichen Abständen kleine Ausschläge, die sich stetig nach links bewegten. Auf Dors hatten diese Zacken eine fast hypnotische Wirkung.

»Ruhiger kann es fast nicht sein«, meinte Benastra. »Alles, was Sie hier sehen, ist die Folge des wechselnden Luftdrucks oben, Regentropfen vielleicht, das Summen irgendwelcher Geräte. Dort oben ist nichts.«

»Schön. Aber was war vor ein paar Stunden? Sehen Sie sich beispielsweise die Aufzeichnungen für 15 Uhr an. Sie haben doch sicher etwas gespeichert.«

Benastra erteilte dem Computer die nötigen Instruktionen, und ein oder zwei Sekunden lang herrschte auf dem Bildschirm wildes Chaos. Dann beruhigte er sich wieder, und die waagrechte Linie tauchte erneut auf.

»Ich werde das Gerät jetzt auf maximale Empfindlichkeit stellen«, murmelte Benastra. Daraufhin wurden die Zacken deutlicher und veränderten ihr Muster erheblich, während sie nach links taumelten.

»Was ist das?«, fragte Dors.

»Nachdem Sie sagen, dass Leute dort oben waren, Venabili, würde ich annehmen, dass es Schritte waren – die Verlagerung von Gewicht, Schritte. Ich weiß nicht, was ich angenommen hätte, wenn ich nicht von den Leuten dort oben gewusst hätte. Wir nennen das eine gutartige Vibration, weil sie mit nichts in Verbindung steht, was uns als gefährlich bekannt ist.«

»Können Sie sagen, wie viele Leute anwesend sind?«

»Ganz sicher nicht mit bloßem Auge. Sehen Sie, was wir hier bekommen, ist die resultierende Kurve aus der Gesamtbelastung.«

»Sie sagen: ›Nicht mit bloßem Auge.‹ Kann der Computer die Kurve in Einzelbestandteile auflösen?«

»Das bezweifle ich. Der Effekt ist ja minimal, und Sie müssen auch das unvermeidliche Rauschen mit in Betracht ziehen. Die Ergebnisse wären nicht verlässlich.«

»Nun gut. Dann schieben Sie die Zeit doch weiter, bis die Schrittanzeige aufhört. Gibt es so etwas wie einen schnellen Vorlauf?«

»Wenn ich das tue – der schnelle Vorlauf, von dem Sie sprechen –, dann verschwimmt das alles in eine gerade Linie mit einem leichten Schleier ober- und unterhalb. Aber ich kann auf

Abstände von fünfzehn Minuten schalten und mir das Bild jeweils ansehen, ehe ich weitergehe.«

»Gut. Tun Sie das!«

Beide beobachteten den Bildschirm, bis Benastra sagte: »Jetzt ist da nichts mehr. Sehen Sie?«

Sie sahen wieder die Linie mit den winzigen unregelmäßigen Zacken, die das Rauschen darstellten.

»Wann haben die Schritte aufgehört?«

»Vor zwei Stunden. Etwas länger vielleicht.«

»Und als sie aufhörten, waren es da weniger als vorher?«

Benastra blickte etwas empört. »Das konnte ich nicht feststellen. Ich glaube nicht, dass man da auch mit den feinsten Analysemethoden zu einer klaren Entscheidung käme.«

Dors presste die Lippen zusammen, dann sagte sie: »Befindet sich der Sensor, den Sie hier ablesen, in der Nähe der meteorologischen Station?«

»Ja, dort befinden sich die Instrumente, und dort haben sich ja sicherlich auch die Meteorologen aufgehalten.« Und dann, ungläubig: »Wollen Sie, dass ich andere Sensoren in der Umgebung ansehe? Einzeln?«

»Nein. Bleiben Sie bei diesem. Aber gehen Sie in fünfzehn Minuten-Intervallen vor. Möglicherweise hat man eine Person zurückgelassen, und die ist dann möglicherweise zu den Instrumenten zurückgekehrt.«

Benastra schüttelte den Kopf und murmelte etwas Unverständliches.

Wieder änderte sich das Bild auf dem Schirm, und Dors sagte scharf: »Was ist das?« Sie deutete mit ausgestrecktem Finger darauf.

»Das weiß ich nicht. Rauschen.«

»Nein. Es ist periodisch. Könnten es die Schritte einer einzelnen Person sein?«

»Sicher, aber es könnte auch ein Dutzend andere Dinge bedeuten.«

»Es bewegt sich etwa im Schritttempo, nicht wahr?« Und nach einer Weile: »Schieben Sie es etwas vor!«

Das tat er, und als der Bildschirm wieder anzeigte, sagte sie: »Werden die Unregelmäßigkeiten jetzt nicht größer?«

»Kann sein. Wir können sie messen.«

»Das brauchen wir nicht. Man sieht doch, dass sie größer werden. Die Schritte nähern sich dem Sensor. Schalten Sie weiter! Ich will sehen, wann sie aufhören.«

Nach einer Weile sagte Benastra: »Vor zwanzig oder fünfundzwanzig Minuten hat es aufgehört.« Und dann, vorsichtig: »Was auch immer es war.«

»Es sind Schritte«, sagte Dors mit einer Überzeugung, die Berge versetzen konnte. »Dort oben ist ein Mensch, und während Sie und ich hier herumgespielt haben, ist er zusammengebrochen, und jetzt wird er erfrieren und sterben. Jetzt sagen Sie bloß nicht: ›Was auch immer es war!‹ Rufen Sie die Meteorologie an und sehen Sie zu, dass Sie Jenarr Leggen an den Apparat bekommen. Ich sage Ihnen, es geht um Leben und Tod. Sagen Sie ihm das auch!«

Benastra, dessen etwas wulstige Lippen zitterten, war weit über das Stadium hinaus, wo er dieser seltsamen, von Leidenschaft erfüllten Frau Widerstand hätte leisten können.

Es dauerte keine drei Minuten, Leggens Hologramm hereinzubekommen. Man hatte ihn vom Essen weggeholt. Er hielt eine Serviette in der Hand, und sein langes Gesicht blickte finster und besorgt. »›Leben und Tod‹? Was soll das? Wer sind Sie?« Dann entdeckte er Dors, die näher an Benastra herangetreten war, sodass auch sie auf Jenarrs Bildschirm sichtbar sein musste. »*Sie* schon wieder«, sagte er. »Das ist ja der reinste Terror.«

»Das ist es nicht«, sagte Dors. »Ich habe Rogen Benastra konsultiert, den Chefseismologen an der Universität. Nachdem Sie und Ihre Gruppe die Oberseite verlassen hatten, zeigt der Seismograph deutlich Schritte einer oben befindlichen Person. Das ist mein Student Hari Seldon, der unter Ihrer Aufsicht dort hinaufging und jetzt sicherlich irgendwo liegt, halb erstarrt und im Begriff zu erfrieren.

Sie werden mich deshalb sofort mit allen notwendigen Geräten hinaufbringen. Wenn Sie das nicht *unverzüglich* tun, wende ich mich an die Sicherheitsabteilung der Universität – wenn nötig, an den Präsidenten selbst. Ich werde so oder so dort hinaufkommen, und wenn Hari irgendetwas zugestoßen ist, weil Sie auch nur eine Minute gezögert haben, werde ich dafür sorgen, dass man Sie wegen Nachlässigkeit, Unfähigkeit – was auch immer – zur Verantwortung zieht. Und dann sind Sie Ihren Lehrstuhl los, und man wird Sie aus der Universität werfen. Und wenn er tot ist, dann ist das natürlich fahrlässige Tötung. Oder etwas noch Schlimmeres, nachdem ich Sie nun gewarnt habe, dass er in Lebensgefahr ist.«

Jenarr wandte sich wütend Benastra zu: »Haben Sie festgestellt …«

Aber Dors ließ ihn nicht weiterreden. »Er hat mir gesagt, was er entdeckt hat, und ich habe es Ihnen gesagt. Ich werde jetzt nicht zulassen, dass Sie ihn durcheinanderbringen. Kommen Sie! Jetzt gleich!«

»Ist Ihnen in den Sinn gekommen, dass Sie sich irren könnten?«, fragte Jenarr mit dünnen Lippen. »Wissen Sie, was ich mit Ihnen anfangen kann, wenn sich das als leichtfertig ausgelöster falscher Alarm herausstellt? Das, was Sie mir gerade angedroht haben, funktioniert nach beiden Richtungen.«

»Mord nicht«, sagte Dors. »Und das Risiko eines falschen Alarms nehme ich auf mich. Wenn man mich dafür vor Gericht stellt, dann meinetwegen. Sind Sie bereit, sich wegen Mordes vor Gericht stellen zu lassen?«

Jenarrs Gesicht rötete sich, vielleicht mehr, weil er wusste, dass er nachgeben musste, als wegen der Drohung. »Ich werde kommen, aber Sie können sich auf einiges gefasst machen, junge Frau, wenn sich zeigen sollte, dass Ihr Student die letzten drei Stunden schon irgendwo in den Kuppeln in Sicherheit war.«

27

Die Fahrt im Aufzug verlief in feindseligem Schweigen. Leggen hatte nur einen Teil seiner Abendmahlzeit zu sich genommen, und seine Frau ohne hinreichende Erklärung verlassen. Benastra hatte überhaupt nicht zu Abend gegessen und möglicherweise irgendeine Gefährtin enttäuscht, ebenfalls ohne hinreichende Erklärung. Dors Venabili hatte auch nicht gegessen, und sie war äußerst beunruhigt. Sie hatte eine Thermodecke bei sich und zwei photonische Fackeln.

Als sie den Eingang zur Oberseite erreichten, gab Leggen mit verkniffener Miene seine Identifikation ein, worauf die Tür sich öffnete. Ein kalter Wind blies ihnen entgegen, und Benastra gab einen unwilligen Laut von sich. Sie waren alle drei nicht hinreichend gekleidet, aber die beiden Männer hatten nicht die Absicht, lang oben zu bleiben.

»Es schneit«, sagte Dors nervös.

»Das ist feuchter Schnee«, sagte Leggen. »Die Temperatur liegt um den Gefrierpunkt. Das ist kein Frost, der einen umbringt.«

»Das hängt davon ab, wie lange man ihm ausgesetzt ist, nicht wahr?«, sagte Dors. »Und von schmelzendem Schnee durchtränkt zu werden, ist auch nicht gerade angenehm.«

Leggen knurrte: »Nun, wo ist er?« Er starrte verärgert in die schwarze Nacht hinaus, die das Licht, das aus dem Eingang hinter ihnen fiel, noch schwärzer machte.

»Dr. Benastra, würden Sie mir bitte diese Decke halten«, sagte Dors. »Und Sie, Dr. Leggen, schließen Sie die Tür hinter sich, sperren sie aber nicht ab.«

»Sie hat kein automatisches Schloss. Halten Sie uns für blöd?«

»Das nicht, aber man kann sie von innen versperren, und dann kommt von draußen keiner in die Kuppel.«

»Wenn jemand draußen ist, sollten Sie ihn mir zeigen«, sagte Leggen.

»Er könnte überall sein.« Dors hob die Arme mit den photonischen Fackeln an beiden Handgelenken.

»Wir können nicht überall nachsehen«, murmelte Benastra fröstelnd.

Die Fackeln flammten auf, und ihr Licht strahlte nach allen Richtungen. Die Schneeflocken glitzerten wie ein Schwarm Glühwürmchen, sodass die Sicht schlecht war.

»Die Schritte sind stetig lauter geworden«, sagte Dors. »Er muss also auf den Sensor zugegangen sein. Wo ist der angebracht?«

»Keine Ahnung«, brauste Leggen auf. »Das liegt außerhalb meiner Zuständigkeit, und davon verstehe ich nichts.«

»Dr. Benastra?«

Benastras Antwort kam zögernd. »Eigentlich weiß ich das auch nicht. Offen gestanden bin ich noch nie hier oben gewesen. Die Sensoren sind vor meiner Zeit installiert worden. Der Computer weiß es natürlich, aber wir haben nicht daran gedacht, uns zu erkundigen. Mir ist kalt, und ich weiß wirklich nicht, was ich hier oben soll.«

»Sie werden schon eine Weile hier oben bleiben müssen«, sagte Dors entschieden. »Folgen Sie mir! Ich werde jetzt in immer größer werdenden Spiralen um den Eingang herumgehen.«

»Durch den Schnee können wir nicht viel sehen«, sagte Leggen.

»Das weiß ich. Wenn es nicht schneien würde, hätten wir ihn inzwischen bereits entdeckt, da bin ich ganz sicher. So dauert es vielleicht ein paar Minuten. Das können wir ertragen.« Dabei war sie keineswegs so zuversichtlich, wie es aus ihren Worten klang.

Sie setzte sich in Bewegung, schwang dabei die Arme und tauchte so einen möglichst großen Bereich in den Schein ihrer Fackeln. Sie mühte sich ab, vor dem Schnee einen dunklen Flecken auszumachen.

Es ergab sich, dass Benastra als Erster sagte: »Was ist das?« und die Hand ausstreckte.

Dors richtete die beiden Fackeln so, dass sie in der angezeigten Richtung einen hellen Lichtkegel erzeugten. Dann rannte sie auf den dunklen Punkt zu, und die beiden anderen folgten ihr.

Sie hatten ihn gefunden, zusammengesunken und durchnäßt, vielleicht zehn Meter von der Tür und fünf vom nächsten metereologischen Gerät entfernt. Dors tastete nach seinem Herzschlag, aber das war nicht notwendig, denn als er ihre Berührung spürte, regte sich Seldon und fing an zu wimmern.

»Geben Sie mir die Decke, Dr. Benastra«, sagte Dors mit vor Erleichterung kaum hörbarer Stimme. Sie entfaltete sie und breitete sie auf dem Schnee aus. »Heben Sie ihn vorsichtig auf die Decke, dann wickle ich ihn ein. Dann tragen wir ihn hinunter.«

In der Aufzugskabine stiegen dünne Dampfschwaden von dem eingehüllten Seldon auf, als die Decke sich automatisch auf Körpertemperatur erwärmte.

»Sobald wir ihn in sein Zimmer gebracht haben, Dr. Leggen«, erklärte Dors, »holen Sie einen Arzt – einen guten – und sorgen dafür, dass er sofort kommt! Wenn Dr. Seldon das ohne Schaden übersteht, werde ich nichts sagen, aber *nur* dann. Vergessen Sie nicht …«

»Sie brauchen mir keinen Vortrag zu halten«, sagte Leggen kühl. »Ich bedaure das sehr und werde alles tun, was mir möglich ist. Aber mein einziger Fehler liegt darin, dass ich diesem Mann erlaubt habe, mit an die Oberseite zu kommen.«

Die Decke bewegte sich, und eine schwache Stimme war zu hören.

Benastra zuckte zusammen, weil er Seldons Kopf in den Armen hielt. »Er versucht, etwas zu sagen«, meinte er.

»Ich weiß«, sagte Dors. »Er hat gesagt: ›Was ist hier los?‹«

Sie musste unwillkürlich lachen. Es kam ihr so normal vor, dass er ausgerechnet das gesagt hatte.

28

Der Arzt war entzückt.

»Ich habe noch nie einen Fall von Unterkühlung gesehen«, erklärte er. »Das erlebt man auf Trantor nicht.«

»Mag sein«, sagte Dors kühl, »und es freut mich auch, dass Sie Gelegenheit haben, etwas Neues zu erleben. Aber bedeutet das, dass Sie nicht wissen, wie Sie Dr. Seldon behandeln sollen?«

»Selbstverständlich weiß ich das.« Der Arzt funkelte sie empört an. Er war ein älterer Mann mit kahlem Schädel und einem kleinen grauen Schnurrbart. »Fälle von Erfrierung gibt es auf den äußeren Welten häufig – sozusagen alltäglich –, und ich habe eine ganze Menge darüber gelesen.«

Die Behandlung bestand zum Teil aus einem Serum gegen Viren und einer Mikrowellenbehandlung.

»Das sollte genügen«, sagte der Arzt. »Auf den äußeren Welten werden in den Krankenhäusern viel kompliziertere Geräte eingesetzt, aber auf Trantor haben wir so etwas natürlich nicht. Dies ist eine Behandlung für leichte Fälle, aber ich bin sicher, dass das genügen wird.«

Später, als Seldon sich ohne besondere nachhaltige Schäden erholte, dachte Dors, dass dies vielleicht daher kam, weil er Außenweltler war. Ihm waren die Dunkelheit, die Kälte, ja sogar der Schnee nicht fremd. Ein Trantorianer wäre vermutlich in so einem Fall gestorben, nicht so sehr am körperlichen Trauma als an psychischem Schock.

Aber sicher war sie sich dessen natürlich nicht, da sie selbst auch keine Trantorianerin war.

Und damit löste sie sich von diesem Gedanken, zog sich einen Stuhl neben Haris Bett und richtete sich auf längeres Warten ein.

29

Am zweiten Morgen regte sich Seldon, wachte auf und blickte zu Dors auf, die an seinem Bett saß, einen Buchfilm sichtete und Notizen machte.

Mit fast normal klingender Stimme sagte Seldon: »Immer noch hier, Dors?«

Sie legte den Buchfilm weg. »Ich kann Sie ja nicht gut allein lassen, oder? Und sonst habe ich zu niemandem Vertrauen.«

»Mir scheint, dass ich Sie jedes Mal sehe, wenn ich aufwache. Sind Sie die ganze Zeit hier gewesen?«

»Schlafend oder wachend, ja.«

»Und Ihre Vorlesungen?«

»Ich habe eine Assistentin, die das für eine Weile übernommen hat.«

Dors beugte sich über Hari und griff nach seiner Hand. Als sie bemerkte, dass ihn das verlegen machte (schließlich lag er im Bett), zog sie sie weg.

»Hari, was ist passiert? Ich hatte solche Angst.«

»Ich muss Ihnen ein Geständnis machen«, sagte Seldon.

»Ein Geständnis?«

»Ich dachte, Sie wären möglicherweise Teil einer Verschwörung …«

»Einer *Verschwörung?*«, wiederholte sie heftig.

»Ich meine, um mich an die Oberseite zu manövrieren, aus dem Schutzbereich der Universität heraus, wo mich die Kaiserlichen Behörden oder ihre Helfershelfer hätten schnappen können.«

»Aber die Oberseite liegt nicht außerhalb des Schutzbereichs der Universität. Auf Trantor reicht die Zuständigkeit von der Mitte des Planeten bis in den Himmel.«

»Ah, das habe ich nicht gewusst. Aber Sie waren nicht mitgekommen, weil Sie anderweitig beschäftigt waren. Und als ich anfing, paranoide Gedanken zu haben, dachte ich, Sie würden mich absichtlich fallen lassen. Bitte vergeben Sie mir. Offensichtlich waren Sie es, die mich von dort oben heruntergeholt hat. War da sonst noch jemand, der sich um mich gekümmert hat?«

»Sie waren sehr beschäftigt«, sagte Dors vorsichtig. »Sie dachten, Sie wären schon früher weggegangen. Ich meine, man kann ihnen das nicht verdenken.«

»Dachte Klausia das auch?«

»Die junge Referendarin? Ja, doch.«

»Nun, dann war es möglicherweise doch eine Verschwörung. Ohne Sie, meine ich.«

»Nein, Hari, es ist meine Schuld. Ich hatte absolut nicht das Recht, Sie alleine dort hinaufzulassen. Es war meine Aufgabe, Sie zu beschützen. Ich mache mir immer noch Vorwürfe, dass das passiert ist und dass Sie sich verlaufen haben.«

»Halt, Augenblick mal!«, sagte Seldon, plötzlich irritiert. »Ich habe mich nicht verlaufen. Wofür halten Sie mich eigentlich?«

»Ich würde gern wissen, wie Sie das nennen. Sie waren nicht zu sehen, als die anderen weggingen, und sind nicht zum Eingang zurückgekehrt – oder jedenfalls in die Umgebung des Eingangs –, bis es dunkel war.«

»Aber so war es doch gar nicht. Ich habe mich nicht einfach deshalb verlaufen, weil ich weggegangen war und den Weg zurück nicht finden konnte. Ich sagte Ihnen, dass ich eine Verschwörung befürchtete, dazu hatte ich Anlass. Ich bin doch nicht paranoid.«

»Was ist denn passiert?«

Seldon erzählte es ihr. Es fiel ihm nicht schwer, sich in allen Einzelheiten daran zu erinnern. Er hatte diesen Albtraum fast den ganzen vorangegangenen Tag durchlebt.

Dors hörte ihm mit gerunzelter Stirn zu. »Aber das ist unmöglich. Ein Düsenschweber? Sind Sie sicher?«

»Selbstverständlich bin ich sicher. Glauben Sie denn, ich hatte Halluzinationen?«

»Aber die Kaiserlichen Behörden können unmöglich nach Ihnen gesucht haben. Sie an der Oberseite zu verhaften, hätte den gleichen Aufruhr hervorgerufen, als wenn sie gleich eine Polizeistreife ausgeschickt hätten, um Sie im Campus zu verhaften.«

»Wie erklären Sie es dann?«

»Ich habe keine Erklärung«, sagte Dors, »aber möglicherweise hat es viel schlimmere Folgen, dass ich nicht mit Ihnen zur Oberseite gegangen bin, als ich ursprünglich dachte, und Hummin wird ernstlich zornig sein.«

»Dann werden wir es ihm einfach nicht sagen«, meinte Seldon. »Es ist ja alles gut gegangen.«

»Wir müssen es ihm sagen«, meinte Dors finster. »Vielleicht war das erst der Anfang.«

30

Am Abend kam Jenarr Leggen zu Besuch. Es war nach dem Abendessen, und er blickte ein paarmal zwischen Dors und Seldon hin und her, als wüsste er nicht, was er sagen sollte. Sie kamen ihm nicht zu Hilfe, warteten aber beide geduldig. Er hatte auf sie beide nicht den Eindruck gemacht, ein Meister des Small Talk zu sein. Schließlich sagte er zu Seldon: »Ich wollte nachsehen, wie es Ihnen geht.«

»Ausgezeichnet«, sagte Seldon, »ich bin nur noch ein wenig schläfrig. Dr. Venabili meint, die Behandlung würde mich noch ein paar Tage müde machen. Ich werde mich also einmal richtig ausruhen.« Er lächelte. »Offen gestanden stört mich das überhaupt nicht.«

Leggen holte tief Luft, atmete aus, zögerte und sagte dann, schwerfällig, so als müsste er jedes Wort aus sich herauspressen: »Ich will Sie nicht lange aufhalten. Ich verstehe durchaus, dass Sie Ruhe brauchen. Ich wollte nur sagen, dass es mir leid tut, was da passiert ist. Ich hätte nicht annehmen sollen – wenigstens nicht so schnell –, Sie seien allein runtergefahren. Als Neuling hätte ich mich für Sie mehr verantwortlich fühlen müssen.

Schließlich hatte ich mich ja damit einverstanden erklärt, dass Sie mit raufkommen. Ich hoffe, Sie werden … mir verzeihen können. Das ist wirklich alles, was ich sagen wollte.«

Seldon gähnte und hielt sich die Hand vor. »Entschuldigen Sie. – Da alles ja anscheinend so gut ausgegangen ist, braucht es ja keine Verstimmungen zu geben. Es war nicht Ihre Schuld. Ich hätte mich nicht so weit entfernen sollen, und außerdem ist das, was passiert ist …«

Dors unterbrach ihn. »Hari, bitte jetzt keine Konversation. Sie müssen sich ausruhen. Aber ehe Dr. Leggen geht, möchte ich kurz mit ihm sprechen. Zum einen, Dr. Leggen, verstehe ich sehr wohl, dass Sie sich darüber Sorgen machen, diese Angelegenheit könnte Nachwirkungen für Sie haben. Ich habe Ihnen gesagt, dass ich die Sache vergessen würde, wenn Dr. Seldon sich ohne ernstliche Nachwirkungen erholt. Das scheint der Fall zu sein. Sie können also beruhigt sein – für den Augenblick. Ich würde Sie aber gerne nach etwas anderem fragen, und ich hoffe, dass Sie mich diesmal freiwillig unterstützen.«

»Ich will es versuchen, Dr. Venabili«, sagte Leggen steif.

»Ist während Ihres Aufenthalts an der Oberseite irgendetwas Ungewöhnliches vorgefallen?«

»Das wissen Sie doch. Ich habe Dr. Seldon verloren, und dafür habe ich mich gerade entschuldigt.«

»Es liegt ja wohl auf der Hand, dass ich das nicht meine. Ist sonst noch etwas Ungewöhnliches vorgefallen?«

»Nein, nichts. Überhaupt nichts.«

Dors sah Seldon an, und der runzelte die Stirn. Für ihn hatte es den Anschein, dass Dors versuchte, seine Darstellung zu überprüfen und eine unabhängige Aussage zu bekommen. Glaubte sie etwa, er hätte sich das Suchfahrzeug eingebildet? Er hätte gern widersprochen, aber sie hob die Hand, als wollte sie genau das verhindern. Also blieb er stumm, teilweise deswegen und teilweise, weil er wirklich schlafen wollte. Er hoffte, dass Leggen nicht lange bleiben würde.

»Sind Sie sicher?«, fragte Dors. »Ich meine, hat sich von außen niemand eingemischt?«

»Nein, natürlich nicht. Oh ...«

»Dr. Leggen?«

»Da war ein Düsenschweber.«

»Ist Ihnen das seltsam vorgekommen?«

»Nein, natürlich nicht.«

»Warum nicht?«

»Das klingt ja wie ein Kreuzverhör, Dr. Venabili. Das passt mir nicht.«

»Das kann ich Ihnen nachfühlen, Dr. Leggen. Diese Fragen haben etwas mit Dr. Seldons Missgeschick zu tun. Möglicherweise ist diese ganze Angelegenheit sehr viel komplizierter, als ich bisher angenommen hatte.«

»In welcher Hinsicht?«, fragte er scharf. »Haben Sie vor, neue Fragen aufzubringen und noch mal eine Entschuldigung zu verlangen? In dem Fall könnte ich es für notwendig halten, mich zurückzuziehen.«

»Aber vielleicht nicht, ehe Sie mir erklärt haben, weshalb Ihnen ein Düsenschweber, der Ihre Arbeiten beobachtet, nicht doch ein wenig seltsam vorkommt.«

»Weil, liebe junge Frau, eine ganze Anzahl meteorologischer Stationen auf Trantor Düsenschweber für direkte Erforschung der Wolken und der oberen Atmosphäre besitzen. Unsere eigene Station besitzt keinen.«

»Warum nicht. Der wäre doch nützlich.«

»Natürlich. Aber wir befinden uns nicht im Wettbewerb mit anderen und halten nichts geheim. Wir berichten über unsere Messungen und die über die ihren. Deshalb ist es durchaus vernünftig, sich unterschiedlich zu spezialisieren. Es wäre unvernünftig, dasselbe wie andere zu tun. Das Geld und das Personal, das wir für Düsenschweber einsetzen könnten, lässt sich für Mesonenrefraktometer verwenden, während andere das umgekehrt sehen. Zwischen den einzelnen Bezirken mag es Wettbewerb und auch gelegentlich Auseinandersetzungen geben, aber die Wissenschaft ist eine Sache – die einzige –, die uns zusammenhält. Ich nehme doch an, dass Ihnen das bekannt ist«, fügte er ironisch hinzu.

»Allerdings, aber ist es nicht großer Zufall, dass jemand genau an dem Tag, an dem Sie Ihre Station benutzen, einen Düsenschweber genau dorthin schickt?«

»Überhaupt nicht. Wir hatten bekanntgegeben, dass wir an dem Tag Messungen durchführen wollten, und deshalb hat sich wahrscheinlich irgendeine andere Station dafür entschieden, gleichzeitig nephelometrische Messungen durchzuführen – Wolken, müssen Sie wissen. Wenn man die Resultate beider Messungen miteinander vergleicht, dann nützt das viel mehr, als wenn man sie einzeln auswertet.«

»Dann haben sie also nur gemessen?«, mischte Seldon sich plötzlich mit ziemlich undeutlicher Stimme ein. Er gähnte erneut.

»Ja«, sagte Leggen. »Was hätten wir denn sonst tun sollen?«

Dors blinzelte, wie sie das manchmal tat, wenn sie besonders schnell zu denken versuchte. »Das klingt alles recht einleuchtend. Welcher Station hat denn dieser Düsenschweber gehört?«

Leggen schüttelte den Kopf. »Dr. Venabili, woher soll ich denn das wissen?«

»Ich dachte, die Düsenschweber sind markiert und tragen die Kennzeichen ihrer Station.«

»Ganz sicherlich, aber ich hab nicht hingesehen. Ich hatte meine Arbeit und hab sie die ihre tun lassen. Wenn die sich melden, werde ich wissen, wem der Düsenschweber gehörte.«

»Und wenn sie sich nicht melden?«

»Dann würde ich davon ausgehen, dass ihre Instrumente versagt haben. Das passiert manchmal.« Seine rechte Hand hatte sich zur Faust geballt. »Ist das dann alles?«

»Warten Sie einen Moment. Woher *könnte* der Düsenschweber denn Ihrer Ansicht nach gekommen sein?«

»Von jeder beliebigen Station, die Düsenschweber besitzt. Wenn man ihnen einen Tag Zeit lässt – und sie hatten mehr zur Verfügung –, kann eine solche Maschine uns leicht von jedem Punkt auf dem Planeten erreichen.«

»Aber wer könnte es am ehesten sein?«

»Schwer zu sagen: Hestelonia, Wye, Ziggoreth, Nord Damiano. Das wäre am wahrscheinlichsten. Aber ebenso gut *könnten* es vierzig andere gewesen sein.«

»Dann nur noch eine Frage. Nur eine noch. Dr. Leggen, als Sie bekanntgaben, dass Ihre Gruppe zur Oberseite gehen wollte, haben Sie da zufällig auch gesagt, dass ein Mathematiker, Dr. Hari Seldon, mitkommen würde?«

Leggens Gesicht zeigte jetzt einen Ausdruck tiefer und ehrlicher Überraschung, ein Ausdruck, der schnell in Geringschätzigkeit umschlug. »Warum sollte ich Namen aufzählen? Wen könnte das interessieren?«

»Schön«, sagte Dors. »Tatsächlich hat Dr. Seldon den Düsenschweber gesehen, und er hat ihn beunruhigt. Ich weiß nicht genau, weshalb, und sein Erinnerungsvermögen ist in dem Punkt etwas verschwommen. Er ist mehr oder weniger vor dem Düsenschweber weggelaufen, hat sich dabei verirrt, dachte nicht daran – oder besser gesagt: wagte es nicht – zurückzukehren, bis es dunkel geworden war, und hat es dann nicht rechtzeitig geschafft. Man kann Ihnen keinen Vorwurf dafür machen. Vergessen wir also die ganze Angelegenheit. Einverstanden?«

»Einverstanden«, sagte Leggen. »Guten Abend!« Er machte auf dem Absatz kehrt und ging hinaus.

Als er gegangen war, stand Dors auf, zog Seldon sachte die Hausschuhe aus, schob ihn im Bett zurecht und deckte ihn zu. Er schlief bereits fest.

Dann setzte sie sich und dachte nach. Wie viel von dem, was Leggen gesagt hatte, war die Wahrheit, und was verbarg sich vielleicht unter der Tarnung seiner Worte? Sie wusste es nicht.

MYKOGEN

Mykogen – … *Ein* Bezirk des antiken Trantor … In der Vergangenheit seiner eigenen Legenden begraben, war Mykogen von wenig Bedeutung für den Planeten. Aus eigenem Wunsch isoliert und mit sich selbst zufrieden …

ENCYCLOPAEDIA GALACTICA

31

Als Seldon erwachte, sah er ein neues Gesicht vor sich, das ernst auf ihn herunterblickte. Einen Augenblick lang runzelte er die Stirn, und sein Gesicht nahm einen eulenhaften Ausdruck an. Dann sagte er: »Hummin?«

Hummin lächelte. »Sie erinnern sich also an mich?«

»Es war ja nur ein Tag vor fast zwei Monaten, aber ich erinnere mich. Man hat Sie also nicht verhaftet oder sonst …«

»Wie Sie sehen, bin ich hier, unversehrt und ganz, aber …« – und dabei sah er Dors an, die neben ihm stand – »… sehr leicht war es nicht für mich, hierherzukommen.«

»Es freut mich, dass Sie gekommen sind«, sagte Seldon. »Macht es Ihnen übrigens etwas aus?« Er deutete mit dem Daumen in Richtung Badezimmer.

»Lassen Sie sich ruhig Zeit«, sagte Hummin. »Frühstücken Sie.«

Hummin schloss sich ihm beim Frühstück nicht an. Auch Dors nicht. Sie sprachen auch nicht. Hummin las einen Buchfilm und erweckte dabei den Eindruck, davon ganz beansprucht zu sein. Dors inspizierte kritisch ihre Nägel, holte dann einen Mikrocomputer heraus und machte sich darauf mit einem Stift Notizen.

Seldon beobachtete sie nachdenklich, versuchte aber nicht, ein Gespräch zu beginnen. Das Schweigen mochte vielleicht irgendeiner trantorianischen Sitte entsprechen, die das Verhalten an einem Krankenbett regelte. Er fühlte sich zwar wieder völlig normal, aber das war ihnen vielleicht nicht bewusst.

Erst als er den letzten Bissen zu sich genommen und den letzten Tropfen Milch getrunken hatte (woran er sich offenbar inzwischen gewöhnt hatte, denn sie schmeckte nicht mehr eigenartig), begann Hummin zu reden.

»Wie geht es Ihnen, Seldon?«, fragte er.

»Ganz ausgezeichnet, Hummin. Sicherlich hinreichend gut, um wieder aufzustehen.«

»Das freut mich zu hören«, sagte Hummin trocken. »Dors Venabili trifft ein großer Teil der Schuld, dass das passieren konnte.«

Seldon runzelte die Stirn. »Nein. Ich habe darauf bestanden, an die Oberseite zu gehen.«

»Sicher haben Sie das, aber sie hätte um jeden Preis mitkommen müssen.«

»Ich habe ihr gesagt, dass ich das nicht wollte.«

»Das stimmt nicht, Hari«, sagte Dors. »Jetzt verteidigen Sie mich bloß nicht mit galanten Lügen.«

Seldon wurde ärgerlich. »Aber vergessen Sie nicht, dass Dors gegen starke Widerstände an die Oberseite ging und ohne Zweifel mein Leben gerettet hat. Und das ist schlicht die Wahrheit. Haben Sie das auch mitberücksichtigt?«

Dors unterbrach ihn erneut, sichtlich verlegen: »Bitte, Hari. Chetter Hummin hat völlig recht – ich hätte Sie entweder davon abhalten müssen, dass Sie zur Oberseite gehen, oder selbst mitkommen. Für das, was ich anschließend getan habe, hat er mich bereits gelobt.«

»Nichtsdestoweniger ist das vorbei«, sagte Hummin, »und wir können es dabei belassen. Wollen wir doch über das reden, was an der Oberseite geschah, Seldon.«

Seldon sah sich im Zimmer um und meinte vorsichtig: »Ist das ohne Gefahr möglich?«

Hummin lächelte. »Dors hat in diesem Raum ein Distorsionsfeld platziert. Ich kann ziemlich sicher sein, dass kein Kaiserlicher Agent in der Universität – wenn es einen solchen gibt – sich damit auskennt, wie man ein solches Feld durchbricht. Sie sind ein argwöhnischer Mann, Seldon.«

»Aber nicht von Natur aus«, sagte Seldon. »Wenn man Ihnen im Park und nachher zugehört hat – Sie haben ein sehr überzeugendes Wesen, Hummin. Als Sie schließlich fertig waren, hatte ich das Gefühl, Eto Demerzel würde hinter jeder Ecke lauern.«

»Manchmal glaube ich sogar, dass er das tut«, sagte Hummin ernst.

»In dem Fall würde ich ihn gar nicht erkennen«, sagte Seldon. »Wie sieht er denn aus?«

»Das hat wohl nichts zu bedeuten. Sie würden ihn nicht sehen, wenn er es nicht wollte, und dann wäre schon alles vorbei, kann ich mir vorstellen – und genau das müssen wir verhindern. Sprechen wir doch über diesen Düsenschweber, den Sie gesehen haben.«

»Ich sagte Ihnen ja, Hummin, Sie haben mich mit Angst vor Demerzel erfüllt«, meinte Seldon. »Als ich den Düsenschweber sah, nahm ich an, dass er hinter mir her wäre, weil ich unvernünftigerweise den Schutz der Streeling-Universität verlassen hatte, indem ich an die Oberseite gegangen war. Dass man mich dort hinaufgelockt hatte, um mich ohne Schwierigkeiten festnehmen zu können.«

»Andererseits hat Leggen …«, schaltete Dors sich ein.

Seldon unterbrach sie schnell: »War er gestern Nacht hier?«

»Ja, erinnern Sie sich nicht?«

»Nur unbestimmt. Ich war todmüde. Das ist alles in meinem Gedächtnis irgendwie verschwommen.«

»Nun, Leggen sagte, der Düsenschweber sei ein meteorologisches Fahrzeug von einer anderen Station gewesen. Ganz normal und völlig harmlos.«

»Was?«, fragte Seldon verblüfft. »Das glaube ich nicht.«

»Jetzt ist die Frage nur, warum glauben Sie das nicht?«, wollte Hummin wissen. »War an dem Düsenschweber etwas, das Sie zu der Meinung veranlasste, er wäre gefährlich? Ich meine etwas Spezielles, nicht nur allgemeiner Argwohn, den ich Ihnen aufgeschwatzt hatte?«

Seldon überlegte und biss sich dabei auf die Unterlippe. Dann meinte er: »Sein *Verhalten*. Es sah so aus, als würde er sein Vorderteil unter die Wolkendecke schieben, so als suchte er etwas. Dann tauchte er an einer anderen Stelle genauso auf, dann wieder an einer anderen und so weiter. Er schien die Oberseite methodisch abzusuchen, Sektion nach Sektion, und mich anzupeilen.«

»Vielleicht haben Sie den Düsenschweber personifiziert, Seldon«, sagte Hummin. »Sie haben ihn wie ein fremdartiges Tier betrachtet, das nach Ihnen suchte. Das war es aber natürlich nicht, sondern einfach nur ein Düsenschweber. Und wenn es tatsächlich ein meteorologisches Fahrzeug war, dann war sein Verhalten völlig normal – und harmlos.«

»Mir ist es aber nicht so vorgekommen.«

»Sicher nicht. Aber tatsächlich wissen wir überhaupt nichts. Ihre Überzeugung, dass Sie sich in Gefahr befanden, ist einfach eine Annahme. Leggens Behauptung, dass es sich um ein meteorologisches Fahrzeug handelt, ist ebenfalls nur eine Annahme.«

Doch Seldon blieb hartnäckig: »Ich kann einfach nicht glauben, dass das ein harmloses Vorkommnis war.«

»Nun denn«, sagte Hummin, »nehmen wir einmal das Schlimmste an – dass das Fahrzeug nämlich tatsächlich nach Ihnen gesucht hat. Wie sollte dann derjenige, der das Fahrzeug ausgeschickt hat, eigentlich wissen, dass Sie dort sein würden?«

Wieder schaltete Dors sich ein. »Ich habe Dr. Leggen gefragt, ob er in seinem Bericht über seine geplanten meteorologischen Arbeiten erwähnt hatte, dass Hari sich der Gruppe anschließen würde. Normalerweise gab es dafür keinen Grund, und er bestritt auch, Hari erwähnt zu haben. Er schien über die Frage einigermaßen verblüfft. Ich habe ihm geglaubt.«

»Glauben Sie ihm nicht zu schnell«, sagte Hummin nachdenklich. »Würde er es denn nicht in jedem Fall bestreiten? Jetzt fragen Sie sich selbst einmal, warum er Seldon überhaupt mitkommen ließ. Wir wissen, dass er ursprünglich nicht damit einverstanden war, aber dann gab er nach, ohne sich sehr zu sträuben. Mir scheint das gar nicht zu Leggen zu passen.«

Dors runzelte die Stirn und meinte: »Das macht es möglicherweise etwas wahrscheinlicher, dass er die ganze Sache arrangiert hat. Vielleicht hat er Hari nur deshalb mitkommen lassen, damit man ihn oben festnehmen konnte. Vielleicht hatte er entsprechende Anweisungen bekommen. Wir könnten weiter argumentieren, dass er seine junge Referendarin Klausia dazu ermuntert hat, Hari ins Gespräch zu ziehen und ihn von der Gruppe wegzulocken, zu isolieren. Das würde erklären, weshalb Leggen sich so wenig Gedanken über Haris Abwesenheit machte, als die Zeit kam, um nach unten zurückzukehren. In dem Fall konnte er behaupten, Hari sei schon früher gegangen – was er ja schon vorbereitet hatte, indem er ihm erklärt hatte, wie man allein hinunterfahren kann. Es würde darüber hinaus auch sein Widerstreben erklären, noch einmal umzukehren und nach ihm zu suchen, da er ja schließlich keine Zeit damit vergeuden wollte, nach jemandem zu suchen, der, wie er annahm, nicht gefunden werden *konnte*.«

Hummin hatte aufmerksam zugehört und meinte jetzt: »Sie bauen da ja eine interessante Anklage gegen ihn auf. Aber wir sollten auch das nicht zu leicht hinnehmen. Schließlich ist er am Ende doch mit Ihnen hinaufgegangen.«

»Weil man Schritte entdeckt hat. Der Chefseismologe hatte das bezeugt.«

»Nun, war Leggen überrascht, als Seldon gefunden wurde? Verhielt er sich so, als hätte Seldon nicht dort sein dürfen? Verhielt er sich so, als würde er sich fragen: Wie kommt es, dass sie ihn nicht mitgenommen haben?«

Dors überlegte eine Weile und meinte dann: »Der Anblick Haris dort auf dem Boden bereitete ihm offensichtlich einen Schock, aber ich kann wirklich nicht sagen, ob seine Gefühle der Situation angemessen waren oder nicht.«

»Nein, das kann man wahrscheinlich nicht.«

Seldon hatte die ganze Zeit interessiert zugehört, und sein Blick war dabei zwischen den beiden hin und her gewandert. Nun sagte er: »Ich glaube nicht, dass es Leggen war.«

Hummin wandte seine Aufmerksamkeit Seldon zu. »Warum sagen Sie das?«

»Zum einen war es ihm ja, wie Sie schon sagten, ganz offensichtlich nicht recht, mich mitkommen zu lassen. Ihn zu überzeugen, nahm einen ganzen Tag in Anspruch, und ich glaube, er hat nur deshalb zugestimmt, weil er den Eindruck hatte, ich sei ein geschickter Mathematiker, der ihm mit seiner meteorologischen Theorie helfen könnte. Mir war es wichtig, dort hinaufzugehen, und wenn er Anweisung gehabt hätte, sicherzustellen, dass ich an die Oberseite kam, hätte er sich schließlich nicht *so* zu sträuben brauchen.«

»Ist es denn vernünftig anzunehmen, dass er Sie nur wegen Ihrer Mathematik wollte? Hat er mit Ihnen über die Mathematik gesprochen? Hat er versucht, Ihnen seine Theorie zu erklären?«

»Nein«, sagte Seldon, »das hat er nicht. Aber er hat wohl erwähnt, dass wir uns später damit befassen wollten. Er hatte nichts anderes als seine Instrumente im Sinn. Wie ich dann hörte, hatte er mit Sonnenschein gerechnet, der sich nicht eingestellt hatte, und er nahm an, seine Instrumente hätten nicht funktioniert. Offenbar stimmte das nicht, und das machte ihn ärgerlich. Ich nehme an, dass ihn das so mürrisch gemacht und seine Aufmerksamkeit von mir abgelenkt hat. Was Klausia angeht, die junge Frau, die mich ein paar Minuten lang beschäftigte, so habe ich im Rückblick auch nicht das Gefühl, dass sie mich absichtlich weggelockt hat. Die Initiative ging von mir aus. Ich war in Bezug auf die Vegetation an der Oberseite neugierig, und eigentlich habe eher ich sie veranlasst, die Gruppe zu verlassen, als umgekehrt. Und Leggen hat sie keineswegs unterstützt, sondern sie vielmehr zurückgerufen, solange ich noch in Sichtweite war. Ich habe mich dann ganz aus eigenem Antrieb weiter entfernt, bis ich schließlich außer Sichtweite war.«

»Und trotzdem«, sagte Hummin, der sich offenbar vorgenommen hatte, allem zu widersprechen, was er hörte, »wenn der Düsenschweber nach Ihnen Ausschau gehalten hat, müssten die Leute an Bord doch gewusst haben, dass Sie dort sein würden. Wie sollten Sie das wissen – wenn nicht von Leggen?«

»Der Mann, den ich in Verdacht habe«, sagte Seldon, »ist ein junger Psychologe namens Lisung Randa.«

»Randa?«, sagte Dors verblüfft. »Das kann ich nicht glauben. Ich *kenne* ihn. Er würde ganz bestimmt nicht für den Kaiser tätig werden. Er ist ein Antikaiserlicher durch und durch.«

»Vielleicht gibt er das nur vor«, sagte Seldon. »Tatsächlich müsste er ganz offen, wenn nicht sogar gewalttätig, eine antikaiserliche Einstellung zur Schau tragen, wollte er versuchen, die Tatsache zu verbergen, dass er in Wirklichkeit kaiserlicher Agent ist.«

»Aber genau das ist er nicht«, sagte Dors. »Er ist alles andere als gewalttätig oder gar extrem. Er ist ruhig und liebenswürdig und drückt sich immer zurückhaltend, ja fast scheu aus. Ich bin überzeugt, dass er einem dabei auch nichts vormacht.«

»Und doch, Dors«, meinte Seldon ernst, »war er derjenige, der mich als Erster von dem meteorologischen Projekt unterrichtet hat, und der mich bedrängt hat, zur Oberseite zu gehen, und der schließlich auch Leggen dazu überredete, mich mitkommen zu lassen, wobei er meine mathematischen Fähigkeiten stark übertrieb. Man muss sich schon fragen, weshalb er so darauf erpicht war, dass ich dorthin ging, und weshalb er sich solche Mühe um mich gab.«

»Um Ihnen gefällig zu sein, vielleicht. Er hat sich für Sie interessiert, Hari, und muss gedacht haben, dass Meteorologie vielleicht für die Psychohistorik nützlich sein könnte. Ist das denn nicht möglich?«

Hummin schaltete sich ruhig ein: »Wollen wir doch noch eine andere Möglichkeit in Betracht ziehen. Zwischen dem Zeitpunkt, an dem Randa Sie von dem Meteorologieprojekt unterrichtete, und dem Augenblick, an dem Sie schließlich an die Oberseite gingen, ist doch eine beträchtliche Zeitspanne verstrichen. Wenn Randa sich nichts hat zuschulden kommen lassen, hätte er doch ganz sicher keinen Grund, über das Ganze Stillschweigen zu bewahren. Wenn er ein freundlicher, geselliger Mensch ist ...«

»Das ist er«, sagte Dors.

»... dann ist es doch sehr wahrscheinlich, dass er seinen Freunden davon erzählt hat. In dem Fall könnten wir eigentlich gar nicht herausfinden, wer der Informant gewesen ist. Nehmen wir einmal an, Randa wäre tatsächlich gegen das Imperium eingestellt – dann würde das nicht notwendigerweise bedeuten, dass er kein Agent ist. Wir hätten uns nur zu fragen: Für wen ist er als Agent tätig?«

Seldon war verblüfft. »Gibt es denn sonst jemanden, für den man arbeiten kann, außer für das Imperium? Wen sonst außer Demerzel?«

Hummin hob die Hand. »Sie sind noch weit davon entfernt, die ganze Komplexität der politischen Verhältnisse auf Trantor zu verstehen, Seldon.« Er wandte sich Dors zu. »Noch einmal: Welche vier Bezirke hat Dr. Leggen als mögliche Herkunftsorte für das meteorologische Fahrzeug erwähnt?«

»Hestelonia, Wye, Ziggoreth und Nord Damiano.«

»Und Sie haben Ihre Frage nicht irgendwie suggestiv gestellt? Sie haben nicht gefragt, ob der Schweber aus einem bestimmten Bezirk hätte kommen können?«

»Nein, ganz sicherlich nicht. Ich habe lediglich gefragt, ob er vielleicht eine Mutmaßung bezüglich der Herkunft des Düsenschwebers anstellen könnte.«

»Und Sie ...« – Hummin wandte sich wieder Seldon zu –, »... haben vielleicht irgendeine Markierung, irgendeine Herkunftsbezeichnung auf dem Düsenschweber gesehen?«

Seldon wollte schon hitzig erwidern, dass man ja das Fahrzeug zwischen den Wolken kaum hatte erkennen können, dass es nur kurz zum Vorschein gekommen war, dass er selbst nicht an Markierungen, sondern nur an Flucht interessiert gewesen war – aber er hielt sich zurück. All das wusste Hummin sicherlich.

Stattdessen sagte er einfach: »Leider nein.«

»Wenn der Düsenschweber mit Entführungsabsicht unterwegs war, könnte man da nicht die Kennzeichen entfernt haben?«, meinte Dors.

»Logischerweise muss man das annehmen«, sagte Hummin, »und so kann es auch durchaus gewesen sein. Aber in dieser Galaxis trägt die Logik nicht immer den Triumph davon. Aber nachdem Seldon allem Anschein nach keinerlei Einzelheiten bezüglich des Schwebers zur Kenntnis genommen hat, können wir nur Spekulationen anstellen. Ich denke: Wye.«

Auf Seldons fragenden Blick hin, hob er den rechten Zeigefinger, als würde er einem jungen Studenten einen Vortrag halten. »Wye, das ist der Name eines Bezirks auf Trantor. Ein sehr spezieller Bezirk, der jetzt seit beinahe dreitausend Jahren von einer ununterbrochenen Folge von Bürgermeistern regiert worden ist, die alle einer einzigen Dynastie entstammen. Es gab einmal eine Zeit, das ist jetzt etwa fünfhundert Jahre her, als zwei Kaiser und eine Kaiserin aus dem Haus Wye auf dem kaiserlichen Thron saßen. Es war dies eine vergleichsweise kurze Periode, und keiner der Herrscher von Wye hat sich besonders hervorgetan oder größere Erfolge errungen. Aber die Bürgermeister von Wye haben diese kaiserliche Vergangenheit nie vergessen.

Sie sind den Herrscherhäusern, die nach ihnen folgten, nicht in aktiver Weise illoyal gewesen, aber sie haben sich auch nicht gerade besonders für jene Häuser hervorgetan. In den verschiedenen Bürgerkriegen, die es gab, bewahrten sie eine Art von Neutralität, verhielten sich aber eher in einer Weise, die einer

Verlängerung des Bürgerkrieges förderlich war, um damit Wye als Kompromisslösung hervorzuheben. Dazu ist es nie gekommen, aber sie haben auch nie aufgehört, es zu versuchen.

Der gegenwärtige Bürgermeister von Wye ist besonders tüchtig. Er ist jetzt ein alter Mann, aber sein Ehrgeiz ist keineswegs abgekühlt. Wenn Cleon etwas zustoßen sollte – selbst wenn er eines natürlichen Todes sterben sollte –, hätte der Bürgermeister die Chance, anstelle von Cleons im Augenblick noch zu jungem Sohn die Nachfolge anzutreten. Die Öffentlichkeit in der Galaxis neigt immer einem Thronprätendenten zu, der eine kaiserliche Vergangenheit aufzuweisen hat.

Falls daher der Bürgermeister von Wye von Ihnen gehört haben sollte, so könnten Sie als geeigneter wissenschaftlicher Prophet zum Nutzen seines Hauses dienen. Das könnte Wye ein traditionelles Motiv liefern, ein passendes Ende für Cleon zu arrangieren, Sie dann dafür einzusetzen, um die unvermeidliche Nachfolge durch Wye vorherzusagen und gleichzeitig den Einzug von Frieden und Wohlstand auf tausend Jahre. Sobald der Bürgermeister von Wye dann natürlich auf dem Thron sitzt und für Sie keine Verwendung mehr hat, könnte es durchaus sein, dass Sie Cleon ins Grab folgen.«

Ein paar Augenblicke lang herrschte bedrückendes Schweigen. Dann meinte Seldon: »Aber wir *wissen* doch nicht, dass dieser Bürgermeister von Wye es auf mich abgesehen hat.«

»Nein, das wissen wir nicht. Nicht einmal – wenigstens für den Augenblick –, dass überhaupt jemand es auf Sie abgesehen hat. Schließlich könnte der Düsenschweber durchaus ein ganz gewöhnliches meteorologisches Fahrzeug gewesen sein, wie Leggen das ja angedeutet hat. Dennoch, je mehr sich die Nachricht bezüglich der Psychohistorik und des ihr innewohnenden Potenzials ausbreitet – und das muss sie ganz sicher –, desto mehr werden die Mächtigen auf Trantor, oder eigentlich überall, den Wunsch verspüren, Ihre Dienste zu nutzen.«

»Was sollen wir also tun?«, fragte Dors.

»Das ist in der Tat die Frage.« Hummin grübelte eine Weile nach und meinte dann: »Vielleicht war es ein Fehler, hierherzukommen. Für einen Professor liegt es ja eigentlich auf der Hand, dass er sich eine Universität als Versteck aussucht. Streeling ist eine Universität von vielen, aber sie gehört zu den besten und liberalsten, und damit liegt auch nahe, dass sich bald darauf vorsichtige Fäden und Tentakel hierher vortasten. Ich glaube, dass man Seldon so bald wie möglich – vielleicht heute noch – zu einem anderen, besseren Versteck bringen sollte. Aber …«

»Aber?«, wiederholte Seldon.

»Aber ich weiß nicht, wohin.«

»Wählen Sie sich doch eine Zeitung auf dem Computer und picken Sie sich aufs Geratewohl einen Ort heraus.«

»Das werde ich ganz sicherlich nicht tun«, sagte Hummin. »Wenn wir das tun, ist die Wahrscheinlichkeit ebenso groß, dass wir einen unterdurchschnittlich sicheren Ort finden, wie die, dass wir auf einen überdurchschnittlich sicheren stoßen. Nein, das bedarf gründlicher Überlegung – irgendwie.«

32

Die drei blieben bis nach dem Mittagessen in Seldons Wohnung. Hari und Dors wechselten gelegentlich ein paar Worte zu verschiedenen Themen, aber Hummin bewahrte fast völliges Stillschweigen. Er saß aufrecht da, aß wenig, und sein gravitätischer Ausdruck (Seldon fand, dass er ihn älter machte) blieb ruhig und abweisend.

Seldon stellte sich vor, dass er die immense Geografie Trantors für sich an seinem geistigen Auge vorüberziehen ließ und nach einer Ecke suchte, die ideal wäre. Leicht würde das ganz sicher nicht sein.

Seldons Heimatwelt Helicon war vielleicht ein oder zwei Prozent größer als Trantor und hatte einen kleineren Ozean. Die heliconische Landfläche machte vielleicht zehn Prozent mehr aus als die Trantors. Aber Helicon war spärlich besiedelt. Die Landfläche des Planeten war mit ein paar verstreuten Städten betupft, Trantor hingegen war *ganz* Stadt. Wo Helicon in zwanzig Verwaltungsbezirke aufgeteilt war, besaß Trantor über achthundert. Und jeder Einzelne davon war selbst ein Komplex von Unterbezirken.

Schließlich sagte Seldon in einem Anflug von Verzweiflung: »Vielleicht wäre es am besten, Hummin, wenn wir uns überlegten, welcher Kandidat für meine angeblichen Fähigkeiten wohl der gutartigste ist – und dem müsste ich mich dann ausliefern und darauf zählen, dass er mich gegen den Rest verteidigt.«

Hummin blickte auf und sagte ernst und ohne mit der Wimper zu zucken: »Das ist nicht notwendig. Ich kenne den wohl gutartigsten Kandidaten, und er hat sie beinahe.«

Seldon lächelte. »Sie stellen sich also mit dem Bürgermeister von Wye und dem Kaiser der ganzen Galaxis auf dasselbe Niveau?«

»Im Hinblick auf Status und Position sicherlich nicht. Aber was das Bestreben angeht, die Kontrolle über Sie auszuüben, bin ich ihr Rivale. Nur dass sie und alle, die mir sonst einfallen, an Ihnen interessiert sind, um ihre eigene Macht und ihren Wohlstand zu mehren, während ich überhaupt keine Ambitionen habe, nur das Wohl der Galaxis.«

»Ich vermute nur«, sagte Seldon trocken, »dass jeder Ihrer Mitbewerber – wenn man ihn fragte – darauf bestehen würde, dass auch er nur das Wohl der Galaxis im Sinn hat.«

»Ganz sicher würden sie das«, sagte Hummin, »aber bis jetzt sind Sie von meinen Mitbewerbern, wie Sie sie nennen, nur dem Kaiser begegnet, und der war daran interessiert, dass Sie fiktive Vorhersagen liefern, die seine Dynastie stabilisieren könnten. Ich bitte Sie um nichts dergleichen. Ich bitte Sie nur, dass Sie Ihre psychohistorische Technik vervollständigen, sodass mathematisch gültige Vorhersagen, wenn auch nur statistischer Art, gemacht werden können.«

»Das stimmt. Bis jetzt zumindest«, meinte Seldon mit einem schiefen Lächeln.

»Deshalb darf ich wohl fragen, welche Fortschritte Sie machen? Sind Sie weitergekommen?«

Seldon wusste nicht recht, ob er lachen oder wütend sein sollte. Nach einer kurzen Pause tat er keines von beiden, sondern brachte es zuwege, ruhig zu sprechen. »Vorwärtsgekommen? In nicht einmal zwei Monaten? Hummin, dies ist etwas, das vielleicht mein ganzes Leben in Anspruch nehmen könnte und das Leben des nächsten Dutzend, das nach mir kommt. – Und selbst dann könnte am Ende noch ein Misserfolg stehen.«

»Ich spreche nicht von etwas Endgültigem wie eine Lösung oder auch nur etwas, was zu Hoffnungen Anlass gibt, so wie der Anfang einer Lösung. Sie haben einige Male ganz lapidar erklärt, dass eine brauchbare Psychohistorik möglich, aber nicht praktikabel ist. Ich möchte ja nur wissen, ob es inzwischen Hoffnungen gibt, dass man sie praktikabel machen kann.«

»Offen gestanden, nein.«

»Sie müssen mich entschuldigen«, sagte Dors, »aber ich bin keine Mathematikerin und kann daher nur hoffen, dass meine Frage nicht unsinnig ist. Wie können Sie wissen, dass etwas gleichzeitig möglich und nicht praktikabel ist? Ich habe Sie sagen hören, dass Sie theoretisch alle Menschen, die im Imperium leben, persönlich kennenlernen und Sie begrüßen könnten. Aber dass das praktisch unmöglich ist, weil Sie dafür nicht lange genug leben würden. Aber wie können Sie sagen, dass die Psychohistorik etwas von dieser Art ist?«

Seldon sah Dors ungläubig an. »Und dafür wollen Sie eine *Erklärung?*«

»Ja«, sagte sie und nickte so heftig, dass ihr lockiges Haar dabei flog.

»Ich offen gestanden auch«, sagte Hummin.

»Ohne Mathematik?«, sagte Seldon mit dem Anflug eines Lächelns.

»Bitte«, sagte Hummin.

»Nun …« Er schien sich in sich zurückzuziehen, wie um eine Methode für die Präsentation auszuwählen. Dann sagte er: »Wenn Sie irgendeinen Aspekt des Universums verstehen wollen, dann hilft es Ihnen, wenn Sie ihn so weit wie möglich vereinfachen und nur diejenigen Eigenschaften und Charakteristika einschließen, die für das Verhältnis wesentlich sind. Wenn Sie bestimmen wollen, wie ein Gegenstand fällt, dann befassen Sie sich nicht damit, ob er neu, alt, rot oder grün ist und ob er einen Geruch hat oder nicht. Sie eliminieren diese Dinge und vermeiden damit, dass unnötige Komplikationen berücksichtigt werden müssen. Diese Vereinfachung können Sie als Modell oder Simulation bezeichnen und können sie entweder als tatsächliche Darstellung auf einem Computerbildschirm oder als mathematische Beziehung präsentieren. Wenn Sie an die primitive Theorie der nicht-relativistischen Gravitation denken …«

Dors unterbrach ihn. »Sie haben doch versprochen, dass es ohne Mathematik abgehen würde. Versuchen Sie nicht, sie jetzt doch hereinzuschmuggeln, indem Sie sie als ›primitiv‹ bezeichnen.«

»Nein, nein. Ich meine ›primitiv‹ nur in dem Sinne, dass man diese Theorie schon so lange kennt wie es geschriebene Aufzeichnungen gibt, dass ihre Entdeckung also von den Nebeln des Altertums verhüllt ist, so wie die Erfindung des Feuers und des Rades. Jedenfalls enthalten die Gleichungen jener Gravitationstheorie eine Beschreibung der Bewegungen eines Planetensystems, eines Doppelsterns, der Gezeiten und vieler anderer Dinge. Indem wir solche Gleichungen benutzen, können wir sogar auf einem zweidimensionalen Schirm eine bildhafte Simulation erzeugen und einen Planeten um einen Stern kreisen lassen oder zwei Sterne umeinander. Wir können auch kompliziertere Systeme in einer dreidimensionalen Holografie ansehen. Derartige vereinfachte Simulationen machen es viel leichter, ein Phänomen zu erfassen, als wenn wir das Phänomen selbst studieren müssten. Tatsächlich wäre unser Wissen um planetarische Bewegungen und um die Himmelsmechanik ohne die Gravitationsgleichungen sehr spärlich.

Wenn Sie jetzt mehr und mehr über irgendein Phänomen wissen wollen, oder wenn ein Phänomen komplizierter wird, brauchen Sie immer umfangreichere Gleichungen, eine immer detailliertere Programmierung, und am Ende gelangen Sie zu einer computerisierten Simulation, die immer schwerer zu erfassen ist.«

»Kann man nicht eine Simulation der Simulation bilden?«, fragte Hummin. »Das würde es doch um eine Stufe erleichtern.«

»In dem Fall würden Sie irgendeine charakteristische Eigenschaft des Phänomens eliminieren müssen, das Sie einschließen wollen, und damit wird Ihre Simulation unbrauchbar. Die KMS – das ist ›die kleinstmögliche Simulation‹ – nimmt schneller an Komplexität zu als der zu simulierende Gegenstand, und am Ende holt die Simulation das Phänomen ein. So hat man schon vor Tausenden von Jahren erkannt und bewiesen, dass das Universum als Ganzes in seiner *vollen* Komplexität nicht durch eine Simulation dargestellt werden kann, die kleiner als das Universum selbst ist.

Mit anderen Worten, man kann sich kein Bild des Universums als Ganzem verschaffen, außer, indem man das ganze Universum studiert. Man hat auch bewiesen, dass man bei dem Versuch, Simulationen eines kleinen Teils des Universums ersatzweise zu benutzen und dann eines weiteren kleinen Teils und noch eines kleinen Teils und so weiter, in der Absicht, sie alle zusammenzufügen, um ein Gesamtbild des Universums zu erzeugen, zu der Erkenntnis gelangen würde, dass es eine unendliche Zahl solcher Teilsimulationen gibt. Man würde deshalb unendliche Zeit dazu brauchen, um das Universum als Ganzes zu verstehen. Und das besagt nur mit anderen Worten, dass es unmöglich ist, alles vorhandene Wissen zu erwerben.«

»Bis jetzt kann ich Ihnen folgen«, sagte Dors, und ihre Stimme klang dabei etwas überrascht.

»Nun denn. Wir wissen, dass einige vergleichsweise einfache Dinge leicht zu simulieren sind, und dass die Dinge, je komplexer sie werden, desto schwieriger zu simulieren sind, bis sie am Ende nicht mehr simulierbar sind. Aber auf welchem Niveau der Komplexität endet die Möglichkeit der Simulation? Nun, ich habe damit dargestellt – wobei ich mathematische Techniken eingesetzt habe, die im vergangenen Jahrhundert entwickelt worden sind und die selbst unter Einsatz eines großen und sehr schnellen Computers kaum nutzbar sind –, dass unsere galaktische Gesellschaft noch nicht unter diese Grenze fällt. Man *kann* sie durch eine Simulation darstellen, die einfacher ist als sie selbst. Weiter habe ich dargestellt, dass dies zu der Fähigkeit führen würde, künftige Ereignisse in statistischer Weise vorherzusagen – das heißt, indem man die Wahrscheinlichkeit für alternative Ereignisfolgen ausdrückt, anstelle einfach vorherzusagen, dass eine Ereignisfolge stattfinden *wird.*«

»Aber in diesem Falle«, sagte Hummin, »nachdem Sie also tatsächlich die galaktische Gesellschaft simulieren können, ist es ja nur eine Frage, es zu tun. Warum ist es nicht praktikabel?«

»Ich habe lediglich bewiesen, dass es nicht unendliche Zeit in Anspruch nehmen wird, die galaktische Gesellschaft zu verstehen. Aber wenn es eine Milliarde Jahre in Anspruch nimmt, ist es immer noch nicht praktikabel. Für uns ist das im Prinzip dasselbe wie unendlich lang.«

»Ist das der Zeitraum, den es beanspruchen würde? Eine Milliarde Jahre?«

»Ich konnte bis jetzt noch nicht errechnen, wie lange es dauern würde, aber ich nehme an, dass es wenigstens eine Milliarde Jahre sein wird; deshalb habe ich diese Zahl genannt.«

»Aber genau wissen Sie es nicht.«

»Ich habe versucht, es zu errechnen.«

»Ohne Erfolg?«

»Ohne Erfolg.«

»Und die Universitätsbibliothek hilft Ihnen nicht weiter?« Hummin warf dabei Dors einen Blick zu.

Seldon schüttelte den Kopf. »Überhaupt nicht.«

»Und Dors kann Ihnen nicht helfen?«

Dors seufzte. »Ich verstehe überhaupt nichts von dem Thema, Chetter. Ich kann nur vorschlagen, wie Hari nachsehen kann. Wenn er nichts findet, bin ich hilflos.«

Hummin erhob sich. »In dem Fall hat es wenig Sinn, hier in der Universität zu bleiben, und ich *muss* mir einen anderen Ort einfallen lassen, wo ich Sie hinbringen kann.«

Seldon streckte die Hand aus und berührte ihn am Ärmel. »Ich habe eine Idee.«

Hummin starrte ihn an, und dabei verengten sich seine Augen zu einem Ausdruck der Überraschung – oder des Argwohns? »Wann ist Ihnen die Idee gekommen? In diesem Augenblick?«

»Nein, sie geht mir schon seit Tagen im Kopf herum, noch ehe ich an die Oberseite ging. Dieses kleine Erlebnis hat die Idee eine Weile verdrängt, aber jetzt, wo Sie nach der Bibliothek gefragt haben, ist sie mir wieder in den Sinn gekommen.«

Hummin nahm wieder Platz. »Erzählen Sie mir von Ihrer Idee – wenn es keine unverständlichen mathematischen Formeln sind.«

»Mit Mathematik hat das überhaupt nichts zu tun. Mir ist nur bei der Geschichtslektüre in der Bibliothek klar geworden, dass die galaktische Gesellschaft in der Vergangenheit weniger kompliziert war. Vor zwölftausend Jahren, in der Gründungszeit des Imperiums, gab es in der Galaxis nur etwa zehn Millionen bewohnter Welten. Vor zwanzigtausend Jahren umfassten die präimperialen Königreiche nur insgesamt etwa zehntausend Welten. Und wenn man noch tiefer in die Vergangenheit eindringt, wer weiß da schon, wie die Gesellschaft zusammenschrumpft? Vielleicht sogar auf eine einzige Welt, wie in den Legenden, die Sie einmal erwähnten.«

»Und Sie glauben, dass Sie eine Psychohistorik entwickeln könnten, wenn Sie es mit einer viel einfacheren galaktischen Gesellschaft zu tun hätten?«, fragte Hummin.

»Ja, ich meine, dann könnte ich es vielleicht schaffen.«

»Und wenn Sie eine Psychohistorik für eine kleinere Gesellschaft der Vergangenheit entwickelten«, sagte Dors plötzlich enthusiastisch, »und wenn Sie aus dem Studium der präimperialen Situation vielleicht Vorhersagen anstellen könnten, was tausend Jahre nach der Begründung des Imperiums etwa geschehen würde – dann könnten Sie doch diese Vorhersage mit der tatsächlichen Situation zu jenem Zeitpunkt vergleichen und sehen, wie nahe Sie dem Ziel gekommen sind.«

Hummin ließ sich nicht von der Begeisterung anstecken und meinte kühl: »In Anbetracht der Tatsache, dass Sie die Situation des Jahres 1000 der Galaktischen Ära ja im Voraus kennen würden, wäre das wohl kaum ein fairer Test. Ihr Wissen würde Sie beeinflussen, und Sie würden bestimmt die Werte für Ihre Gleichung so auswählen, dass sie am Ende zu dem führten, was Sie bereits als Lösung kennen.«

»Das glaube ich nicht«, sagte Dors. »Wir kennen die Situation im Jahre 1000 GÄ nicht besonders gut und würden nachforschen müssen. Schließlich liegt das elf Jahrtausende zurück.«

Seldons Gesicht nahm einen betrübten Ausdruck an. »Wie können Sie sagen, dass wir die Situation im Jahre 1000 GÄ nicht besonders gut gekannt haben? Damals hat es doch schon Computer gegeben, oder nicht, Dors?«

»Natürlich.«

»Und Gedächtnisspeicher und optische und akustische Aufzeichnungen? Wir sollten sämtliche Aufzeichnungen aus dem Jahr 1000 GÄ besitzen, wie wir sie von heute, dem Jahr 12020 GÄ besitzen.«

»Theoretisch ja, aber in der Praxis – nun, wissen Sie, Hari, es ist doch genauso, wie Sie selbst immer sagen. Natürlich ist es möglich, vollständige Aufzeichnungen des Jahres 1000 GÄ zu haben, aber es ist einfach nicht praktikabel, damit zu rechnen.«

»Ja. Aber was ich die ganze Zeit sage, Dors, bezieht sich auf mathematische Demonstrationen. Ich sehe nicht, wie man das auf historische Aufzeichnungen anwenden könnte.«

»Aufzeichnungen halten nicht ewig, Hari«, verteidigte sich Dors. »Was in Computerspeichern abgelegt ist, kann zerstört werden oder bei Konflikten verloren gehen, oder einfach im Laufe der Zeit unbrauchbar werden. Jedes Bit, das lange Zeit nicht abgerufen wird, geht am Ende im Rauschen unter. Es heißt, ein volles Drittel der Aufzeichnungen in der Kaiserlichen Bibliothek sei völliger Quatsch. Aber es wäre natürlich absolut undenkbar, diese Aufzeichnungen zu entfernen. Andere Bibliotheken sind da weniger traditionsbelastet. In der Universitätsbibliothek von Streeling tilgen wir alle zehn Jahre.

Aufzeichnungen, die öfter abgerufen und auf verschiedenen Welten und in verschiedenen Bibliotheken häufig vervielfältigt werden – ob es nun Regierungs- oder Privataufzeichnungen sind –, bleiben natürlich jahrtausendelang klar und brauchbar, sodass viele der wesentlichen Punkte der galaktischen Geschichte bekannt bleiben, selbst wenn sie sich in der Zeit vor dem Imperium ereignet haben. Aber je weiter man zurückgeht, desto weniger ist erhalten.«

»Das kann ich nicht glauben«, sagte Seldon, »ich hätte doch angenommen, dass man von allen Aufzeichnungen, die in Gefahr sind, zu verblassen, Kopien anfertigt. Wie könnte man zulassen, dass Wissen untergeht?«

»Wissen, das keinen interessiert, ist nutzloses Wissen«, sagte Dors. »Können Sie sich denn den Aufwand an Zeit, Mühe und Energie vorstellen, dessen es bedürfte, um dauernd von niemandem jemals benötigte Daten wieder aufzuarbeiten? Und diese Verschwendung würde im Laufe der Zeit immer extremer werden.«

»Aber man würde doch ganz sicherlich berücksichtigen müssen, dass irgendjemand irgendwann einmal die so sorglos beseitigten Daten wieder braucht.«

»Stellen Sie sich vor, dass man irgendeinen Gegenstand einmal im Laufe von tausend Jahren vielleicht benötigt. Ihn für einen solchen Bedarf aufzubewahren, ist einfach nicht kosteneffizient. Selbst in der Wissenschaft nicht. Sie sprachen von den primitiven Gravitationsgleichungen und sagen, diese Gleichungen seien deshalb primitiv, weil ihre Entdeckung von den Nebeln des Altertums verhüllt ist. Wie kann das sein? Habt ihr Mathematiker und Wissenschaftler denn nicht alle Daten, jegliche Information bis weit zurück in jene nebulöse, vorsintflutliche Zeit aufbewahrt, als man jene Gleichungen entdeckt hat?«

Seldon stöhnte und verzichtete auf eine Antwort, sondern meinte nur: »Nun, Hummin, so viel für meine Idee. Wenn wir in die Vergangenheit blicken, in der die Gesellschaft kleiner war, so wird eine brauchbare Psychohistorik wahrscheinlicher. Aber das Wissen um sie schrumpft noch viel schneller als ihre Größe, also wird die Psychohistorik unwahrscheinlich – das ist wohl unvermeidlich.«

»Nun, es gibt immerhin den Mykogenbezirk«, sagte Dors nachdenklich.

Hummin blickte auf. »Allerdings, und das wäre der perfekte Ort für Seldon. Ich hätte selbst daran denken sollen.«

»Der Mykogenbezirk«, wiederholte Hari, und sein Blick wanderte von Dors zu Hummin und zurück. »Was und wo ist der Mykogenbezirk?«

»Hari, bitte, das sage ich Ihnen später. Ich muss jetzt sofort einige Vorbereitungen treffen. Sie reisen noch heute Abend ab.«

33

Dors hatte Seldon bedrängt, ein wenig zu schlafen. Sie würden im Schutze der »Nacht« reisen, zwischen Lichtaus und Lichtein, während der Rest der Universität schlief. Sie bestand darauf, dass er etwas ruhte.

»Damit Sie wieder auf dem Boden schlafen müssen?«, fragte Seldon.

Sie zuckte die Achseln. »Das Bett hat nur für einen Platz, und wenn wir uns beide hineinzwängen, bekommt keiner richtigen Schlaf.«

Er verschlang sie einen Moment lang mit den Augen und sagte: »Dann werde ich diesmal auf dem Boden schlafen.«

»Nein, das werden Sie nicht. Ich bin schließlich nicht im Koma im Eisregen gelegen.«

Tatsächlich fanden weder er noch sie Schlaf. Obwohl sie den Raum abdunkelten und das beständige Summen und Dröhnen Trantors in der relativen Stille der Universität nur ein schläfriges Geräusch war, stellte Seldon fest, dass er reden musste.

»Ich war eine solche Last für Sie, Dors«, sagte er. »Ich habe Sie sogar von Ihrer Arbeit abgehalten. Trotzdem tut es mir leid, dass ich sie jetzt verlassen muss.«

»Sie werden mich nicht verlassen«, antwortete sie. »Ich komme mit. Hummin veranlasst, dass man mich beurlaubt.«

»Das kann ich nicht von Ihnen verlangen«, sagte Seldon bedrückt.

»Das tun Sie ja auch nicht. Hummin verlangt das. Ich muss Sie beobachten. Schließlich habe ich meine Pflicht versäumt, als Sie Ihren Ausflug zur Oberseite machten. Und das muss ich jetzt wettmachen.«

»Ich habe Ihnen doch gesagt, dass Sie darüber keine Schuldgefühle empfinden sollten. – Trotzdem muss ich zugeben, dass ich mich mit Ihnen an meiner Seite behaglicher fühlen würde.

Wenn ich nur sicher sein könnte, dass ich Ihnen keine Last bin …«

»Das sind Sie nicht, Hari«, sagte Dors mit weicher Stimme. »Bitte, schlafen Sie jetzt.«

Seldon lag eine Weile stumm im Dunkeln und flüsterte dann: »Sind Sie sicher, dass Hummin das alles arrangieren kann, Dors?«

»Er ist wirklich ein bemerkenswerter Mann«, meinte Dors. »Er hat hier an der Universität großen Einfluss und überall sonst auch, glaube ich. Wenn er sagt, dass er es schafft, mich auf unbestimmte Zeit beurlauben zu lassen, bin ich sicher, dass er das auch kann. Er hat große Überzeugungskraft.«

»Ich weiß«, sagte Seldon. »Manchmal frage ich mich, was er *wirklich* von mir will.«

»Genau das, was er sagt«, erwiderte Dros. »Er hat ausgeprägte idealistische Vorstellungen und Träume.«

»Das klingt so, als würden Sie ihn gut kennen, Dors.«

»O ja, ich kenne ihn gut.«

»Intim?«

Dors gab einen eigenartigen Laut von sich. »Ich weiß nicht, was sie damit andeuten wollen, Hari, aber wenn ich einmal von der unverschämtesten Interpretation ausgehe – nein, ich kenne ihn nicht intim. Was würde Sie das übrigens angehen?«

»Es tut mir leid«, sagte Seldon. »Ich wollte mich bestimmt nicht in etwas hineindrängen, das …«

»Das einem anderen gehört? Das ist noch beleidigender. Ich glaube, Sie sollten jetzt wirklich schlafen.«

»Nochmals, es tut mir leid, Dors. Aber ich *kann* nicht schlafen. Lassen Sie mich wenigstens das Thema wechseln. Sie haben mir noch nicht erklärt, was der Mykogenbezirk ist. Warum ist es so gut für mich, dorthin zu gehen? Was ist das für ein Bezirk?«

»Ein ganz kleiner, mit einer Bevölkerung von nur etwa zwei Millionen – wenn ich mich richtig entsinne. Das Wesentliche ist, dass die Mykogenier sich mit aller Kraft an ein paar Traditionen aus der Frühgeschichte klammern. Und es heißt, dass sie über uralte Aufzeichnungen verfügen, die sonst niemandem zugänglich sind. Bei Ihrem Versuch, sich Aufschluss über die präimperiale Geschichte zu verschaffen, könnten sie ihnen daher vielleicht nützlicher sein als orthodoxe Historiker. Unser Gespräch über die Frühgeschichte hat mich auf Mykogen gebracht.«

»Haben Sie diese Aufzeichnungen je zu Gesicht bekommen?«

»Nein, ich kenne niemanden, der sie gesehen hat.«

»Können Sie dann sicher sein, dass diese Aufzeichnungen wirklich existieren?«

»Das kann ich nicht sagen. Die meisten Leute sind sich darüber einig, dass die Mykogenier nicht ganz bei Trost sind. Aber das ist möglicherweise höchst unfair. Sie behaupten jedenfalls, solche Aufzeichnungen zu besitzen, also kann es auch sein, dass das der Fall ist. Jedenfalls würden wir dort außer Sichtweite sein. Die Mykogenier führen ein sehr abgeschlossenes Leben – und jetzt schlafen Sie bitte.«

Und irgendwie tat Seldon das am Ende dann auch.

34

Hari Seldon und Dors Venabili verließen den Universitätscampus um 0300. Seldon sah ein, dass Dors die Führung übernehmen musste. Sie kannte Trantor besser als er – um zwei Jahre besser. Sie war offensichtlich eng mit Hummin befreundet (wie eng? Die Frage nagte immer noch an ihm) und sie begriff seine Instruktionen.

Sie und Seldon waren in leichte, wallende Umhänge mit eng anliegenden Kapuzen gehüllt. Vor einigen Jahren war dieser Stil an der Universität für kurze Zeit in Mode gewesen (und ganz allgemein bei jungen Intellektuellen), und wenn ihre Kleidung jetzt auch eher lächerlich wirkte, so bot sie doch den Vorteil, sie von Kopf bis Fuß einzuhüllen und unkenntlich zu machen – wenigstens, wenn man nicht genau hinsah.

Hummin hatte gemeint: »Es besteht durchaus die Möglichkeit, dass diese Sache an der Oberseite Zufall war, und dass keine Agenten hinter Ihnen her sind, Seldon. Aber wir sollten auf das Schlimmste vorbereitet sein.«

»Und Sie werden nicht mit uns kommen?«, hatte Seldon besorgt gefragt.

»Das würde ich gerne«, sagte Hummin, »aber ich darf meiner Arbeit nicht zu lange fernbleiben, wenn ich nicht auf mich selbst aufmerksam machen will. Verstehen Sie?«

Seldon seufzte.

Sie bestiegen einen Expresswagen und fanden einen Platz so weit wie möglich abseits von den anderen Fahrgästen. (Seldon fragte sich, weshalb um drei Uhr morgens überhaupt jemand mit dem Express reiste, und dachte dann, dass das eigentlich sogar recht günstig war, weil er und Dors sonst noch mehr auffallen würden.)

Bald war Seldon ganz von dem endlosen Panorama gefangen, das an ihnen vorüber zog, während die ebenfalls endlose Reihe von Wagen auf einem endlosen elektromagnetischen Feld über die endlose Schiene zog.

Der Express passierte Reihe nach Reihe von Wohneinheiten, von denen nur wenige sehr hoch, aber manche, soweit er wusste, sehr tief waren. Dennoch, wenn Dutzende von Millionen Quadratkilometern ein urbanisiertes Ganzes bildeten, würden selbst vierzig Milliarden Menschen keine sehr hohen oder sehr dicht beieinander stehenden Gebäude benötigen. Sie kamen auch an freien Flächen vorbei, auf denen meist Getreide wuchs; aber einige davon waren auch offensichtlich als Parks angelegt. Und dann gab es zahlreiche Bauten, auf die er sich überhaupt keinen Reim machen konnte. Fabriken? Bürogebäude? Wer wusste das schon? Ein großer, glatter Zylinder erweckte in ihm den Eindruck eines Wassertanks. Schließlich musste Trantor auch eine Frischwasserversorgung haben. Schleusten sie etwa den Regen von der Oberseite herunter, filterten und behandelten ihn und bewahrten ihn dann in solchen Türmen auf? Eigentlich schien ihm das unvermeidbar.

Doch Seldon hatte nicht viel Zeit, das Panorama zu studieren.

»Jetzt müssen wir bald aussteigen«, murmelte Dors und erhob sich; ihre kräftigen Finger griffen nach seinem Arm.

Sie verließen den Express und betraten festen Boden, während Dors die Hinweisschilder studierte.

Die Tafeln waren unauffällig, und es gab viele. Seldon sank das Herz. Die meisten zeigten Piktogramme oder Buchstaben und waren ohne Zweifel für eingeborene Trantorianer verständlich, ihm aber völlig fremd.

»Hier lang«, sagte Dors.

»Wo? Woher wissen Sie das?«

»Sehen Sie das? Zwei Schwingen und ein Pfeil.«

»Zwei Schwingen? Oh.« Er hatte es für ein »M« gehalten, breit und ziemlich flach, aber erkannte jetzt, dass es sich ebenso gut auch um die stilisierten Flügel eines Vogels handeln konnte.

»Warum gebrauchen sie keine Wörter?«, fragte er etwas mürrisch.

»Weil die Wörter von Welt zu Welt eine andere Bedeutung haben. Was hier eine ›Düsenmaschine‹ ist, bezeichnet man auf Cinna als ›Brummer‹ oder auf anderen Welten als ›Sauser‹. Die zwei Schwingen mit dem Pfeil sind ein galaktisches Symbol für ein Luftfahrzeug, und das Symbol wird überall verstanden. – Verwenden Sie dieses Symbol auf Helicon nicht?«

»Ich glaube, nein. Helicon ist in kultureller Hinsicht eine ziemlich homogene Welt, und wir klammern uns an unsere Abgeschiedenheit, weil wir im Schatten unserer Nachbarn leben.«

»Sehen Sie?«, sagte Dors. »Das wäre vielleicht wieder ein Punkt für Ihre Psychohistorik. Sie könnten aufzeigen, dass die Verwendung festgelegter Symbole in der ganzen Galaxis eine vereinheitlichende Macht ist, selbst bei unterschiedlichen Dialekten.«

»Das würde nicht weiterhelfen.« Er folgte ihr durch verlassene, düstere Gassen, und ein Teil seines Bewusstseins beschäftigte sich mit der Frage, wie es wohl auf Trantor mit der Kriminalität stand und ob dies hier eine Zone hoher Kriminalität war. »Man kann eine Milliarde Regeln haben, von denen jede ein einzelnes Phänomen betrifft, und kann daraus keine Verallgemeinerungen ableiten. Das ist damit gemeint, wenn man sagt, dass man ein System nur durch ein Modell interpretieren kann, das ebenso komplex wie das System selbst ist. Dors, sind wir zu einer Düsenmaschine unterwegs?«

Sie blieb stehen, drehte sich um und musterte ihn amüsiert. »Wenn wir den Symbolen für Düsenmaschinen folgen, glauben Sie dann, dass wir einen Golfplatz suchen? Haben Sie etwa vor Düsenmaschinen Angst wie so viele Trantorianer?«

»Nein, nein. Wir fliegen viel auf Helicon, und ich selbst bin auch viel mit Düsenmaschinen unterwegs. Ich erinnere mich nur, dass Hummin nicht durch die Luft zur Universität reisen wollte, weil er besorgt war, auf die Weise eine zu auffällige Spur zu hinterlassen.«

»Das war, weil die wussten, wo Sie ursprünglich waren, Hari, und weil sie bereits hinter Ihnen her waren. Im Augenblick wissen die wahrscheinlich nicht, wo Sie sind, und außerdem benutzen wir einen obskuren Flughafen und eine Privatmaschine.«

»Und wer wird sie fliegen?«

»Ein Freund Hummins, nehme ich an.«

»Und glauben Sie, dass man ihm vertrauen kann?«

»Wenn er ein Freund Hummins ist, dann ganz sicherlich.«

»Sie haben aber eine hohe Meinung von Hummin«, sagte Seldon mit einem Anflug von Unzufriedenheit.

»Aus gutem Grund«, sagte Dors, ohne sich zu zieren. »Es gibt keinen Besseren als ihn.«

Das half nicht gerade, Seldons Unzufriedenheit zu mildern.

»Da ist die Maschine«, sagte sie.

Sie war klein und hatte seltsam geformte Tragflächen. Daneben stand ein kleiner Mann in der auf Trantor üblichen grellbunten Kleidung.

»Wir sind Psycho«, sagte Dors.

»Und ich Historik«, erwiderte der Pilot.

Sie folgten ihm ins Innere der Maschine, und Seldon fragte: »Wer hat sich denn die Parole einfallen lassen?«

»Hummin«, erklärte Dors.

Seldon schnaubte. »Ich hätte nie gedacht, dass Hummin auch Humor hat. Er wirkt so würdig.«

Dors lächelte nur.

SONNENMEISTER

Sonnenmeister Vierzehn – … Ein Würdenträger des Mykogen-Bezirks im antiken Trantor. – Wie von allen führenden Persönlichkeiten dieses zurückgezogenen Bezirks ist auch über ihn wenig bekannt. Dass er überhaupt eine Rolle in der Geschichte spielt, ist einzig und allein der Begegnung mit Hari Seldon während der Flucht zuzuschreiben …

ENCYCLOPAEDIA GALACTICA

35

Hinter der kompakten Steuerkanzel gab es nur zwei Sitze, und als Seldon auf dem Polster Platz nahm, das unter ihm nachgab, schob sich ein Netz heraus, das ihm die Beine, die Hüften und die Brust umschloss und eine Art Kapuze senkte sich über seinen Kopf. Er fühlte sich eingeschlossen und als er sich mit Mühe ein wenig nach links drehte, konnte er erkennen, dass Dors in ähnlicher Weise umschlossen war.

Der Pilot nahm seinen Platz ein und überprüfte die Kontrollen. Dann sagte er: »Ich heiße Endor Levanian, zu Ihren Diensten. Sie sind eingenetzt, weil die Startbeschleunigung recht hoch sein wird. Sobald wir im Freien sind und fliegen, werden Sie befreit. Sie brauchen mir Ihre Namen nicht zu sagen, die gehen mich nichts an.«

Er drehte sich in seinem Sessel herum und lächelte ihnen zu. Sein gnomenhaftes Gesicht legte sich dabei in Falten, während seine Lippen sich in die Höhe schoben. »Irgendwelche psychologischen Schwierigkeiten, Freunde?«

Dors antwortete locker: »Ich bin von außerplanet und das Fliegen gewöhnt.«

»Das gilt für mich auch«, sagte Seldon etwas herablassend.

»Ausgezeichnet, Freunde. Das ist natürlich keine gewöhnliche Düsenmaschine, und Sie sind vielleicht auch noch nicht bei Nacht geflogen, aber ich verlasse mich darauf, dass Sie es ertragen.«

Er war ebenfalls eingenetzt, aber Seldon bemerkte, dass seine Arme frei waren.

Das Innere der Maschine füllte sich mit einem dumpfen Dröhnen, das immer lauter und dann auch schriller wurde. Ohne eigentlich unangenehm zu werden, drohte es das doch, und Seldon setzte zu einer Bewegung an, als wollte er den Kopf schütteln, um das Geräusch aus seinen Ohren herauszubekommen, aber dieser Versuch hatte nur die Auswirkung, dass sich das seinen Kopf einhüllende Netz enger zuzog.

Dann sprang die Maschine (Seldon fiel kein anderes Wort ein, um den Effekt zu beschreiben) in die Luft, und er spürte, wie er in das Sitzpolster gepresst wurde.

Durch die Windschutzscheibe sah Seldon, von Schrecken erfüllt, eine Wand ansteigen – und dann tauchte eine runde Öffnung in der Wand auf. Sie glich dem Loch, in das sich das Lufttaxi an dem Tag gestürzt hatte, an dem er und Hummin den Kaiserlichen Bezirk verlassen hatten, aber obwohl dieses Loch für den Rumpf der Maschine groß genug war, ließ es ganz sicher nicht genügend Platz für die Tragflächen.

Seldon drehte den Kopf so weit es ging nach rechts, und schaffte das gerade rechtzeitig, um zu sehen, wie die Tragfläche auf seiner Seite verkümmerte und in sich zusammenbrach.

Die Maschine stürzte in die Öffnung hinein und wurde vom elektromagnetischen Feld erfasst und durch einen beleuchteten Tunnel geschleudert. Die Beschleunigung war gleichmäßig, und gelegentlich hörte Seldon klickende Geräusche, bei denen er vermutete, dass es sich um das Vorbeiziehen einzelner Magnete handelte.

Und dann, nach höchstens zehn Minuten, wurde die Maschine in die Atmosphäre ausgespien, mitten hinein in die plötzlich allumfassende Dunkelheit der Nacht.

Die Beschleunigung kehrte sich um, als die Düsenmaschine das elektromagnetische Feld hinter sich ließ, und Seldon spürte, wie er gegen das Netz geschleudert und dort ein paar atemlose Augenblicke lang festgepresst wurde.

Dann ließ der Druck nach, und das Netz verschwand.

»Wie geht's denn, Freunde?«, ertönte die fröhliche Stimme des Piloten.

»Das weiß ich nicht so genau«, sagte Seldon. Er wandte sich zu Dors. »Bei Ihnen alles in Ordnung?«

»Aber sicher«, antwortete sie. »Ich nehme an, Mr. Levanian wollte uns einerseits zeigen, was er konnte, und andererseits herausfinden, ob wir wirklich Außenweltler sind. Stimmt das, Mr. Levanian?«

»Manche Leute haben es gern ein wenig aufregend«, sagte Levanian. »Wie steht es da mit Ihnen?«

»Das hält sich in Grenzen«, sagte Dors, und Seldon fügte billigend hinzu: »Was ja wohl jeder vernünftige Mensch zugeben wird.« Und dann fuhr er fort: »Vielleicht wäre Ihnen das Ganze nicht so heiter vorgekommen, wenn Sie die Tragflächen abgerissen hätten.«

»Das ist unmöglich. Ich sagte Ihnen doch, das ist keine gewöhnliche Düsenmaschine. Die Tragflächen sind durch und durch computerisiert. Sie ändern ihre Länge, Breite, Krümmung und Außenform, um sich der Geschwindigkeit der Maschine, der Richtung und der Geschwindigkeit des Windes, der Temperatur und einem halben Dutzend anderer Variablen anzugleichen. Die Tragflächen würden nur dann abreißen, wenn die Maschine selbst Belastungen ausgesetzt wäre, denen sie nicht gewachsen ist.«

Etwas spritzte gegen Seldons Fenster. »Es regnet«, sagte er.

»Das tut es oft«, sagte der Pilot.

Seldon sah zum Fenster hinaus. Auf Helicon oder jeder anderen Welt hätte man Lichter sehen können – die beleuchteten Werke des Menschen. Nur auf Trantor war es dunkel.

– Nun, nicht ganz. An einem Punkt sah er ein Positionslicht aufblitzen. Vielleicht gab es in den oberen Bereichen der Oberseite Warnleuchten.

Wie gewöhnlich spürte Dors Seldons Unbehagen. Sie tätschelte ihm die Hand und sagte: »Ich bin ganz sicher, dass der Pilot weiß, was er tut, Hari.«

»Das versuche ich ja auch so zu sehen, aber ich wünschte, er würde uns ein wenig an seinem Wissen teilhaben lassen«, sagte Seldon laut genug, um vorne gehört zu werden.

»Aber gerne«, sagte der Pilot. »Zunächst einmal befinden wir uns noch im Steigflug und werden in ein paar Minuten oberhalb der Wolkenschicht sein. Dann gibt es keinen Regen mehr, und wir werden sogar die Sterne sehen.«

Wie bestellt, blitzten kurz darauf ein paar Sterne durch die dünnen Ausläufer der Wolken, und dann flammte rings um sie der ganze Sternenhimmel auf, als der Pilot die Kabinenbeleuchtung abschaltete. Jetzt wetteiferte nur die schwache Beleuchtung seines Armaturenbretts mit dem funkelnden Firmament draußen.

»Das ist das erste Mal in mehr als zwei Jahren, dass ich die Sterne wieder sehe«, sagte Dors. »Sind sie nicht herrlich? Sie leuchten so hell – und es sind so viele.«

Der Pilot fügte hinzu: »Trantor befindet sich näher am Zentrum der Galaxis als die meisten Außenwelten.«

Da Helicon sich in einem spärlichen Winkel der Galaxis befand und einen bescheidenen, wenig eindrucksvollen Sternenhimmel hatte, war Seldon sprachlos vor Staunen.

»Wie leise es doch plötzlich geworden ist«, sagte Dors.

»Allerdings«, sagte Seldon. »Wovon ist die Maschine angetrieben, Mr. Levanian?«

»Von einem Mikrofusionsmotor und einem heißen Gasstrahl.«

»Ich wusste gar nicht, dass es Mikrofusionsflugzeuge gibt. Man spricht viel davon, aber …«

»Kleine wie dieses gibt es nur wenige. Bis jetzt existieren sie nur auf Trantor und werden ausschließlich von hohen Regierungsbeamten benutzt.«

»Dann muss ein solcher Flug auch teuer sein«, sagte Seldon.

»Sehr teuer sogar.«

»Was kostet das dann für Mr. Hummin?«

»Dieser Flug ist gratis. Mr. Hummin ist ein guter Freund der Gesellschaft, der diese Maschinen gehören.«

Seldon brummte etwas Unverständliches. Dann wollte er wissen: »Warum gibt es nur so wenige Maschinen dieser Art?«

»Zum einen, weil sie zu teuer sind. Die wenigen, die es gibt, reichen für die bestehende Nachfrage aus.«

»Mit größeren Maschinen könnte man die Nachfrage steigern.«

»Mag sein, aber bis jetzt hat die Firma keine Mikrofusionsmotoren zustande gebracht, die für größere Maschinen stark genug sind.«

Seldon musste an Hummins Klage denken, dass es kaum mehr technische Neuerungen gab. »Dekadent«, murmelte er.

»Was?«, fragte Dors.

»Ach, nichts«, sagte Seldon. »Ich musste nur gerade an etwas denken, das Hummin mir gegenüber einmal erwähnt hat.«

Er blickte auf die Sterne und sagte: »Fliegen wir in westlicher Richtung, Mr. Levanian?«

»Ja, so ist es. Wie haben Sie das bemerkt?«

»Weil ich dachte, dass wir inzwischen bereits die Morgendämmerung sehen müssten, wenn wir ihr nach Osten entgegenfliegen würden.«

Aber die Morgendämmerung holte sie schließlich ein, und dann erhellte Sonnenlicht – *echtes* Sonnenlicht – die Kabinenwände. Das dauerte freilich nicht lang, weil die Maschine wieder in die Wolken hinuntertauchte. Blau und Gold verschwanden und wurden von schmutzigem Grau ersetzt, und Seldon und Dors machten ihrer Enttäuschung darüber Luft, dass man ihnen die paar Augenblicke echten Sonnenlichts nahm.

Als sie unter die Wolkendecke sanken, lag die Oberseite unmittelbar unter ihnen, und eine Mischung bewaldeter Grotten und dazwischen liegender Wiesen wurde sichtbar. Seldon erinnerte sich daran, dass Klausia ihn auf genau den Anblick vorbereitet hatte.

Aber auch diesmal war nur wenig Zeit für Beobachtungen. Eine Öffnung erschien unter ihnen, von riesigen Lettern umgeben: MYKOGEN.

Sie stürzten hinein.

36

Sie landeten auf einem Flugfeld, das Seldon verlassen vorkam. Der Pilot, der seinen Auftrag erfüllt hatte, schüttelte Hari und Dors die Hand und startete wieder, jagte seine Maschine in eine Öffnung hinein, die sich ihm auftat.

Ihnen blieb jetzt nichts als Warten. Es gab Bänke, die vielleicht hundert Leuten Platz boten, aber außer Seldon und Dors Venabili war weit und breit niemand zu sehen. Das Flugfeld war rechteckig angelegt, von Wänden umgeben, die ohne Zweifel viele Tunnels enthielten, die sich öffnen konnten, um Flugzeuge aufzunehmen oder auszuspeien. Aber seit ihre Maschine sich wieder entfernt hatte, waren keine Flugzeuge mehr zu sehen, und während sie warteten, tauchten auch keine auf.

Es gab auch keine ankommenden Leute oder irgendwelche Hinweise darauf, dass sie sich an einem bewohnten Ort befanden. Selbst das beständige Dröhnen, das so typisch für das Leben auf Trantor war, wirkte hier gedämpft.

Seldon empfand dieses Alleinsein als bedrückend. Er wandte sich zu Dors und sagte: »Was müssen wir hier tun? Haben Sie eine Ahnung?«

Dors schüttelte den Kopf. »Hummin hat mir gesagt, Sonnenmeister Vierzehn würde uns abholen. Sonst weiß ich auch nichts.«

»Sonnenmeister Vierzehn? Was ist das?«

»Ein menschliches Wesen, nehme ich an. Aber ob es sich um einen Mann oder um eine Frau handelt, kann ich dem Namen nicht entnehmen.«

»Ein seltsamer Name.«

»Was seltsam ist, hängt von dem ab, der das so empfindet. Manchmal werde ich auch von Leuten, die mir noch nie begegnet sind, für einen Mann gehalten.«

»Das müssen aber Narren sein«, sagte Seldon und lächelte.

»Keineswegs. Nach meinem Namen zu schließen, ist das durchaus gerechtfertigt. Man hat mir gesagt, ›Dors‹ sei auf vielen Welten ein recht populärer Männername.«

»Ich bin noch nie auf ihn gestoßen.«

»Das liegt daran, dass Sie kein großer Reisender sind. Der Name ›Hari‹ ist überall recht verbreitet, obwohl ich einmal eine Frau kannte, die ›Hare‹ hieß; das wurde wie Ihr Name ausgesprochen, aber mit ›e‹ geschrieben. In Mykogen beschränken sich Eigennamen auf Familien – die dann numeriert werden.«

»Aber Sonnenmeister scheint mir ein recht großspuriger Name.«

»Und wenn schon? Auf Cinna stammt ›Dors‹ von einem alten Begriff ab, der ›Frühlingsgeschenk‹ bedeutet.«

»Weil Sie im Frühling geboren sind?«

»Nein. Ich habe mitten in Cinnas Sommer das Licht der Welt erblickt, aber der Name schien meinen Leuten trotz seiner traditionellen – und weitgehend vergessenen – Bedeutung angenehm.«

»In dem Fall könnte Sonnenmeister ja vielleicht …«

Und eine tiefe, ernst klingende Stimme sagte: »Das ist mein Name, Stammesmann.«

Seldon blickte verblüfft nach links. Ein offener Bodenwagen war plötzlich aufgetaucht. Er sah kastenartig und archaisch aus, fast wie ein Lieferfahrzeug. Am Steuer saß ein hochgewachsener alter Mann, der aber trotz seines Alters sehr vital wirkte. Würdevoll entstieg er dem Wagen.

Er trug ein langes, weißes Gewand. Unter dem Gewand waren weiche Sandalen zu erkennen, aus denen der große Zeh vorstand. Sein wohlgeformter Kopf war völlig haarlos. Er musterte die beiden ruhig, aus tiefen blauen Augen.

»Ich grüße Sie, Stammesmann«, sagte er.

Seldon erwiderte automatisch: »Seien Sie mir gegrüßt, Herr.« Und dann fragte er, ehrlich verblüfft: »Wie sind Sie hereingekommen?«

»Durch den Eingang, der sich hinter mir wieder schloss. Sie haben nicht darauf geachtet.«

»Wahrscheinlich nicht. Aber wir wussten auch nicht, was wir erwarten sollten. Und das wissen wir jetzt auch nicht.«

»Stammesmann Chetter Hummin hat die Brüder davon verständigt, dass Mitglieder von zwei der Stämme eintreffen würden. Er bat darum, dass wir uns um Sie kümmern.«

»Dann kennen Sie Hummin.«

»Ja. Er hat uns schon Dienste geleistet. Und weil er, ein ehrenwerter Stammesmann, uns zu Diensten war, müssen wir jetzt ihm zu Diensten sein. Nur wenige kommen nach Mykogen, und wenige verlassen es wieder. Ich soll für Ihre Sicherheit sorgen, Ihnen Hausraum geben und dafür sorgen, dass Sie ungestört bleiben. Sie werden hier in Sicherheit sein.«

Dors beugte den Kopf. »Wir sind Ihnen dankbar, Sonnenmeister Vierzehn.«

Sonnenmeister drehte sich zu ihr herum und musterte sie mit leidenschaftslos verächtlicher Miene. »Mir sind die Bräuche der Stämme nicht fremd«, sagte er. »Ich weiß, dass in den Stämmen eine Frau wohl sprechen darf, ehe sie angesprochen wird. Deshalb bin ich auch nicht beleidigt. Ich würde Sie nur bitten, bei den anderen Brüdern, die in der Sache weniger wissend sind, Sorgfalt walten zu lassen.«

»Oh, wirklich?«, sagte Dors, die im Gegensatz zu Sonnenmeister beleidigt war.

»Wahrhaftig«, nickte Sonnenmeister. »Es ist auch nicht notwendig, meinen numerischen Identifikator zu gebrauchen, wenn ich allein aus meiner Schar bei Ihnen bin. ›Sonnenmeister‹ genügt dann. – Und jetzt werde ich Sie bitten, mit mir zu kommen, auf dass wir diesen Ort verlassen können, der mir von zu stämmischer Art ist, um mir behaglich zu sein.«

»Behaglichkeit brauchen wir alle«, sagte Seldon, vielleicht etwas lauter als nötig, »und wir werden uns nicht von der Stelle rühren, wenn man uns nicht die Sicherheit bietet, dass man uns nicht gewaltsam und gegen unsere Natur nach Ihren Wünschen biegt. Es ist unsere Sitte, dass eine Frau jederzeit sprechen darf, wenn sie etwas zu sagen hat. Wenn Sie sich verpflichtet haben, uns Sicherheit zu bieten, dann muss dies eine Sicherheit sein, die ebenso psychologischer wie physischer Natur ist.«

Sonnenmeister sah Seldon prüfend an und meinte: »Sie sind kühn, junger Stammesmann. Ihr Name?«

»Ich bin Hari Seldon von Helicon. Meine Begleiterin ist Dors Venabili von Cinna.«

Sonnenmeister verbeugte sich leicht, als Seldon seinen Namen nannte, bewegte sich aber bei Dors' Namen nicht. »Ich habe Stammesmann Hummin geschworen, Ihnen Sicherheit zu bieten«, meinte er, »also werde ich alles in meiner Macht stehende tun, um Ihre weibliche Begleiterin zu schützen. Wenn Sie den Wunsch hat, ihre Unverschämtheit auszuüben, werde ich mein Bestes tun, damit man sie schuldlos hält – doch in einer Hinsicht müssen Sie sich anpassen.«

Dabei deutete er mit einem Ausdruck grenzenloser Abscheu erst auf Seldons Kopf und dann auf den Dors'.

»Was meinen Sie?«, fragte Seldon.

»Ihr Kopfhaar.«

»Was ist damit?«

»Es darf nicht sichtbar sein.«

»Meinen Sie, wir sollen unsere Köpfe rasieren wie Sie? Ganz sicher nicht.«

»Mein Kopf ist nicht rasiert, Stammesmann Seldon. Man hat mich bei Einsetzen der Pubertät depiliert, wie es allen Brüdern und ihren Frauen geschieht.«

»Wenn wir von Depilation reden, dann ist die Antwort umso mehr ein klares Nein – niemals.«

»Stammesmann, wir verlangen weder Rasur noch Depilation. Wir verlangen nur, dass Ihr Haar bedeckt ist, wenn Sie sich bei uns befinden.«

»Wie?«

»Ich habe Mützen mitgebracht, die sich Ihrem Schädel anpassen werden, und dazu Streifen, die die Partien über den Augen verdecken – die Augenbrauen. Sie werden sie tragen, solange Sie bei uns sind. Und dann, Stammesmann Seldon, werden Sie sich täglich rasieren – oder öfter, wenn das nötig sein sollte.«

»Aber warum müssen wir das tun?«

»Weil für uns Haare auf dem Kopf obszön und abstoßend sind.«

»Aber sicherlich wissen Sie und Ihr Volk doch, dass es auf allen Welten der Galaxis üblich ist, das Kopfhaar zu behalten.«

»Das wissen wir. Und diejenigen unter uns wie ich, die hie und da mit Stammesmännern zu tun haben, müssen dieses Haar sehen. Wir ertragen das, aber es ist unfair, diesen Anblick den Brüdern im Allgemeinen zuzumuten.«

»Nun gut, Sonnenmeister«, sagte Seldon, »aber eins müssen Sie mir sagen. Da Sie, wie wir alle, mit Kopfhaar geboren werden und es bis zur Pubertät auch sichtbar behalten, warum ist es so notwendig, es zu entfernen? Ist das nur eine Frage der Gewohnheit und der Sitte, oder hat es einen rationalen Grund?«

Und darauf erwiderte der alte Mykogenier stolz: »Durch die Depilation bekunden wir dem jungen Menschen, dass er oder sie zum Erwachsenen geworden ist. Und die Depilation erinnert die Erwachsenen stets daran, wer sie sind, und lässt sie nie vergessen, dass alle anderen nur den Stämmen angehören, Stammesmänner sind.«

Er wartete nicht auf Antwort (und Seldon wollte darauf auch keine einfallen), sondern holte eine Handvoll dünner, verschiedenfarbiger Plastikstreifen aus einer verborgenen Tasche seines Gewands, musterte die zwei Gesichter prüfend und hielt zuerst einen und dann einen anderen Streifen dagegen. »Die

Farben müssen einigermaßen passen«, sagte er. »Jeder wird zwar wissen, dass Sie eine Mütze tragen, aber das darf nicht auf abstoßende Weise offenkundig sein.«

Schließlich gab Sonnenmeister Seldon einen bestimmten Streifen und zeigte ihm, wie man ihn zu einer Kappe auseinanderziehen konnte.

»Bitte, setzen Sie das auf, Stammesmann Seldon«, sagte er. »Am Anfang wird Ihnen das ziemlich lästig sein, aber mit der Zeit werden Sie sich daran gewöhnen.«

Seldon stülpte sich die Mütze über, aber als er sie sich übers Haar ziehen wollte, rutschte sie ihm zweimal herunter.

»Sie müssen dicht über den Augenbrauen beginnen«, sagte Sonnenmeister. Seine Finger zuckten, als wollte er helfen.

»Würden Sie es bitte für mich tun?«, fragte Seldon und unterdrückte dabei ein Lächeln.

Sonnenmeister trat einen Schritt zurück und sagte beinahe erregt: »Das könnte ich nicht. Da müsste ich ja Ihr Haar berühren.«

Schließlich schaffte es Seldon, zog die Kappe dann, Sonnenmeisters Rat folgend, hierhin und dorthin, bis sein ganzes Haar bedeckt war. Die Streifen für die Augenbrauen passten leicht. Dors, die aufmerksam zugesehen hatte, schaffte es ohne Mühe.

»Wie zieht man sie wieder herunter?«, fragte Seldon.

»Sie brauchen bloß ein Ende zu finden, dann lässt sie sich ohne Mühe abziehen. Wenn Sie sich das Haar kürzer schneiden, kommen Sie besser zurecht.«

»Lieber habe ich etwas Mühe«, sagte Seldon und meinte dann, zu Dors gewandt mit leiser Stimme: »Sie sind immer noch hübsch, Dors, aber es nimmt Ihrem Gesicht etwas von seinem Charakter.«

»Aber vorhanden ist er immer noch«, antwortete sie. »Sie werden sich schon an meine Haarlosigkeit gewöhnen.«

»Ich will nicht so lange hier bleiben, um mich daran zu gewöhnen«, antwortete Seldon darauf noch leiser.

Sonnenmeister, der das Murmeln bloßer Stammesgenossen mit sichtlicher Arroganz ignorierte, sagte: »Wenn Sie jetzt in meinen Bodenwagen steigen wollen, bringe ich Sie nach Mykogen.«

37

»Offen gestanden«, flüsterte Dors, »ich kann es kaum glauben, dass ich auf Trantor bin.«

»Dann haben Sie also noch nie so etwas gesehen?«, fragte Seldon.

»Ich bin jetzt seit zwei Jahren auf Trantor und habe mich die meiste Zeit in der Universität aufgehalten, also kann ich mich nicht gerade als Weltreisende bezeichnen. Trotzdem bin ich da und dort gewesen und habe von diesem und jenem gehört, aber von so etwas noch nie. Diese *Gleichförmigkeit.*«

Sonnenmeister fuhr methodisch dahin, ohne dabei ungebührliche Eile an den Tag zu legen. Auf der Straße gab es auch andere, waggonähnliche Fahrzeuge, und überall saßen haarlose Männer am Steuer, deren kahle Schädel im Licht schimmerten.

Zu beiden Seiten des Fahrweges sah man dreistöckige Gebäude, ohne jeden Schmuck, und alle im rechten Winkel zur Straße angeordnet und alles von grauer Farbe.

»Bedrückend«, murmelte Dors. »Wirklich bedrückend.«

»Gleichmacherisch«, flüsterte Seldon zurück. »Wahrscheinlich darf kein Bruder in irgendeiner Weise gegenüber den anderen bevorrechtigt sein oder auch nur diesen Anschein erwecken.«

Auf den Fußwegen, die die Straße säumten, waren viele Fußgänger. Nirgends waren irgendwelche Anzeichen von Laufbändern zu erkennen, und kein Laut deutete darauf hin, dass es auch hier so etwas wie den Express gab.

»Ich vermute, die Grauen sind Frauen«, sagte Dors.

»Das ist schwer festzustellen«, sagte Seldon. »Die Gewänder verbergen alles, und ein haarloser Kopf sieht wie der andere aus.«

»Die Grauen treten immer in Paaren oder in Begleitung eines Weißen auf. Die Weißen dürfen allein gehen, und Sonnenmeister ist ein Weißer.«

»Vielleicht haben Sie recht.« Seldon hob die Stimme.

»Sonnenmeister, ich bin neugierig …«

»Wenn Sie das sind, dann fragen Sie, was Sie wollen, obwohl ich keineswegs gezwungen bin, Ihnen zu antworten.«

»Anscheinend fahren wir durch eine Wohngegend. Es gibt hier keine Anzeichen von Geschäften oder industriellen Einrichtungen …«

»Wir sind voll und ganz eine Farmgemeinschaft. Woher kommen Sie, dass Sie das nicht wissen?«

»Sie wissen, dass ich ein Außenweltler bin«, sagte Seldon etwas pikiert. »Ich bin erst seit zwei Monaten auf Trantor.«

»Trotzdem.«

»Aber wenn Sie eine Farmgemeinschaft sind, Sonnenmeister, wie kommt es dann, dass wir bisher noch keine Farmen gesehen haben?«

»In tiefer liegenden Etagen«, erwiderte Sonnenmeister knapp.

»Dann ist Mykogen auf dieser Etage ein reines Wohngebiet?«

»Auf dieser und einigen anderen. Wir sind, was Sie sehen. Jeder Bruder und seine Familie lebt in einem gleichwertigen Haus. Jede Schar in ihrer eigenen gleichwertigen Gemeinschaft; alle haben dieselben Bodenwagen, und alle Brüder fahren eigene Fahrzeuge. Es gibt keine Bediensteten, und niemand lässt es sich durch die Arbeit anderer wohlergehen. Niemand darf sich eines Besseren rühmen als andere.«

Seldon hob die bedeckten Augenbrauen und sah Dors an. »Aber einige Leute tragen Weiß und andere Grau«, meinte er.

»Das kommt, weil einige Leute Brüder und andere Schwestern sind.«

»Und wir?«

»Sie sind ein Stammesmann und ein Gast. Sie und Ihre …« – er hielt inne und sagte dann –, »… Ihre Begleiterin werden nicht in alle Aspekte des mykogenischen Lebens eingebunden sein. Dennoch werden Sie ein weißes Gewand und Ihre Begleiterin ein graues tragen und werden in einem speziellen Gästequartier wohnen, das wie die unseren ist.«

»Gleichheit für alle scheint mir ein angenehmes Ideal. Aber was geschieht, wenn Ihre Zahl wächst? Wird der Kuchen dann in kleinere Stücke aufgeteilt?«

»Es gibt kein Wachsen an Zahl. Das würde einen Zuwachs an Fläche erfordern, und das würden die uns umgebenden Stämme nicht erlauben. Oder es würde dazu führen, dass sich unsere Art zu leben verschlechtert.«

»Aber was ist, wenn …?«, begann Seldon.

Sonnenmeister schnitt ihm das Wort ab. »Es ist genug, Stammesmann Seldon. Wie ich Sie schon warnte, ich bin nicht verpflichtet, Ihnen zu antworten. Was wir unserem Freund, Stammesmann Hummin, versprochen haben, ist, Ihnen hier Sicherheit zu gewähren, solange Sie unsere Art zu leben nicht verletzen. Das genügt, und damit endet es auch. Neugierde ist gestattet, aber wenn man ihr zu sehr nachgibt, belastet sie schnell unsere Geduld.«

An seinem Tonfall war etwas, das es Seldon geraten erscheinen ließ, nichts mehr zu sagen, auch wenn er sich ärgerte. Hummin, so hilfreich er sich ihm gegenüber auch erwiesen hatte, hatte ganz eindeutig den falschen Akzent gesetzt.

Nicht Sicherheit war es, was Seldon suchte. Zumindest nicht Sicherheit allein. Er brauchte auch Informationen, und ohne diese konnte er – und wollte er – nicht hierbleiben.

38

Seldon musterte ihre Behausung bedrückt. Sie verfügte über eine kleine Küche und ein kleines Badezimmer. Es gab zwei schmale Betten, zwei Kleiderschränke, einen Tisch und zwei Stühle. Insgesamt betrachtet war alles vorhanden, was zwei Leute brauchten, die unter beengten Bedingungen zu leben bereit waren.

»Auf Cinna hatten wir auch eigene Küchen und Badezimmer«, sagte Dors mit einem Anflug von Resignation.

»Ich nicht«, sagte Seldon. »Helicon mag eine kleine Welt sein, aber ich habe in einer modernen Stadt gelebt. Gemeinschaftsküchen und -bäder – welche Vergeudung das doch ist. In einem Hotel, wo man nur kurzzeitig bleiben muss, könnte man so etwas vielleicht erwarten, aber wenn dieser ganze Bezirk so ist – stellen Sie sich doch die ungeheure Zahl an Küchen und Bädern vor.«

»Das ist Teil ihrer Gleichmacherei, nehme ich an«, sagte Dors. »Da gibt es kein Gerangel um Lieblingsplätze oder schnellere Bedienung. Das Gleiche für jeden.«

»Und kein Privatleben. Nicht dass es mir so schrecklich viel ausmachen würde, Dors, aber Sie stört es vielleicht, und ich möchte wirklich nicht den Anschein erwecken, als wollte ich die Situation ausnutzen. Wir sollten es denen klarmachen, dass wir getrennte Zimmer brauchen – nebeneinanderliegend, aber getrennt.«

»Das würde sicher nicht gehen«, sagte Dors. »Raum ist hier knapp. Und ich glaube, dass sie von ihrer eigenen Großzügigkeit überrascht sind, weil sie uns das hier gegeben haben. Wir müssen uns einfach damit abfinden, Hari. Wir sind alt genug, um damit zurechtzukommen. Ich bin nicht gerade eine errötende Jungfrau, und Sie werden mich nie davon überzeugen, dass Sie ein junger Draufgänger sind.«

»Wenn ich es wäre, wären Sie jetzt nicht hier.«

»Na und? Es ist doch ein Abenteuer.«

»Nun gut. Welches Bett wollen Sie haben? Nehmen Sie doch das näher beim Badezimmer.« Er setzte sich auf das andere. »Da ist noch etwas, das mich stört. So lange wir hier sind, sind wir Stammesleute, Sie und ich, genauso wie Hummin. Wir gehören den *anderen* Stämmen an, nicht ihren eigenen Scharen, und das meiste geht uns nichts an. Aber mich geht das meiste sehr wohl an. Dazu bin ich ja hergekommen. Ich möchte einiges von dem wissen, was die wissen.«

»Oder zu wissen glauben«, sagte Dors mit der Skepsis der Historikerin. »Wie ich höre, haben sie Legenden, die angeblich bis in die Urzeit zurückreichen. Aber ich kann einfach nicht glauben, dass man sie ernst nehmen kann.«

»Das können Sie so lange nicht mit Bestimmtheit sagen, bis wir herausgefunden haben, was das für Legenden sind. Gibt es denn draußen keine Aufzeichnungen davon?«

»Nicht dass ich wüsste. Diese Leute sind schrecklich zurückgezogen. Das ist fast eine Psychose, so sehr klammern sie sich aneinander und ihre Abgeschiedenheit. Dass Hummin es geschafft hat, ihre Mauern irgendwie einzureißen und sie sogar dazu zu bringen, uns aufzunehmen, ist bemerkenswert – *wirklich* bemerkenswert.«

Seldon senkte brütend den Kopf. »Irgendwo muss es doch eine Öffnung geben. Sonnenmeister war überrascht – genauer gesagt sogar zornig –, weil ich nicht wusste, dass Mykogen eine Farmgemeinschaft ist. Das scheint zumindest etwas zu sein, das sie *nicht* geheim halten wollen.«

»Es ist auch nicht wirklich *geheim*. ›Mykogen‹ soll angeblich von irgendwelchen archaischen Begriffen abstammen und ›Hefehersteller‹ bedeuten. Zumindest hat man es mir so erklärt. Ich bin keine Paläolinguistin. Jedenfalls kultivieren sie alle möglichen Spielarten von Mikronahrung, Hefe natürlich und Algen, Bakterien, multizellulare Pilze und dergleichen.«

»Daran ist nichts Ungewöhnliches«, sagte Seldon. »Die meisten Welten haben diese Mikrokulturen. Selbst auf Helicon haben wir sie.«

»Aber nicht wie Mykogen. Das ist ihre Spezialität. Sie verwenden Methoden, die ebenso archaisch sind wie der Name ihres Bezirks – geheime Düngeformeln, geheime Umwelteinflüsse. Wer weiß schon, was noch alles? Alles ist geheim.«

»Paranoid.«

»Das kann man wohl sagen. Es läuft darauf hinaus, dass sie Proteine und höchst subtile Geschmacksvarianten erzeugen, und damit ist *ihre* Mikronahrung anders als jede andere auf der ganzen Welt. Sie halten ihre Produktion vergleichsweise knapp und den Preis astronomisch hoch. Ich habe noch nie davon gekostet, und Sie sicherlich auch nicht, aber die Kaiserliche Bürokratie kauft eine ganze Menge davon, und die oberen Klassen auf den anderen Welten. Mykogen ist wirtschaftlich von diesen Verkäufen abhängig, also wollen sie, dass jeder weiß, diese wertvolle Nahrung stammt von hier. *Das* zumindest ist kein Geheimnis.«

»Dann muss Mykogen reich sein.«

»Arm sind die nicht, aber ich glaube, Reichtum ist gar nicht ihr Ziel. Eher der Schutz. Die Kaiserliche Regierung beschützt sie, weil es ohne sie diese Mikrolebensmittel nicht geben würde, die jedem Gericht seine besondere Würze geben. Und das bedeutet, dass Mykogen es sich leisten kann, auf diese archaische Weise zu leben und den Nachbarn gegenüber so arrogant aufzutreten, obwohl die sie ohne Zweifel unerträglich finden.«

Dors sah sich um. »Sie leben ein karges Leben. Hier gibt es keine Holovision, wie ich sehe, und keine Buchfilme.«

»Auf dem Regalbrett im Schrank habe ich eins gesehen.« Seldon griff danach, blickte auf das Etikett und meinte dann, sichtlich angewidert: »Ein Kochbuch.«

Dors griff danach und drehte an den Knöpfen. Es dauerte eine Weile, weil die Anordnung etwas ungewöhnlich war, aber schließlich leuchtete der Schirm auf, und sie konnte die einzelnen Seiten inspizieren. »Da sind ein paar Rezepte, aber größtenteils scheint das Buch philosophische Darlegungen über Gastronomie zu enthalten.«

Sie schaltete ab und drehte das Buch in den Händen. »Es scheint sich um eine Einzeleinheit zu handeln. Ich sehe nicht, wo man die Mikrokarte auswirft und eine andere einlegt. – Ein Einbuch-Scanner. Wenn das keine Verschwendung ist.«

»Vielleicht meinen sie, dass dieser eine Buchfilm jedem genügen muss.« Er griff nach dem Tischchen zwischen den zwei Betten und hob einen anderen Gegenstand auf. »Das könnte ein Lautsprecher sein, nur dass ich keinen Bildschirm sehe.«

»Vielleicht meinen sie, dass die Stimme allein reicht.«

»Wie er nur funktionieren mag?« Seldon hob den Gegenstand hoch und musterte ihn von allen Seiten. »Haben Sie je so etwas gesehen?«

»Einmal in einem Museum – falls das hier dasselbe ist. Mykogen scheint bewusst darauf zu achten, archaisch zu bleiben Wahrscheinlich sind sie der Ansicht, sie könnten sich auch damit von den sogenannten Stammesleuten abgrenzen, die sie in überwältigender Zahl umgeben. Ihr archaisches Getue und ihre eigenartigen Sitten machen sie sozusagen unverdaulich. All das hat eine Art perverser Logik an sich.«

Seldon, der immer noch mit dem mysteriösen Gegenstand spielte, sagte plötzlich: »Upps! Jetzt ist es angegangen. Irgendetwas zumindest. Aber ich höre nichts.«

Dors runzelte die Stirn und griff nach einem kleinen, mit Filz bedeckten Zylinder, der auf dem Tisch stehen geblieben war, und hielt ihn sich ans Ohr. »Hier hört man eine Stimme«, sagte sie. »Da, probieren Sie es!« Sie reichte ihm den Gegenstand.

Seldon nahm ihn und sagte: »Autsch! Man steckt es sich an.« Er lauschte und sagte: »Ja, es hat mir im Ohr wehgetan. Sie können mich hören, nehme ich an – ja, das ist unser Zimmer. –

Nein, die Nummer kenne ich nicht. Dors, haben Sie eine Ahnung, was für eine Nummer unser Zimmer hat?«

»An dem Sprecher ist eine Nummer«, sagte Dors. »Vielleicht ist sie das?«

»Vielleicht«, sagte Seldon unsicher. Und dann, in den Sprecher: »Die Nummer auf diesem Gegenstand lautet 6LT-3648A. Reicht das? – Nun, wie bekomme ich denn heraus, wie man diesen Gegenstand richtig benutzt oder wie man die Küche benutzt? Was soll das heißen: ›Es funktioniert auf die übliche Art.‹ Das nützt mir überhaupt nichts. Sehen Sie, ich bin ein … ein Stammesmann, ein geehrter Gast. Ich kenne die übliche Weise nicht. – Ja, es tut mir leid, dass ich einen Akzent habe, aber ich bin froh, dass Sie mich als Stammesmann erkannt haben. Mein Name ist Hari Seldon.«

Dann trat eine Pause ein, und Seldon sah Dors mit Leidensmiene an. »Er muss mich nachsehen. Anschließend wird er mir wahrscheinlich sagen, dass er mich nicht finden kann. – Oh, Sie haben mich?! Können Sie mir dann meine Frage beantworten? – Ja. – Ja. – Und wie rufe ich jemand außerhalb von Mykogen an? – Oh, nun, wie trete ich dann beispielsweise mit Sonnenmeister Vierzehn in Verbindung? – Nun, dann eben mit seinem Assistenten, seinem Helfer oder wie man das sonst nennt? – Aha. – Danke.«

Er stellte den Sprecher ab, nahm das Hörgerät mit einiger Mühe vom Ohr, schaltete das Ding ab und sagte: »Sie werden veranlassen, dass jemand uns alles zeigt, was wir wissen müssen. Aber wann das sein wird, kann er uns nicht versprechen. Außerhalb Mykogens kann man nicht anrufen – nicht mit diesem Ding jedenfalls. Also könnten wir Hummin nicht erreichen, wenn wir ihn brauchen sollten. Und wenn ich Sonnenmeister Vierzehn sprechen möchte, muss ich mich einer höchst komplizierten Prozedur unterziehen. Mag sein, dass das hier eine gleichmacherische Gesellschaft ist, aber anscheinend gibt es doch Ausnahmen, nur wette ich, dass dies keiner zugeben wird.«

Er sah auf die Uhr. »Jedenfalls werde ich mir kein Kochbuch ansehen und gelehrte Aufsätze noch viel weniger. Meine Uhr zeigt immer noch die Universitätszeit an, also weiß ich nicht, ob es schon offizielle Schlafenszeit ist, und im Augenblick ist mir das auch gleichgültig. Wir waren fast die ganze Nacht wach, und ich würde gerne schlafen.«

»Ist mir recht. Ich bin auch müde.«

»Danke. Und wenn der neue Tag begonnen hat und wir unseren Schlaf nachgeholt haben, dann werde ich bitten, dass man uns durch ihre Pflanzungen führt.«

Dors sah ihn verblüfft an. »Interessiert Sie das?«

»Eigentlich nicht, aber wenn das das Einzige ist, worauf sie stolz sind, dann sollten sie auch bereit sein, darüber zu reden. Und wenn ich sie einmal in redselige Stimmung gebracht habe, dann könnte es ja immerhin sein, dass ich sie unter Einsatz meines ganzen Charmes auch dazu bewegen kann, über ihre Legenden zu reden. Ich bin jedenfalls der Meinung, dass das eine recht geschickte Strategie wäre.«

»Hoffentlich«, sagte Dors, etwas zweifelnd. »Aber ich glaube nicht, dass die Mykogenier so leicht in die Falle gehen werden.«

»Wir werden sehen«, sagte Seldon grimmig. »Jedenfalls habe ich vor, diese Legenden kennenzulernen.«

39

Am nächsten Morgen benutzte Hari das Rufgerät erneut. Er war zornig, unter anderem auch, weil er Hunger hatte.

Sein Versuch, Sonnenmeister Vierzehn zu erreichen, wurde von jemandem vereitelt, der darauf bestand, dass man Sonnenmeister nicht stören dürfe.

»Warum nicht«, hatte Seldon wissen wollen.

»Es besteht ja offenkundig keine Notwendigkeit, diese Frage zu beantworten«, tönte die kalte Stimme auf der anderen Seite.

»Man hat uns nicht hierhergebracht, damit wir Gefangene sind«, sagte Seldon gleichermaßen kalt. »Und auch nicht, damit wir verhungern.«

»Sie haben aber doch sicherlich eine Küche und reichliche Lebensmittelvorräte.«

»Ja, das haben wir«, sagte Seldon, »aber ich weiß nicht, wie man die Küchengeräte benutzt, noch wie man Lebensmittel zubereitet. Isst man sie roh? Brät man sie, röstet man sie ?«

»Ich kann einfach nicht glauben, dass Sie in diesen Dingen so unwissend sind.«

Dors, die während dieses Zwiegesprächs unruhig auf und ab geschritten war, griff nach dem Gerät, aber er flüsterte ihr zu: »Wenn eine Frau mit ihm zu sprechen versucht, wird er die Verbindung abbrechen.«

Und dann, wieder dem Gerät zugewandt, mit entschiedener Stimme: »Was Sie glauben oder nicht glauben, interessiert mich nicht im Geringsten. Sie schicken jetzt jemanden her – jemanden, der etwas für uns tun kann –, oder Sie werden, wenn ich Sonnenmeister Vierzehn erreiche, was sicherlich einmal der Fall sein wird, dafür zu bezahlen haben.«

Dennoch dauerte es zwei Stunden, bis jemand eintraf (währenddessen Seldon bereits in einen Zustand höchster Wut versetzt war und Dors langsam daran zweifelte, ihn zu besänftigen).

Der Ankömmling war ein junger Mann, dessen Glatze von Sommersprossen übersät war und der unter anderen Umständen wahrscheinlich rothaarig gewesen wäre. Er trug einige Töpfe und schien gerade dazu ansetzen zu wollen, sie zu erklären, als sein Blick plötzlich unruhig wurde und er erschreckt Seldon den Rücken zukehrte. »Stammesmann«, sagte er sichtlich erregt. »Ihre Mütze sitzt nicht richtig.«

Seldon, dessen Ungeduld inzwischen den Siedepunkt erreicht hatte, sagte: »Das stört mich nicht.«

Aber Dors wandte ein: »Lassen Sie mich das in Ordnung bringen, Hari. Sie sitzt nur hier links etwas zu hoch.«

Dann knurrte Seldon: »Jetzt können Sie sich umdrehen, junger Mann. Wie heißen Sie?«

»Grauwolke Fünf«, sagte der Mykogenier verunsichert, während er sich umwandte und Seldon vorsichtig musterte. »Ich bin Novize. Ich habe Ihnen zu essen gebracht.« Er zögerte. »Aus meiner eigenen Küche, wo mein Weib das Essen zubereitet hat, Stammesmann.«

Er stellte die Töpfe auf den Tisch, und Seldon hob von einem den Deckel ab und schnüffelte argwöhnisch an seinem Inhalt. Dann blickte er überrascht zu Dors auf: »Wissen Sie, es riecht gar nicht übel.« Dors nickte: »Da haben Sie recht, es duftet köstlich.«

Grauwolke meinte: »Es ist nicht mehr so heiß, wie es sein sollte, weil es unterwegs abgekühlt ist. Sie müssen Geschirr und Besteck in Ihrer Küche haben.«

Dors holte, was gebraucht wurde, und nachdem sie reichlich und ein wenig gierig gegessen hatten, fühlte Seldon sich wieder wie ein zivilisierter Mensch.

Dors, der bewusst war, dass der junge Mann sich unwohl fühlen würde, wenn man ihn mit einer Frau allein ließ und noch mehr, wenn sie ihn ansprach, erkannte, dass es wohl oder übel ihr zufiel, die Töpfe und Teller in die Küche zu tragen und abzuspülen – sobald sie die Schalter der Spülmaschine entziffert hatte.

Unterdessen erkundigte Seldon sich nach der Lokalzeit und sagte dann ein wenig verlegen: »Sie meinen, es ist mitten in der Nacht?«

»Allerdings, Stammesmann«, sagte Grauwolke. »Deshalb hat es auch eine Weile gedauert, Ihr Bedürfnis zu befriedigen.«

Plötzlich begriff Seldon, warum man Sonnenmeister nicht hatte stören dürfen, und er dachte an Grauwolkes »Weib«, die man hatte wecken müssen, um ihm eine Mahlzeit zuzubereiten. Er bekam ein schlechtes Gewissen. »Das tut mir leid«, sagte er. »Wir sind nur Stammesleute und wussten nicht, wie man die

Küche bedient oder das Essen zubereitet. Könnten Sie veranlassen, dass am Morgen jemand zu uns kommt und uns entsprechend instruiert?«

»Das Beste, was ich für Sie tun kann, Stammesmann«, sagte Grauwolke besänftigend, »ist, Ihnen zwei Schwestern schicken zu lassen. Ich bitte um Nachsicht dafür, dass ich sie mit Weibspersonen beeinträchtige, aber nur sie verstehen etwas von diesen Dingen.«

Dors, die gerade aus der Küche kam, sagte (ehe sie sich wieder an den ihr gebührenden Platz in der maskulinen mykogenischen Gesellschaft erinnerte): »Das ist schon in Ordnung, Grauwolke. Wir freuen uns darauf, die Schwestern kennenzulernen.«

Grauwolke warf ihr einen flüchtigen, recht unsicheren Blick zu, sagte aber nichts.

Seldon war überzeugt, dass der junge Mykogenier es aus Prinzip ablehnte, das gehört zu haben, was eine Frau zu ihm gesagt hatte, und wiederholte daher ihre Bemerkung. »Das ist schon in Ordnung, Grauwolke. Wir freuen uns, die Schwestern kennenzulernen.«

Sein Gesichtsausdruck hellte sich sofort auf. »Ich werde dafür sorgen, dass sie gleich bei Tagesanbruch zu Ihnen kommen.«

Als Grauwolke gegangen war, sagte Seldon befriedigt: »Die Schwestern sind wahrscheinlich genau das, was wir brauchen.«

»Wirklich? Inwiefern, Hari?«, fragte Dors.

»Nun, wenn wir sie wie menschliche Wesen behandeln, werden sie doch sicherlich aus schierer Dankbarkeit über ihre Legenden sprechen.«

»Wenn sie sie kennen«, wandte Dors skeptisch ein. »Irgendwie fehlt mir der Glaube daran, dass die Mykogenier sich die Mühe machen, ihren ›Weibern‹ sonderlich viel Bildung zukommen zu lassen.«

40

Die Schwestern erschienen etwa sechs Stunden später, nachdem Seldon und Dors noch einmal etwas geschlafen hatten, in der Hoffnung, ihre biologische Uhr an die mykogenische Zeitrechnung anzupassen.

Die Schwestern traten scheu, fast auf Zehenspitzen ein. Ihre Gewänder (die im mykogenischen Dialekt als »Kittel« bezeichnet wurden) waren von weichem, samtigem Grau und mit feinem dunklem Zierstich geschmückt. Die Kittel waren nicht gerade hässlich, aber jedenfalls so geschnitten, dass sie die Schwestern von Kopf bis Fuß bedeckten.

Und dann waren sie natürlich kahlköpfig und trugen keinerlei Schmuck. Sie warfen prüfende Blicke auf die blauen Tupfer in Dors' Augenwinkel und den kleinen roten Punkt, den sie im Mundwinkel trug.

Seldon fragte sich, wie man wohl sicher sein konnte, dass die Schwestern wahrhaft *Schwestern* waren.

Doch ehe er die Frage aussprechen konnte, wurde seine Neugierde durch den höflich formellen Gruß der Schwestern gestillt. Sie zwitscherten und zirpten. Seldon, der sich an die gravitätische Stimme Sonnenmeisters und den nervös klingenden Bariton von Grauwolke erinnerte, argwöhnte, dass Frauen in Mykogen mangels klar erkennbarer sexueller Identifikation gezwungen waren, entsprechend auffällige Stimmen und dazugehöriges Verhalten zu kultivieren.

»Ich bin Regentropfen Dreiundvierzig«, zwitscherte die eine, »und dies ist meine jüngere Schwester.«

»Regentropfen Fünfundvierzig«, zirpte die andere. »In unserer Schar gibt es eine ganze Menge ›Regentropfen‹.« Sie kicherte.

»Freut mich, Ihre Bekanntschaft zu machen«, sagte Dors ernst. »Aber jetzt muss ich wissen, wie ich Sie anreden soll. Ich kann doch nicht einfach ›Regentropfen‹ sagen, oder?«

»Nein«, sagte Regentropfen Dreiundvierzig. »Wenn wir beide hier sind, müssen Sie den ganzen Namen gebrauchen.«

»Und wie wär's, wenn wir einfach Dreiundvierzig und Fünfundvierzig sagten, meine Damen?«, erkundigte sich Seldon.

Sie warfen ihm beide einen verstohlenen Blick zu, sagten aber nichts.

»Überlassen Sie das mir, Hari«, meinte Dors leise.

Seldon trat zurück. Offenbar waren beide ledige junge Frauen, und höchstwahrscheinlich durften sie nicht mit jungen Männern sprechen. Die Ältere schien die Ernstere von beiden und war vermutlich auch die puritanischere. Das war natürlich schwer aus ein paar Worten und einem schnellen Blick zu erkennen, aber er hatte das Gefühl und wollte davon ausgehen.

»Es ist so, Schwestern«, meinte Dors, »wir Stammesleute wissen nicht, wie man die Küche benutzt.«

»Sie meinen, Sie können nicht kochen?« Regentropfen Dreiundvierzig blickte schockiert und kritisch. Regentropfen Fünfundvierzig unterdrückte ein Lachen. (Seldon sagte sich, dass seine ursprüngliche Einschätzung der beiden zutraf.)

»Ich hatte einmal eine eigene Küche«, erklärte Dors, »aber die war nicht wie diese hier, und ich weiß nicht, was das für Lebensmittel sind oder wie man sie zubereitet.«

»Es ist wirklich ganz einfach«, sagte Regentropfen Fünfundvierzig. »Wir können es Ihnen zeigen.«

»Wir werden Ihnen ein gutes, nahrhaftes Mittagessen zubereiten«, sagte Regentropfen Dreiundvierzig. »Wir werden es für ... Sie beide ... machen.« Sie zögerte deutlich, ehe sie mit diesen Worten auch die Existenz eines Mannes sozusagen offiziell zur Kenntnis nahm.

»Wenn es Ihnen nichts ausmacht, wäre ich gerne in der Küche mit dabei«, sagte Dors. »Ich wäre auch dankbar, wenn Sie alles genau erklären würden. Schließlich kann ich doch nicht erwarten, dass Sie dreimal täglich hierherkommen, um für uns zu kochen.«

»Wir werden Ihnen alles zeigen«, sagte Regentropfen Dreiundvierzig mit einem steifen Kopfnicken. »Aber vielleicht fällt es Ihnen als Stammesfrau schwer, das zu lernen. Möglicherweise haben Sie dafür nicht das … Gefühl.«

»Ich werde mir Mühe geben«, sagte Dors lächelnd.

Dann verschwanden sie in der Küche. Seldon starrte ihnen nach und versuchte, sich über die Strategie klar zu werden, die er ihnen gegenüber anwenden wollte.

MIKROFARM

Mykogen – … Die Mikrofarmen von Mykogen sind Legende geworden, obwohl sie heute nur noch in Redensarten überleben, wie zum Beispiel »reich wie die Mikrofarmen von Mykogen« oder »würzig wie mykogenische Hefe«. Natürlich steigern sich solche Lobpreisungen im Laufe der Zeit, aber Hari Seldon hat diese Mikrofarmen im Verlauf seiner Flucht besucht, und seine Memoiren enthalten Hinweise, die die allgemeine Ansicht stützen …

ENCYCLOPAEDIA GALACTICA

41

»Das war *gut!*«, sagte Seldon überschwänglich. »Das hat wesentlich besser geschmeckt als das Essen, das Grauwolke uns gebracht hat …«

Und Dors meinte vernünftig: »Sie müssen bedenken, dass Grauwolkes Weib es mitten in der Nacht zubereiten musste.« Sie hielt inne und fügte dann hinzu: »Ich *wünschte*, die würden ›Frau‹ sagen. ›Weib‹ klingt so geringschätzig, wie ein Gegenstand, der einem gehört, so wie man ›mein Haus‹ oder ›mein Gewand‹ sagt. Richtig erniedrigend ist das.«

»Ich weiß. Das kann einen wütend machen. Aber ›Frau‹ würde bei denen vielleicht ganz genauso klingen. Die leben eben so, und den Schwestern scheint das nichts auszumachen. Sie und ich werden daran nichts ändern, wenn wir ihnen einen Vortrag halten. – Übrigens, haben Sie gesehen, wie die Schwestern es gemacht haben?«

»Ja, und alles schien sehr einfach. Ich hatte Zweifel geäußert, ob ich mir alles, was sie taten, würde merken können, aber sie beharrten darauf, dass das nicht nötig sein würde. Bloßes Erhitzen würde reichen. Ich hatte den Eindruck, dass in dem Brot irgendein Mikropräparat war, das beim Backen zugefügt wurde und das dazu führte, dass der Teig sich ausdehnte und seine knusprige Konsistenz und den angenehmen Geschmack bekam. Eine Andeutung von Pfeffer, fanden Sie nicht auch?«

»Ich habe es nicht erkannt, aber was auch immer es war, ich konnte gar nicht genug davon kriegen. Und die Suppe. Haben Sie erkannt, was das für ein Gemüse war?«

»Nein.«

»Und das Fleisch, das sie uns in Scheiben geschnitten serviert haben? Haben Sie das herausbekommen?«

»Ich glaube gar nicht, dass es Fleisch war. Wir hatten auf Cinna ein Lammgericht, woran es mich erinnerte.«

»Lamm war es ganz sicher nicht.«

»Ich sagte doch, dass ich es nicht für Fleisch hielt. – Ich glaube nicht, dass außerhalb Mykogen jemand so isst. Nicht einmal der Kaiser, da bin ich ganz sicher. Und was die Mykogenier verkaufen, da wette ich, ist die allerunterste Qualität. Das Beste behalten die für sich selbst. Es wird gut sein, wenn wir nicht zu lange hierbleiben, Hari. Wenn wir uns daran gewöhnen, so zu essen, werden wir uns *niemals* wieder an das jämmerliche Zeug gewöhnen können, das es draußen gibt.« Sie lachte.

Seldon lachte auch. Er nahm noch einen Schluck von dem Fruchtsaft, der verlockender schmeckte als jeder Fruchtsaft, den er in seinem ganzen Leben getrunken hatte, und meinte: »Hören Sie, als Hummin mich zur Universität brachte, haben wir an einer Raststätte Halt gemacht und irgendetwas gegessen, das kräftig nach Hefe schmeckte. Und außerdem – nein, ich will gar nicht sagen, wie es sonst noch geschmeckt hat, aber ich hätte es nie für denkbar gehalten, dass Mikronahrung so schmecken könnte. Ich wünschte, die Schwestern wären noch hier. Eigentlich hätte es sich gehört, ihnen zu danken.«

»Ich glaube, die wussten schon, wie uns zumute sein würde. Als sich alles erwärmte, machte ich eine Bemerkung wegen des wunderbaren Dufts, und sie sagten recht selbstgefällig, dass es noch besser schmecken würde.«

»Das hat sicherlich die Ältere gesagt.«

»Ja, die Jüngere hat gekichert. – Und sie werden auch wiederkommen. Sie werden mir einen Kittel bringen, damit ich mit ihnen hinausgehen und mir die Läden ansehen kann. Sie haben mir auch klargemacht, dass ich mir das Gesicht würde waschen müssen, wenn ich mich in der Öffentlichkeit zeigen wollte. Sie werden mir Geschäfte zeigen, wo ich mir selbst Kittel und auch Fertiggerichte aller Art kaufen kann. Die brauche ich dann bloß heiß zu machen. Sie haben mir erklärt, dass anständige Schwestern nie so etwas tun würden, vielmehr ganz von vorne anfangen. Ein Teil der Mahlzeit, die sie uns zubereitet haben, war nur erhitzt, und sie haben sich dafür entschuldigt. Dabei haben sie irgendwie den Eindruck vermittelt, man könne ja von Stammesleuten nicht erwarten, dass sie einen Sinn für wahre Kochkunst haben, und dass es deshalb völlig ausreichen würde, uns das Essen nur heiß zu machen. – Für sie schien es übrigens selbstverständlich, dass ich das Einkaufen und Kochen erledigen werde.«

»Bei uns zu Hause sagt man, tu in Trantor, was die Trantorianer tun.«

»Ja, ich hab mir schon gedacht, dass Sie so denken würden.«

»Ich bin auch nur ein Mensch«, sagte Seldon.

»Das ist die übliche Ausrede«, meinte Dors mit einem Lächeln.

Seldon lehnte sich mit einem Gefühl wohliger Sättigung zurück und sagte: »Sie sind schon seit zwei Jahren auf Trantor, Dors, also verstehen Sie vielleicht einige Dinge, die mir noch unklar sind. Gehört dieses eigenartige gesellschaftliche System der Mykogenier zu einer supernaturalistischen Einstellung?«

»Supernaturalistisch?«

»Ja. Haben Sie gehört, dass es so ist?«

»Was verstehen Sie unter ›supernaturalistisch‹?«

»Nun, das sagt doch das Wort schon. Ein Glaube an Wesenheiten, die unabhängig von den Naturgesetzen sind, die beispielsweise nicht vom Gesetz der Erhaltung der Energie gebunden sind oder durch die Gesetze der Thermodynamik.«

»Jetzt verstehe ich. Sie fragen, ob Mykogen eine religiöse Gemeinschaft ist.«

Jetzt begriff Seldon nicht. »Religiös?«

»Ja. Das ist ein archaischer Begriff. Aber wir Historiker benutzen ihn – unsere Wissenschaft wimmelt von archaischen Begriffen. – ›Religiös‹ ist kein genaues Äquivalent für ›supernaturalistisch‹, obwohl es reichlich supernaturalistische Elemente enthält. – Ich kann Ihre Frage freilich nicht eindeutig beantworten, weil ich nie besondere Nachforschungen über Mykogen angestellt habe. Aber nach dem wenigen, das ich hier gesehen habe, und aus meinem Wissen über Religionen in der Geschichte würde es mich nicht überraschen, wenn die mykogenische Gesellschaft religiösen Charakter hätte.«

»Würde es Sie in dem Fall überraschen, wenn auch die mykogenischen Legenden einen religiösen Charakter hätten?«

»Nein, das würde es nicht.«

»Und wenn sie demzufolge nicht auf historischen Fakten beruhten?«

»Das würde daraus nicht unbedingt folgen. Der Kern der Legenden könnte immer noch historisch authentisch sein und lediglich gewisse Verzerrungen und supernaturalistische Einmengungen aufweisen.«

»Ah«, sagte Seldon und schien sich in seine Gedanken zurückzuziehen.

Schließlich brach Dors das sich anschließende Schweigen, indem sie meinte: »Eigentlich ist das gar nicht so ungewöhnlich, wissen Sie. Es gibt auf vielen Welten erhebliche religiöse Elemente. In den letzten paar Hundert Jahren hat dieser Aspekt sogar zugenommen, während das Imperium turbulenter wurde. Auf meiner Welt Cinna ist wenigstens ein Drittel der Bevölkerung tritheistisch.«

Wieder wurde sich Seldon schmerzlich bedauernd seiner Unwissenheit in historischen Dingen bewusst. »Hat es denn in der Vergangenheit Zeiten gegeben, wo die Religion eine größere Bedeutung als heute hatte?«, fragte er.

»Ganz sicherlich. Außerdem tauchen beständig neue Spielarten auf. Die mykogenische Religion, was auch immer sie sein mag, könnte relativ neu sein und sich ausschließlich auf Mykogen selbst beschränken. Ich könnte das wirklich nicht ohne erhebliche Untersuchungen feststellen.«

»Aber jetzt kommen wir auf den Punkt, Dors. Sind Sie der Ansicht, dass Frauen mehr zur Religiosität neigen als Männer?«

Dors Venabili hob die Brauen. »Ich weiß nicht, ob eine so simple Annahme zulässig ist.« Sie überlegte. »Ich vermute, dass jene Elemente einer Bevölkerung, die an der natürlichen Welt einen kleineren materiellen Anteil haben, vielleicht in dem, was Sie Supernaturalismus nennen, eher Trost finden – die Armen, die Entrechteten, die Unterprivilegierten. Und insoweit, als der Supernaturalismus Berührungspunkte mit der Religion hat, könnte es auch sein, dass sie religiöser sind. Aber es gibt ganz offenkundig viele Ausnahmen nach beiden Richtungen. Es gibt wahrscheinlich viele Unterprivilegierte ohne Religion, und andererseits viele Reiche, Mächtige, Zufriedene, die einer Religion anhängen.«

»Aber in Mykogen«, wandte Seldon ein, »wo man die Frauen anscheinend als Untermenschen behandelt – hätte ich da recht in der Annahme, dass sie wahrscheinlich religiöser sind als die Männer, eher in die Legenden involviert, die die Gesellschaft bewahrt hat?«

»Mein Leben würde ich darauf nicht wetten wollen, Hari, aber durchaus ein Wochengehalt.«

»Gut«, sagte Seldon nachdenklich.

Dors lächelte ihm zu. »Da haben Sie jetzt ein Stück Psychohistorik, Hari. Regel Nummer 47854: Die Unterprivilegierten sind religiöser als die Zufriedenen.«

Seldon schüttelte den Kopf. »Sie sollten sich nicht über Psychohistorik lustig machen. Sie wissen, dass ich nicht auf der Suche nach winzigen Regeln bin, sondern nach weit gefassten Verallgemeinerungen und nach Mitteln der Manipulation. Ich will keine vergleichende Religiosität als Resultat aus hundert speziellen Regeln. Ich will etwas, woraus ich nach Manipulation vermittels irgendeines Systems der mathematischen Logik folgern kann: ›Diese Gruppe von Menschen neigt zu mehr Religiosität als jene‹, vorausgesetzt, dass folgende Kriterien erfüllt sind, und demzufolge wird die Menschheit, wenn sie in dieser Weise stimuliert wird, folgendermaßen reagieren.«

»Wie schrecklich«, sagte Dors. »Da stellen Sie menschliche Wesen als einfache mechanische Vorrichtungen hin. Man drücke einen Knopf, und irgendetwas zuckt.«

»Nein, weil es viele Knöpfe gibt, die gleichzeitig in unterschiedlichem Maß gedrückt werden und so viele unterschiedliche Reaktionen erzeugen, dass insgesamt die Vorhersagen der Zukunft statistischer Natur sein werden, sodass individuelle menschliche Wesen durchaus frei bleiben.«

»Wie können Sie das wissen?«

»Ich kann es nicht«, sagte Seldon. »Zumindest *weiß* ich es nicht. Ich *fühle, dass* es so ist. Ich bin der Meinung, dass die Dinge so sein *sollten*. Wenn ich die Axiome finden kann, die grundlegenden Gesetze der Humanik sozusagen und die nötige mathematische Vorgehensweise, dann werde ich meine Psychohistorik haben. Ich habe bewiesen, dass das theoretisch möglich ist ...«

»Aber nicht praktikabel, stimmt's?«

»Das sage ich immer wieder.«

Ein kleines Lächeln spielte um Dors' Lippen. »Und ist es das, was Sie tun, Hari – suchen Sie irgendeine Lösung für dieses Problem?«

»Das weiß ich nicht. Ich schwöre Ihnen, ich weiß es nicht. Aber Chetter Hummin ist so darauf erpicht, eine Lösung zu finden, und aus irgendeinem Grund bin ich darauf erpicht, ihm die Freude zu machen. Er ist ein Mann von großer Überzeugungsgabe.«

»Ja, das weiß ich.«

Seldon ging nicht auf die Bemerkung ein, aber sein Gesicht verdüsterte sich. Er fuhr fort: »Hummin besteht darauf, dass das Imperium sich im Zustand des Zerfalls befindet, dass die Psychohistorik die einzige Hoffnung ist, um es zu retten – um den Niedergang zu verlangsamen –, und dass ohne sie die Menschheit zerstört werden wird oder zumindest eine lange

Periode großen Leides durchmachen muss. Und die Verantwortung dafür, dies zu verhindern, scheint er *mir* zuzuschieben. Nun wird das Imperium ganz sicher meine Zeit überdauern, aber wenn ich unbelastet leben will, dann muss ich diese Verantwortung von meinen Schultern herunterbekommen. Ich muss mich überzeugen – und sogar Hummin überzeugen –, dass die Psychohistorik keinen praktikablen Ausweg bietet; dass man sie trotz aller Theorie nicht weiterentwickeln kann. Also muss ich möglichst vielen Hinweisen nachgehen und aufzeigen, dass keiner dieser Hinweise zum Erfolg führen kann.«

»Hinweise? Indem Sie in der Geschichte eine Zeit herauspicken, wo die menschliche Gesellschaft kleiner war als sie jetzt ist?«

»Viel kleiner. Und viel weniger komplex.«

»Und aufzeigen, dass es dennoch keine praktikable Lösung gibt?«

»Ja.«

»Aber wer wird Ihnen diese Welt der frühen Vorzeit beschreiben? Wenn die Mykogenier wirklich eine Vorstellung von der Galaxis der Grauen Vorzeit besitzen, dann wird Sonnenmeister diese ganz sicherlich nicht einem Stammesmann offenbaren. Kein Mykogenier wird das tun. Dies ist eine geschlossene Gesellschaft – wie viele Male haben Sie das selbst eigentlich schon gesagt?, und die Angehörigen dieser Gesellschaft betrachten die Außenwelt mit solchem Argwohn, dass es an Verfolgungswahn grenzt. Sie werden uns nichts sagen, gar nichts.«

»Ich muss mir eben irgendeinen Trick einfallen lassen, um irgendwelche Mykogenier zum Reden zu bringen. Diese Schwestern beispielsweise.«

»Die werden Sie nicht einmal *hören*, Mann, der Sie sind, ebenso wenig wie Sonnenmeister mich hört. Und selbst wenn sie wirklich mit Ihnen reden sollten, was würden die dann schon wissen, abgesehen vielleicht von ein paar Schlagworten?«

»Irgendwo muss ich aber doch anfangen.«

»Nun, lassen Sie mich überlegen«, sagte Dors. »Hummin sagt, ich muss Sie schützen, und das interpretiere ich so, dass ich Ihnen, wo immer ich kann, helfen muss. Was weiß ich über Religion? Sie müssen wissen, das liegt weit ab von meiner Spezialität. Ich habe immer mit wirtschaftlichen Kräften zu tun gehabt, nicht etwa mit philosophischen, aber man kann die Geschichte natürlich in kleine, sich nicht überlappende Abschnitte aufspalten. Religionen tendieren beispielsweise dazu, wenn sie erfolgreich sind, Wohlstand anzusammeln, und das führt am Ende zu Verwerfungen in der wirtschaftlichen Entwicklung einer Gesellschaft. – Das ist übrigens eine der zahlreichen Regeln der menschlichen Geschichte, die Sie von Ihren grundlegenden Gesetzen der Humanik oder wie Sie sie auch sonst genannt haben, ableiten müssen …«

Und an dem Punkt verstummte Dors plötzlich, wurde nachdenklich. Seldon musterte sie prüfend, und Dors' Augen wurden glasig, als sei sie tief in Gedanken versunken.

Schließlich sagte sie: »Dies ist keine unabänderliche Regel, aber mir scheint, dass eine Religion meistens ein Buch – oder mehrere Bücher – hat, die von besonderer Bedeutung sind, Bücher, die ihr Ritual, ihre Betrachtungsweise der Geschichte, ihre geheiligten Dichtungen und wer weiß was sonst noch alles enthalten. Gewöhnlich haben alle Zugang zu diesen Büchern, und sie dienen sogar dem religiösen Kult. Manchmal sind sie auch geheim.«

»Meinen Sie, dass Mykogen solche Bücher besitzt?«

»Nun, um ehrlich zu sein«, meinte Dors nachdenklich, »ich habe nie von solchen Büchern gehört. Das hätte ich möglicherweise, wenn sie offen zugänglich wären – und das bedeutet, dass sie entweder nicht existieren, oder geheim gehalten werden. In beiden Fällen scheint es mir, dass Sie sie nicht zu Gesicht bekommen werden.«

»Zumindest ist das ein Anfang«, sagte Seldon grimmig.

42

Etwa zwei Stunden, nachdem Hari und Dors ihre Mahlzeit beendet hatten, kehrten die Schwestern zurück. Sie lächelten beide, und Regentropfen Dreiundvierzig, die gesetztere von beiden, hielt Dors einen grauen Kittel hin.

»Der ist sehr hübsch«, sagte Dors lächelnd und freundlich nickend. »Die hübsche Stickerei hier gefällt mir.«

»Das ist nichts«, zwitscherte Regentropfen Fünfundvierzig. »Das ist ein abgelegtes Stück von mir und wird nicht besonders gut passen, weil Sie größer sind als ich. Aber für eine Weile sollte es gehen, und später gehen wir mit Ihnen in die beste Kittlerei, damit Sie sich ein paar aussuchen, die Ihnen passen und auch Ihrem Geschmack entsprechen. Sie werden ja sehen.«

Regentropfen Dreiundvierzig reichte Dors, unsicher lächelnd und stumm und die ganze Zeit die Augen zu Boden gerichtet, einen weißen Kittel. Er war sorgfältig zusammengefaltet. Dors machte keine Anstalten, ihn zu entfalten, sondern reichte ihn Seldon. »Der Farbe nach würde ich sagen, ist er für Sie, Hari.«

»Wahrscheinlich«, sagte Seldon. »Aber geben Sie ihn zurück. Sie hat ihn nicht mir gegeben.«

»Oh, Hari«, sagte Dors und schüttelte kaum wahrnehmbar den Kopf.

»Nein«, beharrte Seldon, »sie hat ihn nicht mir gegeben. Geben Sie ihn ihr zurück, dann warte ich, bis sie ihn mir selbst gibt.«

Dors zögerte und machte dann einen halbherzigen Versuch, Regentropfen Dreiundvierzig den Kittel zurückzugeben.

Die Schwester versteckte die Hände hinter dem Rücken und wich einen Schritt zurück; alles Leben floss aus ihrem Gesicht. Regentropfen Fünfundvierzig warf Seldon einen verstohlenen Blick zu und ging auf Regentropfen Dreiundvierzig zu und legte die Arme um sie.

»Kommen Sie, Hari«, sagte Dors, »ich bin ganz sicher, dass Schwestern nicht mit Männern sprechen dürfen, die nicht mit ihnen verwandt sind. Was nützt es denn, sie zu quälen? Sie kann doch nichts dafür.«

»Das glaube ich nicht«, meinte Seldon schroff. »Wenn es eine solche Regel gibt, dann gilt sie nur für Brüder. Ich bezweifle stark, dass sie je zuvor einem Stammesmann begegnet ist.«

Darauf meinte Dors mit weicher Stimme, zu Regentropfen Dreiundvierzig gewandt: »Sind Sie je zuvor einem Stammesmann begegnet, Schwester, oder einer Stammesfrau?«

Die Mykogenierin zögerte eine Weile und schüttelte dann unsicher den Kopf.

Seldon streckte die Arme aus. »Nun, da haben wir es. Wenn es eine Regel des Schweigens gibt, dann gilt die nur für Brüder. Würden die uns denn diese jungen Frauen – diese Schwestern – geschickt haben, wenn es eine Regel gäbe, die es ihnen verbietet, mit Stammesmännern zu sprechen?«

»Es könnte ja sein, dass sie nur mit mir sprechen sollen und ich das, was sie sagen, dann an Sie weitergeben muss.«

»Unsinn! Das glaube ich nicht und werde ich auch nicht glauben. Ich bin nicht nur ein Stammesmann, ich bin ein geehrter Gast in Mykogen, und Chetter Hummin hat darum gebeten, dass man mich als solchen behandelt und dass Sonnenmeister Vierzehn selbst mich hierhergeleiten soll. Ich lasse mich nicht behandeln, als existiere ich nicht. Ich werde mit Sonnenmeister Vierzehn in Verbindung treten und mich bitter beklagen.«

Regentropfen Fünfundvierzig begann zu schluchzen, und Regentropfen Dreiundvierzig stieg die Röte ins Gesicht.

Dors machte Anstalten, noch einmal an Seldon zu appellieren, aber der machte bloß eine abwehrende Handbewegung und starrte dann Regentropfen Dreiundvierzig finster an.

Schließlich sprach sie, diesmal ohne zu zwitschern, vielmehr zitterte ihre Stimme heiser, als koste es sie große Anstrengung, in Richtung auf ein männliches Wesen Laute hervorzubringen und gegen all ihre Instinkte und Wünsche zu handeln.

»Sie dürfen sich nicht über uns beklagen, Stammesmann. Das wäre ungerecht. Sie zwingen mich, den Brauch unserer Leute zu brechen. Was wollen Sie von mir?«

Sofort lächelte Seldon entwaffnend und streckte die Hand aus. »Das Kleidungsstück, das Sie mir gebracht haben. Den Kittel.«

Stumm streckte sie den Arm aus und legte den Kittel in seine Hände.

Er verbeugte sich leicht und sagte mit weicher, warmer Stimme: »Danke, Schwester.« Dann warf er Dors kurz einen Blick zu, als wollte er sagen: Sehen Sie? Aber Dors wandte zornig den Blick ab.

Der Kittel war völlig schmucklos, Stickereien und Verzierungen gab es offenbar nur für Frauen, aber es gehörte ein mit Quasten versehener Gürtel dazu, der wahrscheinlich auf irgendeine bestimmte Art getragen wurde. Ohne Zweifel würde er bald dahinterkommen.

»Ich gehe jetzt ins Bad und zieh das an«, erklärte er.

Er trat in die kleine Kammer und stellte fest, dass die Tür sich nicht schließen ließ, weil Dors sich hinter ihm hereinzwängte. Erst als sie beide im Badezimmer waren, ließ die Tür sich schließen.

»Was sollte das denn?«, zischte Dors zornig. »Sie waren richtig widerwärtig, Hari. Warum haben Sie die arme Frau so behandelt?«

»Ich musste sie dazu bringen, dass sie mit mir *redete*«, sagte Seldon ungeduldig. »Ich hoffe auf Informationen von ihr, das wissen Sie doch. Es tut mir leid, dass ich so grausam sein musste, aber wie sonst hätte ich denn ihre Hemmungen überwinden sollen?«

Dors schaffte es trotz der Mütze, in dem eher schlampig wirkenden Kittel recht attraktiv auszusehen. Die Stickerei betonte irgendwie ihre Figur, ohne sie in irgendeiner auffälligen Weise hervorzuheben. Ihr Gürtel war breiter als der seine und in einem anderen Grauton als der Kittel selbst gehalten. Vorne wurde er von zwei mit blauen Steinen besetzten Schließen zusammengehalten. (Frauen brachten es fertig, sich selbst unter größten Schwierigkeiten zu verschönern, dachte Seldon.)

Nach einem Blick auf Hari meinte Dors: »Sie sehen jetzt richtig wie ein Mykogenier aus. So können uns die Schwestern in die Geschäfte bringen.«

»Ja«, sagte Seldon, »aber nachher möchte ich, dass Regentropfen Dreiundvierzig mit mir eine Führung durch die Mikrofarmen macht.«

Die Augen von Regentropfen Dreiundvierzig weiteten sich, und sie trat hastig einen Schritt zurück.

»Ich würde sie gerne sehen«, sagte Seldon ruhig.

Regentropfen Dreiundvierzig warf Dors einen schnellen Blick zu. »Stammesfrau …«

»Sie wissen vielleicht nichts über die Farmen, Schwester«, sagte Seldon.

Damit schien er den Nerv getroffen zu haben. Sie hob hochmütig das Kinn und meinte, immer noch zu Dors gewandt: »Ich habe auf den Mikrofarmen gearbeitet. Das tun alle Brüder und Schwestern irgendwann einmal.«

»Nun, dann können Sie ja die Führung mit mir machen«, sagte Seldon, »und jetzt fangen Sie bloß nicht wieder an, sich mit mir zu streiten. Ich bin kein Bruder, mit dem Sie nicht sprechen dürfen, mit dem Sie nichts zu tun haben dürfen. Ich bin ein Stammesmann und ein angesehener Gast. Ich trage diese Mütze und diesen Kittel, um nicht in unangemessener Weise Aufmerksamkeit zu erregen, aber ich bin Gelehrter und muss, solange ich hier bin, auch etwas lernen. Ich kann nicht in diesem Raum sitzen und die Wand anstarren. Ich möchte das Einzige sehen, was Sie besitzen und was der Rest der Galaxis nicht hat … Ihre Mikrofarmen. Ich hätte gedacht, dass Sie *stolz* sind, sie mir zeigen zu können.«

»Wir *sind* stolz«, sagte Regentropfen Dreiundvierzig und sah Seldon zum ersten Mal an, während sie zu ihm sprach, »und ich werde sie Ihnen zeigen und glaube nicht, dass Sie unsere Geheimnisse lernen werden, falls das Ihr Ziel ist. Ich werde Ihnen die Mikrofarmen morgen früh zeigen. Ich brauche etwas Zeit, um eine Führung zu arrangieren.«

»Bis morgen früh warte ich«, sagte Seldon. »Aber versprechen Sie mir, dass Sie dann keine Ausflüchte mehr machen? Geben Sie mir Ihr Ehrenwort?«

Regentropfen Dreiundvierzig antwortete darauf mit sichtlicher Verachtung: »Ich bin eine Schwester und werde tun, was ich gesagt habe. Ich werde mein Wort halten, selbst gegenüber einem Stammesmann.«

Bei den letzten Worten wurde ihre Stimme eisig, und ihre Augen weiteten sich und schienen irgendwie zu funkeln. Seldon fragte sich, was ihr wohl in diesem Moment durch den Kopf ging, und spürte ein leises Gefühl der Unruhe.

43

Seldon verbrachte eine unruhige Nacht. Zuallererst hatte Dors angekündigt, sie müsse ihn auf der Besichtigungstour der Mikrofarm begleiten, und dagegen hatte er heftige Einwände erhoben.

»Der Sinn des Ganzen ist doch, sie dazu zu bewegen, dass sie frei spricht«, sagte er, »ihr eine ungewöhnliche Umgebung zu bieten – allein mit einem Mann, selbst wenn es nur ein Stammesmann ist. Wenn sie einmal den Brauch so weit gebrochen hat, wird es ihr leichter fallen, ihn noch weiter zu brechen. Wenn Sie mitkommen, wird sie mit Ihnen reden, und ich bekomme nur die Überreste.«

»Und wenn Ihnen in meiner Abwesenheit etwas zustößt, wie damals an der Oberseite?«

»Gar nichts wird mir zustoßen. Bitte! Wenn Sie mir helfen wollen, bleiben Sie weg. Wenn nicht, will ich nichts mehr mit Ihnen zu tun haben. Das ist mir ernst, Dors. Mir ist das sehr wichtig. So gern ich Sie auch inzwischen mag, Sie müssen hier zurückstehen.«

Es fiel ihr ungeheuer schwer, ihm nachzugeben, aber schließlich sagte sie: »Dann müssen Sie mir aber versprechen, dass Sie wenigstens nett zu ihr sein werden.«

»Schützen Sie jetzt mich oder sie?«, fragte Seldon scharf. »Ich kann Ihnen versichern, dass ich sie nicht zu meinem Vergnügen so schroff behandelt habe. Und das werde ich auch in Zukunft nicht mehr tun.«

Die Erinnerung an diesen Wortwechsel mit Dors – ihren ersten Streit – hielt ihn den größten Teil der Nacht wach; und dazu kam noch der bohrende Gedanke, die zwei Schwestern könnten trotz des Versprechens von Regentropfen Dreiundvierzig nicht kommen.

Aber sie kamen, nicht lange nachdem Seldon ein spärliches Frühstück zu sich genommen hatte (er war fest entschlossen, hier nicht fett zu werden). Er hatte einen Kittel angezogen, der ihm wie angemessen passte. Den Gürtel hatte er sorgfältig so geschlungen, dass er perfekt herunterhing.

Regentropfen Dreiundvierzig sagte, immer noch mit eisigem Blick: »Wenn Sie jetzt fertig sind, Stammesmann Seldon, bleibt meine Schwester bei Stammesfrau Venabili.« Ihre Stimme klang weder zwitschernd noch heiser. Es war, als hätte sie die Nacht über geübt, wie man mit jemandem sprach, der ein Mann, aber kein Bruder war.

Seldon fragte sich, ob sie wohl auch schlecht geschlafen hatte, und sagte: »Ich bin fertig.«

Eine halbe Stunde später stiegen Regentropfen Dreiundvierzig und Hari Seldon eine Etage nach der anderen in die Tiefe. Obwohl der Uhr nach Tag war, war das Licht düster und schwächer, als er es sonst irgendwo auf Trantor erlebt hatte.

Dafür gab es keinen erkenntlichen Grund. Das künstliche Tageslicht, das sich langsam um den Globus von Trantor schob, konnte doch ganz sicherlich auch den Bezirk Mykogen einschließen. Ohne Zweifel mussten die Mykogenier es so wollen, dachte Seldon, wahrscheinlich wegen irgendeiner primitiven Gewohnheit, von der sie nicht lassen konnten. Langsam gewöhnten sich Seldons Augen an die düstere Umgebung.

Seldon versuchte, irgendwelchen Passanten, ob es nun Brüder oder Schwestern waren, ruhig in die Augen zu sehen. Er nahm an, man würde ihn und Regentropfen Dreiundvierzig für einen Bruder und sein Weib halten und sie so lange nicht beachten, als sie nichts taten, was Aufmerksamkeit erweckte.

Unglücklicherweise schien es freilich, als würde Regentropfen Dreiundvierzig es darauf anlegen, aufzufallen. Wenn sie mit ihm sprach, machte sie dabei kaum den Mund auf und blieb einsilbig und leise. Ganz offenkundig beeinträchtigte die Gesellschaft eines unbefugten Mannes, obwohl nur ihr selbst bekannt, ihr Selbstbewusstsein. Seldon war ganz sicher, dass es sie nur noch unruhiger machen würde, wenn er sie aufforderte, sich zu entspannen. (Seldon fragte sich, was sie wohl tun würde, wenn sie jemandem begegnete, der sie kannte. Als sie dann schließlich die unteren Etagen erreichten, wo es nur noch wenige Menschen gab, fühlte er sich selbst gelockerter.)

Sie fuhren auch nicht etwa mit einem Lift nach unten, sondern auf mit Treppen versehenen beweglichen Rampen, die in Paaren angeordnet waren, wobei eine nach oben und eine nach unten führte, Regentropfen Dreiundvierzig bezeichnete sie als »Rolltreppen«. Seldon war nicht sicher, ob er das Wort richtig verstanden hatte, denn er hatte es noch nie zuvor gehört.

Je tiefer sie nach unten vordrangen, desto unruhiger wurde Seldon. Die meisten Welten besaßen Mikrofarmen und produzierten auch ihre eigenen Mikroprodukte. Auf Helicon hatte Seldon gelegentlich in den Mikrofarmen Gewürze eingekauft und erinnerte sich stets an einen unangenehmen Gestank, bei dem sich einem der Magen umdrehte.

Den Leuten, die auf den Mikrofarmen arbeiteten, schien das nichts auszumachen. Selbst wenn gelegentlich Besucher die Nase rümpften, schienen sie selbst sich an den Geruch gewöhnt zu haben. Aber Seldon war er stets unangenehm. Er litt darunter und erwartete, dass es auch diesmal so sein würde, wobei er sich selbst mit dem Gedanken zu beruhigen versuchte, dass er sein Wohlbehagen jetzt ja voller Edelmut seinem Informationsbedürfnis opferte. Aber auch das hinderte seinen Magen nicht daran, sich in Vorahnung dessen, was ihm bevorstand, zu verkrampfen.

Als er schließlich nicht mehr zählen konnte, wie viele Etagen sie bereits in die Tiefe vorgedrungen waren, wobei die Luft immer noch einigermaßen frisch roch, fragte er: »Wann erreichen wir denn die Mikrofarmetagen?«

»Da sind wir bereits.«

Seldon atmete tief durch. »Aber es riecht gar nicht danach.«

»Riechen? Was meinen Sie damit?« Regentropfen Dreiundvierzig war so beleidigt, dass sie diesmal mit ganz normaler Lautstärke sprach.

»In meiner Erinnerung hat sich mit Mikrofarmen immer ein fauliger Geruch verbunden. Sie wissen schon, von den Düngemitteln, die die Bakterien, die Hefe, die Pilze und die Saprophyten gewöhnlich brauchen.«

»In Ihrer Erinnerung?« Ihre Stimme wurde wieder leise. »Wo war das?«

»Auf meiner Heimatwelt.«

Die Schwester verzog das Gesicht angewidert. »Und Ihre Leute wühlen in *Gabelle?*«

Seldon hatte das Wort noch nie zuvor gehört, wusste aber aus ihrem Blick und ihrem Tonfall, was es vermutlich bedeutete.

»Nun, sobald es für den Verzehr bereit ist, riecht es natürlich nicht mehr so«, sagte er.

»Unseres riecht nie so. Unsere Biotechniker haben perfekte Kolonien entwickelt. Die Algen wachsen im reinsten Licht und in sorgfältig ausgeglichenen Elektrolytlösungen. Die Saprophyten werden mit einwandfrei kombinierten organischen Stoffen ernährt. Die Formeln und Rezepte sind etwas, das Stammesleute nie kennen werden. – Kommen Sie, wir sind da. Schnüffeln Sie ruhig. Sie werden nichts Unangenehmes finden. Das ist einer der Gründe, weshalb unsere Lebensmittel in der ganzen Galaxis so gefragt sind und weshalb der Kaiser, wie man uns sagt, sonst überhaupt nichts zu sich nimmt, obwohl es für einen Stammesmann viel zu gut ist, wenn Sie mich fragen, selbst wenn er sich Kaiser nennt.«

Sie sagte das mit einem Zorn, der direkt auf Seldon gerichtet schien. Und dann, als hätte sie Angst, er könnte sie missverstehen, fügte sie hinzu: »Oder selbst wenn er sich als geehrten Gast bezeichnet.«

Sie traten in einen schmalen Korridor hinaus, zu dessen beiden Seiten riesige, dicke Glastanks angeordnet waren. In ihnen wallte grünes mit durcheinanderwirbelnden Algen durchsetztes Wasser. Infolge der Gasblasen, die in der wolkigen Brühe aufstiegen – vermutlich Kohlendioxid, dachte er –, waren die Algen beständig in Bewegung.

Kräftiges rosafarbenes Licht strahlte in die Tanks hinein, ein Licht, das viel heller war als das in den Korridoren. Er machte eine diesbezügliche Bemerkung.

»Natürlich«, sagte sie. »Diese Algen arbeiten am besten im roten Bereich des Spektrums.«

»Ich nehme an, alles ist automatisiert«, sagte Seldon.

Sie zuckte die Achseln, gab aber keine Antwort.

»Ich sehe keine große Zahl von tätigen Brüdern und Schwestern«, bohrte Seldon.

»Dennoch gibt es Arbeit, und die Brüder und Schwestern verrichten sie, selbst wenn Sie sie nicht sehen. Die Einzelheiten gehen Sie nichts an. Vergeuden Sie Ihre Zeit nicht mit Fragen danach.«

»Warten Sie! Seien Sie nicht zornig auf mich! Ich erwarte gar nicht, dass man mir Staatsgeheimnisse verrät. Kommen Sie schon, meine Liebe.« (Das Wort war ihm herausgeschlüpft.)

Er griff nach ihrem Arm, als sie Anstalten machte, davonzueilen. Sie blieb stehen, aber er spürte ihr Zittern und ließ sie verlegen los.

»Mir scheint es eben automatisiert«, sagte er.

»Mir ist es egal, wie es Ihnen scheint. Trotzdem ist hier Platz für menschliches Urteilsvermögen und menschlichen Verstand. Jeder Bruder und jede Schwester hat irgendwann einmal Gelegenheit, hier zu arbeiten. Manche machen einen Beruf daraus.«

Sie sprach jetzt freier. Aber dann bemerkte er verlegen, dass ihre linke Hand verstohlen nach der rechten griff und die Stelle rieb, wo er sie berührt hatte, so als hätte er sie gestochen.

»Das geht kilometerweit so weiter«, sagte sie, »aber wenn wir hier kehrtmachen, dann können Sie einen Teil der Fungussektion sehen.«

Sie gingen weiter. Seldon bemerkte, wie sauber alles war. Das Glas blitzte. Der geflieste Boden schien feucht, aber als er sich dann einmal bückte, um ihn zu berühren, war er das nicht. Nicht einmal schlüpfrig war er – es sei denn, seine Sandalen (aus denen der große Zeh hervorstand, wie es in Mykogen Sitte war) waren mit speziellen Sohlen ausgestattet.

In einem Punkt hatte Regentropfen Dreiundvierzig recht. Hie und da konnte man einen Bruder oder eine Schwester lautlos arbeiten sehen. Sie studierten Anzeigen, betätigten Hebel und polierten Geräte – stets den Eindruck vermittelnd, völlig in das vertieft zu sein, was sie gerade taten.

Seldon achtete sorgfältig darauf, nicht zu fragen, was sie taten, da er die Schwester weder dadurch in Verlegenheit bringen wollte, indem sie antworten musste, sie wisse es nicht, oder sie ärgern, wenn sie ihn nämlich daran erinnern musste, dass es Dinge gab, die er nicht zu wissen brauchte.

Sie passierten eine frei schwingende Pendeltür, und plötzlich bemerkte Seldon eine Andeutung des Geruchs, an den er sich erinnerte. Er sah Regentropfen Dreiundvierzig an, aber sie schien ihn nicht wahrzunehmen. Bald hatte auch er sich daran gewöhnt.

Das Licht veränderte plötzlich seinen Charakter. Es war jetzt nicht mehr rosig und auch nicht mehr hell. Alles lag im Dämmerlicht, nur die einzelnen Geräte waren scharf angestrahlt. Und überall, wo ein solches Gerät angestrahlt wurde, schien auch ein Bruder oder eine Schwester zu stehen. Einige trugen beleuchtete Kopfbänder, die in einem perlfarbenen Schein erstrahlten. Und in mittlerer Entfernung konnte Seldon hie und da kleine, sich bewegende Lichtpunkte erkennen.

Im Gehen warf er einen schnellen Blick auf ihr Profil. Das war das Einzige, wonach er sie wirklich beurteilen konnte. Sonst konnte er ihren kräftig gewölbten kahlen Schädel, ihre brauenlosen Augen und ihr farbloses Gesicht nicht aus seinem Bewusstsein verdrängen. Sie überlagerten ihre Individualität und schienen sie unsichtbar zu machen. Hier im Profil dagegen konnte er etwas sehen. Nase, Kinn, volle Lippen, Regelmäßigkeit, Schönheit. Irgendwie mattierte das schwache Licht die große obere Kahlheit und machte sie weich.

Überrascht dachte er: Sie könnte sehr schön sein, wenn sie ihr Haar wachsen ließe und es hübsch anordnete.

Und dann dachte er, dass sie ihr Haar *nicht* wachsen lassen konnte. Sie würde ihr ganzes Leben kahl sein.

Warum? Warum mussten sie ihr das antun? Sonnenmeister hatte gesagt, das wäre, damit ein Mykogenier sich sein ganzes Leben lang als Mykogenier erkennen würde. Warum war das so wichtig, dass alle den Fluch der Haarlosigkeit als ein Erkennungszeichen akzeptieren mussten?

Aber dann sagte er sich, weil er gewöhnt war, stets die Argumente beider Seiten abzuwägen: Sitte und Brauch sind zweite Natur. Wenn man einmal einen kahlen Schädel gewöhnt war, hinreichend gewöhnt, dann würde Haar auf einem solchen Schädel monströs erscheinen und Übelkeit hervorrufen. Er selbst hatte sich jeden Morgen glatt rasiert, allen Bartwuchs entfernt, und hatte sich beim leisesten Anflug von Stoppeln unbehaglich gefühlt. Und doch empfand er sein Gesicht nicht als kahl oder in irgendeiner Weise unnatürlich. Natürlich konnte er sich jederzeit sein Gesichtshaar und damit einen Bart stehen lassen, wenn er das nur wollte – aber er wollte es nicht.

Er wusste, dass es Welten gab, auf denen die Männer sich nicht rasierten; auf manchen stutzten sie ihr Gesichtshaar nicht einmal, sondern ließen es wild wachsen. Was würden sie sagen, wenn sie sein kahles Gesicht, sein haarloses Kinn, seine Wangen und seine Lippen sehen könnten?

Und unterdessen schritt er mit Regentropfen Dreiundvierzig dahin – endlos wie es schien –, und sie lenkte seine Schritte immer wieder, indem sie ihn am Ellbogen berührte, und es schien ihm, dass sie sich daran gewöhnt hatte, weil sie jetzt nicht mehr hastig die Hand zurückzog. Manchmal blieb sie fast eine Minute lang auf seinem Arm liegen.

»Hier!«, sagte sie plötzlich. »Kommen Sie her!«

»Was ist das?«, fragte Seldon.

Sie standen vor einem Tablett, das mit kleinen Kugeln gefüllt war, von denen jede etwa zwei Zentimeter Durchmesser hatte. Ein Bruder, der hier arbeitete und das Tablett gerade abgestellt hatte, blickte fragend auf.

Regentropfen Dreiundvierzig sagte leise zu Seldon: »Bitten Sie um ein paar.«

Seldon verstand, dass sie einen Bruder nicht ansprechen konnte, wenn der nicht zuerst das Wort an sie richtete, und sagte etwas unsicher: »Dürfen wir ein paar haben, Bruder?«

»Nehmen Sie sich eine Handvoll, Bruder«, sagte der andere herzlich.

Seldon nahm sich eine der Kugeln und war schon im Begriff, sie Regentropfen Dreiundvierzig zu reichen, als er bemerkte, dass sie die Einladung auch auf sich bezogen und sich zwei Handvoll genommen hatte.

Die Kugel fühlte sich glatt und weich an. Als sie den Bottich und den Bruder, der daran arbeitete, verließen, sagte Seldon zu Regentropfen Dreiundvierzig: »Isst man die?« Er roch an der Kugel.

»Sie riechen nicht«, sagte sie scharf.

»Was sind das?«

»Leckerbissen. Rohe Leckerbissen. Für den Markt draußen gibt es sie mit unterschiedlichem Geschmack, aber hier in Mykogen essen wir sie ungewürzt, wie es sich gehört.«

Sie schob sich eine der Kugeln in den Mund und sagte: »Ich bekomme *nie* genug davon.«

Seldon schob sich eine Kugel in den Mund und spürte, wie sie sich auflöste. Einen Augenblick lang spürte er die Flüssigkeit im Mund, und dann glitt ihm der kleine Leckerbissen die Speiseröhre hinunter.

Einen Augenblick lang stand er verblüfft da. Es schmeckte leicht süßlich und hatte einen bitteren Nachgeschmack, aber er wusste nicht recht, wie er den dominierenden Geschmack beschreiben sollte. »Kann ich noch einen haben?«, fragte er.

»Ein halbes Dutzend, wenn Sie wollen«, sagte Regentropfen Dreiundvierzig und hielt ihm die Hand hin. »Sie schmecken nie zweimal genau gleich und haben praktisch keine Kalorien. Nur Geschmack.«

Sie hatte recht. Er versuchte, den Leckerbissen im Mund zu behalten; versuchte, vorsichtig daran zu lecken oder ein Stück abzubeißen. Aber so vorsichtig er auch war, er brauchte nur daran zu lecken, und die kleine Kugel löste sich auf, wenn nur ein Stück davon abgebrochen wurde, verschwand der Rest sofort. Und der Geschmack war jedes Mal undefinierbar und anders als vorher.

»Das Problem ist nur«, sagte die Schwester glücklich, »dass man hie und da einen ganz ungewöhnlichen erwischt und ihn nie vergisst und ihn auch nie wieder bekommt. Als ich neun war, hatte ich einen …« – Plötzlich verblasste die Erregung aus ihrem Ausdruck, und sie sagte: »Das ist eine gute Sache. Sie lehrt einen, wie flüchtig doch alles auf der Welt ist.«

Das war ein Signal, dachte Seldon. Sie waren lange genug ziellos herumgelaufen. Sie hatte sich an ihn gewöhnt und redete jetzt mit ihm. Und jetzt musste das Gespräch auf den Punkt kommen. Jetzt!

44

»Ich komme von einer Welt, die im Freien liegt«, sagte Seldon. »So wie das auf allen Welten der Fall ist, mit Ausnahme Trantors. Regen kommt oder kommt nicht, die Flüsse plätschern dahin oder sind überflutet, und die Temperatur ist hoch oder niedrig. Das bedeutet, dass die Ernten gut oder schlecht sind. Hier hingegen ist die Umgebung völlig unter Kontrolle. Und die Ernten haben gar keine andere Wahl, als gut zu sein. Wie glücklich Mykogen doch ist.«

Er wartete. Darauf gab es einige mögliche Antworten, und sein weiteres Handeln hing davon ab, welche Antwort kommen würde.

Sie sprach jetzt völlig frei und schien hinsichtlich seiner Männlichkeit keine Hemmungen mehr zu haben. Diese lange Tour hatte also allem Anschein nach ihren Zweck erfüllt. »So leicht ist die Umgebung nicht zu kontrollieren. Es gibt gelegentlich Virusinfektionen, und manchmal kommt es zu unerwarteten und unerwünschten Mutationen. Und hie und da verkümmern ganze Partien und sind dann wertlos.«

»Das erstaunt mich. Was passiert denn dann?«

»Gewöhnlich bleibt gar keine andere Wahl, als die verdorbenen Partien zu vernichten. Selbst diejenigen, von denen man nur annimmt, dass sie verdorben sind. Man muss die Tabletts und Tanks total sterilisieren und sie manchmal sogar entfernen.«

»Das läuft also auf einen chirurgischen Eingriff hinaus«, sagte Seldon. »Sie schneiden das kranke Gewebe weg.«

»Ja.«

»Und was tun Sie, um zu verhindern, dass so etwas passiert?«

»Was können wir schon tun? Wir führen ständig Tests durch, um irgendwelche Mutationen oder neue Viren zu entdecken, oder auch eine zufällige Verseuchung oder Veränderung der Umgebung. Wir finden nur selten etwas, aber wenn doch, dann schreiten wir sofort ein. Aus diesem Grunde gibt es nur wenige schlechte Jahre, und selbst ein schlechtes Jahr hat nur eine geringe Auswirkung. Das schlimmste Jahr, das wir je hatten, blieb um nur zwölf Prozent unter dem Durchschnitt – aber das reichte aus, um große Not zu verursachen. Das Problem ist nur, dass selbst noch so sorgfältig überlegte und geschickt aufgebaute Computerprogramme nicht immer das vorhersagen können, was man im Wesentlichen gar nicht vorhersagen kann.«

Seldon spürte, wie ihn unwillkürlich ein leichter Schauer durchlief. Es war, als spräche sie von Psychohistorik – aber sie sprach nur von der Mikrofarmproduktion eines winzigen Bruchteils der Menschheit, während er selbst das mächtige Galaktische Imperium in all seinen Aktivitäten im Sinn hatte.

So fragte er etwas bedrückt: »Aber sicherlich ist doch nicht alles unvorhersehbar. Es gibt Kräfte, die das lenken und für uns sorgen.«

Die Schwester schien zu erstarren. Sie drehte sich zu ihm herum, und es hatte den Anschein, als würde sie ihn mit ihren durchdringenden Augen studieren.

Aber sie sagte nur: »Was?«

Jetzt war Seldon unbehaglich. »Mir scheint, wenn wir von Viren und Mutationen sprechen, dann sprechen wir in Wirklichkeit über ganz natürliche, den Naturgesetzen unterworfene

Phänomene. Das Übernatürliche bleibt dabei unberücksichtigt, nicht wahr? Alles, was nicht den Naturgesetzen unterworfen ist und deshalb seinerseits die Naturgesetze kontrollieren kann, bleibt dabei unberücksichtigt.«

Sie starrte ihn an, als hätte er plötzlich in irgendeinem unbekannten Dialekt der galaktischen Standardsprache zu ihr gesprochen. Und wieder sagte sie, diesmal halb im Flüsterton: »Was?«

Er stolperte über nicht vertraute Worte, die ihm peinlich waren. »Sie müssen doch an irgendeine große Essenz, einen großen Geist, eine Wesenheit … appellieren. Ich weiß nicht, wie ich es nennen soll.«

Regentropfen Dreiundvierzig sagte mit einer Stimme, die in die höheren Register stieg, aber dabei doch leise blieb: »Das habe ich mir doch gedacht. Ich *dachte* schon, dass Sie das meinen, aber ich konnte es nicht glauben. Sie werfen uns vor, *Religion* zu haben. Warum haben Sie das nicht gesagt? Warum haben Sie das Wort nicht gebraucht?«

Sie wartete auf Antwort, und Seldon, den der Ausbruch etwas verwirrte, sagte: »Weil das nicht das Wort ist, das ich gebrauche. Ich nenne es ›Supernaturalismus‹.«

»Nennen Sie es, wie Sie wollen! Für mich ist es Religion, und so etwas haben wir nicht. Religion ist für die Stammesmenschen, für das schwärmerische …«

Die Schwester hielt inne, um zu schlucken, als wäre sie beinahe erstickt, und Seldon war ziemlich sicher, dass das Wort, an dem sie so gewürgt hatte, »Gesindel« hatte lauten sollen. Jetzt hatte sie sich wieder unter Kontrolle. Langsam und etwas tiefer als in ihrer üblichen Sopranstimme sagte sie: »Wir sind kein religiöses Volk. Unser Reich ist von dieser Welt, und das war es immer. Wenn Sie eine Religion haben …«

Seldon hatte das Gefühl, in der Falle zu stecken. Damit hatte er irgendwie nicht gerechnet. Er hob abwehrend die Hand. »Eigentlich nicht. Ich bin Mathematiker, mein Reich ist auch von dieser Welt. Ich hatte nur gedacht, aus Ihren starren Sitten geschlossen, dass *Ihr* Reich …«

»Denken Sie es gar nicht erst, Stammesmann. Wenn unsere Sitten und Gebräuche starr sind, dann deshalb, weil wir nur Millionen zählen und von Milliarden umgeben sind. Irgendwie müssen wir uns hervorheben, damit wir Wenigen nicht inmitten Ihrer Schwärme und Horden verloren gehen. Unsere Haarlosigkeit muss uns hervorheben, unsere Kleidung, unser Verhalten, die Art und Weise, wie wir leben. Wir müssen wissen, wer wir sind und müssen auch sicherstellen, dass Stammesleute wie Sie wissen, wer wir sind. Wir rackern uns auf unseren Farmen ab, um uns in Ihren Augen nützlich zu machen, und sorgen auf diese Weise dafür, dass Sie uns in Frieden lassen. Das ist alles, was wir von Ihnen verlangen … dass Sie uns *in Ruhe lassen!*«

»Ich habe nicht die Absicht, Ihnen oder irgendjemandem aus Ihrem Volk ein Leid zuzufügen. Ich suche nur Wissen, hier ebenso wie überall.«

»Also beleidigen Sie uns, indem Sie sich nach unserer Religion erkundigen, als hätten wir je einen geheimnisvollen substanzlosen Geist dazu aufgefordert, das für uns zu tun, was wir nicht selbst tun können.«

»Es gibt viele Leute und viele Welten, die in der einen oder anderen Form an Supernaturalismus glauben. Religion, wenn Ihnen das Wort besser gefällt. Es mag durchaus sein, dass wir im einen oder anderen Punkt anderer Meinung sind als Sie, aber wahrscheinlich haben wir in unserem Unglauben ebenso unrecht wie Sie in Ihrem Glauben. Jedenfalls liegt in einem solchen Glauben nichts Schlechtes, und meine Fragen sollten Sie nicht beleidigen.«

Aber sie war immer noch nicht versöhnt. »Religion!«, stieß sie zornig hervor. »Die brauchen wir wirklich nicht.«

Seldon war mit dem Verlauf dieses Gesprächs sehr unzufrieden. Diese ganze Sache, diese Expedition mit Regentropfen Dreiundvierzig, hatte nichts, aber auch gar nichts eingebracht.

Aber sie fuhr fort und sagte: »Wir haben etwas viel Besseres, wir haben *Geschichte*.«

Und Seldons Gefühle bekamen sofort wieder Auftrieb, und er lächelte.

BUCH

Die Geschichte von der Hand auf dem Schenkel – ... Eine Episode, die Hari Seldon als ersten Wendepunkt in seiner Suche nach einer Methode für die Entwicklung der Psychohistorik erwähnt. Unglücklicherweise enthalten seine veröffentlichten Schriften keine Hinweise darauf, was diese »Geschichte« besagte, und diesbezügliche Spekulationen (von denen es viele gab) sind müssig. So bleibt diese Episode, wie so viele in Seldons Laufbahn, ein Rätsel.

ENCYCLOPAEDIA GALACTICA

45

Regentropfen Dreiundvierzig starrte Seldon aus geweiteten Augen an, und ihr Atem ging heftig.

»Ich kann nicht hierbleiben«, sagte sie.

Seldon sah sich um. »Niemand stört uns. Selbst der Bruder, von dem wir die Leckerbissen bekamen, hat nichts über uns gesagt. Er schien uns als völlig normales Paar zu betrachten.«

»Das ist deshalb so, weil an uns nichts Ungewöhnliches ist – solange das Licht schwach ist, Sie mit leiser Stimme sprechen und Ihr Stammesakzent weniger bemerkbar ist, und ich ruhig erscheine. Aber jetzt ...«, ihre Stimme wurde heiser.

»Was ist jetzt?«

»Ich bin nervös und unruhig. Ich ... transpiriere.«

»Wer soll das schon merken? Beruhigen Sie sich doch! Entspannen Sie sich!«

»Ich kann mich hier nicht entspannen und auch nicht beruhigen, solange es sein kann, dass man mich bemerkt.«

»Wohin sollen wir dann gehen?«

»Es gibt kleine Schuppen, in denen man sich ausruhen kann. Ich habe hier gearbeitet und kenne sie.«

Sie ging jetzt mit schnellen Schritten, und Seldon folgte ihr eine kleine Rampe hinauf, die er in dem herrschenden Dämmerlicht nicht wahrgenommen hätte. Und jetzt lagen ein paar Türen in gleichmäßigen Abständen vor ihnen.

»Die am Ende«, murmelte sie. »Der Schuppen ist frei.«

Der Schuppen war nicht besetzt. Ein kleines leuchtendes Rechteck zeigte die Aufschrift NICHT IN GEBRAUCH, und die Tür stand einen Spalt offen.

Regentropfen sah sich schnell um, bedeutete Seldon, einzutreten, und folgte ihm. Sie schloss die Tür, worauf eine kleine Deckenlampe das Innere des Schuppens erhellte.

»Kann man es so einrichten, dass das Zeichen an der Tür andeutet, dass der Schuppen in Gebrauch ist?«, fragte Seldon.

»Das geschah automatisch, als die Tür geschlossen wurde und das Licht anging«, sagte sie.

Seldon spürte, dass in dem Raum Luft zirkulierte, aber wo auf Trantor war dieses allgegenwärtige Geräusch nicht wahrzunehmen, das sich mit der Luftzirkulation verband?

Der Raum war nicht groß, aber er enthielt eine Pritsche mit einer festen Matratze und sauberen Laken. Es gab auch einen Tisch und einen Stuhl, einen kleinen Kühlschrank und etwas, das wie eine Kochplatte aussah, um darauf Lebensmittel zu erhitzen.

Regentropfen Dreiundvierzig setzte sich auf den Stuhl, wobei sie starr und aufrecht saß und sichtlich bemüht war, sich zu entspannen.

Seldon, der nicht recht wusste, was er tun sollte, blieb so lange stehen, bis sie – ein wenig ungeduldig – mit einer Handbewegung andeutete, dass er sich auf die Pritsche setzen solle. Das tat er.

Regentropfen Dreiundvierzig sagte leise, als spräche sie zu sich selbst: »Wenn je bekannt wird, dass ich mit einem ... mit einem *Mann* hier war – selbst wenn es nur ein Stammesmann ist –, dann werde ich wahrhaftig zur Ausgestoßenen.«

»Dann lassen Sie uns nicht hierbleiben«, meinte Seldon und erhob sich schnell.

»Setzen Sie sich! Wenn ich in dieser Stimmung bin, kann ich nicht hinausgehen. Sie haben mich nach Religion gefragt. Worauf sind Sie wirklich aus?«

Seldon schien es, als hätte sie sich völlig verändert. Da war nichts mehr von der Passivität oder der Unterwürfigkeit und auch nichts von der Scheu und der Rückständigkeit in Anwesenheit eines Mannes. Sie funkelte ihn aus zusammengekniffenen Augen an.

»Das sagte ich doch. Wissen. Ich bin Wissenschaftler. Es ist mein Beruf und mein Wunsch, *Wissen.* Ganz besonders möchte ich die Menschen verstehen, also will ich Geschichte lernen. Für viele Welten sind die alten historischen Aufzeichnungen – die *wahrhaft* antiken historischen Aufzeichnungen – zu Mythen und Legenden verkümmert und oft Teil des religiösen Glaubens oder des Supernaturalismus geworden. Aber wenn Mykogen keine Religion besitzt …«

»Ich sagte, dass wir *Geschichte* haben.«

»Jetzt haben Sie schon zweimal gesagt, dass Sie Geschichte haben«, meinte Seldon. »Wie alt?«

»Sie reicht zwanzigtausend Jahre zurück.«

»Wirklich? Lassen Sie uns offen sprechen. Handelt es sich um echte Geschichte oder nur um etwas, das zu Legenden degeneriert ist?«

»Natürlich echte Geschichte.«

Seldon wollte schon fragen, wie sie das feststellen konnte, überlegte es sich dann aber anders. Sollte es wirklich möglich sein, dass die Geschichte zwanzigtausend Jahre in die Vergangenheit zurückreichte und dennoch authentisch war? Er war kein Historiker, würde sich also bei Dors erkundigen müssen.

Aber für ihn stand ziemlich sicher fest, dass die ältesten geschichtlichen Aufzeichnungen auf jeder Welt ein Gemisch aus heroischen Legenden und Minidramen sein mussten, die als moralische Spiele gemeint waren und daher nicht für bare Münze genommen werden durften. Das galt ganz sicherlich für Helicon, und doch würde man wohl nur selten einen Heliconier finden, der nicht auf all die Geschichten, die man ihm erzählt hatte, schwören würde, darauf bestehend, dass es sich bei allem um echte historische Fakten handelte. Insoweit würden sie sogar jene völlig lächerliche Geschichte von der ersten Erforschung Helicons unterstützen, die sich mit Zusammenstößen mit großen, gefährlichen fliegenden Reptilien befassten – obwohl man noch auf keiner von Menschen erforschten und besiedelten Welt etwas gefunden hatte, was auch nur im entferntesten an fliegende Reptilien erinnerte.

»Wie beginnt diese Geschichte?«, fragte er stattdessen.

Die Augen der Schwester schienen in endlose Weiten zu blicken, ein Blick, in dem weder Platz für Seldon noch irgendetwas im Raum war. »Sie beginnt mit einer Welt«, sagte sie, »der *unseren*. Einer Welt.«

»*Einer* Welt?« (Seldon erinnerte sich daran, dass Hummin von Legenden über eine einzige Ursprungswelt der Menschheit gesprochen hatte.)

»*Eine* Welt. Später gab es weitere. Aber unsere war die Erste. Eine Welt mit Platz für jeden, mit fruchtbaren Feldern, mit freundlichen Häusern, warmherzigen Leuten. Jahrtausendelang haben wir dort gelebt. Und dann mussten wir sie verlassen und an einem oder anderen Ort herumlungern, bis einige von uns einen Winkel auf Trantor fanden, wo wir es lernten, Lebensmittel zu züchten, die uns ein wenig Freiheit einbrachten. Und hier, in Mykogen, leben wir jetzt auf unsere Art – und haben unsere eigenen Träume.«

»Und Ihre Geschichte liefert alle Einzelheiten bezüglich der ursprünglichen Welt? Jener einen Welt?«

»Oh, ja, das steht alles in einem Buch. Wir haben es alle. Jeder von uns. Wir tragen es stets bei uns, sodass es nie einen Augenblick gibt, wo nicht jeder Einzelne von uns es aufschlagen und lesen kann und sich daran erinnern, wer wir sind und wer wir waren. Und jeder von uns weiß, dass wir eines Tages unsere Welt wiederhaben werden.«

»Wissen Sie, wo diese Welt ist und wer jetzt auf ihr lebt?«

Regentropfen Dreiundvierzig zögerte und schüttelte dann heftig den Kopf. »Das wissen wir nicht, aber eines Tages werden wir sie finden.«

»Und Sie haben dieses Buch jetzt in Ihrem Besitz?«

»Natürlich.«

»Darf ich dieses Buch sehen?«

Jetzt huschte ein Lächeln über das Gesicht der Schwester. »Das wollen Sie also«, sagte sie. »Ich wusste, dass Sie etwas wollten, als Sie darum baten, dass ich Sie allein durch die Mikrofarmen führe.« Sie schien etwas verlegen. »Aber ich dachte nicht, dass es das *Buch* wäre.«

»Das ist wirklich alles, was ich will«, sagte Seldon. »Ich habe bestimmt an nichts anderes gedacht. Wenn Sie mich hierher gebracht haben, weil Sie dachten ...«

Sie ließ ihn den Satz nicht zu Ende sprechen. »Aber jetzt sind wir hier. Wollen Sie das Buch jetzt oder nicht?«

»Bieten Sie an, es mir zu zeigen?«

»Unter einer Bedingung.«

Seldon überlegte und versuchte abzuwägen, ob er ernsthafte Schwierigkeiten bekommen könnte, wenn er etwa die Hemmungen der Schwester in stärkerem Maße verdrängt hatte, als er das beabsichtigt hatte. »Unter welcher Bedingung?«, fragte er.

Regentropfen Dreiundvierzigs Zunge kam zum Vorschein und fuhr über die Lippen. Dann sagte sie mit einem leichten Zittern in der Stimme: »Unter der Bedingung, dass Sie Ihre Mütze abnehmen.«

46

Hari Seldon starrte Regentropfen Dreiundvierzig verblüfft an. Einen Augenblick lang hatte er keine Ahnung, wovon sie sprach. Er hatte vergessen, dass er eine Mütze trug.

Dann griff er sich an den Kopf und spürte zum ersten Mal bewusst die Mütze. Sie war glatt, aber er spürte sein Haar darunter.

»Warum?«, sagte er, immer noch tastend.

»Weil ich es möchte«, sagte sie. »Weil das meine Bedingung ist, wenn Sie das Buch sehen wollen.«

»Nun, wenn Sie es wirklich wollen«, sagte er, und seine Hand tastete nach dem Rand der Mütze, um sie herunterzuziehen.

»Nein, lassen Sie mich das tun«, sagte sie. »Ich will das selbst machen.« Ihre Augen musterten ihn hungrig.

Seldon ließ die Hände sinken. »Nun gut, dann tun Sie es.«

Die Schwester stand auf und nahm neben ihm auf dem Bett Platz. Langsam, vorsichtig, löste sie ihm die Mütze vor seinem Ohr vom Kopf. Wieder leckte sie sich über die Lippen, und als sie die Mütze von seiner Stirn löste, ging ihr Atem heftig. Dann hielt sie sie in der Hand, und Seldons Haar schien sich, erfreut über die zurückgewonnene Freiheit, aufzurichten.

Er meinte etwas bedrückt: »Wahrscheinlich schwitze ich an der Kopfhaut, weil mein Haar die ganze Zeit von der Mütze bedeckt war. In dem Fall dürfte es feucht sein.«

Er hob die Hand, wie um nachzuprüfen, ob es so war, aber sie wehrte sie ab. »Das mache ich«, sagte sie. »Das ist Teil meiner Bedingung.«

Ihre Finger berührten zögernd sein Haar und lösten sich dann wieder davon. Dann berührte sie es erneut und strich ganz sachte darüber.

»Es ist trocken«, sagte sie. »Es fühlt sich … gut an.«

»Haben Sie je zuvor Kopfhaar berührt?«

»Nur manchmal an Kindern. Dies … ist anders.« Wieder strich sie darüber.

»In welcher Hinsicht?« Seldon schaffte es, trotz seiner Verlegenheit, neugierig zu sein.

»Das kann ich nicht sagen. Es ist nur eben … anders.«

Nach einer Weile sagte er: »Haben Sie jetzt genug?«

»Nein, Sie dürfen mich nicht drängen. Können Sie erreichen, dass es so liegt, wie Sie das wollen?«

»Nein, eigentlich nicht. Es fällt natürlich, aber dazu brauche ich einen Kamm, und den habe ich nicht bei mir.«

»Einen was?«

»Das ist ein Gegenstand mit Zähnen … äh … so etwas wie eine Gabel … aber es sind wesentlich mehr Zähne, und sie sind etwas weicher.«

»Können Sie denn nicht die Finger benutzen?« Sie fuhr ihm mit den Fingern durchs Haar.

»Irgendwie schon«, sagte er. »Aber das nützt nicht viel.«

»Hinten ist es stoppelig.«

»Dort ist das Haar kürzer.«

Jetzt schien Regentropfen Dreiundvierzig sich an etwas zu erinnern. »Die Augenbrauen«, sagte sie. »So nennt man sie doch, oder?« Sie zog die Streifen ab und fuhr ihm mit den Fingern gegen den Strich durch den sanft geschwungenen Haarbogen.

»Das ist nett«, sagte sie und lachte schrill, sodass er sich fast an das Kichern ihrer jüngeren Schwester erinnert fühlte. »Die sind nett.«

Seldon wurde allmählich ungeduldig. »Gehört noch etwas zu der Bedingung?«

In dem schwachen Licht sah Regentropfen Dreiundvierzig so aus, als überlegte sie, seine Frage zu bejahen, aber sie sagte nichts. Vielmehr zog sie plötzlich die Hände zurück und hob sie an die Nase. Seldon fragte sich, was sie wohl riechen mochte.

»Wie seltsam«, sagte sie. »Darf ich … darf ich das ein andermal wieder tun?«

Seldon wurde die Situation immer peinlicher. »Wenn Sie mir das Buch lange genug geben, dass ich es studieren kann … vielleicht.«

Regentropfen Dreiundvierzig griff in einen Schlitz in ihrem Kittel und holte aus einer versteckten Innentasche ein Buch mit einem flexiblen, zäh wirkenden Umschlag heraus. Er nahm es entgegen und gab sich große Mühe, sich seine Erregung nicht anmerken zu lassen.

Als Seldon sich später wieder die Mütze übers Haar zog, hob Regentropfen Dreiundvierzig die Hände noch einmal an die Nase und leckte sich dann plötzlich schnell und sachte einen Finger.

47

»Ihr Haar hat sie betastet?«, sagte Dors Venabili und sah dabei Seldons Haar an, als wäre ihr selbst danach, es zu berühren.

Seldon wich unwillkürlich zurück. »Bitte nicht. Bei der Frau hat das wie eine Perversion gewirkt.«

»Das war es wahrscheinlich auch – von ihrem Standpunkt aus. Ihnen selbst hat es kein Vergnügen bereitet?«

»Vergnügen? Eine Gänsehaut hatte ich dabei. Ich konnte erst wieder atmen, als sie endlich aufhörte. Und dabei dachte ich die ganze Zeit: Was wird sie noch für Bedingungen stellen?«

Dors lachte. »Hatten Sie Angst, sie würde Sie zum Sex zwingen? Oder hofften Sie es vielleicht?«

»Ich kann Ihnen versichern, dass ich gar nicht zu denken wagte. Ich wollte bloß das Buch.«

Sie waren in ihrem Zimmer, und Dors schaltete ihren Felddistorter ein, um sicherzugehen, dass man sie nicht belauschte.

Die mykogenische Nacht setzte gerade ein. Seldon hatte die Mütze abgenommen, den Kittel ausgezogen und ein Bad genommen. Seinem Haar hatte er dabei besondere Aufmerksamkeit gewidmet, es zweimal eingeschäumt und abgespült. Jetzt saß er mit einem leichten Nachtgewand bekleidet, das er im Schrank vorgefunden hatte, auf seiner Pritsche.

»Wusste sie, dass Sie Haare auf der Brust haben?«, fragte Dors verschmitzt.

»Ich hoffte ernsthaft, dass sie nicht daran denken würde.«

»Armer Hari. Das war alles völlig natürlich, wissen Sie. Wahrscheinlich hätte ich ähnliche Probleme gehabt, wenn ich mit einem Bruder allein gewesen wäre. Wahrscheinlich sogar noch schlimmere, da er ja schließlich glauben muss – so wie die mykogenische Gesellschaft beschaffen ist –, dass ich als Weib verpflichtet wäre, seinen Anweisungen unverzüglich Gehorsam zu leisten.«

»Nein, Dors. Sie mögen jetzt glauben, dass es völlig natürlich war, aber Sie haben das nicht erlebt. Die arme Frau befand sich in einem Zustand höchster sexueller Erregung. Sie hat alle ihre Sinne eingesetzt … an ihren Fingern gerochen, sie abgeleckt. Wenn sie es fertiggebracht hätte, das Haar wachsen zu hören, hätte sie gebannt gelauscht.«

»Aber das meine ich doch mit ›natürlich‹. Alles, was man mit Verboten belegt, gewinnt sexuelle Attraktivität. Würden Sie sich denn sonderlich für die Brüste einer Frau interessieren, wenn Sie in einer Gesellschaft lebten, wo man sie die ganze Zeit zur Schau stellt?«

»Ich denke schon.«

»Wären Sie nicht *stärker* interessiert, wenn sie stets verborgen wären, wie das in den meisten Gemeinschaften der Fall ist? – Hören Sie, ich will Ihnen etwas erzählen, was mir einmal widerfahren ist. Ich war in einem Ausflugsort an einem See, zu Hause auf Cinna … Ich nehme an, so etwas gibt es auf Helicon auch, Strände und dergleichen?«

»Natürlich«, sagte Seldon leicht verstimmt. »Was glauben Sie denn, was Helicon ist? Eine Welt aus Felsen und Bergen, wo es nur Quellwasser zu trinken gibt?«

»Ich wollte Ihnen nicht zu nahetreten. Ich möchte ja nur ganz sicher sein, dass Sie verstehen, worauf ich mit meiner Geschichte hinaus möchte. An unseren Stränden in Cinna sind wir in Bezug auf das, was wir tragen, recht locker. Oder das, was wir nicht tragen.«

»Nacktbadestrände?«

»Das eigentlich nicht, obwohl sich vermutlich keiner viel daraus machen würde, wenn jemand sich völlig ausziehen würde. Es ist üblich, ein Minimum an Kleidung zu tragen, aber ich muss zugeben, dass dieses Minimum nur sehr wenig der Fantasie überlässt.«

»Auf Helicon haben wir etwas höhere Moralbegriffe«, sagte Seldon.

»Ja, das merkt man an der Art und Weise, wie Sie mich behandeln, aber jedem das Seine. Jedenfalls saß ich an dem kleinen Strand am See, und ein junger Mann kam heran, mit dem ich mich eine Weile vorher unterhalten hatte. Er war ein netter Bursche, an dem ich nichts auszusetzen hatte. Er setzte sich auf die Armlehne meines Stuhls und legte dabei, um sich zu stützen, die rechte Hand auf meinen linken Schenkel, der natürlich nackt war.

Nachdem wir ein oder zwei Minuten miteinander geredet hatten, meinte er spitzbübisch: ›Da bin ich. Sie kennen mich kaum, und doch kommt es mir völlig natürlich vor, dass ich meine Hand auf Ihren Schenkel lege. Und Ihnen scheint das auch völlig normal, da es Ihnen gar nichts ausmacht.‹ Erst jetzt bemerkte ich überhaupt, dass er die Hand auf meinen Schenkel gelegt hatte. Unbedeckte Haut verliert in der Öffentlichkeit etwas von ihrer sexuellen Bedeutung. Wie gesagt, erst wenn man etwas verbirgt, wird es interessant.

Und der junge Mann muss das wohl auch so empfunden haben, denn er fuhr fort: ›Würde ich Ihnen andererseits unter formelleren Umständen begegnen, wenn Sie ein Kleid tragen, würde ich nicht im Traum daran denken, Ihnen die Hand auf den Schenkel zu legen.‹

Ich lachte, und wir fuhren fort, von diesem und jenem zu reden. Natürlich hielt es der junge Mann jetzt, wo meine Aufmerksamkeit auf seine Hand gelenkt war, nicht mehr für passend, sie dort zu lassen, und zog sie zurück.

An dem Abend zog ich mich ganz besonders sorgfältig zum Abendessen an und kleidete mich formeller als das die anderen Frauen im Speisesaal taten. Ich fand den fraglichen jungen Mann. Er saß an einem der Tische. Ich ging auf ihn zu, begrüßte ihn und sagte: ›Jetzt trage ich ein Kleid. Aber mein linker Schenkel darunter ist unbedeckt. Ich gebe Ihnen die Erlaubnis. Sie dürfen das Kleid heben und Ihre Hand dort auf meinen linken Schenkel legen, wo Sie sie heute am Tage hatten.‹

Er versuchte es. Ich muss ihm das hoch anrechnen, aber alle starrten ihn an. Ich hätte ihn nicht gehindert, und sicherlich hätte das sonst auch niemand getan, aber er brachte es einfach nicht über sich. Dabei waren nicht weniger Leute zugegen als am Tage. Es war klar, dass ich die Initiative ergriffen hatte und keine Einwände hatte, aber er brachte es einfach nicht über sich, gegen den Anstand zu verstoßen. Die Umstände am Nachmittag, die seine Hand auf meinem Schenkel erlaubt hatten, erlaubten das am Abend nicht. Und das bedeutete mehr, als die reine Logik erklären könnte.«

»Ich hätte Ihnen die Hand auf den Schenkel gelegt«, meinte Seldon.

»Sind Sie da sicher?«

»Unbedingt.«

»Obwohl Ihre Moralbegriffe am Strand höher sind als die unseren?«

»Ja.«

Dors setzte sich auf ihr Bett und legte sich dann mit den Händen unter dem Kopf hin. »Also beunruhigt es Sie nicht besonders, dass ich jetzt ein Nachthemd mit sehr wenig darunter trage.«

»Es *schockiert* mich nicht sonderlich. Inwieweit es mich beunruhigt, hängt davon ab, wie man das Wort definiert. Mir ist sehr wohl bewusst, wie Sie gekleidet sind.«

»Nun, wenn wir eine Zeit lang hier zusammengepfercht sein müssen, dann werden wir wohl auch lernen müssen, solche Dinge zu ignorieren.«

»Oder sie nutzen«, sagte Seldon und grinste. »Und Ihr Haar gefällt mir. Jetzt, wo ich Sie den ganzen Tag kahlköpfig gesehen habe, gefällt mir Ihr Haar.«

»Nun, berühren Sie es jedenfalls nicht, ich habe es noch nicht gewaschen.« Sie schloss die Augen halb. »Das ist interessant. Sie haben sozusagen zwei Ebenen der Anständigkeit gebildet, denn Sie sagen ja, dass Helicon im informellen Bereich anständiger ist als Cinna und im formellen nicht. Stimmt das?«

»Tatsächlich spreche ich nur von dem jungen Mann, der Ihnen die Hand auf den Schenkel gelegt hat, und von mir. Ich weiß nicht, ob man uns stellvertretend für Cinnaner und Heliconier ansehen kann. Ich kann mir leicht vorstellen, dass es auf beiden Welten recht ehrbare Individuen gibt – und Spinner ebenfalls.«

»Wir sprechen hier von gesellschaftlichem Druck. Ich bin nicht gerade galaxisgereist, aber ich musste mich sehr viel mit Sozialgeschichte befassen. Auf dem Planeten Derowd gab es eine Zeit, wo vorehelicher Geschlechtsverkehr Selbstverständlichkeit war. Unverheiratete durften sich mit mehreren Partnern einlassen, und man rümpfte über Sex in der Öffentlichkeit nur dann die Nase, wenn der Straßenverkehr behindert wurde. Nach der Heirat hingegen herrschte absolute Monogamie, die von keinem durchbrochen wurde. Man ging dabei von der Theorie aus, wenn man seine ganzen Fantasievorstellungen zuerst auslebte, konnte man sich anschließend ganz dem ernsthaften Leben widmen.«

»Und das funktionierte?«

»Es änderte sich vor etwa dreihundert Jahren, aber einige meiner Kollegen sagten, es hörte wegen des äußeren Drucks anderer Welten auf, die zu viele Touristen an Derowd verloren. Es gibt schließlich auch so etwas wie allgemeinen galaktischen gesellschaftlichen Druck.«

»Oder vielleicht in diesem Fall wirtschaftlichen Druck.«

»Mag sein. Übrigens habe ich an der Universität Gelegenheit, mich mit gesellschaftlichem Druck mannigfacher Art zu befassen, selbst ohne in die Galaxis zu reisen. Ich habe dort Menschen von Dutzenden von Orten innerhalb und außerhalb Trantors kennengelernt, und in den gesellschaftswissenschaftlichen Fakultäten gehört es zu den größten Freuden der Arbeit, sozialen Druck von unterschiedlichen Planeten zu vergleichen.

Hier in Mykogen habe ich beispielsweise den Eindruck, dass das Geschlechtsleben unter strenger Kontrolle steht und nur unter ganz strikten Regeln zulässig ist, die auch scharf überwacht werden, weil man nie darüber spricht. Im Streeling-Bezirk spricht man auch nie über Sex, aber verurteilt ihn auch nicht. Im Jennat-Bezirk, wo ich einmal eine Woche mit Forschungsarbeiten beschäftigt war, spricht man endlos darüber, aber nur, um ihn zu verurteilen. Ich glaube nicht, dass es auf Trantor auch nur zwei Bezirke gibt – oder zwei Welten außerhalb Trantors –, auf denen man genau die gleiche Einstellung zum Sex hat.«

»Wissen Sie, wie das bei Ihnen klingt?«, fragte Seldon. »Man könnte gerade meinen …«

»Ich werde Ihnen sagen, was man meinen könnte«, unterbrach ihn Dors. »All dieses Gerede über Sex macht mir eines klar. Ich werde Sie einfach nicht mehr aus den Augen lassen.«

»Was?«

»Ich habe Sie zweimal unbeaufsichtigt gelassen. Das erste Mal, weil ich mich geirrt hatte, und das zweitemal, weil Sie mich unter Druck gesetzt haben. Beide Male war das ganz offenkundig ein Fehler. Wissen Sie, was Ihnen das erste Mal passiert ist?«

»Ja«, sagte Seldon indigniert, »aber das zweite Mal ist mir doch nichts passiert.«

»Sie hätten sich beinahe eine ganze Menge Ärger eingehandelt. Was wäre denn gewesen, wenn man Sie bei sexuellen Eskapaden mit einer Schwester erwischt hätte?«

»Das war doch keine sexuelle …«

»Sie haben doch selbst gesagt, dass sie sich in einem Zustand hochgradiger sexueller Erregung befand.«

»Aber …«

»Das war nicht richtig. Bitte, schlagen Sie sich das für die Zukunft aus dem Kopf, Hari. Von nun an werden Sie nirgends mehr ohne mich hingehen.«

»Hören Sie«, sagte Seldon eisig, »mein Ziel war es, mehr über die mykogenische Geschichte in Erfahrung zu bringen. Und als

Ergebnis der sogenannten sexuellen Eskapade mit einer Schwester habe ich ein Buch – *das* Buch.«

»Das Buch! Richtig, das Buch. Zeigen Sie es mir!«

Seldon holte es hervor, und Dors nahm es nachdenklich in die Hand.

»Vielleicht würde es uns gar nichts nutzen, Hari«, meinte sie dann. »Das sieht nicht so aus, als würde es in irgendeinen der Projektoren passen, die ich bisher zu Gesicht bekommen habe. Das bedeutet, dass Sie sich einen mykogenischen Projektor beschaffen müssen, und dann wird man wissen wollen, wozu Sie ihn brauchen. Und dann werden sie erfahren, dass Sie dieses Buch haben, und es Ihnen wegnehmen.«

Seldon lächelte. »Wenn Ihre Annahmen richtig wären, Dors, dann wären Ihre Schlüsse unwiderlegbar. Aber zufälligerweise ist das nicht die Art von Buch, die Sie meinen. Es ist nicht zum Projizieren bestimmt. Der Inhalt ist auf einzelne Seiten gedruckt, und man legt die Seiten um. So viel hat mir Regentropfen Dreiundvierzig erklärt.«

»Ein Druck-Buch!« Man konnte nur schwer feststellen, ob Dors schockiert oder belustigt war. »Das ist ja aus der Steinzeit.«

»Jedenfalls ganz sicher aus der vorimperialen Zeit«, sagte Seldon, »aber nicht ganz. Haben Sie je ein Druckbuch gesehen?«

»Wo ich doch Historikerin bin! Aber natürlich, Hari.«

»Ah, aber so eins?«

Er reichte ihr das Buch, und Dors schlug es lächelnd auf – blätterte weiter zur nächsten Seite – blätterte immer schneller. »Es ist leer«, sagte sie.

»Es *scheint* leer. Die Mykogenier sind in ihrer Primitivität sehr stur, aber nicht ganz. Sie bewahren das Wesen des Primitiven, scheuen sich aber nicht, moderne Technik einzusetzen, um es bequemer zu machen. Wer weiß?«

»Mag sein, Hari, aber ich verstehe nicht, was Sie damit sagen wollen.«

»Die Seiten sind leer, aber mit Mikrodruck bedeckt. Geben Sie her. Wenn ich diesen kleinen Vorsprung am inneren Umschlagdeckel drücke – da, sehen Sie!«

Plötzlich war die aufgeschlagene Seite mit gedruckten Zeilen bedeckt, die sich langsam nach oben schoben.

»Wenn man den Knopf in die eine oder andere Richtung dreht, kann man die Aufwärtsbewegung verändern und der Lesegeschwindigkeit anpassen«, sagte Seldon. »Wenn die Zeilen ihre oberste Grenze erreicht haben – also beim Erreichen der untersten Zeile –, springen sie wieder nach unten und schalten sich ab. Dann blättert man um und liest weiter.«

»Woher kommt die Energie für das alles?«

»Das Buch besitzt eine eingebaute Mikrofusionsbatterie, die die gleiche Lebensdauer wie das Buch hat.«

»Und wenn sie verbraucht ist …«

»Dann wirft man das Buch weg, was man vielleicht ohnehin tun muss, weil es abgegriffen ist, wenn man bedenkt, dass es doch oft in die Hand genommen wird. Dann beschafft man sich eine neue Kopie. Die Batterie wird nie ersetzt.«

Dors griff wieder nach dem Buch und sah es sich von allen Seiten an. Dann meinte sie: »Ich muss zugeben, dass ich von Büchern dieser Art noch nie gehört habe.«

»Ich auch nicht. Die Galaxis hat im Allgemeinen die visuelle Technik so schnell übernommen, dass sie diese Möglichkeit übersprungen hat.«

»Das hier *ist* doch visuell.«

»Aber nicht mit den orthodoxen Effekten. Diese Art von Buch hat ihre Vorteile. Es enthält viel mehr als Bücher normalerweise enthalten.«

»Wo ist der Schalter?«, fragte Dors. »Ah, lassen Sie sehen, ob ich es kann.« Sie hatte willkürlich eine Seite aufgeschlagen und ließ die Druckzeilen nach oben gleiten. Dann sagte sie: »Ich fürchte, das wird Ihnen nichts nützen, Hari. Das ist prägalaktisch. Ich meine nicht das Buch. Ich meine den Druck … die Sprache.«

»Können *Sie* es lesen, Dors? Als Historikerin ...«

»Als Historikerin bin ich es gewöhnt, mit archaischen Sprachen umzugehen – aber innerhalb gewisser Grenzen. Das hier ist mir viel zu antik. Ich kann da und dort ein paar Wörter ausmachen, aber nicht genug, um es verstehen zu können.«

»Sehr gut«, sagte Seldon. »Wenn es wirklich antik ist, wird es uns nützlich sein.«

»Aber nicht, wenn Sie es nicht lesen können.«

»Ich kann es lesen«, sagte Seldon. »Es ist zweisprachig. Sie glauben doch nicht, dass Regentropfen Dreiundvierzig die antike Schrift lesen kann, oder?«

»Wenn sie die richtige Ausbildung hat, warum nicht?«

»Weil ich befürchte, dass man die Frauen in Mykogen nicht über ihre Haushaltspflichten hinaus ausbildet. Einige von den gebildeteren Männern können das hier lesen, aber jeder andere würde eine Übersetzung ins Galaktische brauchen.« Er drückte auf einen anderen Knopf. »Und das liefert die Übersetzung.«

Die Druckzeilen verwandelten sich in Standardgalaktisch.

»Entzückend«, sagte Dors bewundernd.

»Wir könnten von diesen Mykogeniern etwas lernen, aber wir tun es nicht.«

»Wir wussten doch gar nichts davon.«

»Das kann ich nicht glauben. Ich weiß es jetzt. Und Sie auch. Es muss doch hie und da Leute von außerplanet geben, die aus wirtschaftlichen oder politischen Gründen nach Mykogen kommen, sonst würde man doch keine Mützen bereithalten. Also muss gelegentlich jemand diese Art von Druckbuch gesehen und erfahren haben, wie es funktioniert. Aber wahrscheinlich hat man es immer wieder als Kuriosität abgetan, die keine weitere Untersuchung lohnt, einfach weil es mykogenisch ist.«

»Und Sie meinen, dass es einer Untersuchung wert wäre?«

»Selbstverständlich. Alles ist einer Untersuchung wert – oder sollte es zumindest sein. Wahrscheinlich würde Hummin das

Desinteresse an diesen Büchern auch wieder als ein Zeichen der Degeneration im Imperium sehen.«

Er hob das Buch auf und sagte mit einer Anwandlung von Erregung: »Aber *ich* bin neugierig und werde dieses Buch lesen, vielleicht gibt es mir einen Anstoß in Richtung auf meine Psychohistorik.«

»Das hoffe ich«, sagte Dors, »aber wenn Sie einen Rat hören wollen, dann sollten Sie zuerst schlafen und dann morgen frisch daran gehen. Wenn Sie beim Lesen einnicken, werden Sie nicht viel lernen.«

Seldon zögerte und sagte dann: »Wie mütterlich Sie doch sind!«

»Ich passe auf Sie auf.«

»Aber ich habe schon eine Mutter, die auf Helicon lebt. Ich würde vorziehen, wenn Sie meine Freundin wären.«

»Das bin ich doch schon, seit wir uns das erste Mal begegnet sind.«

Sie lächelte ihm zu, und Seldon zögerte, als wüsste er nicht, was er darauf antworten sollte. Schließlich meinte er: »Dann will ich Ihren Rat auch annehmen – als den Rat einer Freundin – und vor dem Lesen schlafen.« Er machte Anstalten, das Buch auf das kleine Tischchen zwischen den zwei Betten zu legen, zögerte dann, drehte sich um und schob es unter sein Kopfkissen.

Dors Venabili lachte. »Sie haben wohl Angst, ich könnte während der Nacht aufwachen und in dem Buch lesen, ehe Sie dazu Gelegenheit haben. Stimmt's?«

»Nun«, sagte Seldon, bemüht, seine Verlegenheit zu verbergen, »das mag schon sein. Auch Freundschaft hat ihre Grenzen, und das ist *mein* Buch und *meine* Psychohistorik.«

»Das stimmt ja«, sagte Dors, »und darüber werden wir auch ganz sicher nicht streiten, das verspreche ich. Übrigens, Sie wollten vorher etwas sagen, und da habe ich Sie unterbrochen. Erinnern Sie sich noch?«

Seldon dachte kurz nach. »Nein.«

Als es dann dunkel war, dachte er nur an das Buch. An die Geschichte von der Hand auf dem Schenkel verschwendete er keinen Gedanken. Er hatte sie vergessen – zumindest bewusst.

48

Venabili wachte auf und konnte an ihrem Zeitband ablesen, dass die Nacht erst zur Hälfte vorbei war. Da sie Hari nicht schnarchen hörte, wusste sie, dass sein Bett leer war. Wenn er die Wohnung nicht verlassen hatte, musste er sich im Bad befinden.

Sie klopfte leicht an die Tür und sagte leise: »Hari?«

Er antwortete abwesend: »Herein«, und sie trat ein.

Der Toilettendeckel war heruntergeklappt, und Seldon saß darauf und hielt das Buch aufgeschlagen im Schoß. Völlig unnötigerweise sagte er: »Ich lese.«

»Ja, das sehe ich. Aber warum?«

»Ich konnte nicht schlafen. Tut mir leid.«

»Aber warum lesen Sie hier?«

»Wenn ich das Licht eingeschaltet hätte, hätte ich Sie geweckt.«

»Sind Sie sicher, dass man das Buch nicht beleuchten kann?«

»Ziemlich. Als Regentropfen Dreiundvierzig mir beschrieb, wie es funktioniert, hat sie nichts von Beleuchtung gesagt. Außerdem vermute ich, es würde so viel Energie verbrauchen, dass die Batterie dann nicht die ganze Lebensdauer des Buches halten würde.« Seine Stimme klang enttäuscht.

»Dann können Sie ruhig herauskommen«, sagte Dors. »Ich möchte diesen Raum benutzen, wo ich jetzt schon hier bin.«

Als sie herauskam, sah sie ihn im Schneidersitz auf seinem Bett sitzen und lesen. Das Zimmer war hell beleuchtet.

»Sie wirken unglücklich«, meinte sie. »Enttäuscht Sie das Buch?«

Er blickte auf und blinzelte. »Ja, das tut es. Ich habe da und dort ein Stück gelesen. Zu mehr hatte ich noch nicht Zeit. Es ist praktisch eine Enzyklopädie, und der Index ist eine endlose Liste von Leuten, die für meine Zwecke unbrauchbar sind. Es hat auch nichts mit dem Galaktischen Imperium oder den präimperialen Königreichen zu tun. Es befasst sich fast ausschließlich mit einer einzigen Welt, und so weit ich dem, was ich bisher gelesen habe, entnehmen kann, ist es eine endlose innenpolitische Auseinandersetzung.«

»Vielleicht unterschätzen Sie sein Alter. Möglicherweise befasst es sich mit einer Periode, wo es in der Tat nur eine Welt gab … eine bewohnte Welt.«

»Ja, ich weiß«, meinte Seldon etwas ungeduldig. »Das such ich ja auch – solange ich nur sicher sein kann, dass es sich um Geschichte und nicht um Legenden handelt. Und das frage ich mich eben. Ich will es nicht einfach nur deshalb glauben, weil ich es glauben *will*.«

»Nun, diese Sache mit der einen Ursprungswelt wird heutzutage ja viel diskutiert«, sagte Dors. »Bei der Menschheit handelt es sich um eine einzige Spezies, die über die ganze Galaxis verbreitet ist, also muss sie ja irgendwo ihren Anfang genommen haben. Wenigstens ist das im Augenblick die verbreitete Meinung. Voneinander unabhängige Ursprünge können nicht auf verschiedenen Welten dieselbe Spezies hervorbringen.«

»Ich habe das nie als etwas Unvermeidbares erkennen können«, wandte Seldon ein. »Wenn die Menschen auf einer Anzahl von Welten als eine Anzahl verschiedener Spezies entstanden sind, warum könnte es denn dann nicht sein, dass sie sich vermischt haben und dass daraus eine einzige Spezies entstanden ist?«

»Weil es keine Vermischung zwischen den Spezies gibt, das ist nicht möglich, denn genau das macht sie zur Spezies.«

Seldon dachte einen Augenblick lang darüber nach und tat das Ganze dann mit einem Achselzucken ab. »Nun, ich will das den Biologen überlassen.«

»Und exakt die sind es, die die Erde-Hypothese am eindringlichsten verteidigen.«

»Erde? Ist das der Name für diese angebliche Ursprungswelt?«

»Das ist einer der populären Namen davon, obwohl man nicht mit Sicherheit sagen kann, wie diese Welt hieß, immer vorausgesetzt, dass es eine gegeben hat. Und niemand hat irgendwelche Hinweise darauf, wo sie sich einmal befunden hat.«

»Erde!«, sagte Seldon und verzog den Mund. »Klingt ausgesprochen hässlich. Aber falls dieses Buch sich mit der Ursprungswelt befasst, bin ich bisher nicht auf dieses Wort gestoßen. Wie schreibt man es?«

Sie sagte es ihm, und er sah unverzüglich nach. »Da haben Sie es. Der Name ist im Index nicht enthalten, weder in dieser Schreibweise noch in einer ähnlichen.«

»Wirklich?«

»Dabei werden durchaus beiläufig andere Welten erwähnt. Ohne Namensnennung und ohne besonderes Interesse, soweit sie nicht in unmittelbarer Verbindung mit der lokalen Welt stehen, von der die Rede ist ... Zumindest, soweit ich das dem entnehmen kann, was ich bisher gelesen habe. An einer Stelle ist von ›Den Fünfzig‹ die Rede. Ich weiß nicht, was sie damit meinen. Fünfzig Führer? Fünfzig Städte? Mir schien es, dass fünfzig Welten gemeint waren.«

»Haben sie ihrer eigenen Welt einen Namen gegeben, dieser Welt, die sie so voll und ganz zu beschäftigen scheint?«, fragte Dors. »Wenn sie sie nicht Erde nennen, wie dann?«

»Wie zu erwarten, nennen sie sie ›Welt‹ oder ›den Planeten‹. Manchmal nennen sie sie ›die Älteste‹ oder ›die Welt der Morgenröte‹, was vermutlich poetische Bedeutung hat, aber das ist mir noch nicht ganz klar geworden. Vermutlich sollte man das Buch von Anfang bis Ende lesen, dann würden manche Dinge mit der Zeit mehr Sinn abgeben.« Er blickte leicht angewidert auf das Buch, das er in der Hand hielt. »Das würde aber sehr viel Zeit in Anspruch nehmen, und ich bin nicht sicher, dass ich am Ende klüger wäre.«

Dors seufzte. »Das tut mir wirklich leid, Hari. Sie klingen so enttäuscht.«

»Das kommt, weil ich enttäuscht *bin*. Aber das ist meine Schuld. Ich hätte nicht so viel erwarten dürfen – übrigens an einer Stelle bezeichneten sie ihre Welt als ›Aurora‹.«

»Aurora?«, sagte Dors und hob die Brauen.

»Das klingt wie ein Eigenname. Sonst gibt es, soweit ich bisher erkennen kann, keinen Sinn. Sagt es Ihnen etwas?«

»Aurora.« Dors runzelte die Stirn und dachte nach. »Ich kann nicht sagen, dass ich in der Geschichte des Galaktischen Imperiums oder der Zeit unmittelbar davor je von einem Planeten dieses Namens gehört habe. Aber ich will damit nicht behaupten, dass ich den Namen jeder einzelnen der fünfundzwanzig Millionen Welten kenne. Wir könnten ja in der Universitätsbibliothek nachsehen – wenn wir je nach Streeling zurückkommen. Hier in Mykogen eine Bibliothek zu suchen, hat keinen Sinn. Ich habe irgendwie das Gefühl, dass ihr ganzes Wissen in diesem Buch ruht. Wenn es nicht dort ist, interessiert es sie nicht.«

Seldon gähnte und meinte: »Wahrscheinlich haben Sie recht. Jedenfalls hat es keinen Sinn, weiterzulesen, und ich bezweifle auch, dass ich die Augen noch länger offen halten kann. Macht es Ihnen etwas aus, wenn ich das Licht ausschalte?«

»Es wäre mir sogar sehr recht, Hari. Lassen Sie uns am Morgen etwas länger schlafen.«

Und nach einer Weile sagte Seldon leise in der Dunkelheit: »Einiges von dem, das ich gelesen habe, ist natürlich lächerlich. Sie erwähnen beispielsweise eine Lebenserwartung auf ihrer Welt, die zwischen drei und vier Jahrhunderten beträgt.«

»Jahrhunderten?«

»Ja, sie zählen ihr Alter in Dekaden und nicht in Jahren. Man bekommt dabei ein ganz eigenartiges Gefühl, weil so viel von dem, was sie sagen, so selbstverständlich ist, dass man, wenn dann etwas Seltsames auftaucht, fast in die Falle geht und es glaubt.«

»Wenn Sie das glauben, dann sollten Sie wissen, dass in vielen primitiven Legenden ein besonders langes Leben der führenden Persönlichkeiten geschildert wird. Wenn man jemanden als unglaublich heroisch abbildet, dann kommt es einem fast natürlich vor, dass seine Lebenszeit dem entspricht.«

»Wirklich?«, fragte Seldon und gähnte erneut.

»Ja. Und das beste Mittel gegen Leichtgläubigkeit in fortgeschrittenem Zustand ist, darüber zu schlafen und am nächsten Tag noch einmal darüber nachzudenken.«

Und Seldon, dem nur noch kurz durch den Sinn ging, dass es vielleicht einer verlängerten Lebenszeit bedurfte, wenn man eine ganze Galaxis voll Menschen verstehen wollte, schlief.

49

Am nächsten Morgen, entspannt, erfrischt und darauf erpicht, erneut mit dem Studium des Buchs anzufangen, fragte Hari Dors: »Für wie alt würden Sie die Regentropfenschwestern schätzen?«

»Ich weiß nicht. Zwanzig … zweiundzwanzig?«

»Nun, nehmen Sie einmal an, dass sie *wirklich* drei oder vier Jahrhunderte lang leben …«

»*Hari*, das ist doch lächerlich.«

»Ich sagte doch, *nehmen Sie an*. In der Mathematik sagen wir die ganze Zeit ›angenommen‹ und versuchen dann, auf etwas offenkundig Unrichtiges oder Widersprüchliches zu stoßen. Eine ausgedehnte Lebenszeit würde fast mit Sicherheit auch eine ausgedehnte Entwicklungsperiode bedeuten. Sie könnten den Anschein erwecken, Anfang der Zwanzig zu und in Wirklichkeit schon sechzig sein.«

»Sie können sie ja danach fragen.«

»Wir können davon ausgehen, dass sie lügen würden.«

»Sehen Sie sich ihre Geburtsurkunden an.«

Seldon grinste schief. »Ich wette mit Ihnen, um was Sie wollen – eine Runde im Heu, wenn Sie Lust haben –, dass sie dann behaupten werden, keine Aufzeichnungen zu führen, oder wenn doch, dann werden sie darauf beharren, dass diese Aufzeichnungen für Stammesleute nicht zugänglich sind.«

»Ich wette nicht«, sagte Dors. »Und wenn das zutrifft, hat es überhaupt keinen Sinn, irgendwelche Vermutungen über ihr Alter anzustellen.«

»Oh, nein, sehen Sie es doch einmal so – wenn die Mykogenier drei- oder viermal so lang wie gewöhnliche Menschen leben, können sie ja nicht gut sehr viele Kinder zur Welt bringen, ohne ihre Bevölkerung ungeheuer zu vermehren. Sie erinnern sich doch, dass Sonnenmeister etwas in dieser Richtung erwähnt hat und dabei sogar recht ärgerlich war.«

»Worauf wollen Sie hinaus?«

»Nun, als ich mit Regentropfen Dreiundvierzig zusammen war, habe ich keine Kinder gesehen.«

»In der Mikrofarm?«

»Ja.«

»Hatten Sie dort Kinder erwartet? Ich war mit Regentropfen Fünfundvierzig in den Geschäften und den Wohnetagen und kann Ihnen versichern, dass ich dort eine ganze Menge Kinder aller Altersstufen, auch Säuglinge, gesehen habe.«

»Ah.« Seldon blickte verdrossen. »Dann würde das wohl bedeuten, dass sie keine besonders lange Lebenszeit haben.«

»Nach Ihrer Argumentation wohl ganz eindeutig nicht. Hatten Sie das wirklich vermutet?«

»Nein, eigentlich nicht. Aber man kann sich ja nicht ganz gegen neue Gedanken verschließen und muss sie auch so oder so überprüfen.«

»Auf diese Weise kann man eine ganze Menge Zeit vergeuden, wenn man auf Dingen herumkaut, die schon auf den ersten Blick lächerlich sind.«

»Manche Dinge, die auf den ersten Blick lächerlich *scheinen*, sind es nicht. Das ist es ja gerade. Das bringt mich übrigens auf eine Frage. Sie sind ja schließlich Historikerin. Sind Sie bei Ihrer Arbeit je auf Gegenstände oder Phänomene gestoßen, die man ›Roboter‹ nennt?«

»Ah! Jetzt schalten Sie auf eine andere Legende um, eine, die recht populär ist. Es gibt eine große Anzahl von Welten, auf denen behauptet wird, in prähistorischen Zeiten hätte es Maschinen menschlicher Gestalt gegeben. Und diese Maschinen werden ›Roboter‹ genannt. Wahrscheinlich haben diese Robotergeschichten ihren Ursprung in einer einzigen Legende, weil das Thema im Allgemeinen immer dasselbe ist. Man hat die Roboter erfunden, und dann wuchsen sie an Zahl und Fähigkeit, bis sie fast übermenschlichen Status erreichten. Sie bedrohten die Menschheit und wurden vernichtet. In jedem einzelnen Fall fand diese Vernichtung statt, ehe die uns heute zur Verfügung stehenden verlässlichen historischen Aufzeichnungen existierten. Man nimmt gewöhnlich an, dass diese Geschichte symbolisch die Risiken und Gefahren der Erforschung der Galaxis schildert, als die Menschen von der Welt oder den Welten, die ursprünglich ihre Heimat waren, hinauszuziehen begannen. Die Furcht, auf andere – überlegene – Intelligenzen zu stoßen, muss stets gegenwärtig gewesen sein.«

»Vielleicht kam es zumindestens einmal zu einer solchen Begegnung, und die Legende ist daraus entstanden.«

»Nur dass es auf keiner von Menschen bewohnten Welt je irgendwelche Aufzeichnungen oder Spuren von vormenschlichen oder nichtmenschlichen Intelligenzen gegeben hat.«

»Aber warum ›Roboter‹? Hat das Wort denn eine Bedeutung?«

»Nicht dass ich wüsste, aber es entspricht dem vertrauten ›Automaten‹.«

»Automaten! Nun, warum sagen sie dann nicht so?«

»Weil Menschen gerne archaische Begriffe gebrauchen, wenn sie eine Legende aus der Antike erzählen, um damit einen besonderen Effekt zu erzielen. Warum fragen Sie übrigens?«

»Weil in diesem antiken mykogenischen Buch von Robotern die Rede ist. In sehr eindeutiger Weise übrigens. Hören Sie, Dors, haben Sie nicht vor, heute Nachmittag wieder mit Regentropfen Fünfundvierzig wegzugehen?«

»Vermutlich schon – wenn sie erscheint.«

»Würden Sie ihr bitte ein paar Fragen stellen und versuchen, von ihr Antwort darauf zu bekommen?«

»Das kann ich versuchen. Welche Fragen denn?«

»Ich würde gerne herausfinden, natürlich so taktvoll wie möglich, ob es in Mykogen irgendein Gebäude gibt, das besonders bedeutsam ist, das in Verbindung zur Vergangenheit steht, das einen mythischen Wert besitzt, das man …«

Dors unterbrach ihn, bemüht ein Lächeln zu unterdrücken: »Ich nehme an, die Frage, die Sie zu formulieren versuchen, ist, ob Mykogen einen Tempel besitzt.«

Und Seldons Gesicht wurde, wie nicht anders zu erwarten, ausdruckslos, und er fragte: »Was ist ein Tempel?«

»Das ist auch wieder ein archaischer Ausdruck unbekannter Herkunft. Er bedeutet all die Dinge, nach denen Sie gefragt haben – Bedeutung, Vergangenheit, Mythos. Schön, ich will fragen, aber möglicherweise ist das auch wieder eines der Dinge, über die sie nicht ohne Weiteres reden können. Stammesleuten gegenüber jedenfalls nicht.«

»Bitte, versuchen Sie es trotzdem.«

SAKRATORIUM

Aurora – … Eine mythische Welt, vermutlich schon in der grauen Vorzeit der Anfänge der interstellaren Raumfahrt bewohnt. Es besteht die Ansicht, dass es sich dabei um die ebenfalls mythische »Welt des Ursprungs« der Menschheit handelt und damit nur um eine andere Bezeichnung für »Erde«. Die Bewohner des Mykogen-Bezirks des antiken Trantor hielten sich nach manchen Berichten für Nachkommen der Bewohner Auroras und bauten ihr Glaubenssystem, über das ansonsten kaum etwas bekannt ist, darauf auf …

ENCYCLOPAEDIA GALACTICA

50

Die beiden Regentropfen trafen am Vormittag ein. Regentropfen Fünfundvierzig schien so munter wie immer, aber Regentropfen Dreiundvierzig blieb unter der Tür stehen und wirkte verschlossen, vorsichtig. Sie hielt den Blick gesenkt und sah Seldon kein einziges Mal an.

Seldon blickte unsicher und wies auf Dors, die vergnügt und geschäftsmäßig erklärte: »Einen Augenblick, Schwestern, ich muss meinem Mann Anweisungen erteilen, sonst weiß er nicht, was er heute mit sich anfangen soll.«

Sie gingen ins Badezimmer, und Dors flüsterte: »Ist etwas nicht in Ordnung?«

»Ja. Regentropfen Dreiundvierzig ist offensichtlich ganz durcheinander. Bitte sagen Sie ihr, dass ich das Buch sobald wie möglich zurückgeben werde.«

Dors musterte Seldon überrascht. »Hari«, sagte sie, »Sie sind ja ein ungemein lieber Mensch, aber Sie haben nicht einmal so viel Verstand wie eine Amöbe. Wenn ich dem armen Mädchen gegenüber das Buch auch nur erwähne, dann entnimmt sie daraus mit Sicherheit, dass Sie mir alles gesagt haben, was gestern vorgefallen ist, und dann wird sie *wirklich* durcheinandergeraten. Ihre einzige Hoffnung besteht darin, sie ganz genauso zu behandeln, wie ich das sonst auch tun würde.«

Seldon nickte und meinte bedrückt: »Wahrscheinlich haben Sie recht.«

Dors kam rechtzeitig zum Abendessen zurück und fand Seldon auf seinem Bett, immer noch mit dem Buch beschäftigt, aber mit steigender Ungeduld.

Er blickte finster auf und meinte: »Wenn wir noch längere Zeit hier bleiben, brauchen wir irgendein Gerät, damit wir miteinander in Verbindung bleiben können. Ich hatte keine Ahnung, wann Sie zurückkommen würden und war etwas beunruhigt.«

»Nun, hier bin ich«, sagte sie und zog sich vorsichtig die Mütze herunter und betrachtete sie mit einem Ausdruck des Ekels. »Ihre Besorgnis freut mich wirklich. Ich hatte schon gedacht, Sie würden so in das Buch vertieft sein, dass Sie nicht einmal merken, dass ich weg bin.«

Seldon schnaubte nur.

»Was ein Sprechgerät angeht, so bezweifle ich, dass man sich so etwas in Mykogen ohne Weiteres besorgen kann. Das würde ja auch den Verkehr mit den Stammesleuten draußen erleichtern, und ich habe den Verdacht, dass die Führer von Mykogen fest entschlossen sind, jede mögliche Verbindung mit der großen Welt draußen auf ein Minimum zu reduzieren.«

»Ja«, sagte Seldon und legte das Buch ungehalten beiseite, »nach dem, was ich in dem Buch gelesen habe, vermute ich das auch. Haben Sie mehr über das in Erfahrung gebracht, was Sie – wie sagten Sie doch? – den Tempel nannten?«

»Ja«, sagte sie und nahm sich die Streifen über den Augenbrauen ab. »Es gibt ihn. Es gibt im Bezirk sogar eine ganze Anzahl davon, aber da ist ein Zentralgebäude, das besonders wichtig scheint. – Würden Sie es glauben, dass eine Frau meine Augenwimpern bemerkt und mir gesagt hat, ich sollte mich nicht in der Öffentlichkeit entblößen? Ich hatte das Gefühl, sie würde mich gleich anzeigen.«

»Das ist jetzt nicht wichtig«, sagte Seldon ungeduldig. »Wissen Sie, wo dieser zentrale Tempel steht?«

»Man hat mir erklärt, wie man hinkommt, aber Regentropfen Fünfundvierzig hat mich gewarnt – Frauen sind dort nicht zugelassen, außer bei besonderen Anlässen, und ein solcher steht nicht bevor. Man nennt ihn das Sakratorium.«

»Das *was?*«

»Das Sakratorium.«

»Was für ein hässliches Wort. Was bedeutet es?«

Dors schüttelte den Kopf. »Ich habe es auch noch nie gehört. Und Regentropfen wusste auch nicht, was es bedeutet. Für die Leute hier ist Sakratorium auch nicht der Name des Gebäudes, sondern das Gebäude selbst. Wenn man sie fragt, warum sie es so nennen, ist das wahrscheinlich so, als würde man sie fragen, warum man eine Mauer als Mauer bezeichnet.«

»Wissen sie denn überhaupt etwas darüber?«

»Natürlich, Hari. Sie wissen, wozu es dient. Es ist ein Ort, der etwas anderem als dem Leben hier in Mykogen gewidmet ist. Es ist einer anderen Welt gewidmet, einer früheren, besseren.«

»Die Welt, auf der sie einmal gelebt haben, meinen Sie?«

»Genau das. Regentropfen Fünfundvierzig hat es praktisch gesagt, aber nicht ganz. Sie brachte es einfach nicht über sich, das Wort auszusprechen.«

»Aurora?«

»Das ist das Wort, das ich meine, aber ich vermute, wenn Sie es vor einer Gruppe von Mykogeniern laut aussprechen, dann wäre die schockiert und erschreckt. Als Regentropfen Fünfundvierzig sagte: ›Das Sakratorium ist ...‹, machte sie eine Pause und schrieb die Buchstaben sorgfältig, einen nach dem anderen mit dem Finger in ihre Handfläche. Und dabei wurde sie rot, als wäre das etwas Obszönes.«

»Eigenartig«, sagte Seldon. »Wenn das Buch in diesem Punkt verlässlich ist, dann ist Aurora ihre teuerste Erinnerung, der Punkt, in dem sie alle vereint sind, der Mittelpunkt, um den sich alles in Mykogen dreht. Warum sollte es obszön sein, dieses Wort zu erwähnen? Sind Sie auch ganz sicher, dass Sie nicht etwas falsch deuten?«

»Ganz sicher. Und vielleicht ist das gar nicht so geheimnisvoll. Wenn man zu viel darüber redet, besteht die Gefahr, dass die Stammesleute davon erfahren. Die beste Methode, das Geheimnis für sich zu bewahren, ist, aus seiner Erwähnung ein Tabu zu machen.«

»Tabu?«

»Das ist ein spezieller Ausdruck aus der Anthropologie. Ein Hinweis auf ernsthaften und wirksamen gesellschaftlichen Druck, der irgendeine Handlung verbietet. Die Tatsache, dass Frauen keinen Zutritt zum Sakratorium haben, hat wahrscheinlich die Kraft eines Tabus. Ich bin sicher, dass eine Schwester vor Schrecken erstarren würde, wenn man den Vorschlag machte, sie solle das Gelände betreten.«

»Reicht die Ortsbeschreibung, die man Ihnen gegeben hat, dass ich das Sakratorium alleine finden kann?«

»Zuallererst werden Sie nicht alleine gehen, Hari. Ich komme mit Ihnen. Ich dachte, wir hätten uns darüber unterhalten und ich hätte keinen Zweifel daran gelassen, dass ich Sie aus der Ferne nicht beschützen kann – nicht vor Schneestürmen und nicht vor wilden Frauen. Zum Zweiten ist das natürlich keine Entfernung, die man zu Fuß zurücklegen kann. Mykogen mag ein kleiner Bezirk sein, aber so klein auch wieder nicht.«

»Dann nehmen wir also den Express.«

»Es gibt keinen Express, der durch mykogenisches Territorium führt. Das würde den Kontakt zwischen den Mykogeniern und den Stammesleuten zu sehr erleichtern. Aber es gibt natürlich öffentliche Verkehrsmittel von der Art, wie man sie auf weniger entwickelten Planeten findet. Das ist ja Mykogen in der Tat auch: Stück eines unterentwickelten Planeten, wie ein Splitter im Leibe Trantors eingebettet, das sonst ein Mischmasch aus entwickelten Gesellschaften ist. – Und, Hari, sehen Sie zu, dass Sie so bald wie möglich mit dem Buch fertig werden. Es ist ganz offenkundig, dass Regentropfen Dreiundvierzig, solange Sie das Buch haben, in Schwierigkeiten ist, und wir werden auch Schwierigkeiten bekommen, wenn das herauskommt.«

»Sie meinen, es ist ein Tabu, wenn eine Stammesperson es liest?«

»Ganz sicher.«

»Nun, es wäre kein großer Verlust, es zurückzugeben. Ich würde sagen, fünfundneunzig Prozent davon sind unglaublich langweilig; endlose Auseinandersetzungen zwischen politischen Gruppen, endlose Rechtfertigung politischer Entscheidungen, die ich nicht beurteilen kann, endlose Moralpredigten über ethische Themen, angefüllt mit einer Selbstgerechtigkeit, dass einem dabei übel werden kann.«

»Das klingt ja gerade, als würde ich Ihnen einen Gefallen erweisen, wenn ich Ihnen das Ding wegnehme.«

»Mit der Ausnahme, dass da immer noch die anderen fünf Prozent sind, die sich mit Aurora – jenem niemals zu erwähnenden Planeten – befassen. Ich glaube immer noch, dass dort vielleicht etwas zu finden sein könnte, was mir weiterhilft. Und deshalb wollte ich auch über dieses … dieses Sakratorium … mehr erfahren.«

»Hoffen Sie, im Sakratorium etwas zu finden, das das Konzept des Buches bezüglich Aurora stützt?«

»Ja, in gewisser Hinsicht schon. Und dann fesselt mich auch das, was das Buch über Automaten zu sagen hat. Oder Roboter, um ihren Terminus zu benutzen. Ich fühle mich zu dem Konzept hingezogen.«

»Sie nehmen es aber doch sicherlich nicht ernst?«

»Beinahe. Wenn man manche Stellen in dem Buch wörtlich nimmt, dann gibt es dort eine Andeutung, dass manche Roboter menschliche Gestalt hatten.«

»Natürlich. Wenn man ein Abbild eines menschlichen Wesens schaffen will, wird man auch dafür sorgen, dass es wie ein menschliches Wesen *aussieht.*«

»Ja. Abbild bedeutet ›Gleichheit‹, aber das gilt auch für sehr oberflächliche Gleichheit. Ein Künstler kann ein Strichmännchen zeichnen, und man würde dennoch wissen, dass es sich um die Darstellung eines menschlichen Wesens handelt und sie erkennen. Ein Kreis für den Kopf, ein Strich für den Körper und vier abgeknickte Linien für Arme und Beine, und schon ist es fertig. Aber ich meine Roboter, die *wirklich* wie ein menschliches Wesen aussehen, in jeder Einzelheit.«

»Lächerlich, Hari. Überlegen Sie doch, welche Zeit es in Anspruch nehmen würde, das Metall des Körpers zu perfekten Proportionen zu formen, mit der glatten Kurve der Muskeln darunter.«

»Wer hat ›Metall‹ gesagt, Dors? Der Eindruck, der mir vermittelt wurde, ist, dass derartige Roboter organisch oder pseudoorganisch waren, dass sie mit Haut bedeckt waren, dass man Schwierigkeiten hatte, den Unterschied zwischen ihnen und menschlichen Wesen festzustellen.«

»Und *das* sagt das Buch?«

»Nicht ausdrücklich. Aber die Andeutung …«

»Ist die *Ihre*, Hari, das dürfen Sie nicht ernst nehmen.«

»Lassen Sie es mich trotzdem versuchen. Ich finde vier Dinge, die ich aus dem schließen kann, was das Buch über Roboter sagt – und ich bin jedem Hinweis im Index nachgegangen. Zum Ersten glichen sie – oder wenigstens einige von ihnen – menschlichen Wesen in allen Einzelheiten; zum Zweiten hatten sie eine sehr ausgedehnte Lebensspanne, wenn man es so nennen will.«

»Sie sollten vielleicht besser ›Funktionsfähigkeit‹ sagen«, meinte Dors, »sonst fangen Sie an, sie ganz und gar als Menschen zu betrachten.«

»Zum Dritten«, sagte Seldon, ohne darauf einzugehen, »sollen einige – oder zumindest einer – selbst heute noch am Leben sein.«

»Hari, das ist eine der am weitesten verbreiteten Legenden, die wir haben. Der antike Held stirbt nicht, sondern liegt in ewigem Schlaf, bereit, in einem Augenblick großer Not zurückzukehren, um sein Volk zu retten. *Wirklich*, Hari.«

»Viertens«, sagte Seldon und ging auf ihre Einwände nicht ein, »es gibt einige Zeilen, die darauf hindeuten, dass der Zentraltempel – oder das Sakratorium, wenn er das ist, obwohl ich das Wort nicht in dem Buch gefunden habe – einen Roboter enthält.« Er machte eine Pause und fügte dann hinzu: »Verstehen Sie?«

»Nein«, sagte Dors. »Was sollte ich verstehen?«

»Wenn wir die vier Punkte miteinander in Verbindung bringen, befindet sich im Sakratorium vielleicht ein Roboter, der genau wie ein menschliches Wesen aussieht und noch am Leben ist und, sagen wir, die letzten zwanzigtausend Jahre gelebt hat.«

»Aber jetzt hören Sie auf, Hari, das *können* Sie einfach nicht glauben.«

»Ich glaube es auch in der Tat nicht, aber ich kann es auch nicht einfach abtun. Was ist, wenn es wahr ist? Was ist – und selbst wenn die Wahrscheinlichkeit dafür nur eins zu einer Million beträgt, das gebe ich ja zu –, wenn es wahr ist? Sehen Sie denn nicht, wie nützlich er mir sein könnte? Er könnte sich an die Galaxis erinnern, so wie sie war, lange bevor irgendwelche verlässlichen historischen Aufzeichnungen existierten. Er *könnte* mithelfen, die Psychohistorik möglich zu machen.«

»Selbst wenn es wahr wäre, glauben Sie denn, die Mykogenier würden zulassen, dass Sie den Roboter zu sehen bekommen und ihn befragen?«

»Ich habe nicht die Absicht, um Erlaubnis zu bitten. Ich kann zumindest zuerst einmal zum Sakratorium gehen und nachsehen, ob dort etwas ist, das man befragen kann.«

»Nicht jetzt. Frühestens morgen. Und wenn Sie es sich bis morgen immer noch nicht anders überlegt haben, dann gehen wir *beide.*«

»Sie haben mir doch selbst gesagt, dass Frauen nicht gestattet …«

»Ich bin sicher, dass sie Frauen gestatten, es sich von außen anzusehen, und ich habe den Verdacht, dass es damit auch sein Bewenden haben wird.«

Und in dem Punkt blieb sie hartnäckig.

51

Hari Seldon hatte nichts dagegen einzuwenden, Dors die Führung zu überlassen. Sie war auf den Hauptstraßen Mykogens unterwegs gewesen und mit ihnen besser vertraut als er.

Dors Venabili war von der Aussicht weniger entzückt. Mit gerunzelter Stirn meinte sie: »Wir können uns leicht verlaufen, wissen Sie.«

»Aber nicht mit diesem Heft«, sagte Seldon.

Sie blickte ungeduldig zu ihm auf. »Vergessen Sie nicht, dass wir in Mykogen sind, Hari. Ich sollte einen Computerplan haben, irgendetwas, dem ich Fragen stellen kann. Diese mykogenische Version ist nur ein Stück zusammengefaltetes Plastik. Ich kann diesem Ding nicht sagen, wo ich bin. Ich kann es ihm nicht verbal sagen und auch nicht dadurch, dass ich die entsprechenden Kontakte betätige. Und dieses Ding selbst kann mir auch nichts sagen, so nicht und so nicht. Es ist *gedruckt.*«

»Dann lesen Sie doch, was darin steht.«

»Das versuche ich ja, aber es ist für Leute geschrieben, die von Anfang an mit dem System vertraut sind. Wir werden fragen müssen.«

»Nein, Dors. Das tun wir nur im alleräußersten Fall. Ich will keine Aufmerksamkeit auf uns lenken. Lieber riskieren wir etwas und suchen uns selbst unseren Weg, auch wenn das bedeuten sollte, dass wir ein- oder zweimal in die Irre gehen.«

Dors blätterte aufmerksam in dem Heft herum und meinte dann mürrisch: »Nun, das Sakratorium ist deutlich hervorgehoben, wahrscheinlich ist das ganz natürlich. Ich nehme an, dass jeder in Mykogen es irgendwann einmal besuchen möchte.« Und nach weiterer konzentrierter Lektüre fügte sie hinzu: »Ich will Ihnen etwas sagen. Es gibt keine Möglichkeit, mit einem Fahrzeug von hier nach dort zu kommen.«

»Was?«

»Jetzt regen Sie sich nicht gleich auf. Allem Anschein nach gibt es eine Möglichkeit, von hier zu einem anderen Verkehrsmittel zu gelangen, und *das* wird uns hinbringen. Wir müssen nur die Fahrzeuge wechseln.«

Seldons Gesicht hellte sich auf. »Nun, natürlich. Man erreicht die Hälfte der Orte auf Trantor auch nicht ohne umzusteigen mit dem Express.«

Dors schüttelte den Kopf. »Das weiß ich auch. Ich bin es nur gewöhnt, dass diese Dinge mir das *sagen*. Wenn die erwarten, dass man das selbst herausfindet, entgehen einem manchmal die einfachsten Dinge.«

»Ist schon gut, meine Liebe. Werden Sie nicht ungehalten. Wenn Sie den Weg jetzt kennen, dann gehen Sie voraus. Ich werde Ihnen in aller Bescheidenheit folgen.«

Und das tat er, bis sie eine Kreuzung erreichten, wo sie anhielten.

Drei Männer in weißen und zwei Frauen in grauen Kitteln standen an der Kreuzung. Seldon versuchte es mit einem universellen und allgemeinen Lächeln in Richtung auf die fünf Mykogenier, aber sie reagierten nur mit ausdruckslosen Gesichtern darauf und wandten sich dann sogar ab.

Kurz darauf kam das Fahrzeug. Es handelte sich um eine altmodische Version von etwas, das Seldon auf Helicon einen Gravibus genannt hätte. Im Innern des Fahrzeugs gab es etwa zwanzig gepolsterte Bänke, von denen jede vier Leute aufnahm. Jede Bank hatte ihre eigenen Türen zu beiden Seiten des Busses. Als das Fahrzeug anhielt, stiegen beiderseits Passagiere aus. (Einen Augenblick lang machte Seldon sich Sorgen für diejenigen, die auf der dem Verkehr zugewandten Seite des Gravibusses ausstiegen, aber dann bemerkte er, dass jedes sich nähernde Fahrzeug anhielt. Solange der Bus sich nicht bewegte, passierte ihn kein anderes Fahrzeug.)

Dors schubste Seldon ungeduldig, worauf dieser auf eine Bank zusteuerte, auf der zwei Sitze nebeneinander frei waren. Dors folgte ihm. (Die Männer stiegen stets zuerst ein und aus, bemerkte er.)

Dors murmelte ihm zu: »Hören Sie auf, die Menschheit zu studieren. Beachten Sie Ihre Umgebung!«

»Ich will es versuchen.«

»Das zum Beispiel«, sagte sie und deutete auf eine glatte Fläche an der Hinterseite der Bank vor ihnen. In dem Augenblick, in dem das Fahrzeug sich in Bewegung gesetzt hatte, erschien eine Anzeige auf dem kleinen Bildschirm, die die nächste Station und die wichtigen Gebäude oder Kreuzungen in der Nähe benannte.

»Das wird uns vermutlich zeigen, wann wir uns der Station nähern, wo wir umsteigen müssen. Zumindest ist der Bezirk nicht völlig barbarisch.«

»Gut«, sagte Seldon. Und nach einer Weile beugte er sich zu Dors hinüber und flüsterte: »Niemand sieht uns an. Allem Anschein nach gibt es an jedem überfüllten Ort künstliche Grenzen, um jedem Einzelnen ein gewisses Maß an Abgeschiedenheit zu ermöglichen. Ist Ihnen das aufgefallen?«

»Mir war das immer selbstverständlich. Wenn das eine Regel Ihrer Psychohistorik werden sollte, wird sie niemanden sonderlich beeindrucken.«

Wie Dors vermutet hatte, zeigte der Bildschirm vor ihnen schließlich die Umsteigestation für die direkte Linie zum Sakratorium an.

Sie stiegen aus und mussten erneut warten. Einige Busse hatten die Kreuzung bereits verlassen, aber man konnte auch schon einen weiteren Gravibus herankommen sehen. Sie befanden sich auf einer dicht befahrenen Route, was sie nicht überraschte; das Sakratorium war vermutlich das Zentrum und sozusagen das Herz des Bezirks.

Sie bestiegen den Gravibus, und Seldon flüsterte: »Wir bezahlen gar nicht.«

»Nach der Karte sind die öffentlichen Verkehrsmittel gratis.«

Seldon schob seine Unterlippe vor. »Wie zivilisiert. Wahrscheinlich ist nichts ganz aus einem Stück, auch Rückständigkeit nicht und Barbarei, gar nichts.«

Aber Dors stieß ihn an und flüsterte: »Ihre Regel gilt doch nicht. Man beobachtet uns. Der Mann zu Ihrer Rechten.«

52

Seldons Blick wanderte kurz zur Seite. Der Mann zu seiner Rechten war ziemlich dünn und schien recht alt zu sein. Er hatte dunkelbraune Augen und einen dunklen Teint, und Seldon war überzeugt, dass er schwarzes Haar gehabt hätte, wenn man ihn nicht depiliert hätte.

Er sah wieder nach vorn und überlegte. Dieser Bruder war recht untypisch. Die wenigen Brüder, auf die er bisher geachtet hatte, waren ziemlich groß und hellhäutig gewesen und hatten blaue oder graue Augen gehabt. Aber natürlich hatte er noch nicht ausreichend viele gesehen, um daraus eine allgemeine Regel ableiten zu können.

Dann spürte er am rechten Ärmel seines Kittels eine leichte Berührung. Er drehte sich zögernd um und sah auf eine Karte, auf der in dünnen Schriftzügen stand: VORSICHT, STAMMESMANN!

Seldon zuckte zusammen und griff sich automatisch an die Mütze. Der Mann neben ihm sagte, so leise, dass man ihm das Wort beinahe von den Lippen ablesen musste: »Haar.«

Seldons Hand fand es, ein paar Haarstoppeln an der Schläfe. Er musste die Mütze irgendwann leicht verrückt haben. Schnell und so unauffällig wie möglich zog er an der Mütze und vergewisserte sich dann, dass sie auch glatt anlag, indem er so tat, als würde er sich über den Kopf streichen.

Er wandte sich seinem Nachbarn zur Rechten zu, nickte leicht und flüsterte: »Danke.«

Sein Nachbar lächelte und sagte in normaler Lautstärke: »Gehen Sie zum Sakratorium?«

Seldon nickte. »Ja, allerdings.«

»Leicht zu erraten. Ich auch. Wollen wir gemeinsam aussteigen?« Sein Lächeln wirkte freundlich.

»Ich bin mit meiner … meiner …«

»Natürlich, mit Ihrem Weib. Also alle drei zusammen?«

Seldon war unschlüssig, wie er reagieren sollte. Ein schneller Blick in die andere Richtung zeigte ihm, dass Dors' Augen geradeaus nach vorn gerichtet waren. Sie zeigte keinerlei Interesse an männlicher Konversation – eine Haltung, wie sie einer Schwester gebührte. Aber Seldon spürte eine leichte Berührung am linken Knie, die er (vielleicht ungerechtfertigterweise) als »ist schon in Ordnung« deutete.

Jedenfalls neigte auch sein natürliches Gefühl für Höflichkeit dazu, und deshalb sagte er: »Ja, sicherlich.«

Ein weiterer Wortwechsel fand nicht statt, bis der Bildschirm anzeigte, dass sie gleich beim Sakratorium eintreffen würden, und Seldons mykogenischer Freund erhob sich, um auszusteigen.

Der Gravibus beschrieb einen weiten Bogen um das Gelände des Sakratoriums, und als er schließlich anhielt, stieg der größte Teil der Passagiere aus, wobei die Männer sich vor die Frauen schoben, um als Erste auszusteigen. Die Frauen folgten ihnen.

Die Stimme des Mykogeniers klang vom Alter schon etwas brüchig, wirkte aber vergnügt. Er meinte: »Für das Mittagessen ist es ein wenig früh, meine … ah … Freunde, aber glauben Sie mir, später wird es hier recht überfüllt sein. Hätten Sie Lust, jetzt schon eine einfache Mahlzeit im Freien zu sich zu nehmen? Ich bin mit der Gegend hier vertraut und kenne einen Kiosk.«

Seldon überlegte, ob das vielleicht ein Trick war, um unschuldige Stammesleute dazu zu bewegen, irgendetwas Ungehöriges oder Kostspieliges zu tun, beschloss dann aber, das Risiko einzugehen.

»Sie sind sehr freundlich«, sagte er. »Da wir uns hier überhaupt nicht auskennen, lassen wir uns gerne von Ihnen führen.«

Sie kauften an einem offenen Verkaufsstand Sandwiches und ein Getränk, das wie Milch aussah. Da es ein herrlicher Tag war und sie Besucher waren, schlug der alte Mykogenier vor, im Freien auf dem Sakratoriumsgelände zu essen, um sich auf die Weise besser mit ihrer Umgebung vertraut zu machen.

Während sie mit dem soeben erstandenen Imbiss in der Hand weitergingen, stellte Seldon fest, dass das Sakratorium wie ein verkleinertes Maßstabmodell des Kaiserpalasts aussah. Auch das umliegende Gelände und die Parkanlagen zeigten in winzigem Maßstab Ähnlichkeit mit dem Kaiserlichen Park. Er konnte sich nur schwer vorstellen, dass die Mykogenier die kaiserliche Institution bewunderten, eher, dass sie sie hassten und verachteten, und doch war die kulturelle Attraktion offenbar unwiderstehlich.

»Schön, nicht wahr?«, sagte der Mykogenier mit sichtlichem Stolz.

»Ja, allerdings«, sagte Seldon. »Und wie alles in der Sonne glänzt.«

»Die Anlage ist eine Kopie der Regierungsgebäude auf unserer Welt der Morgenröte«, meinte der Mykogenier. »… in Miniaturausgabe natürlich.«

»Haben Sie je den Kaiserpalast gesehen?«, fragte Seldon vorsichtig.

Der Mykogenier begriff die Andeutung, die ihm überhaupt nichts auszumachen schien. »*Die* haben die Welt der Morgenröte auch so gut sie konnten imitiert.«

Seldon bezweifelte das stark, sagte aber nichts.

Sie kamen zu einer halbkreisförmigen Bank aus weißem Steinit, die ebenso wie das Sakratorium selbst im Licht glänzte.

»Gut«, sagte der Mykogenier, und seine dunklen Augen funkelten vergnügt. »Keiner hat mir meinen Platz weggenommen.

Ich bezeichne ihn als den meinen, weil es mein Lieblingssitz ist. Von hier aus hat man einen wunderschönen Ausblick auf die Seitenmauer des Sakratoriums hinter den Bäumen. Bitte setzen Sie sich. Keine Sorge, es ist nicht kalt. Und Ihre Begleiterin. Sie darf sich gerne auch setzen. Ich weiß, sie ist eine Stammesfrau und hat andere Sitten. Sie … darf sprechen, wenn sie möchte.«

Dors warf ihm einen durchbohrenden Blick zu und setzte sich.

Seldon, der sich inzwischen darüber klar geworden war, dass sie möglicherweise eine Weile mit diesem alten Mykogenier zusammen sein würden, streckte die Hand aus und sagte: »Ich heiße Hari, und meine Begleiterin heißt Dors. Nummern benutzen wir leider keine.«

»Jeder nach seiner Art«, sagte der andere. »Ich heiße Mycelium Zweiundsiebzig. Wir sind eine große Schar.«

»Mycelium?«, wiederholte Seldon etwas unsicher.

»Das scheint Sie zu überraschen«, sagte Mycelium. »Dann haben Sie bis jetzt wahrscheinlich nur Angehörige unserer älteren Familien kennengelernt. Namen wie Wolke und Sonnenschein und Sternenlicht – alles astronomische Begriffe.«

»Ich muss zugeben …«, begann Seldon.

»Nun, dann lernen Sie jetzt jemand aus einer der unteren Klassen kennen. Wir beziehen unsere Namen vom Boden und den Mikroorganismen, die wir züchten; also durchaus ehrenwert.«

»Sicherlich«, sagte Seldon, »und nochmals vielen Dank, dass Sie mir im Gravibus mit meinem … Problem behilflich waren.«

»Hören Sie«, sagte Mycelium Zweiundsiebzig, »ich habe Ihnen eine Menge Ärger erspart. Wenn eine Schwester Sie vor mir gesehen hätte, hätte sie ohne Zweifel aufgeschrien, und die Brüder hätten Sie aus dem Bus geschoben – vielleicht nicht einmal darauf gewartet, bis er anhält.«

Dors beugte sich vor, um an Seldon vorbeisehen zu können. »Wie kommt es denn, dass Sie nicht selbst auch so gehandelt haben?«

»Ich habe nichts gegen Stammesleute. Ich bin Gelehrter.«

»Gelehrter?«

»Der Erste in meiner Schar. Ich habe an der Sakratoriumsschule studiert und recht gut abgeschlossen. Ich bin in allen antiken Künsten ausgebildet und habe die Lizenz, um die Stammesbibliothek zu betreten, wo man Buchfilme und Bücher von Stammesleuten aufbewahrt. Ich kann jeden Buchfilm sichten, jedes Buch lesen, wenn ich das möchte. Wir haben sogar eine computerisierte Nachschlagebibliothek, und auch damit bin ich vertraut. So etwas weitet den Verstand. Mir macht es nichts aus, wenn ein wenig Haar sichtbar ist. Ich habe oft genug Bilder von Männern mit Haaren gesehen, Frauen auch.« Er warf Dors einen schnellen Blick zu.

Dann verzehrten sie eine Weile schweigend ihre Mahlzeit, bis Seldon meinte: »Ich stelle fest, dass jeder Bruder, der das Sakratorium betritt oder es verlässt, eine rote Schärpe trägt.«

»Oh, ja«, sagte Mycelium Zweiundsiebzig. »Man trägt sie über die linke Schulter zur rechten Hüfte – gewöhnlich mit aufwendigen Stickereien.«

»Und was bedeutet das?«

»Man nennt das einen Obiah. Er symbolisiert die Freude, die man beim Betreten des Sakratoriums empfindet, das Blut, das man vergießen würde, um es zu schützen.«

»Blut?«, fragte Dors mit gerunzelter Stirn.

»Nur symbolisch. Ich habe noch nie gehört, dass jemand wegen des Sakratoriums Blut vergossen hätte. Was das betrifft, herrscht auch nicht so viel Freude. Tatsächlich hört man dort Klagen und Jammern und sieht Leute sich zu Boden werfen, um die Verlorene Welt zu betrauern.« Seine Stimme wurde leiser und ganz weich. »Sehr albern.«

»Dann sind Sie kein … kein Gläubiger?«, sagte Dors.

»Ich bin Gelehrter«, sagte Mycelium mit unverkennbarem Stolz. Sein Gesicht zeigte beim Lächeln noch mehr Runzeln, und er wirkte dadurch noch älter. Seldon überlegte, wie alt der Mann wohl sein mochte. Zweihundert Jahre? – Nein, damit hatten sie ja Schluss gemacht, das konnte nicht sein. Und doch …

»Wie alt sind Sie?«, fragte Seldon plötzlich und unwillkürlich.

Mycelium Zweiundsiebzig ließ keinerlei Anzeichen erkennen, dass die Frage ihn etwa geärgert hätte, noch zögerte er mit der Antwort. »Siebenundsechzig.«

Seldon musste es jetzt einfach wissen. »Man hat mir gesagt, bei Ihnen glaube man, in der Vergangenheit hätte jeder ein paar Jahrhunderte lang gelebt.«

Mycelium Zweiundsiebzig sah Seldon erstaunt an. »Wie haben Sie denn das erfahren? Da muss jemand aus der Schule geplaudert haben. Aber es stimmt. Diesen Glauben gibt es tatsächlich. Im Wesentlichen glauben nur ungebildete Leute daran, aber die Ältesten unterstützen das, weil es unsere Überlegenheit zeigt. Tatsächlich ist unsere Lebenserwartung höher als andernorts, weil wir nahrhafter essen, aber es kommt nur ganz selten vor, dass jemand auch nur ein Jahrhundert lang lebt.«

»Sie sind offenbar nicht der Meinung, dass Mykogenier überlegen sind«, sagte Seldon.

»Den Mykogeniern fehlt gar nichts«, erwiderte Mycelium Zweiundsiebzig. »Und unterlegen sind sie ganz sicher nicht. Aber ich bin der Meinung, dass alle Menschen gleich sind – selbst Frauen«, fügte er hinzu und sah zu Dors hinüber.

»Ich denke nicht«, wandte Seldon ein, »dass viele ihrer Leute dem zustimmen würden.«

»Und ebenso wenige von *ihren* Leuten«, meinte Mycelium Zweiundsiebzig ein wenig bedrückt. »Aber ich glaube daran. Ein Gelehrter muss das. Ich habe die ganze große Literatur der Stammesleute gesichtet und sogar gelesen. Ich verstehe Ihre Kultur. Ich habe Artikel darüber geschrieben. Ich fühle mich hier in Ihrer Gesellschaft ebenso wohl, als wenn Sie … ah … *wir* wären.«

Daraufhin schaltete sich Dors ein wenig scharf in das Gespräch ein. »Was Sie sagen, klingt so, als wären Sie stolz darauf, die Stammesleute zu verstehen. Haben Sie je Reisen außerhalb von Mykogen unternommen?«

Mycelium Zweiundsiebzig schien etwas von ihnen abzurücken. »Nein.«

»Warum nicht? Da würden Sie uns besser kennenlernen.«

»Ich würde mich nicht wohlfühlen. Ich würde eine Perücke tragen müssen. Ich würde mich schämen.«

»Warum eine Perücke?«, wollte Dors wissen. »Sie könnten kahl bleiben.«

»Nein«, sagte Mycelium Zweiundsiebzig, »so unvernünftig wäre ich ganz sicher nicht. Dann würden mich alle Haarigen schlecht behandeln.«

»Schlecht behandeln? Warum?«, fragte Dors. »Überall auf Trantor gibt es eine ganze Menge von Natur aus kahler Leute und auf allen anderen Welten auch.«

»Mein Vater ist völlig kahl«, meinte Seldon seufzend, »und in den nächsten Jahrzehnten werde ich das ganz bestimmt auch sein. Mein Haar ist schon jetzt nicht mehr besonders dicht.«

»Das ist nicht kahl«, sagte Mycelium Zweiundsiebzig. »Sie behalten das Haar an den Rändern und über Ihren Augen. Ich meine *kahl* – überhaupt kein Haar.«

»Am ganzen Körper?«, fragte Dors interessiert.

Mycelium Zweiundsiebzig schien beleidigt und sagte nichts.

Seldon, der bemüht war, das Gespräch wieder in Gang zu bringen, fragte: »Sagen Sie, Mycelium Zweiundsiebzig, dürfen Stammesleute das Sakratorium betreten, um es zu besichtigen?«

Mycelium Zweiundsiebzig schüttelte heftig den Kopf. »Niemals! Es ist nur für die Söhne der Morgenröte bestimmt.«

»Nur die Söhne?«, fragte Dors.

Einen Augenblick lang wirkte Mycelium Zweiundsiebzig schockiert. Dann meinte er nachsichtig: »Nun, Sie sind Stammesleute. Die Töchter der Morgenröte betreten es nur an bestimmten Tagen zu bestimmten Zeiten. So ist das eben. Damit sage ich nicht, dass *ich* das billige. Wenn es an mir läge, würde ich sagen: ›Geht nur hinein. Habt euren Spaß daran, wenn ihr es könnt.‹ Lieber andere als ich.«

»Gehen Sie denn nie hinein?«

»Als ich jung war, haben meine Eltern mich mitgenommen, aber …« – er schüttelte den Kopf – »… da waren nur Leute, die das Buch anstarrten und Stellen aus ihm vorlasen und dann immer wieder so den alten Tagen nachweinten. Es ist recht deprimierend. Man darf nicht miteinander sprechen, man darf nicht lachen, man darf sich nicht einmal ansehen. Man muss sein ganzes Denken völlig auf die Verlorene Welt konzentrieren. Völlig.« Er machte eine abwehrende Handbewegung. »Das ist nichts für mich. Ich bin Gelehrter und möchte, dass mir die ganze Welt offensteht.«

»Gut«, sagte Seldon, der einen Ansatzpunkt verspürte. »So empfinden wir auch. Wir sind ebenfalls Gelehrte, Dors und ich.«

»Ich weiß«, sagte Mycelium Zweiundsiebzig.

»Sie wissen? Wie kommt das?«

»Das mussten Sie doch sein. Die einzigen Stammesleute, die Mykogen zulässt, sind kaiserliche Beamte und Diplomaten, wichtige Händler und Gelehrte – und für mich sehen Sie beide wie Gelehrte aus. Das war es ja, was mein Interesse an Ihnen geweckt hat. Beides Gelehrte.« Er lächelte entzückt.

»Das sind wir. Ich bin Mathematiker. Dors ist Historikerin. Und Sie?«

»Ich habe mich auf … Kultur … spezialisiert. Ich habe sämtliche großen literarischen Werke der Stammesleute gelesen: Lissauer, Mentone, Novigor …«

»Und wir haben die großen Werke Ihres Volkes gelesen. Ich habe beispielsweise das Buch gelesen – über die Verlorene Welt.«

Mycelium Zweiundsiebzigs Augen weiteten sich überrascht. Sein olivfarbener Teint schien heller zu werden. »Was haben Sie? Wie? Wo?«

»An unserer Universität gibt es Kopien, die wir lesen können, wenn wir die Erlaubnis dafür bekommen.«

»Kopien vom *Buch?*«

»Ja.«

»Ich möchte wissen, ob die Ältesten das wissen.«

»Und über Roboter habe ich auch gelesen«, fuhr Seldon fort.

»Roboter?«

»Ja, deshalb würde ich ja gerne das Sakratorium besuchen. Ich würde gerne den Roboter sehen.« (Dors versetzte Seldon einen leichten Tritt gegen das Schienbein, aber er ignorierte sie.)

»Ich glaube nicht an solche Dinge«, sagte Mycelium Zweiundsiebzig etwas unsicher. »Das tun Gelehrte nicht.« Aber dabei sah er sich um, als hätte er Angst, jemand könnte ihn hören.

»Ich habe gelesen, dass es im Sakratorium einen Roboter gibt«, sagte Seldon.

»Ich mag nicht über solchen Unsinn reden«, meinte Mycelium Zweiundsiebzig.

Seldon ließ nicht locker. »Wenn er sich *wirklich* im Sakratorium befände, wo wäre er dann?«

»Das könnte ich Ihnen selbst dann nicht sagen, wenn es einen gäbe. Ich bin seit meiner Kindheit nicht mehr drin gewesen.«

»Würden Sie wissen, ob es einen besonderen Ort gibt, ein Versteck vielleicht?«

»Nun, es gibt den Horst der Ältesten. Nur die Ältesten besteigen ihn, aber dort ist nichts.«

»Sind Sie je dort gewesen?«

»Nein, natürlich nicht.«

»Woher wissen Sie das dann?«

»Ich weiß nicht, dass es dort keinen Pommeranzenbaum gibt. Ich weiß nicht, dass es dort keine Laserorgel gibt. Ich weiß nicht, dass es dort eine Million verschiedener Dinge gibt. Wenn ich nicht weiß, dass es so etwas nicht gibt – heißt das, dass diese Dinge dort alle vorhanden sind?«

Darauf hatte Seldon keine Antwort.

Jetzt brach das Gespenst eines Lächelns durch Mycelium Zweiundsiebzigs besorgte Miene, und er meinte: »So argumentieren Gelehrte. Mit mir hat man es schwer, wissen Sie. Trotzdem würde ich Ihnen davon abraten, den Horst der Ältesten zu besteigen. Ich glaube, wenn die darin einen Stammesmann fänden, dann würde etwas passieren, das Ihnen nicht gefallen dürfte. Nun denn. Ich wünsche eine schöne Dämmerung.« Und damit stand er plötzlich auf und eilte davon.

Seldon sah ihm recht überrascht nach. »Was hat er es denn plötzlich so eilig?«

»Nun«, vermutete Dors, »wahrscheinlich, weil jemand kommt.«

Und so war es. Ein hochgewachsener Mann in einem eleganten weißen Kittel, zu dem er eine noch elegantere glitzernde rote Schärpe trug, kam mit gemessenen Schritten auf sie zu. Er hatte die unverkennbare Ausstrahlung einer Autoritätsperson und die noch unverkennbarere Ausstrahlung von jemandem, der ganz und gar nicht zufrieden war.

53

Hari Seldon stand auf, als der Mykogenier auf sie zukam. Er hatte nicht die leiseste Ahnung, ob das angemessenes, höfliches Verhalten war, aber er hatte das sichere Gefühl, dass es nicht schaden würde. Dors Venabili stand mit ihm auf und hielt den Blick sorgsam gesenkt.

Der Mann blieb vor ihnen stehen. Er war ebenfalls ein alter Mann, aber auf subtilere Art gealtert als Mycelium Zweiundsiebzig. Das Alter schien seinem immer noch gut aussehenden Gesicht eine besondere Würde zu verleihen. Sein kahler Schädel war schön gerundet und seine Augen von auffälligem Blau, sodass sie einen scharfen Kontrast zu dem hellen, fast leuchtenden Rot seiner Schärpe bildeten.

»Ich sehe, Sie sind Stammesleute«, erklärte er. Seine Stimme war schriller, als Seldon erwartet hatte. Er sprach langsam, als wäre er sich bei jedem Wort, das er von sich gab, der Last seiner Autorität bewusst.

»Das sind wir«, sagte Seldon höflich, aber entschieden. Er sah keinen Anlass, die Position des anderen nicht anzuerkennen, hatte aber auch nicht vor, die eigene aufzugeben.

»Ihre Namen?«

»Ich bin Hari Seldon von Helicon. Meine Begleiterin ist Dors Venabili von Cinna. Und der Ihre, Mann von Mykogen?«

Seine Augen verengten sich in einem Anflug von Verärgerung, aber auch er vermochte Autorität zu erkennen.

»Ich heiße Himmelsstreifen Zwei«, sagte er und hob den Kopf noch höher. »Ich bin ein Ältester des Sakratoriums. Und welche Position haben Sie inne, Stammesmann?«

»*Wir*«, sagte Seldon betont, »sind Gelehrte der Streeling-Universität. Ich bin Mathematiker und meine Begleiterin ist Historikerin. Wir sind hier, um das Leben in Mykogen zu studieren.«

»Mit wessen Vollmacht?«

»Mit der von Sonnenmeister Vierzehn, der uns bei unserer Ankunft begrüßt hat.«

Himmelsstreifen Zwei verstummte einen Augenblick lang, dann zog ein leichtes Lächeln über sein Gesicht, das einen fast wohlwollenden Ausdruck annahm. »Der Hohe Älteste. Ich kenne ihn gut«, sagte er.

»Das sollten Sie auch«, meinte Seldon kühl. »Ist sonst noch etwas, Ältester?«

»Ja.« Der Älteste schien sichtlich bemüht, wieder die Oberhand zu gewinnen. »Wer war der Mann in Ihrer Gesellschaft, der sich so eilig entfernte, als ich kam?«

Seldon schüttelte den Kopf. »Wir haben ihn noch nie gesehen, Ältester, und ich weiß nichts über ihn. Wir sind ihm rein zufällig begegnet und haben uns bei ihm nach dem Sakratorium erkundigt.«

»Was haben Sie ihn gefragt?«

»Zwei Dinge, Ältester. Wir fragten, ob jenes Gebäude das Sakratorium sei und ob Stammesleute es betreten dürfen. Er hat die erste Frage bejaht und die zweite verneint.«

»Ganz richtig. Und worauf beruht Ihr Interesse am Sakratorium?«

»Nun, wir sind hier, das Leben in Mykogen zu studieren. Und ist das Sakratorium denn nicht Herz und Gehirn von Mykogen?«

»Es gehört einzig und allein uns und ist ausschließlich uns vorbehalten.«

»Selbst wenn ein Ältester – der Hohe Älteste – angesichts unserer Funktion als Gelehrte die Genehmigung veranlassen würde?«

»Haben Sie denn die Genehmigung des Hohen Ältesten?«

Seldon zögerte den Bruchteil einer Sekunde, während Dors kurz den Blick hob und ihn von der Seite musterte. Doch er kam zu dem Schluss, dass er mit einer so großen Lüge nicht durchkommen würde. »Nein«, sagte er, »noch nicht.«

»Und die werden sie auch nie bekommen«, versicherte der Älteste. »Sie sind mit Genehmigung hier in Mykogen, aber selbst die höchste Autorität kann keine totale Kontrolle über die Öffentlichkeit ausüben. Wir schätzen unser Sakratorium sehr, und die Bevölkerung kann sich nur zu leicht über die Anwesenheit einer Stammesperson irgendwo in Mykogen erregen. Aber ganz besonders in der Umgebung des Sakratoriums. Es würde schon ausreichen, wenn ein einziger ›Invasion!‹ rufen würde, um eine friedliche Menschenmenge wie diese hier in eine blutdürstige Meute zu verwandeln, die Sie in Stücke reißen würde. Ich meine das ganz wörtlich. Im eigensten Interesse, selbst wenn der Hohe Älteste freundlich zu Ihnen war, sollten Sie gehen. Jetzt gleich!«

»Aber das Sakratorium …«, sagte Seldon hartnäckig, obwohl Dors schon an seinem Kittel zerrte.

»Was gibt es denn im Sakratorium, das Sie interessieren könnte?«, sagte der Älteste. »Sie sehen es ja jetzt. In seinem Innern gibt es für Sie nichts zu sehen.«

»Da ist der Roboter«, sagte Seldon.

Der Älteste starrte Seldon erschrocken und überrascht an und beugte sich dann vor, sodass seine Lippen ganz dicht an Seldons Ohr waren, und flüsterte: »Gehen Sie jetzt, sonst werde ich selbst ›Invasion!‹ rufen. Und wenn der Hohe Älteste nicht wäre, würde ich Ihnen nicht einmal die Chance geben, noch zu gehen.«

Und Dors zerrte so heftig an Seldon, mit einer Kraft, die ihn verblüffte, dass er fast gestürzt wäre und einige Mühe hatte, ihr zu folgen.

54

Erst beim Frühstück am nächsten Morgen griff Dors das Thema auf – und zwar auf eine Art und Weise, die Seldon recht verletzend fand.

»Das war ja ein ganz schönes Fiasko gestern«, sagte sie. Seldon, der ehrlich geglaubt hatte, ohne einen Kommentar wegzukommen, blickte finster. »Weshalb ein Fiasko?«

»Nun, man hat uns verjagt. Und wofür? Was haben wir gewonnen?«

»Nur das Wissen, dass dort drin ein Roboter ist.«

»Mycelium Zweiundsiebzig hat das verneint.«

»Natürlich hat er das. Er ist Gelehrter – oder hält sich für einen –, und was er alles nicht über das Sakratorium weiß, würde wahrscheinlich die ganze Bibliothek füllen, die er immer besucht. Sie haben doch gesehen, wie der Älteste reagiert hat.«

»Das habe ich wohl.«

»So hätte er sicher nicht reagiert, wenn dort kein Roboter wäre. Er war entsetzt, dass wir das wussten.«

»Das ist Ihre Vermutung, Hari. Und selbst wenn es so wäre – wir könnten nicht hinein.«

»Versuchen könnten wir es ganz sicher. Wir gehen nach dem Frühstück und kaufen eine Schärpe für mich, eine von diesen Obiahs. Ich lege sie um, halte die Augen fromm gesenkt und gehe einfach hinein.«

»Mit Mütze und allem? Keine Sekunde, und die entdecken Sie.«

»Nein, das werden sie nicht. Wir gehen in die Bibliothek, wo sämtliche Aufzeichnungen über die Stammesleute aufbewahrt werden. Die würde ich mir ohnehin gern ansehen. Und aus der Bibliothek, die in einem Anbau des Sakratoriums untergebracht ist, gibt es wahrscheinlich einen Zugang …«

»Wo man Sie sofort festnehmen wird.«

»Keineswegs. Sie haben doch gehört, was Mycelium Zweiundsiebzig zu sagen hatte. Jeder hält den Blick gesenkt und meditiert über ihre große verlorene Welt Aurora. Niemand sieht einen anderen an. Wahrscheinlich wäre es ein lästerlicher Bruch der Disziplin, dies zu tun. Dann werde ich den Horst der Ältesten finden …«

»Einfach so?«

»Mycelium Zweiundsiebzig hat doch gesagt, er würde mir dringend raten, den Horst der Ältesten nicht zu besteigen. *Besteigen* hat er gesagt – also muss er irgendwo oben liegen. Irgendwo in diesem Turm des Sakratoriums, dem Zentralturm.«

Dors schüttelte den Kopf. »Ich kann mich nicht genau an die Worte des Mannes erinnern, und Sie wahrscheinlich auch nicht. Das ist eine schrecklich schwache Grundlage, um … warten Sie.« Plötzlich hielt sie inne und runzelte die Stirn.

»Nun?«

»Es gibt ein archaisches Wort ›Horst‹ und das bedeutet ›ein Wohnsitz in der Höhe‹.«

»Ah! Da haben wir's! Sie sehen also, wir haben in diesem Fiasko doch einiges Wichtige in Erfahrung gebracht. Und wenn ich einen lebenden Roboter finden kann, der zwanzigtausend Jahre alt ist, und er mir sagen kann …«

»Angenommen, ein solches Ding existierte tatsächlich, was ich nicht glauben kann, und Sie finden es, was höchst unwahrscheinlich ist, wie lange, glauben Sie dann wohl, werden Sie mit ihm reden können, ehe man Ihre Anwesenheit entdeckt?«

»Das weiß ich nicht, aber wenn ich beweisen kann, dass es existiert, und ich es finden kann, dann wird mir schon auch einfallen, wie ich mit ihm rede. Für mich ist es jedenfalls inzwischen zu spät, noch den Rückzug anzutreten. Hummin hätte mich in Frieden lassen sollen, als ich der Meinung war, es gäbe keine Möglichkeit, die Psychohistorik zu nutzen. Jetzt, wo es den Anschein hat, als gäbe es eine solche Möglichkeit, werde ich mich durch nichts davon abhalten lassen – wenn man mich nicht umbringt.«

»Es könnte durchaus sein, dass die Mykogenier Ihnen den Gefallen tun, Hari. Und das Risiko dürfen Sie nicht eingehen.«

»Doch, das darf ich. Ich werde es versuchen.«

»Nein, Hari. Ich muss auf Sie aufpassen und kann das nicht zulassen.«

»Das müssen Sie aber. Die Psychohistorik ist wichtiger als meine Sicherheit. Der einzige Grund, weshalb meine Sicherheit überhaupt etwas bedeutet, ist der, dass ich vielleicht imstande bin, die Psychohistorik zu entwickeln. Wenn Sie mich daran hindern, verliert Ihre Aufgabe ihre Bedeutung. – Denken Sie darüber nach!«

Hari spürte sich von neuem Schwung erfüllt. Die Psychohistorik – *seine* nebulöse Theorie, an der er noch vor so kurzer Zeit beinahe verzweifelt wäre, in der Meinung, sie nie beweisen zu können – türmte sich vor ihm auf, näher denn je. Jetzt *musste* er glauben, dass es möglich war. Er spürte das tief in seinem Innersten. Die einzelnen Fragmente schienen sich zusammenzufügen, und obwohl er noch nicht das ganze Muster erkennen konnte, war er doch sicher, dass das Sakratorium ihm ein weiteres Stück dieses Puzzles liefern würde.

»Dann werde ich mitkommen, um Sie herausholen zu können, Sie Idiot, wenn die Zeit dafür kommt.«

»Frauen haben keinen Zutritt.«

»Was macht mich denn zu einer Frau? Nur dieser graue Kittel. Meinen Busen kann man darunter nicht sehen. Und mit der Mütze ist auch mein Haar nicht weiblich. Ich habe dasselbe gewaschene und ausdruckslose Gesicht wie Sie. Und Bartstoppeln haben die Männer hier nicht. Ich brauche also nur einen weißen Kittel und eine Schärpe, dann kann ich hinein. Jede Schwester könnte hineingehen, wenn nicht ein Tabu sie davon abhalten würde. Und mich hält keines ab.«

»Aber ich halte Sie ab. Ich werde das nicht zulassen. Das ist zu gefährlich.«

»Aber für mich nicht gefährlicher als für Sie.«

»Aber ich *muss* das Risiko eingehen.«

»Und warum ich nicht?«

»Weil …« Seldon stockte.

»Machen Sie sich eines klar«, sagte Dors, und ihre Stimme klang hart wie Stein. »Ich werde Sie nicht ohne mich dort hineingehen lassen. Wenn Sie es versuchen, dann schlage ich Sie bewusstlos und fessle Sie. Und wenn Ihnen das nicht gefällt, dann sollten Sie sich einfach aus dem Kopf schlagen, alleine dort hineinzugehen.«

Seldon zögerte und murmelte dann etwas Unverständliches. Und damit gab er die Diskussion auf, wenigstens für den Augenblick.

55

Der Himmel war fast wolkenlos, aber von fahlem Blau, wie von dünnem, hoch liegendem Nebel überzogen. Plötzlich vermisste Seldon die Sonne. Niemand auf Trantor sah je die Sonne des Planeten, wenn er nicht an die Oberseite ging, und selbst dann nur, wenn die natürliche Wolkenschicht aufriss.

Vermissten geborene Trantorianer je die Sonne? Dachten sie je darüber nach? Wenn sie andere Welten besuchten, auf denen man die nackte Sonne zu sehen bekam, starrten sie sie dann ehrfürchtig und halb blind an?

Warum brachten eigentlich so viele Menschen ihr Leben damit zu, ohne zu versuchen, Antworten auf Fragen zu finden, überlegte er – ja nicht einmal, indem sie sich Fragen ausdachten? Gab es denn etwas Erregenderes im Leben, als Antworten zu suchen?

Sein Blick senkte sich. Die breite Straße war von niedrigen Bauten gesäumt, die meisten davon waren Läden. Zahlreiche Bodenwagen bewegten sich in beiden Richtungen, jeweils dicht am rechten Straßenrand. Sie wirkten wie eine Sammlung von Antiquitäten, aber sie waren elektrisch angetrieben und bewegten sich völlig lautlos. Seldon fragte sich, ob »Antiquität« eigentlich etwas war, worüber man die Nase rümpfen sollte. Könnte es sein, dass diese Lautlosigkeit vielleicht ihre Langsamkeit wettmachte? Hatte das Leben es denn eilig?

Auf den Fußwegen sah er auch eine Anzahl Kinder, und Seldon presste verstimmt die Lippen zusammen. Wenn die Mykogenier nicht bereit waren, Säuglingsmord zu begehen, war ohne Zweifel eine verlängerte Lebensspanne für sie unmöglich. Die Kinder beider Geschlechter (obwohl man die Knaben nur schwer von den Mädchen unterscheiden konnte) trugen Kittel, die nur ein paar Zentimeter über das Knie reichten und damit die muntere Betriebsamkeit der Kindheit erleichterten.

Auch ihr Haar hatten die Kinder noch, wenn auch auf eine Länge von höchstens drei Zentimeter gestutzt, aber trotzdem trugen die älteren unter ihnen Kapuzen an den Kitteln, die die Oberseite ihres Kopfes bedeckten. Es war gerade, als wären sie schon alt genug, dass ihr Haar etwas obszön wirkte – oder alt genug, um es verbergen zu wollen, voll Sehnsucht für die Riten des Erwachsenwerdens, bei denen man depiliert wurde.

Seldon kam etwas in den Sinn, und er fragte: »Dors, als Sie einkaufen waren, wer hat da bezahlt, Sie oder die Regentropfenfrauen?«

»Ich natürlich. Die Regentropfen haben nie eine Kreditkarte sehen lassen. Aber warum sollten sie auch? Was ich kaufte, war ja für uns, nicht für sie.«

»Aber Sie haben eine trantorianische Kreditkarte – die Kreditkarte einer Stammesfrau.«

»Aber natürlich, Hari, aber das war kein Problem. Die Leute von Mykogen mögen ihre eigene Kultur, ihre Art zu denken und ihre Lebensgewohnheiten ganz nach ihren Wünschen bewahren, sie dürfen auch ihr Kopfhaar entfernen und Kittel tragen. Aber Kreditkarten müssen sie trotzdem benutzen. Würden sie das nicht tun, dann würde das den Handel zum Erliegen bringen. Und kein vernünftiger Mensch würde das wollen. Kredit ist Leben, Hari.« Sie hob die Hand, als hielte sie damit eine unsichtbare Karte.

»Und man hat Ihre Kreditkarte angenommen?«

»Ohne einen Piepser. Und kein Wort über meine Mütze. Credits machen alles keimfrei.«

»Nun, das ist gut, dann kann ich ja auch einkaufen. Und ...«

»Nein, das werde ich übernehmen. Credits mögen alles keimfrei machen, aber leichter machen sie eine Stammesfrau keimfrei. Die sind es so gewöhnt, kaum oder gar nicht auf Frauen zu achten, dass das auch für mich gilt. – Und hier ist schon der Kleiderladen, in dem ich war.«

»Ich werde draußen warten. Besorgen Sie mir eine hübsche rote Schärpe – eine, die Eindruck macht.«

»Jetzt tun Sie bloß nicht so, als hätten Sie vergessen, was wir beschlossen haben. Ich werde zwei kaufen. Und einen zweiten weißen Kittel auch … für *mich.*«

»Wird es denen nicht seltsam vorkommen, dass eine Frau einen weißen Kittel kauft?«

»Natürlich nicht. Die werden annehmen, dass ich ihn für einen männlichen Gefährten kaufe, der zufällig die gleiche Größe wie ich hat. Und wahrscheinlich werden sie sich überhaupt nichts denken, solange nur meine Kreditkarte stimmt.«

Seldon wartete und rechnete halb damit, jemand würde auf ihn zukommen und ihn als Stammesmann begrüßen oder beschimpfen – was wahrscheinlicher war –, aber nichts dergleichen geschah. Die Leute, die vorübergingen, würdigten ihn keines Blickes, und selbst diejenigen, die ihn ansahen, schienen sich nicht für ihn zu interessieren. Besonders nervös machten ihn die grauen Kittel – die Frauen –, die in Paaren oder, noch schlimmer, in Gesellschaft eines Mannes vorübergingen. Unbemerkt, bedrückt und vernachlässigt waren sie – gab es denn einen besseren Weg als wenigstens kurze Zeit Aufmerksamkeit zu erregen, als beim Anblick eines Stammesmannes einen Schrei auszustoßen? Aber die Frauen zogen stumm vorüber.

Sie rechnen nicht damit, einen Stammesmann zu sehen, dachte Seldon, also sehen sie auch keinen.

Und das war ein gutes Vorzeichen für ihr beabsichtigtes Eindringen in das Sakratorium, sagte er sich. Um wie viel weniger würde dort jemand damit rechnen, Stammesleute zu sehen, und um wie viel weniger wahrscheinlich war es daher, dass man sie sehen würde! So war er recht gut gestimmt, als Dors schließlich aus dem Laden kam.

»Haben Sie alles?«

»Selbstverständlich.«

»Dann lassen Sie uns zurückgehen, damit Sie sich umkleiden können.«

Der weiße Kittel passte ihr nicht so gut wie der graue. Natürlich hatte sie ihn nicht anprobieren können, denn das hätte selbst den stumpfsinnigsten Ladenbesitzer aufmerksam gemacht.

»Wie sehe ich aus, Hari?«, fragte sie.

»Ganz wie ein Junge«, sagte Seldon. »So, und jetzt wollen wir die Schärpe anprobieren … den Obiah. Ich sollte mich besser daran gewöhnen, ihn so zu bezeichnen.«

Dors hatte die Mütze abgenommen und schüttelte ihr Haar. »Jetzt nicht«, sagte sie. »Wir werden nicht draußen damit herumlaufen. Schließlich wollen wir doch nicht Aufmerksamkeit auf uns ziehen.«

»Nein, nein. Ich will nur sehen, wie man ihn bindet.«

»Nun, dann nicht den hier. Dieser hier ist von besserer Qualität und prunkvoller.«

»Sie haben recht, Dors. Ich muss alle Aufmerksamkeit auf mich ziehen. Schließlich sollen die ja nicht entdecken, dass Sie eine Frau sind.«

»Daran denke ich gar nicht, Hari. Ich möchte nur, dass Sie hübsch aussehen.«

»Tausend Dank, aber ich fürchte, das ist unmöglich. So, und jetzt lassen Sie uns sehen, wie das funktioniert.«

Gemeinsam probierten Hari und Dors an ihren Obiahs herum, banden sie sich um und nahmen sie wieder ab, bis das Ganze wie selbstverständlich funktionierte. Dors zeigte es Hari, sie hatte tags zuvor einem Mann vor dem Sakratorium dabei zugesehen, wie er sich den Obiah umband.

Als Hari sie wegen ihrer scharfen Beobachtungsgabe lobte, wurde sie rot und sagte: »Das ist gar nichts, Hari. Ich habe einfach aufgepasst.«

»Dann sind Sie ein Genie, was Ihre Beobachtungsgabe angeht«, erwiderte Hari.

Als sie schließlich mit dem Erreichten zufrieden war, musterten sie sich gegenseitig. Haris Obiah glitzerte. Er zeigte ein grellrotes Drachenmuster auf hellerem Hintergrund. Der von Dors war etwas weniger auffällig, mit einem dünnen Streifen in der Mitte und recht hell. »So«, sagte sie, »das reicht schon, um guten Geschmack zu zeigen.« Sie nahm ihn ab.

»Und jetzt«, erklärte Seldon, »falten wir ihn zusammen und bewahren ihn in einer der inneren Taschen auf. In der hier habe ich meine Kreditkarte – die von Hummin, genauer gesagt – und den Schlüssel für diese Wohnung und auf der anderen Seite das Buch.«

»Das *Buch?* Halten Sie es für gut, das mit herumzuschleppen?«

»Das muss ich. Ich nehme an, dass jeder, der das Sakratorium aufsucht, ein Exemplar des Buches bei sich haben muss. Vielleicht trägt man dort Passagen daraus vor oder hält Lesungen. Wenn nötig, benutzen wir es gemeinsam. Fertig?«

»Fertig werde ich nie sein, aber ich komme mit.«

»Es wird anstrengend werden. Würden Sie sich noch einmal meine Mütze ansehen und sich vergewissern, dass diesmal kein Haar heraussieht? Und kratzen Sie sich nicht am Kopf.«

»Ganz bestimmt nicht. Sieht so aus, als wäre bei Ihnen alles in Ordnung.«

»Bei Ihnen auch.«

»Sie wirken ziemlich nervös.«

Und Seldon meinte: »Dreimal dürfen Sie raten, weshalb!«

Dors streckte impulsiv die Hand aus und drückte die Haris und zuckte dann zurück, als wunderte sie sich über sich selbst. Sie sah an sich hinab und zog sich den weißen Kittel zurecht. Hari, der selbst ein wenig überrascht und von ihrer Geste sichtlich angetan war, räusperte sich und sagte: »Okay, dann gehen wir.«

HORST

Roboter – … Ein Begriff, der in den antiken Legenden mehrerer Welten anstelle des allgemeiner gebräuchlichen »Automaten« benutzt wurde. Roboter werden allgemein als aus Metall gefertigte Gebilde von menschlicher Gestalt beschrieben, obwohl angeblich einige von ihnen pseudoorganischer Natur gewesen sein sollen. Man nimmt allgemein an, dass Hari Seldon während der Flucht einen echten Roboter gesehen haben soll, aber dieser Bericht ist zweifelhafter Herkunft. In den umfangreichen Schriften Seldons werden jedenfalls Roboter überhaupt nicht erwähnt, obwohl …

ENCYCLOPAEDIA GALACTICA

56

Sie wurden nicht bemerkt.

Hari Seldon und Dors Venabili wiederholten die Reise vom vergangenen Tag, und diesmal achtete niemand auf sie. Sie mussten mehrere Male die Knie anziehen, um jemanden von einem der inneren Plätze an ihnen vorbei aussteigen zu lassen. Und dann wurde ihnen bald klar, dass sie, wenn jemand einstieg, nach innen rutschen mussten, wenn der Platz dort frei war.

Diesmal störten sie schnell die Ausdünstungen von nicht frisch gewaschenen Kitteln, weil sie von den Vorgängen draußen nicht so abgelenkt wurden.

Aber schließlich hatten sie ihr Ziel erreicht.

»Das ist die Bibliothek«, sagte Seldon mit leiser Stimme.

»Ja, wahrscheinlich«, sagte Dors. »Zumindest ist das das Gebäude, auf das Mycelium Zweiundsiebzig gestern gezeigt hat.«

Sie schlenderten darauf zu.

»Und jetzt tief durchatmen«, sagte Seldon. »Dies ist die erste Hürde.«

Die Tür vor ihnen stand offen, und das Licht im Innern war gedämpft. Fünf breite Steintreppen führten nach oben. Sie traten auf die unterste Stufe und warteten ein paar Augenblicke, bis ihnen bewusst wurde, dass ihr Gewicht die Stufen nicht dazu veranlasste, sich nach oben zu bewegen. Dors schnitt eine Grimasse und bedeutete Seldon mit einer Handbewegung, dass er sich selbst bewegen müsse.

Zusammen gingen sie die Treppe hinauf, von der Rückständigkeit Mykogens peinlich berührt. Dann passierten sie eine Tür, hinter der ein Mann an einem Schreibtisch saß und sich über den einfachsten und primitivsten Computer beugte, den Seldon je gesehen hatte.

Der Mann sah nicht zu ihnen auf. Nicht nötig, vermutete Seldon. Weißer Kittel, kahler Schädel – alle Mykogenier ähnelten einander so sehr, dass der Blick nicht an ihnen haften blieb. Und das gereichte ihnen als Stammesleuten im Augenblick zum Vorteil.

Der Mann, der allem Anschein nach immer noch damit beschäftigt war, etwas auf seinem Schreibtisch zu studieren, sagte: »Gelehrte?«

»Gelehrte«, sagte Seldon.

Und der Mann machte eine ruckartige Kopfbewegung auf eine Tür zu. »Gehen Sie hinein. Viel Spaß!«

Sie traten ein und waren, so weit sie das feststellen konnten, die einzigen Besucher in diesem Teil der Bibliothek. Entweder war die Bibliothek kein besonders populärer Ort, oder es gab nur wenige Gelehrte oder – was das Wahrscheinlichste war – beides.

Seldon flüsterte: »Ich hatte gedacht, wir würden ganz sicher irgendeine Lizenz oder eine Genehmigung oder sonst ein Formular vorlegen müssen, und ich wäre zu der Behauptung gezwungen gewesen, ich hätte es vergessen.«

»Wahrscheinlich ist er in jedem Fall über unsere Anwesenheit froh. Haben Sie je einen solchen Bau gesehen? Wenn ein Ort tot sein könnte wie ein Mensch, dann befänden wir uns jetzt im Innern einer Leiche.«

Die meisten Bücher in dieser Abteilung waren Druckbücher, wie *das* Buch, das Seldon in der Innentasche trug. Dors schlenderte zwischen den Regalen herum und studierte sie. »Alte Bücher zum größten Teil«, meinte sie. »Teils Klassiker und teils wertlos.«

»Bücher von draußen? Nicht aus Mykogen meine ich?«

»O ja. Wenn die ihre eigenen Bücher haben, dann müssen sie wohl in einer anderen Abteilung aufbewahrt werden. Dies hier ist für die Erforschung der Welt außerhalb Mykogens, für arme, kleine Gelehrte, die sich selbst als solche bezeichnen, wie der gestern – das hier ist die Abteilung mit den Nachschlagewerken. Und hier ist eine kaiserliche Enzyklopädie. Bestimmt schon fünfzig Jahre alt, das wette ich … und ein Computer.«

Sie griff nach der Tastatur, aber Seldon hinderte sie daran. »Warten Sie. Es könnte etwas schiefgehen, und dann würden wir aufgehalten.«

Er deutete auf ein diskretes Zeichen über einer freistehenden Regalgruppe, auf dem die Buchstaben ZUM SAKR TORIUM leuchteten. Das zweite A in Sakratorium war tot, wahrscheinlich vor Kurzem ausgefallen, oder möglicherweise einfach, weil niemand sich dafür interessierte. (Das Imperium, dachte Seldon, befand sich tatsächlich im Zustand der Auflösung. Seine sämtlichen Bestandteile. Mykogen auch.)

Er sah sich um. Die Bibliothek, die für den Stolz Mykogens so notwendig war und den Ältesten vielleicht so nützlich, weil sie sie dazu nutzen konnten, um in ihr Brosamen zu finden, um ihre Ansichten zu stützen und sie dann als die hochgebildeter Stammesleute zu präsentieren, schien völlig leer. Niemand war nach ihnen eingetreten.

»Wir sollten hier unsere Schärpen anlegen, wo uns der Mann an der Tür nicht sehen kann«, schlug Seldon vor.

Und als sie dann an der Tür standen und ihm plötzlich klar wurde, dass es kein Zurück mehr geben würde, wenn sie diese zweite Hürde hinter sich brachten, sagte er: »Dors, kommen Sie bitte nicht mit.«

Sie runzelte die Stirn. »Warum nicht?«

»Weil es gefährlich ist, und ich nicht will, dass Sie ein Risiko eingehen.«

»Ich bin hier, um Sie zu schützen«, sagte sie leise, aber entschlossen.

»Welchen Schutz können Sie mir denn bieten? Ich kann mich selbst beschützen, wenn Sie das vielleicht auch nicht glauben. Und wenn ich Sie schützen muss, würde mich das behindern. Verstehen Sie das nicht?«

»Um mich brauchen Sie sich keine Sorgen zu machen«, sagte Dors. »Das ist *meine* Angelegenheit.« Und dabei tippte sie sich an die Schärpe, die schräg zwischen ihren verdeckten Brüsten über ihren Oberkörper verlief.

»Weil Hummin Sie darum gebeten hat?«

»Weil das meine Anweisungen sind.«

Sie packte Seldon oberhalb der Ellbogen an beiden Armen, und ihr fester Griff setzte ihn, wie jedes Mal, wieder in Erstaunen. »Ich bin dagegen, dass Sie das tun, Hari«, sagte sie, »aber wenn Sie das Gefühl haben, dass Sie hineingehen müssen, dann muss ich mitkommen.«

»Also gut, meinetwegen. Aber wenn etwas passiert und Sie sich irgendwie verdrücken können, dann laufen Sie weg! Machen Sie sich meinetwegen keine Sorgen.«

»Sie vergeuden Ihren Atem, Hari. Und Sie beleidigen mich.«

Seldon berührte die Tafel neben dem Eingang, und das Portal schob sich vor ihnen zur Seite. Zusammen, fast im Gleichschritt, gingen sie hindurch.

57

Ein großer Saal, umso größer, weil er überhaupt kein Mobiliar enthielt. Keine Stühle, keine Bänke, keinerlei Sitze. Keine Bühne, keine Vorhänge, keinerlei Dekoration.

Keine Lichter, lediglich eine gleichförmige Beleuchtung aus mildem, ungebündeltem Licht. Die Wände waren nicht völlig leer. Es gab, in unterschiedlichen Abständen und in verschiedener Höhe angeordnet, kleine, primitive, zweidimensionale Fernsehschirme, die alle in Funktion waren. Von der Stelle aus, wo Dors und Seldon standen, war nicht einmal die Illusion einer dritten Dimension zu erkennen, ganz zu schweigen von wahrer Holovision.

Es waren Leute im Saal. Nicht viele und nirgends standen sie beisammen. Sie standen einzeln herum, und ebenso wie die

Fernsehgeräte in keiner erkennbaren Anordnung. Alle trugen weiße Kittel, alle Schärpen.

Es herrschte Schweigen. Niemand redete im üblichen Sinn. Einige bewegten die Lippen, murmelten dann und wann leise. Diejenigen, die sich bewegten, gingen verstohlen, mit gesenkten Augen.

Die Atmosphäre war wie bei einem Begräbnis.

Seldon beugte sich zu Dors hinüber, die sofort einen Finger an die Lippen legte, und deutete auf einen der Fernsehschirme. Er zeigte einen idyllischen Garten voller Blüten, über den die Kamera langsam hinwegstrich.

Sie gingen auf den Monitor zu und ahmten dabei den Gang der anderen nach – langsam, vorsichtig einen Fuß vor den anderen setzend.

Als sie noch einen halben Meter von dem Bildschirm entfernt waren, hörte man eine weiche, eindringliche Stimme, die sagte: »Der Garten von Antennin, eine Reproduktion aus alten Reiseführern und Fotografien, am Rande von Eos gelegen. Achten Sie auf ...«

Dors sagte im Flüsterton, so leise, dass Seldon sie kaum hören konnte: »Er schaltet sich ein, wenn jemand in die Nähe kommt und wieder ab, wenn wir uns entfernen. Wenn wir nahe genug herangehen, können wir miteinander reden, ohne dass jemand es bemerkt. Aber sehen Sie mich dabei nicht an, und hören Sie zu reden auf, wenn jemand näher kommt.«

Seldon, der den Kopf gesenkt und die Hände vor sich gefaltet hielt (er hatte bemerkt, dass dies die allgemein übliche Haltung war), sagte: »Ich erwarte jeden Augenblick, dass jemand zu klagen anfängt.«

»Könnte durchaus sein. Sie betrauern ihre Verlorene Welt«, sagte Dors.

»Ich hoffe nur, dass sie dann und wann die Filme wechseln. Es wäre ja tödlich, immer dieselben zu sehen.«

»Sie sind alle verschieden«, sagte Dors, und ihr Blick wanderte im Saal herum. »Vielleicht wechseln sie in regelmäßigen Abständen. Das weiß ich nicht.«

»Warten Sie!«, sagte Seldon einen Hauch zu laut. Er senkte die Stimme und fügte dann hinzu: »Kommen Sie!«

Dors runzelte die Stirn, weil sie ihn nicht gehört hatte, aber Seldon machte eine leichte Kopfbewegung. Wieder der schleichende Gang, aber dann wurden Seldons Schritte länger, als er erkannte, dass er sich beeilen musste, und Dors, die aufgeholt hatte, zog kräftig – wenn auch nur ganz kurz – an seinem Kittel. Er wurde langsamer.

»Hier sind Roboter«, sagte er im Schutz der Stimme aus dem Fernsehgerät, die jetzt zu hören war.

Das Bild zeigte eine Behausung mit einem gepflegten Rasen und einer Hecke im Vordergrund und drei Gebilde, die man nur als Roboter beschreiben konnte. Sie waren allem Anschein nach aus Metall und von entfernt menschenähnlicher Gestalt.

Die Aufzeichnung sagte: »Dies ist eine in letzter Zeit konstruierte Ansicht des berühmten Wendome-Anwesens aus dem dritten Jahrhundert. Der Roboter, den Sie in der Bildmitte sehen, hieß traditionsgemäß Bendar und diente nach den alten Aufzeichnungen zweiundzwanzig Jahre, ehe er ersetzt wurde.«

»›In letzter Zeit konstruiert‹«, sagte Dors, »sie müssen also die Ansichten wechseln.«

»Es sei denn, sie sagen schon seit tausend Jahren: ›In letzter Zeit konstruiert‹.«

Ein anderer Mykogenier trat neben sie und sagte mit leiser Stimme, wenn auch nicht so leise, wie Seldon und Dors miteinander geflüstert hatten: »Seid gegrüßt, Brüder.«

Er sah dabei Seldon und Dors nicht an, und nach einem unwillkürlich erschrockenen Blick hielt Seldon das Gesicht abgewandt.

Dors hatte den Neuankömmling völlig ignoriert.

Seldon zögerte. Mycelium Zweiundsiebzig hatte gesagt, dass im Sakratorium nicht geredet wurde. Vielleicht hatte er übertrieben. Schließlich war er ja seit seiner Kindheit nicht mehr hier gewesen.

Verzweifelt sagte sich Seldon, dass er sprechen musste, und flüsterte: »Seien auch Sie gegrüßt, Bruder.«

Er hatte keine Ahnung, ob das die korrekte Formel für die Erwiderung war oder ob es überhaupt eine Formel gab, aber der Mykogenier schien nichts daran auszusetzen zu haben.

»Für Sie in Aurora«, sagte er.

»Und für Sie«, sagte Seldon und weil es ihm schien, dass der andere noch mehr erwartete, fügte er hinzu: »In Aurora« und hatte dabei das Gefühl einer nachlassenden Spannung. Er spürte, wie seine Stirn feucht wurde.

»Herrlich«, sagte der Mykogenier. »Das habe ich noch nie gesehen.«

»Geschickt gemacht«, flüsterte Seldon. Und dann fügte er in einer Aufwallung von Tollkühnheit hinzu: »Ein Verlust, den man nie vergessen sollte.«

Der andere schien verblüfft, sagte dann aber: »Ja, wahrhaftig, wahrhaftig«, und entfernte sich.

Dors zischte: »Seien Sie vorsichtig! Sagen Sie nichts, was Sie nicht sagen müssen.«

»Es schien mir passend. Jedenfalls stammt das hier tatsächlich aus letzter Zeit. Aber diese Roboter sind enttäuschend. Die sehen genauso aus, wie ich es von Automaten erwarten würde. Ich möchte die organischen sehen – die humanoiden.«

»Wenn sie existiert haben«, meinte Dors mit einigem Zögern, »dann scheint mir, dass man sie nicht für Gärtnerarbeiten eingesetzt hätte.«

»Richtig«, pflichtete Seldon ihr bei. »Wir müssen den Horst der Ältesten finden.«

»Wenn es den gibt. Mir scheint, diese leere Höhle ist nichts als eine leere Höhle.«

»Sehen wir nach!«

Sie gingen an der Wand entlang, von Bildschirm zu Bildschirm, und versuchten, an jedem für eine Minute zu verweilen, bis Dors Seldon am Arm packte. Zwischen zwei Bildschirmen waren Linien, die undeutlich ein Rechteck erkennen ließen.

»Eine Tür«, sagte Dors. Und dann schwächte sie die Behauptung ab, indem sie »Was meinen Sie?« hinzufügte.

Seldon sah sich verstohlen um. Es kam ihnen in hohem Maße zustatten, dass der allgemeinen Trauerstimmung entsprechend jeder, wenn er nicht einem Fernsehmonitor zugewandt war, in betrübter Konzentration zu Boden starrte.

»Wie lässt sie sich öffnen?«, fragte Seldon.

»Ein Eingangsfeld.«

»Ich kann keines ausmachen.«

»Es ist einfach nicht markiert. Aber dort ist eine leichte Verfärbung, sehen Sie es? Wie viele Hände? Wie oft?«

»Ich will es versuchen. Passen Sie auf, und stoßen Sie mich an, wenn jemand in diese Richtung sieht.«

Er hielt den Atem an und berührte die verfärbte Stelle, aber ohne Erfolg, legte dann die ganze Hand darauf und drückte.

Die Tür öffnete sich lautlos – kein Ächzen, kein Scharren. Seldon trat, so schnell er konnte, hindurch, und Dors folgte ihm rasch. Die Tür schloss sich hinter ihnen.

»Jetzt ist die Frage«, sagte Dors, »hat uns jemand gesehen?«

»Die Ältesten gehen ganz sicher häufig durch diese Tür«, erklärte Seldon.

»Ja, aber wird jemand meinen, dass wir Älteste sind?«

Seldon wartete eine Weile und sagte dann: »Wenn man uns beobachtet hat und dabei zu dem Schluss gekommen ist, dass etwas nicht in Ordnung war, dann wäre diese Tür schon lang wieder aufgeflogen.«

»Das ist schon möglich«, sagte Dors trocken, »aber ebenso möglich ist, dass es auf dieser Seite der Tür nichts zu sehen oder zu tun gibt und dass es daher keinem etwas ausmacht, dass wir hier eingetreten sind.«

»Das wird sich ja erweisen«, murmelte Seldon.

Der verhältnismäßig enge Raum, den sie betreten hatten, war ziemlich dunkel, aber als sie tiefer eindrangen, wurde die Beleuchtung heller.

Es gab Sessel, breit und bequem, kleine Tische, ein paar Sofas, einen riesigen Kühlschrank, Schränke.

»Wenn das der Horst der Ältesten ist«, sagte Seldon, »dann scheinen die Ältesten ja etwas für Komfort übrig zu haben, auch wenn das Sakratorium sonst recht karg gehalten ist.«

»Wie nicht anders zu erwarten«, sagte Dors. »Askese in einer herrschenden Klasse – soweit man sie nicht der Öffentlichkeit zeigt, ist etwas sehr Seltenes. Das können Sie sich ja notieren als einen psychohistorischen Aphorismus.« Sie sah sich um. »Aber Roboter ist keiner hier.«

»Ein Horst ist ein Ort in der Höhe«, belehrte sie Seldon, »das sollten sie nicht vergessen. Und diese Decke ist nicht hoch. Es muss Stockwerke darüber geben, und das hier muss der Weg nach oben sein.« Er deutete auf eine mit Teppich belegte Treppe.

Er ging aber nicht auf sie zu, sondern sah sich um.

Dors ahnte, was er suchte. »Lifts können Sie hier vergessen«, sagte sie. »In Mykogen betreibt man einen Kult der Primitivität. Das haben Sie doch bestimmt nicht vergessen, oder? Also Lifts gibt es hier ganz sicher nicht, und wenn wir auf die unterste Treppe treten, bin ich ganz sicher, dass wir uns *nicht* nach oben bewegen werden. Wir werden selbst hinaufsteigen müssen. Vielleicht sogar ein paar Stockwerke.«

»Hinaufsteigen?«

»So wie die Dinge hier liegen, muss sie zum Horst führen – wenn sie überhaupt irgendwohin führt. Wollen Sie jetzt den Horst sehen oder nicht?«

Sie gingen auf die Treppe zu und begannen den Aufstieg.

Sie mussten drei Stockwerke zurücklegen, wobei der Heiligkeitspegel regelmäßig abnahm. Seldon atmete tief durch und flüsterte: »Ich war immer der Ansicht, eine ganz gute Kondition zu haben, aber das hier ist mir widerwärtig.«

»Sie sind diese Art körperlicher Anstrengung nicht gewöhnt.« Dabei zeigte sie selbst keinerlei Spuren körperlicher Belastung.

Als sie den dritten Treppenabsatz hinter sich gebracht hatten, endete die Treppe, und sie fanden sich vor einer weiteren Tür. »Und wenn sie jetzt versperrt ist?«, fragte Seldon mehr für sich als zu Dors gewandt. »Versuchen wir sie aufzubrechen?«

Aber Dors meinte: »Warum sollte sie abgesperrt sein, wo es die Tür unten doch nicht war? Wenn dies der Horst der Ältesten ist, dann stelle ich mir vor, dass es ein Tabu gibt, das alles bindet, nur die Ältesten nicht, und ein Tabu ist viel stärker als jedes Schloss.«

»So weit es die betrifft, die das Tabu akzeptieren«, sagte Seldon, machte aber keine Anstalten, sich der Tür zu nähern.

»Es ist immer noch Zeit zum Umkehren, nachdem Sie zögern«, sagte Dors. »Ich würde tatsächlich den Rat geben, dass wir umkehren.«

»Ich zögere nur, weil ich nicht weiß, was wir da drin finden werden. Wenn es leer ist …«

Und dann fügte er mit ziemlich lauter Stimme hinzu: »Ist es eben leer«, und schritt entschlossen auf die Tür zu und drückte gegen die Eingangsplatte.

Die Tür zog sich schnell und lautlos zurück, und Seldon wich unwillkürlich einen Schritt zurück, als ihm eine Lichtflut entgegenschlug.

Und da war sie, mit Augen, aus denen es leuchtete, halb gehobenen Armen, den einen Fuß etwas vor den anderen gesetzt, im schwach gelben metallischen Licht leuchtend – eine menschliche Gestalt. Ein paar Augenblicke lang sah es so aus, als würde sie ein eng anliegendes Kleidungsstück tragen, aber beim näheren Hinsehen wurde offenkundig, dass dieses Kleidungsstück Teil der Oberflächenstruktur des Gegenstandes war.

»Das ist der Roboter«, sagte Seldon ehrfürchtig, »aber er ist aus Metall.«

»Viel schlimmer«, sagte Dors, die einen Schritt nach links und dann einen nach rechts gemacht hatte. »Seine Augen folgen mir nicht. Seine Arme zucken nicht einmal. Er lebt nicht – wenn man sagen kann, dass Roboter leben.«

Und ein Mann – ganz unverkennbar ein Mann – trat hinter dem Roboter hervor und sagte: »Vielleicht nicht. Aber ich lebe.«

Und Dors trat beinahe automatisch vor und baute sich zwischen Seldon und dem plötzlich aufgetauchten Mann auf.

58

Seldon schob Dors zur Seite, vielleicht ein wenig unsanfter, als er das vorhatte. »Ich brauche keinen Schutz. Das ist unser alter Freund Sonnenmeister Vierzehn.«

Der Mann, der ihnen gegenüberstand und eine doppelte Schärpe trug, wie es vielleicht sein Recht als Hoher Ältester war, sagte: »Und Sie sind Stammesmann Seldon.«

»Natürlich«, sagte Seldon.

»Und das hier ist trotz ihrer männlichen Kleidung Stammesfrau Venabili.«

Dors sagte nichts.

»Sie haben natürlich recht«, fuhr Sonnenmeister Vierzehn fort. »Sie sind nicht in Gefahr, körperlich von mir verletzt zu werden. Bitte setzen Sie sich. Beide. Da Sie keine Schwester sind, Stammesfrau, brauchen Sie sich nicht zu entfernen. Es gibt einen Sitz für Sie, und falls Sie die Ehre zu würdigen wissen, werden Sie die erste Frau sein, die je diesen Sitz benutzt.«

»Ich weiß die Ehre nicht zu würdigen«, sagte Dors, wobei sie jedes einzelne Wort betonte.

Sonnenmeister Vierzehn nickte. »Wie Sie wünschen. Ich werde mich ebenfalls setzen, weil ich Ihnen Fragen stellen muss und das nicht im Stehen tun möchte.«

Sie saßen in einer Ecke des Raums. Seldons Blick wanderte zu dem Metallroboter hinüber.

»Es *ist* ein Roboter«, erklärte Sonnenmeister Vierzehn.

»Ich weiß«, sagte Seldon lapidar.

»Ich weiß, dass Sie das wissen«, meinte Sonnenmeister Vierzehn ähnlich knapp. »Aber nachdem das ja jetzt wohl geklärt ist, würden Sie mir vielleicht sagen, weshalb Sie hier sind.«

Seldon sah Sonnenmeister Vierzehn in die Augen und erklärte: »Um den Roboter zu sehen.«

»Wissen Sie, dass nur Älteste Zutritt zum Horst haben?«

»Das habe ich nicht gewusst, es aber vermutet.«

»Wissen Sie, dass Stammesleute keinen Zugang zum Sakratorium haben?«

»Das hat man mir gesagt.«

»Und Sie haben es ignoriert.«

»Wie ich schon sagte, wir wollten den Roboter sehen.«

»Wissen Sie, dass im Sakratorium keine Frauen, auch keine Schwestern, zugelassen sind, mit Ausnahme ganz gewisser – sehr seltener – Anlässe?«

»Das hat man mir gesagt.«

»Und wissen Sie, dass keine Frau zu irgendeiner Zeit – oder aus irgendeinem Grund – männliche Kleidung tragen darf? Diese Vorschrift gilt innerhalb der Grenzen von Mykogen für Stammesfrauen ebenso wie für Schwestern.«

»Das hat man mir nicht gesagt, aber es überrascht mich nicht.«

»Gut. Ich möchte, dass Sie sich über alles das klar sind. Und jetzt noch einmal – warum wollten Sie den Roboter sehen?«

Seldon zuckte die Achseln. »Aus Neugierde. Ich hatte noch nie einen Roboter gesehen oder auch nur gewusst, dass es so etwas gab.«

»Und wie erfuhren Sie, dass er existierte und speziell, dass er hier existierte?«

Seldon blieb eine Weile stumm und meinte dann: »Die Frage möchte ich nicht beantworten.«

»Hat Stammesmann Hummin Sie deshalb nach Mykogen gebracht? Damit Sie Erkundigungen über Roboter einziehen können?«

»Nein. Stammesmann Hummin hat uns hierhergebracht, weil wir hier sicher sein sollten. Aber wir sind Gelehrte, Dr. Venabili und ich. Unser Beruf ist es, Wissen zu sammeln. Man weiß außerhalb seiner Grenzen sehr wenig über Mykogen. Und wir möchten mehr über Sie, Ihr Leben und Ihre Art zu denken wissen. Das ist ein ganz natürlicher Wunsch, und wie uns scheint ein harmloser – ja lobenswerter.«

»Ah, aber unser Wunsch ist es nicht, dass die äußeren Stämme und Welten etwas über uns wissen. Das ist *unser* natürliches Bestreben, und darüber, was für uns schädlich oder unschädlich ist, entscheiden *wir*. Und deshalb frage ich Sie noch einmal, Stammesmann: Woher wussten Sie, dass in Mykogen ein Roboter existierte, und zwar in diesem Raum?«

»Allgemeine Gerüchte«, erklärte Seldon nach einer Weile.

»Bestehen Sie darauf?«

»Allgemeine Gerüchte. Darauf bestehe ich.«

Die scharf blickenden blauen Augen von Sonnenmeister Vierzehn schienen sich zu verengen, als er, ohne die Stimme zu erheben, sagte: »Stammesmann Seldon, wir arbeiten seit geraumer Zeit mit Stammesmann Hummin zusammen. Für einen Stammesmann schien er uns immer ein anständiges, vertrauenswürdiges Individuum zu sein. Für einen *Stammesmann!* Als er Sie beide zu uns brachte und Sie unserem Schutz empfahl, stimmten wir dem zu. Aber Stammesmann Hummin ist, was auch immer für Vorzüge er haben mag, immer noch ein Stammesmann, und wir hatten unsere Zweifel. Wir waren uns keineswegs sicher, was Ihre – oder seine – echte Absicht sein könnte.«

»Unsere Absicht war, uns Wissen zu erwerben«, sagte Seldon. »Akademisches Wissen. Stammesfrau Venabili ist Historikerin, und auch ich interessiere mich für Geschichte. Warum sollten wir uns also nicht für mykogenische Geschichte interessieren?«

»Zum einen, weil wir das nicht wünschen. Jedenfalls hat man Ihnen zwei unserer vertrauten Schwestern geschickt. Sie sollten mit Ihnen zusammenarbeiten und versuchen herauszufinden, was Sie wirklich wollten und – wie drückt man das doch gleich bei Ihnen aus? – Ihr Spiel mitmachen. Aber nicht so, dass Sie es gleich merken sollten.« Sonnenmeister Vierzehn lächelte, aber es war ein grimmiges Lächeln.

»Regentropfen Fünfundvierzig«, fuhr Sonnenmeister Vierzehn fort, »ging mit Stammesfrau Venabili einkaufen, aber bei diesem Einkaufsbummel geschah nichts Außergewöhnliches. Natürlich erhielten wir einen vollständigen Bericht. Regentropfen Dreiundvierzig hat Ihnen, Stammesmann Seldon, unsere Mikrofarmen gezeigt. Ihre Bereitschaft, Sie allein zu begleiten, etwas, das für sie absolut nicht infrage kommt, hätte Sie argwöhnisch machen sollen, aber Sie haben sich wohl gedacht, dass, was für Brüder gilt, nicht auch für Stammesmänner gilt, und sich wohl geschmeichelt, Sie hätten sie mit Ihrer fadenscheinigen Argumentation überzeugt. Sie hat Ihrem Wunsch entsprochen, wenn auch um einen hohen Preis für ihren Seelenfrieden. Und dann haben Sie sie schließlich um das Buch gebeten. Es Ihnen ohne Weiteres zu überreichen, hätte Ihren Argwohn wecken können, also heuchelte sie einen perversen Wunsch, den nur Sie befriedigen konnten. Man wird ihr Opfer nicht vergessen. Ich nehme an, Stammesmann, Sie haben das Buch noch, und ich vermute, Sie haben es jetzt bei sich. Darf ich es haben?«

Seldon blieb stumm und reglos.

Die verrunzelte Hand von Sonnenmeister Vierzehn blieb ausgestreckt, und er sagte: »Es wäre sicher besser, wenn Sie es mir freiwillig geben würden und ich es Ihnen nicht gewaltsam entreißen muss.«

Seldon reichte ihm das Buch. Sonnenmeister Vierzehn blätterte kurz durch die Seiten, wie um sich zu vergewissern, dass es unversehrt war.

Dann meinte er seufzend: »Es wird in der vorgeschriebenen Weise sorgfältig zerstört werden. Traurig! – Aber nachdem Sie einmal dieses Buch hatten, überraschte es uns natürlich nicht, dass Sie zum Sakratorium gingen. Man hat Sie die ganze Zeit beobachtet, denn Sie werden doch sicherlich nicht glauben, irgendein Bruder oder eine Schwester würde Sie, wenn er nicht völlig in sich versunken ist, nicht auf einen Blick als Stammesleute erkennen. Wir erkennen Mützen, wenn wir eine sehen, und augenblicklich gibt es weniger als siebzig davon in Mykogen ... und fast alle werden sie von Stammesleuten in amtlicher Mission getragen, die während ihres ganzen Aufenthalts hier in Regierungsgebäuden bleiben. Also hat man Sie nicht nur gesehen, sondern auch zweifelsfrei immer wieder identifiziert.

Der ältere Bruder, den Sie kennenlernten, war sorgsam darauf bedacht, Ihnen von der Bibliothek und vom Sakratorium zu erzählen, aber er war auch darauf bedacht, Ihnen klarzumachen, was Ihnen verboten ist, weil wir Sie nicht in die Falle locken wollten. Himmelsstreifen Zwei hat Sie ebenfalls gewarnt ... und zwar recht eindringlich. Nichtsdestoweniger wandten Sie sich nicht ab.

Der Laden, in dem sie den weiten Kittel und die zwei Schärpen kauften, hat uns sofort informiert, und daraus konnten wir schließen, was Sie vorhatten. Man hat dafür gesorgt, dass die Bibliothek leer blieb und den Bibliothekar gewarnt, nicht aufzublicken. Der eine Bruder, der Sie versehentlich ansprach, hätte es fast verraten, aber als er dann erkannte, mit wem er es zu tun hatte, beeilte er sich, Sie in Ruhe zu lassen. Und dann kamen Sie hier herauf.

Sie sehen also, dass es Ihre Absicht war hierherzukommen, und dass wir Sie in keiner Weise hierhergelockt haben. Sie kamen als Folge Ihrer eigenen Aktion, Ihrer eigenen Wünsche. Und was ich Sie – noch einmal – fragen möchte, ist: warum?«

Diesmal gab Dors die Antwort, und ihre Stimme war fest, und ihre Augen sahen ihn unverwandt an. »Wir werden es Ihnen noch einmal sagen, Mykogenier. Wir sind Gelehrte, und Wissen ist für uns etwas Heiliges, und nur Wissen suchen wir. Sie haben uns nicht hierhergelockt, aber Sie haben uns auch nicht aufgehalten, wie Sie es sehr wohl hätten tun können, ehe wir uns auch nur diesem Gebäude näherten. Sie haben uns den Weg geebnet und es uns leicht gemacht, selbst das könnte man als Locken bezeichnen. Und welchen Schaden haben wir angerichtet? Wir haben in keiner Weise die Gebäude oder diesen Raum oder sie oder *das da* gestört.« Dabei wies sie auf den Roboter. »Was Sie hier verstecken, ist ein toter Klumpen Metall, und wir wissen jetzt, dass es das ist, tot, und das ist das ganze Wissen, das wir suchten. Wir dachten, es würde etwas Bedeutsameres sein, und wir sind enttäuscht. Aber jetzt, wo wir es wissen, dass es nur das ist, was es ist, werden wir gehen – und wenn Sie das wünschen, werden wir auch Mykogen verlassen.«

Sonnenmeister Vierzehn hörte ihr ohne die Spur eines Ausdrucks im Gesicht zu, aber als sie geendet hatte, wandte er sich zu Seldon und sagte: »Dieser Roboter, so wie Sie ihn sehen, ist ein Symbol. Ein Symbol all dessen, was wir verloren haben und nicht länger besitzen. Ein Symbol all dessen, was wir in Tausenden von Jahren nicht vergessen haben, und wohin wir eines Tages zurückkehren wollen. Und weil es alles ist, was uns geblieben ist, materiell und authentisch, ist es uns teuer – und doch ist es für Ihr Weib nur ›ein toter Klumpen Metall‹. Schließen Sie sich diesem Urteil an, Stammesmann Seldon?«

Seldon wich seinem Blick nicht aus und erklärte: »Wir gehören Gesellschaften an, die uns nicht an eine Vergangenheit binden, die Jahrtausende alt ist. Wir leben in der Gegenwart, die wir als Produkt der *ganzen* Vergangenheit erkennen und nicht eines lang verstrichenen Augenblicks der Zeit, den wir an unsere Brust drücken. Wir begreifen intellektuell, was der Roboter Ihnen möglicherweise bedeutet, und das mag er auch weiter bedeuten, aber *wir* können ihn nur mit unseren Augen sehen, so wie Sie ihn nur mit Ihren sehen können. Für *uns* ist er ein toter Klumpen Metall.«

»Und jetzt«, erklärte Dors, »werden wir gehen.«

»Das werden Sie *nicht*«, sagte Sonnenmeister Vierzehn. »Indem Sie hierhergekommen sind, haben Sie ein Verbrechen begangen. Es ist nur in *unseren* Augen ein Verbrechen, wie Sie wahrscheinlich gleich erklären werden ...« – seine Lippen verzogen sich dabei zu einem frostigen Lächeln –, »... aber dies hier ist *unser* Territorium, und hier gelten *unsere* Definitionen. Und dieses Verbrechen, so wie wir es definieren, wird mit dem Tode bestraft.«

»Und Sie werden uns niederschießen?«, sagte Dors hochmütig.

Sonnenmeister Vierzehns Gesichtsausdruck wurde verächtlich, und er fuhr fort, nur zu Seldon gewandt zu sprechen. »Wer, glauben Sie, sind wir, Stammesmann Seldon? Unsere Kultur ist so alt wie die Ihre und ebenso komplex, ebenso zivilisiert, ebenso human. Ich bin nicht bewaffnet. Man wird Sie vor Gericht stellen und Sie, nachdem Sie ganz offenkundig schuldig sind, schnell und schmerzlos dem Gesetz gemäß exekutieren. Wenn Sie jetzt versuchen würden, diesen Raum zu verlassen, würde ich Sie nicht aufhalten, aber unten sind viele Brüder, sehr viel mehr, als es den Anschein hatte, als Sie das Sakratorium betraten. In ihrer Wut über das, was Sie getan haben, könnte es durchaus sein, dass die Brüder recht grob und gewalttätig mit Ihnen umspringen. In unserer Geschichte ist es vorgekommen, dass Stammesmenschen so gestorben sind, und das ist kein angenehmer Tod und ganz sicher kein schmerzloser.«

»Himmelsstreifen Zwei hat uns davor gewarnt«, sagte Dors. »So viel dazu, dass ihre Kultur komplex, zivilisiert und human ist.«

»In Augenblicken der Erregung können sich Menschen zu Gewalttätigkeiten hinreißen lassen, Stammesmann Seldon«, sagte Sonnenmeister Vierzehn ruhig, »ganz gleich, wie human sie auch in Augenblicken der Ruhe sein mögen. Dies gilt für jede Kultur, wie das Ihr Weib, von dem man sagt, dass sie Historiker ist, sicherlich wissen muss.«

»Wir wollen doch vernünftig bleiben, Sonnenmeister Vierzehn«, sagte Seldon. »In Mykogen mögen Sie ja das Gesetz in lokalen Angelegenheiten verkörpern, aber uns gegenüber tun Sie das nicht, das wissen Sie sehr wohl. Wir sind beide nicht mykogenische Bürger des Imperiums, und die Zuständigkeit für Kapitalverbrechen liegt beim Kaiser und seinen Behörden.«

»In den Statuten und auf Papier und den Holovisionsschirmen mag das so sein«, meinte Sonnenmeister Vierzehn, »aber wir sprechen hier jetzt nicht von Theorie. Der Hohe Älteste hat seit langer Zeit die Macht besessen, ohne Einmischung des kaiserlichen Throns bei Verbrechen von der Art eines Sakrilegs zu bestrafen.«

»*Wenn* die Verbrecher Ihrem eigenen Volk angehören«, sagte Seldon. »Wenn sie von außerhalb kommen, wäre das völlig anders.«

»Das bezweifle ich in diesem Fall. Stammesmann Hummin hat Sie als Flüchtlinge hierhergebracht, und wir sind hier in Mykogen keine solchen Schwachköpfe, um nicht den starken Argwohn zu hegen, dass Sie sich vor den Gesetzen des Kaisers auf der Flucht befinden. Warum sollte er also Einwände haben, wenn wir ihm die Arbeit abnehmen?«

»Eben weil er das würde«, sagte Seldon. »Selbst wenn es zutrifft, dass wir von den kaiserlichen Behörden auf der Flucht sind, und selbst wenn er uns nur deshalb haben wollte, um uns zu bestrafen, würde er uns immer noch haben wollen. Ihnen zu gestatten, Nichtmykogenier mit welchen Mitteln und aus welchem Grund auch immer zu töten ohne die vorgeschriebene *kaiserliche* Prozedur, würde seine Autorität infrage stellen, und kein Kaiser könnte einen solchen Präzedenzfall zulassen. So groß auch sein Interesse sein mag, eine Störung im Handel mit Mikronahrung zu vermeiden, würde er es doch für notwendig halten, die kaiserlichen Vorrechte wiederherzustellen. Wollen Sie denn in Ihrem Eifer, uns zu töten, wirklich haben, dass eine Division kaiserlicher Soldaten Ihre Farmen und Ihre Wohnungen plündert, Ihr Sakratorium entweiht und sich mit den Schwestern Freiheiten herausnimmt? Das sollten Sie sich überlegen.«

Sonnenmeister Vierzehn lächelte wieder, ließ aber keine Schwäche erkennen. »Ich habe tatsächlich überlegt, und es *gibt* eine Alternative. Nachdem wir Sie verurteilt haben, könnten wir Ihre Exekution aufschieben, um Ihnen die Möglichkeit zu geben, vom Kaiser eine Revision Ihres Falles zu erbitten. Der Kaiser würde möglicherweise dankbar darüber sein, dass wir uns so bereitwillig seiner Autorität unterwerfen, dankbar dafür, dass er Sie in die Hand bekommt – aus Gründen, die nur er kennt –, und Mykogen könnte Vorteil daraus ziehen. Ist es etwa das, was Sie wollen? Wollen Sie an den Kaiser appellieren und an ihn ausgeliefert werden?«

Seldon und Dors sahen einander kurz an und blieben stumm.

Und Sonnenmeister Vierzehn fuhr fort: »Ich nehme an, Sie würden lieber an den Kaiser ausgeliefert als hingerichtet werden, aber wieso bekomme ich eigentlich den Eindruck, dass der Vorzug ganz gering ist?«

»Tatsächlich«, sagte eine andere Stimme, »glaube ich, dass keine der beiden Alternativen akzeptabel ist und wir eine dritte suchen müssen.«

59

Dors war es, die den Neuankömmling zuerst identifizierte, vermutlich, weil sie ihn erwartet hatte.

»Hummin«, sagte sie. »Dem Himmel sei Dank, dass Sie uns gefunden haben. Ich habe sofort mit Ihnen Verbindung aufgenommen, als mir klar wurde, dass ich Hari nicht …« – sie machte eine vielsagende Handbewegung – »… davon würde abhalten können.«

Hummins Lächeln änderte nichts an dem Ernst, der seine Züge prägte. Er wirkte erschöpft.

»Meine Liebe«, sagte er, »ich war mit anderen Dingen beschäftigt. Ich kann mich nicht immer sofort frei machen. Und als ich hier ankam, musste ich mir ebenso wie Sie einen Kittel und eine Schärpe beschaffen, ganz zu schweigen von der Mütze, und mich hierherbegeben. Wenn ich früher gekommen wäre, hätte ich das vielleicht verhindern können, aber ich glaube nicht, dass ich zu spät komme.«

Sonnenmeister Vierzehn hatte sich inzwischen von dem anscheinend schmerzhaften Schock erholt. Als er jetzt sprach, fehlte seiner Stimme jene würdevolle Strenge, die sie sonst auszeichnete. »Wie sind Sie hier hereingekommen, Stammesmann Hummin?«

»Das war nicht leicht, Hoher Ältester, aber wie Stammesfrau Venabili zu sagen pflegt, ich kann sehr überzeugend sein. Einige der Bürger hier erinnern sich daran, wer ich bin und was ich in der Vergangenheit für Mykogen getan habe, dass ich sogar ein Bruder ehrenhalber bin. Haben Sie das vergessen, Sonnenmeister Vierzehn?«

»Das habe ich nicht vergessen«, erwiderte der Älteste, »aber selbst die günstigste Erinnerung kann gewisse Handlungen nicht überleben. Man stelle sich vor, ein Stammesmann *hier* und sogar ein Stammes*weib*. Ein größeres Verbrechen gibt es nicht. Alles, was Sie getan haben, reicht nicht aus, um das aufzuwiegen. Mein Volk ist nicht undankbar, wir werden Ihnen das auf andere Weise entgelten. Aber diese beiden müssen sterben, oder man muss sie dem Kaiser übergeben.«

»Ich bin auch hier«, sagte Hummin ruhig. »Ist das nicht auch ein Verbrechen?«

»Was Sie betrifft«, sagte Sonnenmeister Vierzehn, »Sie *persönlich* als eine Art Bruder ehrenhalber, kann ich das … kann ich darüber hinwegsehen … einmal. Aber nicht, was diese beiden betrifft.«

»Weil Sie vom Kaiser eine Belohnung erwarten? Irgendeine Gefälligkeit? Eine Konzession? Haben Sie bereits mit ihm Verbindung aufgenommen oder, was wahrscheinlicher ist, mit seinem Stabschef Eto Demerzel?«

»Das steht hier nicht zur Debatte.«

»Und das allein ist bereits ein Eingeständnis. Kommen Sie, ich will gar nicht fragen, was der Kaiser versprochen hat, viel kann es nicht sein. In dieser degenerierten Zeit hat er nicht viel zu bieten. Lassen Sie *mich* Ihnen ein Angebot machen. Haben Ihnen diese beiden gesagt, dass sie Gelehrte sind?«

»Das haben sie.«

»Und das sind sie auch. Sie lügen nicht. Die Stammesfrau ist Historikerin und der Stammesmann Mathematiker. Die beiden versuchen gemeinsam, ihre Talente dahingehend zu kombinieren, um eine Mathematik der Geschichte zu entwickeln. Sie nennen das ›Psychohistorik‹.«

»Ich weiß nichts über diese Psychohistorik«, erwiderte Sonnenmeister Vierzehn, »und bin auch nicht daran interessiert. Weder dies noch irgendwelche anderen Belange Ihrer Stammeswissenschaft interessieren mich.«

»Dennoch schlage ich vor, dass Sie mich anhören«, sagte Hummin.

Hummin brauchte fünfzehn Minuten dazu, um in präzisen Worten zu erklären, wie man die natürlichen Gesetze der Gesellschaft (und man hatte jedes Mal, wenn er diese Worte aussprach, den Eindruck, er würde sie mit Anführungszeichen versehen) so organisieren könnte, um es zu ermöglichen, die Zukunft mit einem substantiellen Grad an Wahrscheinlichkeit vorherzusehen.

Als er schließlich geendet hatte, meinte Sonnenmeister Vierzehn, der ihm ohne erkennbaren Ausdruck zugehört hatte: »Eine höchst unwahrscheinliche Spekulation, würde ich sagen.«

Seldon schien mit bedrückter Miene etwas sagen zu wollen, ohne Zweifel, um ihm zuzustimmen. Aber Hummins Hand, die auf seinem Knie lag, verstärkte ihren Griff.

»Das mag sein, Hoher Ältester«, sagte Hummin, »aber der Kaiser denkt da anders. Und wenn ich ›der Kaiser‹ sage, der selbst eine äußerst liebenswürdige Persönlichkeit ist, dann meine ich in Wirklichkeit Demerzel. Und was seine Ambitionen angeht, brauchen Sie ja wohl keine nähere Erläuterung zu geben. Sie würden diese beiden Gelehrten sehr gerne haben, und deshalb habe ich sie hierhergebracht, damit sie sicher sein sollten. Ich hatte eigentlich nicht damit gerechnet, dass Sie Demerzel die Arbeit abnehmen und ihm die Gelehrten ausliefern würden.«

»Sie haben ein Verbrechen begangen, das ...«

»Ja, das wissen wir, Hoher Ältester, aber es ist nur deshalb ein Verbrechen, weil Sie es so nennen wollen. Schaden ist ja in Wirklichkeit keiner angerichtet worden.«

»Doch, ein Schaden an unserem Glauben, unseren tief empfundenen ...«

»Aber stellen Sie sich doch vor, welcher Schaden angerichtet werden wird, wenn die Psychohistorik in Demerzels Hände fällt. Ja, ich gebe ja zu, dass vielleicht nichts dabei herauskommen wird, aber nehmen Sie doch nur einen Augenblick lang an, dass es anders ist und dass die kaiserliche Regierung sie nutzen kann, dass sie vorhersagen kann, was geschehen wird – Maßnahmen mit diesem Vorauswissen ergreifen kann, das sonst keinem zur Verfügung steht – tatsächlich Maßnahmen ergreifen kann, die derart sind, dass eine alternative Zukunft herbeigeführt wird, die mehr den kaiserlichen Wünschen entspricht.«

»Nun?«

»Gibt es denn den geringsten Zweifel daran, Hoher Ältester, dass eine solche alternative Zukunft, die mehr den Wünschen der kaiserlichen Regierung entspricht, eine straffere Zentralisierung bedeuten würde? Wie Sie sehr wohl wissen, hat sich im Imperium seit Jahrhunderten ein Prozess wachsender Dezentralisierung vollzogen. Viele Welten leisten dem Kaiser jetzt nur noch Lippendienste und regieren sich in Wirklichkeit selbst. Selbst hier, auf Trantor, ist das zu merken. Mykogen, um nur ein Beispiel zu nennen, ist zum größten Teil frei von kaiserlichem Einfluss. Sie regieren als Hoher Ältester, und es gibt keinen kaiserlichen Beamten, der Ihnen zur Seite steht und Ihre Handlungen und Entscheidungen überwacht. Wie lange, glauben Sie wohl, wird das andauern, wenn Männer wie Demerzel die Zukunft ihren Wünschen gemäß gestalten?«

»Immer noch eine höchst nebulöse Spekulation«, sagte Sonnenmeister Vierzehn, »aber eine sehr beunruhigende, das gebe ich zu.«

»Wenn andererseits diese Gelehrten ihre Aufgabe vollenden können – ein höchst unwahrscheinliches Wenn, könnten Sie sagen, aber immerhin ein Wenn –, dann werden sie sich ganz sicher daran erinnern, dass Sie sie verschont haben, als Sie sich anders hätten entscheiden können. Und dann könnte man sich durchaus vorstellen, dass Sie es lernen würden, eine Zukunft beispielsweise so zu gestalten, dass Mykogen seine eigene Welt bekommt, eine Welt, die man dann in ein getreues Replikat der Verlorenen Welt formen könnte. Und selbst wenn diese beiden Ihre Freundlichkeit vergessen, dann werde ich noch da sein, um sie daran zu erinnern.«

»Nun …«, sagte Sonnenmeister Vierzehn.

»Kommen Sie«, sagte Hummin, »es fällt nicht schwer, sich vorzustellen, was Ihnen im Augenblick durch den Kopf geht.

Von allen Stammesleuten vertrauen Sie Demerzel sicher am allerwenigsten. Und wenn auch die Aussicht auf eine funktionierende Psychohistorik vielleicht klein ist (wäre ich nicht ehrlich zu Ihnen, würde ich das nicht zugeben), so ist sie doch nicht gleich null. Und wenn sie zur Wiederherstellung der Verlorenen Welt führt, was könnten Sie sich mehr als das wünschen? Was würden Sie nicht riskieren, um auch nur eine winzige Aussicht darauf zu haben? Kommen Sie – ich verspreche es Ihnen, und ich mache keine leichtfertigen Versprechungen. Lassen Sie diese beiden frei, und treffen Sie die Wahl für die winzige Chance, dass Ihr größter Wunsch erfüllt wird – gegenüber überhaupt keiner Chance.«

Eine Weile herrschte Schweigen. Dann seufzte Sonnenmeister Vierzehn: »Ich weiß nicht, wie das kommt, Stammesmann Hummin, aber jedes Mal, wenn wir uns begegnen, überreden Sie mich zu etwas, was ich in Wirklichkeit gar nicht will.«

»Habe ich Sie je in die Irre geführt, Hoher Ältester?«

»Haben Sie mir je etwas Unwahrscheinlicheres angeboten?«

»Dafür auch einen hohen möglichen Lohn. Das eine wiegt das andere auf.«

Und Sonnenmeister Vierzehn nickte. »Sie haben recht. Nehmen Sie diese beiden mit, und schaffen Sie sie aus Mykogen hinaus, und lassen Sie sie nie wieder unter meine Augen treten, es sei denn, die Zeit käme, wo … aber das wird ganz sicher nicht während meines Lebens der Fall sein.«

»Vielleicht nicht, Hoher Ältester. Aber Ihr Volk hat geduldig beinahe zwanzigtausend Jahre lang gewartet. Würden Sie dann etwas dagegen einzuwenden haben, noch einmal – vielleicht – zweihundert warten zu müssen?«

»Keine Sekunde würde ich freiwillig warten wollen, aber mein Volk wird so lange warten, wie es muss.«

Und mit diesen Worten stand er auf und sagte: »Ich werde den Weg frei machen. Nehmen Sie sie mit und gehen Sie!«

60

Endlich befanden sie sich wieder in einem Tunnel. Hummin und Seldon waren durch einen Tunnel gereist, als sie sich mit dem Lufttaxi vom kaiserlichen Bezirk zur Streeling-Universität begeben hatten. Jetzt waren sie wieder in einem Tunnel, auf dem Wege von Mykogen nach … Seldon wusste nicht, wohin. Er zögerte, die Frage zu stellen, denn Hummins Gesicht wirkte wie aus Granit gehauen, und man konnte ihm ansehen, dass er kein Gespräch wünschte.

Hummin saß vorne in dem Viersitzer, mit niemandem neben sich. Seldon und Dors teilten sich den Rücksitz.

Seldon lächelte Dors zu, die bedrückt wirkte. »Nett, wieder richtige Kleider zu tragen, nicht wahr?«

»Nie wieder«, verkündete Dors mit einer Stimme, die keinen Widerspruch duldete, »werde ich etwas tragen oder auch nur ansehen, das auch nur entfernt einem Kittel gleicht. Und ich werde nie wieder, unter keinen Umständen, eine Mütze tragen. Ich werde mir tatsächlich sogar seltsam vorkommen, wenn ich je einen normal kahlen Mann sehe.«

Und dann stellte Dors schließlich die Frage, die Seldon schon eine Weile mit sich herumtrug. »Chetter«, sagte sie mit einem Anflug von verdrießlicher Ungeduld, »warum sagen Sie uns eigentlich nicht, wo wir hinfahren?«

Hummin drehte sich halb herum und sah Dors und Seldon ernst an.

»Irgendwohin«, sagte er, »wo es Ihnen vielleicht schwerfällt, Ärger zu bekommen – obwohl ich gar nicht sicher bin, dass es einen solchen Ort überhaupt gibt.«

Dors war gleich wieder geknickt. »Tatsächlich ist es ja meine Schuld, Chetter. In Streeling habe ich Hari an die Oberseite gehen lassen, ohne ihn zu begleiten. In Mykogen habe ich ihn zumindest begleitet, aber wahrscheinlich hätte ich überhaupt nicht zulassen sollen, dass er das Sakratorium betritt.«

»Ich war fest entschlossen«, verkündete Seldon. »Es war keineswegs Dors' Schuld.«

Hummin machte keine Anstalten, die Schuld aufzuteilen, sondern sagte einfach: »Ich schließe aus dem, was ich gehört habe, dass Sie den Roboter sehen wollten. Gab es dafür einen Grund? Können Sie mir den sagen?«

Seldon spürte, wie sich sein Gesicht rötete.

»In dem Punkt hatte ich unrecht, Hummin. Ich habe das, was ich zu sehen erwartete oder erhoffte, nicht gesehen. Hätte ich gewusst, was in dem Horst war, hätte ich mir nie die Mühe gemacht, dorthin zu gehen. Nennen Sie es ein vollkommenes Fiasko.«

»Aber was hatten Sie denn dann zu sehen gehofft, Seldon? Bitte sagen Sie es mir! Lassen Sie sich ruhig Zeit dazu, wenn Sie wollen. Dies ist eine lange Reise, und ich höre Ihnen gerne zu.«

»Nun, es ist so: Ich hatte die Idee, dass es einmal menschenähnliche Roboter gegeben hat, dass sie langlebig waren, dass wenigstens einer von ihnen noch am Leben sein und sich vielleicht in dem Horst befinden könnte. Dort war tatsächlich ein Roboter, aber er war aus Metall gemacht und tot und lediglich ein Symbol. Wenn ich das gewusst hätte ...«

»Ja. Wenn wir alles wüssten, dann würde es keine Notwendigkeit für Fragen oder irgendeine Art von Forschung geben. Wo haben Sie denn Ihre Information über menschenähnliche Roboter her? Da ganz bestimmt kein Mykogenier mit Ihnen über so etwas gesprochen hat, kann ich mir dafür nur eine Quelle vorstellen. Das mykogenische Buch – ein batteriegetriebenes Druckbuch in antikem Auroranisch und modernem Galaktisch. Habe ich recht?«

»Ja.«

»Wie sind Sie an ein Exemplar des Buches gekommen?«

Seldon zögerte und murmelte dann: »Das ist irgendwie peinlich.«

»Mir ist nicht so leicht etwas peinlich, Seldon.«

Seldon sagte es ihm, und Hummin gestattete sich ein winziges Lächeln, das kurz über sein Gesicht zuckte.

»Und es ist Ihnen nicht in den Sinn gekommen, dass das, was geschehen ist, ein abgekartetes Spiel sein musste? Keine Schwester würde so etwas tun – es sei denn, auf Anweisung und nach langer Überredung.«

Seldon runzelte die Stirn und erwiderte dann schroff: »Das war keineswegs offenkundig. Menschen *sind* hie und da pervers, und Sie können jetzt leicht grinsen. Ich verfügte nicht über die Informationen, die Sie besitzen, und Dors ebenso wenig. Wenn Sie verhindern wollten, dass ich in eine Falle geriet, hätten Sie mich ja warnen können.«

»Da haben Sie recht. Ich ziehe meine Bemerkung zurück. Jedenfalls haben Sie sicher das Buch jetzt nicht mehr.«

»Nein. Sonnenmeister Vierzehn hat es mir weggenommen.«

»Wie viel davon haben Sie gelesen?«

»Nur einen kleinen Abschnitt. Ich hatte keine Zeit. Es ist ein umfangreiches Buch, und ich muss Ihnen sagen, Hummin, es ist schrecklich langweilig.«

»Ja, das weiß ich, denn ich habe, glaube ich, mehr davon gelesen als Sie. Es ist nicht nur langweilig, es ist auch überhaupt nicht verlässlich. Es ist eine einseitige, offiziell mykogenische Betrachtung der Geschichte und mehr darauf abgestimmt, diese Ansicht zu präsentieren als etwa objektiv zu sein. An manchen Stellen ist es sogar bewusst unklar, damit Außenseiter – selbst wenn sie das Buch lesen sollten – nie exakt erfahren, was sie eigentlich gelesen haben. Was meinen Sie beispielsweise, was Sie über Roboter gelesen haben und was Sie so interessiert hat?«

»Das habe ich doch schon gesagt. Es ist von menschenähnlichen Robotern die Rede, Roboter, die man vom äußeren Ansehen her nicht von menschlichen Wesen unterscheiden kann.«

»Wie viele davon soll es denn geben?«, fragte Hummin.

»Das war nicht aus dem Buch zu entnehmen – wenigstens bin ich auf keine Stelle gestoßen, wo eine Zahl erwähnt ist.

Möglicherweise hat es nur eine Handvoll davon gegeben, aber *einen* davon bezeichnet das Buch als den ›Renegaten‹. Das Wort scheint eine unangenehme Bedeutung zu haben, aber mir ist es fremd.«

»Davon haben Sie mir nichts gesagt«, warf Dors ein. »Sonst hätte ich Ihnen nämlich gesagt, dass das kein Eigenname ist. Es ist wieder eines dieser archaischen Wörter und bedeutet, grob übersetzt, etwa das, was man im Galaktischen als ›Verräter‹ bezeichnen würde. Ein Verräter betreibt seinen Verrat im geheimen, während ein Renegat sich damit brüstet.«

»Die Feinheiten der archaischen Sprache überlasse ich Ihnen«, sagte Hummin, »aber jedenfalls, wenn es den Renegaten wirklich gegeben hat und wenn es ein menschenähnlicher Roboter war, dann würde man ihn doch ganz sicher als Verräter und Feind nicht im Horst der Ältesten aufbewahren und verehren.«

»Was ›Renegat‹ bedeutet, wusste ich nicht«, sagte Seldon. »Aber wie gesagt, ich hatte den Eindruck, dass es ein Feind sei. Ich dachte, man hätte ihn vielleicht besiegt und zur steten Erinnerung an den mykogenischen Triumph aufbewahrt.«

»Enthielt das Buch irgendeinen Hinweis darauf, dass der Renegat besiegt wurde?«

»Nein. Aber die Stelle hätte mir ja entgangen sein können …«

»Sehr unwahrscheinlich. Jeder mykogenische Sieg wäre in dem Buch unübersehbar hervorgehoben und immer wieder erwähnt worden.«

»Da war noch ein Punkt in dem Buch, der sich mit dem Renegaten befasste«, sagte Seldon zögernd, »aber ich bin nicht sicher, ob ich ihn richtig verstanden habe.«

»Ich sagte Ihnen ja … die Unklarheit ist manchmal gewollt«, erklärte Hummin.

»Nun, die Stelle deutete darauf, dass der Renegat irgendwie menschliche Empfindungen wahrnehmen … und sie beeinflussen konnte …«

»Das kann jeder Politiker«, meinte Hummin mit einem Achselzucken. »Man nennt das Charisma – wenn es funktioniert.«

Seldon seufzte. »Nun, ich wollte es glauben. So war es eben. Ich hätte viel darum gegeben, einen antiken menschenähnlichen Roboter zu finden, der noch am Leben war und dem ich hätte Fragen stellen können.«

»Um was zu erreichen?«, fragte Hummin.

»Um Einzelheiten über die urtümliche galaktische Gesellschaft zu hören, von einer Zeit, als sie noch aus nur einer Handvoll Welten bestand. Aus einer so kleinen Galaxis könnte man die Psychohistorik wesentlich leichter deduzieren.«

»Und Sie sind sicher, dass sie dem hätten vertrauen können?«, fragte Hummin. »Wären Sie wirklich bereit, nach so vielen Jahrtausenden den frühen Erinnerungen des Roboters zu vertrauen? Hätten Sie keine Sorge, dass da vieles verzerrt worden wäre?«

»Das ist richtig«, sagte Dors plötzlich. »Das wäre wie die Computeraufzeichnungen, von denen ich Ihnen erzählt habe, Hari. Jene Robotererinnerungen wären langsam abgelegt, verloren, gelöscht, verzerrt worden. Man kann nur eine bestimmte Strecke zurückgehen. Und je weiter man in die Vergangenheit greift, desto weniger verlässlich wird die Information – ganz gleich, was man tut.«

Hummin nickte. »Mir gegenüber hat man das gelegentlich schon als eine Art Unsicherheitsprinzip der Information bezeichnet.«

»Aber wäre es denn nicht möglich«, meinte Seldon nachdenklich, »dass aus besonderen Gründen *bestimmte* Informationen aufbewahrt werden würden? Teile des mykogenischen Buches mögen sich sehr wohl auf Ereignisse beziehen, die zwanzigtausend Jahre zurückliegen und im Großen und Ganzen doch der Wirklichkeit ziemlich genau entsprechen. Je wertvoller eine bestimmte Information ist und je sorgfältiger man sie bewahrt, desto genauer könnte sie doch sein.«

»Das entscheidende Wort ist hier *›bestimmt‹*«, wandte Hummin ein. »Das, was in dem Buch bewahrt werden soll, ist möglicherweise nicht das, was *Sie* bewahrt haben wollen. Und das, woran sich ein Roboter möglicherweise am besten erinnert, ist vielleicht das, was Sie sich am wenigsten wünschen.«

Jetzt wirkte Seldon verzweifelt. »In welche Richtung ich mich auch drehe, um eine Methode für die Psychohistorik zu finden, die Dinge verschwören sich immer wieder gegen mich, um es mir unmöglich zu machen. Warum soll ich mich da weiter bemühen?«

»Jetzt mag es Ihnen hoffnungslos erscheinen«, sagte Hummin ohne jede Emotion, »aber mit dem notwendigen Genie könnte sich ein Weg zur Psychohistorik finden lassen, den vielleicht in diesem Augenblick keiner von uns erwartet. Lassen Sie sich mehr Zeit – aber wir kommen an eine Raststätte. Wir wollen haltmachen und zu Abend essen.«

Als sie dann auf den Lammfleischküchlein auf ziemlich geschmacklosem Brot herumkauten (nach dem Essen in Mykogen fast ungenießbar), meinte Seldon: »Sie scheinen davon auszugehen, Hummin, dass ich das ›notwendige Genie‹ besitze. Das ist vielleicht gar nicht der Fall, wissen Sie.«

Hummin nickte. »Das stimmt. Vielleicht nicht. Aber ich kenne sonst keinen Kandidaten für die Aufgabe, also muss ich mich an Sie klammern.«

Und Seldon seufzte und erklärte: »Nun, ich will es versuchen, aber im Augenblick ist jeder Hoffnungsfunke erloschen. Möglich, aber nicht praktikabel, habe ich von Anfang an gesagt. Und davon bin ich jetzt noch mehr überzeugt als je zuvor.«

GLUTSUMPF

Amaryl, Yugo – … Ein Mathematiker, dem neben Hari Seldon selbst vielleicht das größte Verdienst in der Entwicklung der Psychohistorik zukommt. Er war es, der …

… Dabei sind die Umstände seiner frühen Jugend beinahe dramatischer als seine mathematischen Leistungen. Geboren in der hoffnungslosen Armut der unteren Klassen von Dahl, eines Bezirks des antiken Trantor, hätte er sein Lehen in völliger Bedeutungslosigkeit verbringen können, wäre nicht Seldon ganz zufällig …

ENCYCLOPAEDIA GALACTICA

61

Der Kaiser der ganzen Galaxis fühlte sich erschöpft – körperlich erschöpft. Die Lippen taten ihm von dem huldvollen Lächeln weh, das er in sorgfältig abgezirkelten Abständen seinem Gesicht aufprägen musste. Sein Hals war steif, weil er ihn zu oft in gespieltem Interesse dahin und dorthin hatte neigen müssen. Seine Ohren schmerzten vom vielen Zuhören. Ein Zittern ging durch seinen ganzen Körper, vom ständigen Aufstehen und Wiederhinsetzen, vom Handausstrecken und vom Winken.

Dabei handelte es sich um eine ganz gewöhnliche Veranstaltung, wo man sich mit Bürgermeistern, Vizekönigen, Ministern und ihren Frauen oder Männern aus allen Teilen Trantors und (noch schlimmer) aus allen Teilen der besiedelten Galaxis treffen musste. Anwesend waren beinahe tausend Menschen, alle in Kostümen, die vom prunkvollen bis zum ausgesprochen exotischen reichten, und er hatte sich ein Gemisch der verschiedensten Akzente anhören müssen, die der Versuch, jenes Galaktisch zu sprechen, das man an der galaktischen Universität sprach und als das Kaisergalaktisch bezeichnete, noch schlimmer machte. Und am allerschlimmsten hatte der Kaiser die ganze Zeit darauf achten müssen, nicht irgendwelche wesentlichen Zusagen zu machen, während er die Salbe der unwesentlichen Rede freigebig auftragen musste.

Alles war – natürlich sehr diskret – in Bild und Ton aufgezeichnet worden, und Eto Demerzel würde es sich später ansehen und dann feststellen, ob Cleon, erster Träger des Namens, sich auch benommen hatte. So formulierte es natürlich nur der Kaiser für sich. Demerzel würde sicherlich sagen, dass er nur Daten über irgendwelche unbeabsichtigten Enthüllungen seitens der Gäste sammelte. Und vielleicht tat er das sogar.

Der glückliche Demerzel!

Der Kaiser durfte den Palast und den riesigen Park nicht verlassen, während Demerzel, wenn er das wollte, durch die ganze Galaxis reisen durfte. Der Kaiser war stets zur Schau gestellt, stets zugänglich, gezwungen, sich mit Besuchern abzugeben, wichtigen wie lediglich lästigen. Demerzel blieb anonym und ließ sich nie auf dem Palastgelände sehen. Er blieb lediglich ein Angst einflößender Name und eine unsichtbare (und deshalb umso beängstigendere) Präsenz.

Der Kaiser war der Mann im Innern, mit dem ganzen Drum und Dran und all den sichtbaren Zeichen und Symbolen der Macht. Demerzel war der Mann draußen – nicht sichtbar, nicht einmal mit einem formellen Titel ausgestattet, dafür aber mit einem Verstand und Händen, die überall herumtasteten, und der für seine unermüdliche Arbeit keine Belohnung erheischte, mit Ausnahme einer einzigen – der Realität der Macht.

Es amüsierte den Kaiser – wenn auch auf makabre Weise –, mit dem Gedanken zu spielen, dass er Demerzel jederzeit ohne Warnung, unter einem fadenscheinigen Vorwand oder auch gar keinem, verhaften, ins Gefängnis werfen, verbannen, foltern oder exekutieren lassen konnte. Schließlich mochte der Kaiser in diesen lästigen Jahrhunderten beständiger Unruhe vielleicht Schwierigkeiten haben, seinen Willen auf den verschiedenen Planeten des Imperiums, selbst in den verschiedenen Bezirken Trantors durchzusetzen – bei all dem Pöbel lokaler Funktionäre und Legislaturen, mit denen er sich in einem Labyrinth ineinander verflochtener Dekrete, Protokolle, Zusagen, Verträge und allgemeiner interstellarer Paragraphen befand –, aber seine Macht über den Palast und seine Umgebung blieb absolut.

Und doch wusste Cleon, dass seine Träume von der Macht sinnlos waren. Demerzel hatte seinem Vater gedient, und Cleon konnte sich nicht daran erinnern, dass der sich nicht für alles und jedes seinen Rat bei Demerzel geholt hatte. Demerzel war es, der alles wusste, alles arrangierte, alles tat. Und darüber hinaus war Demerzel auch derjenige, dem man, wenn etwas nicht funktionierte, für alles die Schuld geben konnte. Der Kaiser selbst blieb jenseits aller Kritik und hatte nichts zu fürchten – ausgenommen natürlich eine Palastrevolution und Meuchelmord seitens derer, die ihm am nächsten standen und am liebsten waren. Und um das zu verhindern, war er von Demerzel abhängiger als von sonst irgendjemandem oder irgendetwas.

Kaiser Cleon überlief bei dem Gedanken, ohne Demerzel auskommen zu müssen, ein Frösteln. Es hatte Kaiser gegeben, die persönlich regiert hatten, die eine Reihe untalentierter Stabschefs gehabt hatten, die inkompetente Leute auf diesen Posten berufen und sie behalten hatten – und irgendwie waren auch sie eine Zeit lang einigermaßen damit durchgekommen.

Aber Cleon konnte das nicht. Er brauchte Demerzel. Und jetzt, wo ihm der Gedanke an Meuchelmord gekommen war – und in Anbetracht der jüngsten Geschichte des Imperiums war der Gedanke unvermeidlich –, erkannte er, dass es völlig unmöglich war, Demerzel loszuwerden. Das ging einfach nicht. Ganz gleich, wie geschickt er, Cleon, es auch versuchen würde, Demerzel (dessen war er sicher) würde das, was er tat, irgendwie vorhersehen, würde wissen, dass etwas im Gange war, und würde mit weit überlegenem Geschick eine Palastrevolution arrangieren. Cleon würde tot sein, ehe auch nur die geringste Chance bestand, Demerzel in Ketten abführen zu lassen. Und dann würde da einfach ein anderer Kaiser sein, dem Demerzel dienen würde – und den er beherrschen würde.

Oder würde Demerzel des Spiels müde werden und sich selbst zum Kaiser machen?

Niemals! Die Gewohnheit der Anonymität war dafür in ihm viel zu stark. Wenn Demerzel sich der Welt aussetzte, würden seine Kräfte, seine Weisheit und sein Glück (was immer das sein mochte) ihn ganz sicherlich verlassen. Davon war Cleon überzeugt, daran gab es für ihn keinerlei Zweifel.

Also war er, solange er sich gut benahm, sicher. Da Demerzel keinerlei eigene Ambitionen hatte, würde er ihm getreulich dienen.

Und da war Demerzel jetzt, so einfach und streng gekleidet, dass Cleon auf unbehagliche Weise der sinnlose Prunk seiner Staatsgewänder bewusst wurde, von denen er gerade durch zwei Pagen befreit wurde. Natürlich würde Demerzel erst jetzt, wo er allein und sozusagen in Zivil war, unauffällig seinen Auftritt haben.

»Demerzel«, sagte der Kaiser der ganzen Galaxis, »ich bin müde!«

»Staatsdinge sind ermüdend, Sire«, murmelte Demerzel.

»Muss ich sie dann jeden Abend haben?«

»Nicht *jeden* Abend, aber sie sind wichtig. Es befriedigt andere, Sie zu sehen und von Ihnen bemerkt zu werden. Das hilft mit, das Imperium in Gang zu halten.«

»Früher wurde das Imperium einmal von Macht in Gang gehalten«, sagte der Kaiser melancholisch. »Jetzt muss man es mit einem Lächeln, einem Winken, einem gemurmelten Wort und einer Medaille oder einer Plakette in Gang halten.«

»Wenn all das den Frieden bewahrt, Sire, dann spricht viel dafür. Und Ihre Herrschaft entwickelt sich gut.«

»Sie wissen, warum – weil ich Sie an meiner Seite habe. Mein einzig wahres Talent ist, dass ich mir Ihrer Bedeutung bewusst bin.« Er sah Demerzel verschmitzt an. »Mein Sohn muss nicht mein Erbe sein. Er ist kein sonderlich talentierter Junge. Was wäre, wenn ich *Sie* zu meinem Erben machte?«

»Sire, das ist undenkbar«, erwiderte Demerzel eisig. »Ich würde den Thron nicht usurpieren, ich würde ihn niemals Ihrem rechtmäßigen Erben stehlen. Außerdem, wenn ich Ihnen Unbehagen bereitet habe, dann bestrafen Sie mich gerecht. Ganz sicherlich verdient nichts, was ich getan habe oder möglicherweise tun könnte, die Strafe, zum Kaiser gemacht zu werden.«

Cleon lachte. »Dafür, dass Sie den Wert des Kaiserthrons so wahrheitsgemäß eingeschätzt haben, Demerzel, gebe ich jeden Gedanken auf, Sie zu bestrafen. Kommen Sie, lassen Sie uns über etwas reden. Ich würde gerne schlafen, aber ich bin noch nicht für das Zeremoniell bereit, mit dem man mich zu Bett bringt. Lassen Sie uns reden!«

»Worüber, Sire?«

»Über was Sie wollen. – Über diesen Mathematiker und seine Psychohistorik. Ich denke immer wieder mal über ihn nach, wissen Sie. Heute, beim Abendessen, habe ich an ihn gedacht und mich gefragt: Was wäre, wenn eine psychohistorische Analyse eine Methode prophezeien würde, wie man ohne endloses Zeremoniell Kaiser sein kann?«

»Irgendwie glaube ich, Sire, dass selbst der geschickteste Psychohistoriker das nicht schaffen würde.«

»Nun, dann möchte ich das Neueste wissen. Versteckt er sich immer noch zwischen diesen seltsamen Kahlköpfen von Mykogen? Sie haben doch versprochen, dass Sie ihn da rausholen würden.«

»Das habe ich, Sire, und ich habe auch diesbezügliche Schritte unternommen. Aber ich muss zu meinem Bedauern gestehen, dass ich es nicht geschafft habe.«

»Nicht geschafft?« Der Kaiser runzelte die Stirn. »Das gefällt mir nicht.«

»Mir auch nicht, Sire. Mein Plan war, den Mathematiker zu irgendeiner blasphemischen Handlung zu veranlassen – solche Handlungen gibt es in Mykogen eine ganze Menge, und Fremden fällt es nicht schwer, sie zu begehen – irgendetwas, das eine strenge Bestrafung verlangen würde. Dann würde der Mathematiker gezwungen sein, an den Kaiser zu appellieren, und das wiederum würde dazu führen, dass wir ihn bekommen. Ich hatte dafür belanglose Konzessionen unsererseits vorgesehen – wichtig für Mykogen und völlig unwichtig für uns – und hatte vor, dabei keine direkte Rolle zu übernehmen. Das Ganze sollte sehr subtil betrieben werden.«

»Das kann ich mir vorstellen«, sagte Cleon, »aber es hat nicht geklappt. Hat der Bürgermeister von Mykogen …«

»Man nennt ihn den Hohen Ältesten, Sire.«

»Streiten wir uns nicht über Titel. Hat dieser Hohe Älteste abgelehnt?«

»Ganz im Gegenteil, Sire, er war einverstanden. Und der Mathematiker, Seldon, ist auch prompt in die Falle gegangen.«

»Und?«

»Man hat ihn unversehrt gehen lassen.«

»Warum?«, wollte Cleon indigniert wissen.

»Das weiß ich nicht genau, Sire, aber ich vermute, dass man uns überboten hat.«

»Wer denn? Der Bürgermeister von Wye?«

»Durchaus möglich, Sire, aber ich bezweifle es. Wye wird von mir dauernd überwacht. Wenn die den Mathematiker an sich gebracht hätten, würde ich es inzwischen bereits wissen.«

Nun begnügte sich der Kaiser nicht damit, die Stirn zu runzeln, sondern er war sichtlich wütend. »Demerzel, das ist schlimm. Ich bin sehr unzufrieden. Ein solches Versagen drängt mir die Frage auf, ob Sie vielleicht nicht mehr der Mann sind, der Sie einmal waren. Welche Maßnahmen sollen wir gegen Mykogen dafür ergreifen, dass es sich so offenkundig den Wünschen des Kaisers widersetzt?«

Demerzel verbeugte sich tief, um damit zu zeigen, dass die Ungnade des Kaisers ihn schmerzte, aber seine Stimme hatte einen stählernen Unterton, als er sagte: »Es wäre ein Fehler, jetzt Schritte gegen Mykogen zu unternehmen. Die daraus entstehende Unruhe würde nur Wye nützen.«

»Aber wir müssen doch etwas unternehmen.«

»Glücklicherweise nicht, Sire. Es ist nicht so schlimm, wie es vielleicht scheint.«

»Wie kann es nicht so schlimm sein, wie es scheint?«

»Sie werden sich erinnern, Sire, dass dieser Mathematiker überzeugt war, die Psychohistorik sei nicht praktikabel.«

»Natürlich erinnere ich mich daran, aber das hat doch nichts zu besagen, oder? Für unsere Zwecke?«

»Vielleicht nicht. Aber wenn sie doch praktikabel werden sollte, würde sie uns in unendlich höherem Maße nützlich sein, Sire. Und nach allem, was ich bisher in Erfahrung bringen konnte, bemüht sich der Mathematiker jetzt darum, die Psychohistorik zu verwirklichen. Sein ketzerischer Akt in Mykogen war, wie ich erfahren habe, Teil eines Versuchs, das Problem der Psychohistorik zu lösen. In dem Fall könnte es für uns nützlich sein, Sire, ihn ungestört arbeiten zu lassen. Uns wird es mehr Nutzen bringen, ihn dann aufzugreifen, wenn er seinem Ziel näher ist oder es sogar erreicht hat.«

»Nicht wenn Wye ihn vorher in seine Macht bekommt.«

»Das – und dafür werde ich sorgen – wird nicht geschehen.«

»Auf dieselbe Weise, wie es Ihnen geglückt ist, den Mathematiker aus Mykogen herauszulocken?«

»Das nächste Mal werde ich keinen Fehler machen«, erklärte Demerzel kühl.

»Das sollten Sie auch nicht, Demerzel. Ein weiteres Versagen in dieser Hinsicht werde ich nicht hinnehmen.« Und dann fügte er mürrisch hinzu: »Heute Nacht werde ich wahrscheinlich überhaupt nicht schlafen.«

62

Jirad Tisalver aus dem Bezirk Dahl war klein. Sein Kopf reichte Hari Seldon nur bis zur Nase. Er schien sich das freilich nicht zu Herzen zu nehmen. Er hatte gleichmäßige, gut geschnittene Gesichtszüge, lächelte häufig und trug einen buschigen, schwarzen Schnurrbart und gelocktes schwarzes Haar.

Er wohnte mit seiner Frau und einer halbwüchsigen Tochter in einem Apartment, das aus sieben kleinen Zimmern bestand, die makellos sauber waren, aber fast keinerlei Mobiliar enthielten.

»Ich muss mich entschuldigen, Master Seldon und Mistress Venabili«, sagte Tisalver, »ich kann Ihnen hier nicht den Luxus bieten, den Sie ohne Zweifel gewöhnt sind, aber Dahl ist ein armer Bezirk, und ich gehöre nicht einmal zu den wohlhabenderen Leuten hier.«

»Ein Grund mehr für uns«, erwiderte Seldon, »Sie um Nachsicht dafür zu bitten, dass wir Ihnen die Bürde unserer Anwesenheit zumuten.«

»Das ist keine Bürde, Master Seldon. Master Hummin hat veranlasst, dass wir großzügig dafür bezahlt werden, solange Sie unser bescheidenes Quartier benutzen. Die Credits wären uns selbst dann willkommen, wenn Sie das nicht wären – aber Sie *sind* es.«

Seldon erinnerte sich an das, was Hummin beim Abschied gesagt hatte, als sie in Dahl eingetroffen waren. »Seldon«, hatte er gesagt, »dies ist jetzt der dritte Zufluchtsort, den ich Ihnen besorgt habe. Die beiden ersten lagen eindeutig außerhalb der Zugriffsmöglichkeiten des Imperiums, was freilich sehr wohl gerade deshalb seine Aufmerksamkeit erweckt hat; schließlich boten sich jene Orte als logische Wahl für Sie. Dieser hier ist anders. Er ist arm, in keiner Weise bemerkenswert und tatsächlich sogar in mancher Hinsicht nicht sicher. Er ist keine natürliche Zuflucht für Sie, und der Kaiser und sein Stabschef könnten deshalb vielleicht nicht daran denken, den Blick in diese Richtung zu wenden. Würde es Ihnen also etwas ausmachen, diesmal nicht in Schwierigkeiten zu geraten?«

»Ich will es versuchen, Hummin«, sagte Seldon ein wenig beleidigt. »Bitte, bedenken Sie aber, dass ich ja nicht nach Schwierigkeiten suche. Ich gebe mir große Mühe, etwas zu lernen, wozu ich vielleicht dreißig Leben brauchen würde, wenn ich auch nur die geringste Chance haben soll, die Psychohistorik in den Griff zu bekommen.«

»Das verstehe ich«, sagte Hummin. »Ihre Lernbegierde hat Sie in Streeling zur Oberseite geführt und in Mykogen zum

Horst der Ältesten, und noch ahnt niemand, wohin in Dahl. Was Sie betrifft, Dr. Venabili, so weiß ich, dass Sie versucht haben, für Seldon zu sorgen, aber Sie müssen sich noch mehr Mühe geben. Prägen Sie sich ganz fest ein, dass er der wichtigste Mensch auf Trantor ist – vielleicht sogar in der ganzen Galaxis – und dass man ihn um jeden Preis schützen muss.«

»Ich werde fortfahren, mein Bestes zu tun«, sagte Dors gestelzt.

»Was Ihre Gastgeberfamilie angeht, so hat die ihre Besonderheiten, aber im Wesentlichen sind es ordentliche Leute, mit denen ich schon früher zu tun hatte. Versuchen Sie, auch ihnen keine Schwierigkeiten zu bereiten.«

Aber Tisalver zumindest schien von seinen neuen Mietern keinerlei Ärger zu erwarten, und die Freude, die er über ihr Kommen ausdrückte, schien – ganz abgesehen von den Credits, die ihm später zufließen würden – durchaus echt.

Er hatte Dahl noch nie verlassen, und sein Appetit auf Berichte über ferne Orte war ungeheuer. Auch seine Frau hörte gerne zu, wobei sie sich immer wieder verbeugte und lächelte. Und ihre Tochter lauerte, einen Finger im Mund, hinter der Tür und spähte immer wieder zu den Erwachsenen heraus.

Gewöhnlich pflegte sich die ganze Familie nach dem Abendessen zu versammeln und erwartete dann von Seldon und Dors, dass sie von der Welt draußen erzählten. Das Essen war reichlich, aber es schmeckte ziemlich langweilig und war meistens zäh. Nach Mykogen war es daher fast ungenießbar. Der »Tisch« war ein langes Brett, das an einer Wand befestigt war, und sie aßen im Stehen.

Seldons behutsame Fragen führten schließlich zu der Erkenntnis, dass das bei den Dahlitern allgemein so der Brauch war und nicht etwa auf ungewöhnliche Armut zurückzuführen war.

Freilich, so erklärte Mistress Tisalver, gab es in Dahl Leute in hohen Regierungsämtern, die sich alle möglichen verweichlichten Gewohnheiten zulegten, zum Beispiel Stühle – sie nannte sie »Körperregale« –, aber die solide Mittelklasse blickte auf derlei Gebräuche eher mitleidig herab.

So sehr sie auch unnötigen Luxus missbilligten, genossen es die Tisalvers doch, darüber zu hören und schnalzten beständig mit der Zunge, wenn man ihnen von Matratzen erzählte, die auf Beinen angebracht waren, von geschmückten Kästen und Schränken und von einem Überfluss an Geschirr.

Sie hörten sich auch eine Schilderung der mykogenischen Sitten an, während Jirad Tisalver selbstgefällig über sein Haar strich und keinen Zweifel daran ließ, dass er einer Depilation den gleichen Widerstand entgegensetzen würde wie einer Entmannung. Mistress Tisalver war geradezu wütend, als sie von der Unterwürfigkeit der Frauen in Mykogen hörte, und wollte einfach nicht glauben, dass die Schwestern diese Behandlung so ruhig hinnahmen.

Am meisten aber faszinierte sie Seldons beiläufiger Hinweis auf den Kaiserpalast und den ihn umgebenden Park. Als sich bei näherem Befragen dann herausstellte, dass Seldon den Kaiser tatsächlich zu Gesicht bekommen und mit ihm gesprochen hatte, legte sich ein Mantel der Ehrfurcht über die Familie. Es verging eine Weile, bis sie wieder Fragen zu stellen wagten, und Seldon musste bald erkennen, dass er sie nicht befriedigen konnte. Schließlich hatte er den Park kaum zu Gesicht bekommen und vom Innern des Palastes noch weniger.

Das enttäuschte die Tisalvers, sie wollten nicht aufhören, noch mehr aus ihm herauszuquetschen. Und nachdem sie von Seldons kaiserlichem Abenteuer gehört hatten, wollten sie Dors' Behauptung nicht glauben, dass sie ihrerseits noch nie kaiserliches Gelände betreten hatte. Am allermeisten aber misstrauten sie Seldons Bemerkung, der Kaiser habe sich wie ein ganz gewöhnlicher Mensch benommen und auch wie ein solcher geredet. Das schien den Tisalvers völlig unmöglich.

Nach drei Abenden, die alle auf diese Weise verlaufen waren, begann Seldon müde zu werden. Zuerst hatte er es begrüßt (zumindest untertags), nichts anderes zu tun, als einige der Buchfilme über geschichtliche Themen zu sichten, die Dors ihm empfahl. Die Tisalvers überließen ihren Betrachter untertags bereitwillig ihren Gästen, wenn auch das kleine Mädchen damit unzufrieden schien und in die Wohnung eines Nachbarn geschickt wurde, um deren Gerät für ihre Hausarbeiten zu benutzen.

»Es hilft nichts«, sagte Seldon unruhig in der Sicherheit seines Zimmers, nachdem er Musik eingeschaltet hatte, um etwaige Lauschversuche zu vereiteln. »Ich kann Ihre Faszination für die Geschichte begreifen. Aber das ist alles nur endloses Detail. Das ist ein riesiger Haufen nein, ein galaktischer Haufen – von Daten, in denen ich einfach keine Struktur erkennen kann.«

»Nun«, wandte Dors ein, »es hat ganz sicher einmal eine Zeit gegeben, wo die Menschen auch keine Struktur am Sternenhimmel erkennen konnten, aber am Ende haben sie doch erkannt, dass all die Sterne eine Galaxis bilden.«

»Aber ich bin sicher, dass das Generationen und nicht Wochen gedauert hat. Es muss einmal eine Zeit gegeben haben, wo die Physik wie eine Menge von miteinander nicht in Verbindung stehender Beobachtungen erschienen sein muss, ehe man schließlich die grundlegenden Naturgesetze entdeckte. Und *das* hat gewiss Generationen gedauert. – Und was ist mit den Tisalvers?«

»Was soll mit ihnen sein? Ich finde, sie sind sehr nett.«

»Neugierig sind sie.«

»Natürlich sind sie das. Wären Sie das an ihrer Stelle nicht?«

»Aber ist es nur Neugierde? Meine Begegnung mit dem Kaiser scheint sie geradezu wild zu interessieren.«

Dors begann ungeduldig zu werden. »Noch einmal ... das ist doch nur natürlich. Würde Sie das nicht genauso faszinieren – wenn die Rollen vertauscht wären?«

»Mich macht es nervös.«

»Hummin hat uns hierher gebracht.«

»Ja, aber er ist auch nicht vollkommen. Er hat mich zur Universität gebracht, und man hat mich zur Oberseite gelockt. Er hat uns zu Sonnenmeister Vierzehn gebracht, der uns in eine Falle lockte. Das wissen Sie doch. Wenn man sich zweimal verbrannt hat, wird man vorsichtig. Ich bin es einfach leid, ausgefragt zu werden.«

»Dann drehen Sie doch den Spieß um, Hari. Interessieren Sie sich für Dahl?«

»Natürlich tue ich das. Was wissen *Sie* denn darüber?«

»Nichts. Es ist nur einer von mehr als achthundert Bezirken, und ich bin erst seit etwas mehr als zwei Jahren auf Trantor.«

»Genau das meine ich. Und es gibt fünfundzwanzig Millionen Welten, und ich befasse mich erst seit reichlich zwei Monaten mit diesem Problem. – Ich will Ihnen etwas sagen – ich möchte zurück nach Helicon und dort die Mathematik der Turbulenzen weiter studieren, worüber ich meine Doktorarbeit geschrieben habe, und ich möchte vergessen, dass ich je erkannt habe – oder mir das eingebildet habe –, dass die Turbulenz einen Einblick in die menschliche Gesellschaft liefert.«

Aber am Abend dieses Tages meinte er, zu Tisalver gewandt: »Aber wissen Sie, Master Tisalver, Sie haben mir noch nie gesagt, was Sie eigentlich tun, was Sie für Arbeit leisten.«

»Ich?« Tisalver legte beide Hände auf die Brust, die nur von einem einfachen weißen T-Shirt und nichts darunter bedeckt war, offenbar der üblichen männlichen Bekleidung in Dahl. »Nicht viel. Ich arbeite in der hiesigen Holovisionsstation im Programmwesen. Es ist zwar ziemlich langweilig, aber man kann davon leben.«

»Und es ist ein anständiger Beruf«, sagte Mistress Tisalver. »Er braucht wenigstens nicht in den Glutsümpfen zu arbeiten.«

»Den *was?*«, fragte Dors und hob dabei die Brauen, womit sie den Eindruck faszinierten Interesses erweckte.

»Nun ja«, sagte Tisalver, »dafür ist Dahl am besten bekannt. Viel ist es nicht, aber vierzig Milliarden Menschen auf Trantor brauchen Energie, und wir liefern eine ganze Menge davon. Dank trägt es uns keinen ein, aber ich würde nur gerne mal sehen, wie ein paar von den besonders eleganten Bezirken sonst zurechtkommen würden.«

Seldon musterte ihn verblüfft. »Bekommt Trantor denn seine Energie nicht von Sonnenkraftstationen im Orbit?«

»Etwas«, sagte Tisalver, »und dann auch noch von Kernfusionsstationen draußen auf den Inseln, und etwas von Mikrofusionsmotoren und dann noch von Windstationen an der Oberseite. Aber *die Hälfte* ...« – und dabei hob er bedeutsam den Finger, und sein Gesicht wurde ungewöhnlich ernst –, »... die Hälfte kommt aus den Glutsümpfen. Glutsümpfe gibt es an vielen Orten, aber die sind alle nicht so ergiebig wie die in Dahl. Sagen Sie bloß, Sie wissen nichts über die Glutsümpfe? Sie sitzen hier und starren mich an.«

Dors schaltete sich schnell ein: »Sie wissen doch, wir sind Außenweltler.« (Beinahe hätte sie gesagt »Stammesleute«, aber sie fing sich gerade noch rechtzeitig.) »Ganz besonders Dr. Seldon. Er ist erst seit ein paar Monaten auf Trantor.«

»Wirklich?«, sagte Mistress Tisalver. Sie war etwas kleiner als ihr Mann und wirkte irgendwie plump, ohne fett zu sein. Ihr dunkles Haar trug sie in einem einfachen Knoten, und sie hatte wirklich schöne dunkle Augen. Ebenso wie ihr Mann schien sie Mitte der Dreißig zu sein.

(Nach der Zeit in Mykogen, auch wenn es nur ein kurzer Zeitabschnitt gewesen war, kam es Dors eigenartig vor, dass eine Frau sich einfach in ein Gespräch einmischte. Wie schnell sich doch Sitten und Gebräuche festsetzen, dachte sie und beschloss, dies Seldon gegenüber zu erwähnen – ein weiterer Punkt für seine Psychohistorik.)

»O ja«, sagte sie. »Dr. Seldon kommt von Helicon.«

Mistress Tisalver ließ höfliches Unwissen erkennen. »Und wo ist das?«

»Nun, es ist ...«, sagte Dors und wandte sich hilfeheischend an Seldon. »Wo ist es, Hari?«

Seldon sah sie verdutzt, fast ein wenig verlegen an. »Nun, um ehrlich zu sein, ich glaube, ich könnte es gar nicht ohne Weiteres auf einem galaktischen Modell finden, ohne zuerst die Koordinaten nachzuschlagen. Ich kann nur sagen, dass es auf der anderen Seite des zentralen Schwarzen Lochs von Trantor ist. Und dass es ziemlich anstrengend ist, per Hyperschiff dort hinzukommen.«

Das beeindruckte Mistress Tisalver sichtlich, denn sie meinte: »Ich glaube nicht, dass Jirad und ich je mit einem Hyperschiff reisen werden.«

»Eines Tages ganz bestimmt, Casilia«, sagte Tisalver vergnügt. »Aber erzählen Sie uns von Helicon, Master Seldon.« Seldon schüttelte den Kopf. »Das wäre, glaube ich, langweilig. Es ist einfach nur eine Welt wie jede andere. Nur Trantor ist anders als alle anderen. Es gibt keine Glutsümpfe auf Helicon – und sonstwo wahrscheinlich auch nicht –, nur auf Trantor. Erzählen Sie mir darüber!«

(*»Nur Trantor ist anders als alle andern.«* Der Satz hallte in Seldons Gedanken nach, und einen Augenblick lang klammerte er sich daran fest, und aus irgendeinem Grund fiel ihm plötzlich Dors' Geschichte von der Hand auf ihrem Schenkel ein, aber dann fing Tisalver zu reden an, und der Satz entschwand ebenso schnell aus Seldons Bewusstsein, wie er dort aufgetaucht war.)

»Wenn Sie wirklich etwas über die Glutsümpfe erfahren wollen, kann ich sie Ihnen zeigen«, sagte Tisalver. Dann wandte er sich seiner Frau zu. »Casilia, würde es dir etwas ausmachen, wenn ich Master Seldon morgen zu den Glutsümpfen bringen würde?«

»Und mich«, sagte Dors schnell.

»Und Mistress Venabili?«

Mistress Tisalver runzelte die Stirn und sagte dann mit scharfer Stimme: »Ich glaube nicht, dass das eine gute Idee wäre. Unsere Besucher werden sich langweilen.«

»Das glaube ich nicht, Mistress Tisalver«, sagte Seldon mit gewinnendem Lächeln. »Wir würden die Glutsümpfe wirklich sehr gerne besichtigen. Es würde uns freuen, wenn Sie auch mitkommen würden … Ihre kleine Tochter – wenn sie möchte.«

»Zu den Glutsümpfen?«, sagte Mistress Tisalver entgeistert und richtete sich unwillkürlich dabei auf. »Das ist überhaupt nicht der Ort für eine anständige Frau.«

Seldon spürte, dass er einen Fehler gemacht hatte und wurde verlegen. »Ich habe es nicht böse gemeint, Mistress Tisalver.«

»Macht nichts«, beruhigte ihn Tisalver. »Casilia ist der Ansicht, das sei unter unserer Würde, und das ist es auch. Aber solange ich nicht dort arbeite, macht es wirklich nichts aus, einmal dorthin zu gehen und es Gästen zu zeigen. Aber es ist dort recht unbequem, und ich würde Casilia nie dazu bringen, sich passend anzuziehen.«

Sie erhoben sich aus ihrer hockenden Haltung. Dahlitische »Stühle« waren nichts anderes als Formplastiksitze auf kleinen Rädern, und Seldon taten beim Sitzen schrecklich die Knie weh, davon abgesehen, dass die »Stühle« sich allem Anschein nach bei jeder Körperbewegung mitbewegten. Die Tisalvers hingegen beherrschten die Kunst des Sitzens perfekt und erhoben sich mühelos und ohne dabei die Arme zu gebrauchen, wie Seldon es musste. Auch Dors stand mühelos auf, und Seldon wunderte sich wieder einmal über ihre natürliche Grazie.

Ehe sie ihre Zimmer für die Nacht aufsuchten, sagte Seldon zu Dors: »Und Sie wissen auch ganz bestimmt nichts über Glutsümpfe? Nach Mistress Tisalvers Verhalten scheint das ja etwas recht Unangenehmes zu sein.«

»*So* unangenehm können sie nicht sein, sonst würde Tisalver nicht vorschlagen, mit uns dorthin zu gehen. Lassen wir uns überraschen.«

63

»Sie brauchen passende Kleidung«, sagte Tisalver, und Mistress Tisalver schniefte dazu unüberhörbar im Hintergrund.

Seldon, der sich noch voll Unbehagen an die Kittel von Mykogen erinnerte, meinte vorsichtig: »Was verstehen Sie unter passender Kleidung?«

»Etwas Leichtes, so wie ich es trage. Ein T-Shirt mit kurzen Ärmeln, weite Hosen, weite Unterhosen, Socken, offene Sandalen. Ich habe das alles für Sie.«

»Gut. Klingt nicht schlecht.«

»Was Mistress Venabili angeht, habe ich auch etwas, hoffentlich passt es.«

Die Kleider, die Tisalver ihnen reichte (seine eigenen), waren etwas eng. Als sie fertig waren, verabschiedeten sie sich von Mistress Tisalver, die ihnen mit resignierter und immer noch missbilligender Miene unter der Tür nachblickte.

Es war früher Abend, und eine recht angenehme Dämmerungsstimmung. Bald würden die Lichter von Dahl aufflammen. Die Temperatur war mild, und es waren buchstäblich keinerlei Fahrzeuge zu sehen. Alle waren zu Fuß unterwegs. In der Ferne war das allgegenwärtige Summen eines Express zu vernehmen, und wenn man genauer hinsah, konnte man sogar seine Lichter flackern sehen.

Seldon hatte den Eindruck, dass die Dahliter keinem speziellen Ziel zustrebten. Vielmehr schien es sich um eine Art Promenade zu handeln, ein Gehen um des reinen Vergnügens willen. Wenn Dahl ein so armer Bezirk war, wie Tisalver das angedeutet hatte, gab es vielleicht keine preiswerten Möglichkeiten, sich zu zerstreuen. Und was war schon so angenehm – und so billig – wie ein abendlicher Spaziergang?

Seldon stellte fest, dass er sich diesem Schlendertempo beinahe automatisch anpasste, und er spürte, wie dieses ziellose Schlendern ihn mit einem Gefühl freundlicher Wärme erfüllte.

Die Leute begrüßten einander, wenn sie sich begegneten, tauschten ein paar Worte. Überall waren schwarze Schnurrbärte von unterschiedlicher Form und Dicke zu sehen; sie schienen für jeden Dahliter ein festes Requisit zu sein, ebenso wie die kahlen Schädel der Brüder von Mykogen.

Es war ein abendliches Ritual, etwas, wodurch man sich vergewisserte, dass wieder ein Tag gut zu Ende gegangen war und dass die Freunde, die man hatte, noch da waren und sich wohlfühlten. Und Dors zog, wie sich bald herausstellte, alle Blicke auf sich. Im Dämmerlicht leuchtete ihr rötliches Haar etwas dunkler, hob sich aber ganz deutlich vor dem Meer schwarzhaariger Köpfe ab (sah man von einigen wenigen grauen ab), wie eine Goldmünze in einem Haufen Kohle.

»Das ist sehr angenehm«, sagte Seldon.

»Ja, das ist es. Gewöhnlich würde ich mit meiner Frau gehen, und sie wäre dann in ihrem Element. Im Umkreis von einem Kilometer gibt es niemanden, den sie nicht dem Namen nach kennt und von dem sie nicht Beruf und alle verwandtschaftlichen Beziehungen weiß. Ich kann das nicht. Im Augenblick sind die meisten Leute, die mich grüßen … nun, ich könnte Ihnen ihre Namen nicht sagen. Aber wir dürfen nicht so langsam dahinschleichen. Wir müssen zum Lift. In den unteren Etagen ist reger Betrieb.«

Als sie dann in der Liftkabine standen und nach unten fuhren, sagte Dors: »Ich nehme an, Master Tisalver, die Glutsümpfe sind Orte, wo die innere Hitze von Trantor dazu benutzt wird, um Dampf zu erzeugen, der Turbinen betreibt und damit Elektrizität erzeugt.«

»O nein. Elektrizität wird von höchst effizienten Thermomeilern unmittelbar erzeugt. Bitte fragen Sie mich nicht nach Einzelheiten. Ich bin nur Holovisionsprogrammierer. Tatsächlich sollten Sie niemanden hier unten nach Einzelheiten fragen. Das Ganze ist nur eine riesige Black Box. Sie funktioniert, aber niemand weiß, wie.«

»Und wenn es einen Defekt gibt?«

»Den gibt es gewöhnlich nicht, aber wenn doch, dann kommen von irgendwoher Fachleute, jemand, der etwas von Computern versteht. Das Ganze ist natürlich in höchstem Maße computerisiert.«

Der Lift hielt an, und sie stiegen aus. Ein Hitzeschwall kam ihnen entgegen.

»Heiß ist es«, sagte Seldon unnötigerweise.

»Ja, allerdings«, sagte Tisalver. »Deshalb ist ja Dahl als Energiequelle so wertvoll. Die Magmaschicht liegt hier näher an der Oberfläche als irgendwo sonst. Also muss man in der Hitze arbeiten.«

»Und wie steht es mit Klimatisierung?«, wollte Dors wissen.

»Die gibt es, aber das ist eine Kostenfrage. Wir lüften und entfeuchten und kühlen, aber wenn wir zu weit gehen, dann verbrauchen wir zu viel Energie, und der ganze Vorgang wird zu aufwendig.«

Tisalver blieb an einer Tür stehen und gab einen Code ein. Sie öffnete sich, und ein Schwall kühlerer Luft schlug ihnen entgegen. Tisalver murmelte: »Wir sollten uns jemanden holen, der uns einiges erklären kann und auch die Bemerkungen unter Kontrolle hält, denen Mistress Venabili sich sonst ausgesetzt sieht – wenigstens seitens der Männer.«

»Bemerkungen stören mich nicht«, sagte Dors.

»Aber mir wären sie peinlich«, sagte Tisalver.

Ein junger Mann kam aus dem Büro und stellte sich als Hano Lindor vor. Er sah Tisalver recht ähnlich, aber Seldon gelangte schnell zu dem Schluss, dass er sich erst an die Kleinwüchsigkeit der Dahliter, ihren dunklen Teint, ihr schwarzes Haar und die üppigen Schnurrbärte gewöhnen musste, ehe er irgendwelche Unterschiede würde erkennen können.

»Ich führe sie gerne herum«, erklärte Lindor, »besonders viel gibt es ja ohnehin nicht zu sehen. Das hier ist nicht gerade ein Ort zum Herzeigen, wissen Sie.« Er sprach zu allen dreien, aber seine Augen fixierten Dors. »Besonders behaglich wird es nicht sein«, meinte er. »Ich schlage vor, wir ziehen die Hemden aus.«

»Hier drin ist es doch schön kühl«, sagte Seldon.

»Natürlich. Aber das ist nur deshalb so, weil wir hier Vorgesetzte sind. Der Rang hat seine Privilegien. Dort draußen können wir die Klimatisierung nicht in dem Maße aufrechterhalten. Deshalb werden die auch besser bezahlt als ich. Tatsächlich sind dies sogar die höchstbezahlten Jobs in Dahl. Und das ist auch der einzige Grund, dass wir überhaupt Leute für die Arbeit hier bekommen. Trotzdem wird es immer schwieriger, Leute für die Glutsümpfe zu bekommen.« Er atmete tief durch. »Schön, hinaus in die Suppe!«

Er zog sein Hemd aus und stopfte es sich in den Gürtel. Tisalver tat es ihm gleich, und Seldon schloss sich an.

Lindor warf Dors einen Blick zu und meinte dann: »Es ist zu Ihrer eigenen Bequemlichkeit, Mistress, aber Vorschrift ist es natürlich nicht.«

»Das ist schon in Ordnung«, sagte Dors und zog ihr Hemd aus.

Ihr BH war weiß und ungepolstert und ließ hübsche Rundungen erkennen.

»Mistress«, sagte Lindor, »das ist nicht …« Er überlegte einen Augenblick lang, zuckte dann die Achseln und meinte: »Also gut. Es wird schon gehen.«

Zuerst sah Seldon nur Computer und Maschinen, riesige Röhren, flackernde Lichter und flimmernde Bildschirme.

Insgesamt war die Beleuchtung verhältnismäßig schwach, wenn auch einzelne Maschinen hell beleuchtet waren.

»Warum ist es hier nicht heller?«, fragte Seldon.

»Es ist hell genug … dort wo es darauf ankommt«, sagte Lindor. Er hatte eine angenehme Stimme und sprach schnell, wenn auch ein wenig schroff. »Die allgemeine Beleuchtung wird aus psychologischen Gründen recht schwach gehalten. Zu große Helligkeit wird unwillkürlich als Hitze empfunden. Wenn wir heller beleuchten, gibt es sofort mehr Beschwerden, selbst wenn wir gleichzeitig die Temperatur senken.«

»Das ist doch alles computerisiert«, meinte Dors. »Ich würde meinen, dass man die Anlage ganz den Computern überlassen kann. Diese Umgebung ist doch für künstliche Intelligenz geschaffen.«

»Völlig richtig«, sagte Lindor, »aber wir können unter keinen Umständen irgendwelche Ausfälle riskieren. Wir brauchen Leute vor Ort, für den Fall, dass etwas schiefgeht. Ein Computerdefekt kann in zweitausend Kilometern Entfernung Probleme erzeugen.«

»Das gilt auch für menschliche Fehler, oder nicht?«, meinte Seldon.

»Das schon, aber wenn Computer *und* Menschen zur Stelle sind, dann können Menschen Computerfehler schneller erkennen und korrigieren, und das gilt natürlich auch umgekehrt. Es läuft praktisch darauf hinaus, dass ernsthafte Pannen unmöglich sind, sofern Mensch und Computer nicht gleichzeitig Fehler begehen. Und das kommt fast nie vor.«

»Fast nie, aber doch nicht nie, was?«, fragte Seldon.

»Ja. Fast nie. Computer sind nicht mehr das, was sie einmal waren, und die Menschen sind das auch nicht.«

»So scheint es immer«, meinte Seldon und lachte leise.

»Nein, nein. Ich spreche hier nicht nur allgemein von der guten alten Zeit. Ich habe exakte Statistiken darüber.«

Als Seldon das hörte, erinnerte er sich an Hummins Worte über die allgemeine Degeneration.

»Sehen Sie, was ich meine?«, sagte Lindor und wurde dabei leiser. »Da ist eine Gruppe Leute, so wie sie aussehen, vielleicht Klasse C-3, und trinken. Keiner von ihnen ist auf seinem Posten.«

»Was trinken sie denn?«, fragte Dors.

»Besondere Flüssigkeit, um den Verlust an Elektrolyt auszugleichen. Fruchtsaft.«

»Das kann man ihnen doch nicht übel nehmen, oder?«, fragte Dors indigniert. »In dieser trockenen Hitze muss man doch trinken.«

»Wissen Sie, wie lange ein geschickter C-3 einen Schluck in die Länge ziehen kann? Und dagegen ist auch nichts zu machen. Wenn wir ihnen Fünfminutenpausen zum Trinken geben und sie auseinanderziehen, damit sich nicht alle in einer Gruppe versammeln, dann gibt es einfach einen Aufstand.«

Sie näherten sich jetzt der Gruppe. Es handelte sich um Männer und Frauen (Dahl schien eine mehr oder weniger geschlechtslose Gesellschaft zu sein), und beide Geschlechter waren ohne Hemd. Die Frauen trugen Vorrichtungen, die man hätte als Büstenhalter bezeichnen können, aber sie waren streng funktionell konstruiert und dienten lediglich dazu, die Brüste anzuheben, um die Lüftung zu verbessern und die Transpiration zu beschränken, bedeckten aber nichts.

»Vernünftig, Hari«, meinte Dors halblaut zu Seldon gewandt. »Ich bin dort patschnass.«

»Dann ziehen Sie Ihren BH doch aus«, sagte Seldon. »Ich werde Sie nicht daran hindern.«

»Das hatte ich mir irgendwie gedacht«, meinte Dors, ließ den BH aber, wo er war.

Sie näherten sich der Gruppe – es waren etwa ein Dutzend Leute.

»Falls von denen einer eine unpassende Bemerkung macht, werde ich das überleben«, meinte Dors.

»Vielen Dank.« Lindor nickte. »Ich kann Ihnen nichts versprechen – aber ich werde Sie vorstellen müssen. Wenn die auf die Idee kommen, Sie könnten Inspektoren sein, werden die ungehalten. Es ist üblich, dass Inspektoren allein herumschnüffeln und nicht von irgendwelchen Vorgesetzten überwacht werden.«

Er hob beide Arme. »Glutsumpfleute, ich stelle Ihnen zwei Besucher von draußen vor – zwei Außenweltler, zwei Gelehrte.

Sie kommen von Welten, wo die Energie knapp wird, und sind hierhergekommen, um zu sehen, wie wir das hier in Dahl machen. Sie meinen, sie könnten vielleicht etwas lernen.«

»Wie man schwitzt, werden sie lernen!«, schrie einer, und alle lachten.

»*Sie* muss eine ganz verschwitzte Brust haben«, schrie eine Frau, »wenn sie sich so verhüllt.«

Und Dors schrie zurück: »Ich würd das Ding ja abnehmen, aber mit Ihren Möpsen kann ich nicht mithalten.« Und das Gelächter wurde freundlich.

Aber ein junger Mann trat vor und starrte Seldon aus tief liegenden Augen an. Sein Gesicht wirkte maskenhaft. »Ich kenne Sie«, sagte er. »Sie sind der Mathematiker.«

Er trat auf ihn zu und inspizierte Seldons Gesicht. Dors trat automatisch vor Seldon, und Lindor trat vor sie und schrie: »Zurück! Was sind das für Manieren?«

»Warten Sie!«, wandte Seldon ein. »Lassen Sie ihn doch reden. Warum stellen sich denn alle vor mich?«

»Wenn Sie die näher rankommen lassen, werden Sie feststellen, dass die nicht gerade nach Blumen duften«, sagte Lindor leise.

»Ich werd's ertragen«, meinte Seldon brüsk. »Junger Mann, was wollen Sie?«

»Ich heiße Amaryl. Yugo Amaryl. Ich hab Sie in Holovision gesehen.«

»Mag ja sein, aber was ist damit?«

»Ich erinnere mich nicht an Ihren Namen.«

»Das brauchen Sie nicht.«

»Sie haben über etwas geredet, das Psychohistorik heißt.«

»Sie haben keine Ahnung, wie ich mir wünsche, ich hätte das nicht getan.«

»Was?«

»Nichts. Was wollen Sie?«

»Mit Ihnen reden. Nur kurz. Jetzt.«

Seldon sah Lindor an, der entschieden den Kopf schüttelte. »Nicht solange er Schicht hat.«

»Wann fängt Ihre Schicht an, Master Amaryl?«, fragte Seldon.

»Sechzehn.«

»Können Sie morgen um vierzehn Uhr zu mir kommen?«

»Sicher. Wo?«

Seldon wandte sich zu Tisalver um. »Würden Sie mir erlauben, dass ich in Ihrer Wohnung mit ihm spreche?«

Tisalver schien davon nicht entzückt. »Das ist nicht nötig. Er ist nur ein Glutsumpfarbeiter.«

»Er hat mein Gesicht erkannt«, wandte Seldon ein. »Er weiß etwas über mich. Er kann nicht einfach *nur* irgendetwas sein. Ich werde ihn in meinem Zimmer empfangen.« Und als Tisalvers Gesichtsausdruck unverändert blieb, fügte er hinzu: »In *meinem* Zimmer, für das Miete bezahlt wird. Und Sie werden bei der Arbeit sein, gar nicht zu Hause.«

»Um mich geht es nicht, Seldon«, sagte Tisalver mit leiser Stimme. »Es ist meine Frau, Casilia. Ihr wird es nicht recht sein.«

»Ich werde mit ihr sprechen«, meinte Seldon entschlossen. »Sie wird müssen.«

64

Casilia Tisalvers Augen weiteten sich. »Einer aus dem Glutsumpf? Aber nicht in *meiner* Wohnung!«

»Warum nicht? Und außerdem kommt er ja in *mein* Zimmer«, sagte Seldon. »Um vierzehn Uhr.«

»Das lasse ich nicht zu«, sagte Mistress Tisalver. »Das hat man davon, wenn man in die Glutsümpfe hinuntersteigt. Jirad ist ein Narr.«

»Ganz und gar nicht, Mistress Tisalver. Wir sind auf meinen Wunsch gegangen, und mich hat es fasziniert. Ich muss diesen jungen Mann treffen, das ist für meine wissenschaftliche Arbeit wichtig.«

»Das tut mir sehr leid, aber ich will das nicht haben.«

Dors Venabili hob die Hand. »Hari, lassen Sie mich das machen. Mistress Tisalver, wenn Dr. Seldon jemand heute Nachmittag in seinem Zimmer empfangen muss, bedeutet diese Person natürlich zusätzliche Miete. Das verstehen wir. Für den heutigen Tag wird also die Miete für Dr. Seldons Zimmer verdoppelt.«

Mistress Tisalver dachte nach. »Nun, das ist sehr anständig von Ihnen, aber es geht nicht nur um die Credits. Ich muss auch an die Nachbarn denken. Ein verschwitzter, stinkender Kerl aus den Glutsümpfen …«

»Ich bezweifle, dass er um vierzehn Uhr verschwitzt sein oder stinken wird, Mistress Tisalver. Aber lassen Sie mich ausreden. Dr. Seldon muss ihn sprechen, er wird ihn also, nachdem er ihn hier nicht empfangen darf, anderswo empfangen müssen. Aber wir können nicht hin und her laufen, das wäre zu unbequem. Wir müssen uns also anderswo ein Zimmer besorgen. Das wird nicht einfach sein, und wir wollen es auch nicht. Aber wir haben so keine andere Wahl. Also werden wir die Miete bis heute bezahlen und ausziehen, und dann werden wir natürlich Master Hummin erklären müssen, warum wir das Arrangement ändern mussten, das er freundlicherweise für uns getroffen hatte.«

»Warten Sie!« Mistress Tisalvers Gesicht wirkte jetzt berechnend. »Wir möchten natürlich Master Hummin keine Ungelegenheiten bereiten … und Ihnen beiden auch nicht. Wie lange würde dieser Kerl denn bleiben müssen?«

»Er kommt um vierzehn Uhr und muss um sechzehn Uhr bei der Arbeit sein. Er wird also weniger als zwei Stunden hier sein, vielleicht sogar wesentlich weniger. Wir werden draußen auf ihn warten, alle beide, und ihn in Dr. Seldons Zimmer bringen. Falls ihn irgendwelche Nachbarn sehen, werden sie meinen, dass er ebenfalls ein Außenweltler ist wie wir.«

Mistress Tisalver nickte. »Dann meinetwegen. Doppelte Miete für Master Seldons Zimmer für heute, und der Stinker kommt nur dieses eine Mal.«

»Nur dieses eine Mal«, sagte Dors.

Als Seldon und Dors dann später in ihrem Zimmer saßen, fragte Dors: »Aber warum *müssen* Sie ihn denn sprechen, Hari? Ist es denn für die Psychohistorik wichtig, einen aus den Glutsümpfen zu befragen?«

Seldon glaubte, eine Spur von Sarkasmus in ihrer Stimme wahrzunehmen, und so meinte er etwas spitz: »Ich brauche ja nicht alles auf dieses riesige Projekt abzustimmen, auf das ich ohnehin nicht sehr vertraue. Ich bin schließlich auch ein Mensch mit ganz normaler menschlicher Neugierde. Wir waren stundenlang dort unten in den Glutsümpfen, und Sie haben ja gesehen, was für Leute dort gearbeitet haben. Sie waren ganz offensichtlich ungebildet, Individuen auf unterstem gesellschaftlichem Niveau – und das soll kein Wortspiel sein –, und doch war da einer, der mich erkannte. Er muss mich bei dem Kongress in Holovision gesehen haben und hat sich an das Wort ›Psychohistorik‹ erinnert. Er kommt mir irgendwie ungewöhnlich vor – so als gehörte er nicht dorthin –, und ich würde deshalb gerne mit ihm reden.«

»Weil es Ihrer Eitelkeit schmeichelt, dass selbst einer aus den Glutsümpfen in Dahl Sie kennt?«

»Nun … mag sein. Aber es reizt auch meine Neugierde.«

»Und woher wissen Sie, dass das Ganze nicht eine Falle ist, dass er Sie irgendwo hinlocken möchte, wo es wieder Ärger gibt, wie es schon früher passiert ist?«

Seldon zuckte zusammen. »Ich werde nicht zulassen, dass er mir mit den Fingern durchs Haar streicht. Außerdem sind wir jetzt ja besser vorbereitet, oder? Und ich bin sicher, dass Sie bei mir sein werden. Ich meine, Sie haben mich allein an die Oberseite gehen lassen, Sie haben mich allein mit Regentropfen Dreiundvierzig zur Mikrofarm gehen lassen. Und das werden Sie doch ganz bestimmt nicht wieder tun, oder?«

»Darauf können Sie sich verlassen«, versicherte Dors.

»Nun gut. Dann werde ich mit dem jungen Mann reden, und Sie können ja aufpassen, dass er mich nicht in einen Hinterhalt lockt. Ich habe volles Vertrauen zu Ihnen.«

65

Amaryl traf einige Minuten vor vierzehn Uhr ein und sah sich vorsichtig um. Sein Haar war gepflegt und sein dichter Schnurrbart sorgfältig gekämmt und außen etwas hochgezwirbelt. Sein T-Shirt leuchtete blütenweiß. Er roch tatsächlich, aber es war ein frischer Geruch, der ohne Zweifel von reichlicher Duftwasserbenutzung herrührte. Er hatte eine Tasche bei sich.

Seldon, der draußen auf ihn gewartet hatte, packte ihn locker am Ellbogen, während Dors ihn auf der anderen Seite packte, und dann schoben sie ihn schnell in den Lift. Als sie ihr Stockwerk erreicht hatten, eilten sie durch die Wohnung in Seldons Zimmer.

»Niemand zu Hause, hm?«, sagte Amaryl leise, mit einer Stimme, der man anmerkte, dass er Kummer gewöhnt war.

»Alle beschäftigt«, sagte Seldon ausdruckslos und wies auf die einzige Sitzgelegenheit im Zimmer, ein Polster, das auf dem Boden lag.

»Nein«, sagte Amaryl. »Das brauche ich nicht. Einer von Ihnen kann es haben.« Er kauerte sich nieder und brachte es fertig, dass die Bewegung irgendwie elegant wirkte.

Dors ahmte die Bewegung nach und setzte sich auf den Rand von Seldons Matratze, die ebenfalls auf dem Boden lag. Seldon hingegen ließ sich ziemlich schwerfällig hinsinken, wobei er die Hände gebrauchen musste und es nicht ganz schaffte, eine bequeme Haltung einzunehmen.

»Nun, junger Mann, warum wollen Sie mich sprechen?«, fragte er.

»Weil Sie Mathematiker sind. Sie sind der erste Mathematiker, den ich je zu Gesicht bekommen habe, aus der Nähe – so, dass ich ihn anfassen konnte, wissen Sie.«

»Mathematiker fühlen sich genauso an wie andere Leute.«

»Nicht für mich, Dr. … Dr. … Seldon?«

»So heiße ich.«

Amaryl schien zufrieden, dass ihm der Name eingefallen war. »Endlich ist er mir eingefallen. – Sehen Sie, ich möchte nämlich auch Mathematiker werden.«

»Sehr gut. Und was hindert Sie daran?«

Plötzlich runzelte sich Amaryls Stirn. »Ist das Ihr Ernst?«

»Ich nehme an, dass *irgendetwas* Sie daran hindert. Ja, das ist mein Ernst.«

»Was mich daran hindert, ist, dass ich Dahliter bin, einer aus den Glutsümpfen auf Dahl. Ich habe nicht das Geld, um mir eine Ausbildung leisten zu können und kann mir auch die Credits dafür nicht verschaffen. Eine *richtige* Ausbildung, meine ich. Die haben mir nur das Lesen und das Rechnen beigebracht und wie man einen Computer bedient, und das reichte aus, um im Glutsumpf zu arbeiten. Aber ich wollte mehr. Also habe ich es mir selbst beigebracht.«

»Das ist in mancher Hinsicht die beste Art, etwas zu lernen. Wie haben Sie es gemacht?«

»Ich kannte eine Bibliothekarin. Sie war bereit, mir zu helfen. Es war eine sehr nette Frau, sie hat mir gezeigt, wie man die Computer bedienen muss, um Mathematik zu lernen. Und dann hat sie mir ein Softwaresystem aufgebaut, damit ich zu anderen Bibliotheken Verbindung bekam. Ich bin immer, wenn ich frei hatte, hingegangen, und am Morgen nach meiner Schicht. Manchmal hat sie mich in ihr Zimmer eingeschlossen, damit die Leute mich nicht störten, und dann hat sie mich auch manchmal, wenn die Bibliothek geschlossen hatte, hineingelassen. Sie selbst hat nichts von Mathematik verstanden, aber sie hat mir, so gut sie konnte, geholfen. Sie war schon ziemlich alt, eine Witwe. Vielleicht hat sie in mir so etwas wie einen Sohn gesehen. Sie hatte keine eigenen Kinder.«

(Vielleicht, ging es Seldon durch den Sinn, waren da auch noch andere Gefühle, aber er tat den Gedanken gleich wieder ab. Das ging ihn nichts an.)

»Die Zahlentheorie hat mir Spaß gemacht«, sagte Amaryl. »Ich habe aus dem, was ich vom Computer und den Buchfilmen gelernt habe, einiges ausgearbeitet und bin auf ein paar neue Dinge gestoßen, die nicht in den Buchfilmen waren.«

Seldon hob die Augenbrauen. »Das ist interessant. Was zum Beispiel?«

»Ich habe ein paar von den Sachen mitgebracht. Ich hab sie noch nie jemandem gezeigt. Die Leute um mich herum ...« – er zuckte die Achseln –, »... die würden entweder lachen oder sich ärgern. *Einmal* hab ich versucht, es einem Mädchen zu erzählen, das ich kannte, aber die hat bloß gesagt, ich sei komisch, und dann wollte sie mich nicht mehr sehen. Ist es Ihnen recht, wenn ich Ihnen die Sachen zeige?«

»Aber freilich. Das können Sie mir glauben.«

Seldon streckte die Hand aus, und Amaryl reichte ihm nach kurzem Zögern die Tasche, die er bis dahin nicht losgelassen hatte.

Seldon nahm sich Zeit, Amaryls Papiere durchzusehen. Die Arbeit war in höchstem Maße naiv, aber er ließ sich nichts anmerken, sondern folgte der Darstellung, die natürlich in keiner Weise neu war – auch nicht annähernd – und ohne jeden Belang.

Aber das war nicht wichtig.

»Haben Sie das alles selbst gemacht?«, fragte Seldon und blickte auf.

Amaryl, der etwas verängstigt wirkte, nickte.

Seldon zog ein paar Blätter heraus. »Was hat Sie zu dieser Überlegung veranlasst?« Er deutete auf eine Zeile mit mathematischen Ausdrücken.

Amaryl sah auf das Blatt, runzelte die Stirn und dachte nach. Dann erklärte er seine Überlegung.

Seldon hörte ihm zu und sagte dann: »Haben Sie je ein Buch von Anat Bigell gelesen?«

»Über Zahlentheorie?«

»Der Titel des Buches ist *Mathematische Deduktion*. Es befasst sich nicht ausdrücklich mit Zahlentheorie.«

Amaryl schüttelte den Kopf. »Von dem habe ich nie gehört. Tut mir leid.«

»Er hat dieses Theorem, das Sie hier darstellen, vor dreihundert Jahren entwickelt.«

Amaryl sah aus, als hätte ihn ein Blitz getroffen. »Das habe ich nicht gewusst.«

»Sicher nicht. Aber Sie haben es geschickter angepackt. Es ist nicht so rigoros, aber …«

»Was ist das, ›rigoros‹?«

»Das ist jetzt unwichtig.« Seldon legte die Papiere zu einem Stapel zusammen, tat sie wieder in die Tasche und meinte dann: »Machen Sie davon ein paar Kopien. Nehmen Sie eine davon, lassen Sie sie von einem amtlichen Computer mit Datum versehen und abstempeln. Meine Bekannte hier, Mistress Venabili, kann Ihnen an der Streeling-Universität irgendein Stipendium besorgen. Sie werden ganz von vorne anfangen müssen und auch in anderen Disziplinen, die nichts mit Mathematik zu tun haben, Kurse belegen müssen, aber …«

Amaryl hatte inzwischen seinen Atem wiedergefunden. »In die Streeling-Universität? Die nehmen mich ganz bestimmt nicht.«

»Warum nicht? Dors, Sie können das doch arrangieren, oder?«

»Ganz sicher kann ich das.«

»Nein, das können Sie nicht«, widersprach Amaryl hitzig. »Die werden mich nicht nehmen. Ich bin aus Dahl.«

»Nun?«

»Die nehmen keine Leute aus Dahl.«

Seldon sah Dors an. »Wovon redet er?«

Dors schüttelte den Kopf. »Das weiß ich wirklich nicht.«

»Sie kommen von außerplanet, Mistress«, sagte Amaryl. »Wie lange waren Sie in Streeling?«

»Etwas über zwei Jahre, Master Amaryl.«

»Haben Sie dort je Dahliter gesehen, klein, gelocktes schwarzes Haar, Schnurrbärte?«

»Es gibt dort alle möglichen Studenten.«

»Aber keine Dahliter. Sehen Sie das nächste Mal, wenn Sie dort sind, genau hin.«

»Warum nicht?«, fragte Seldon.

»Die mögen uns nicht. Wir sehen anders aus. Die mögen unsere Schnurrbärte nicht.«

»Sie können sich den …« Aber sein wütender Blick brachte Seldon zum Verstummen.

»Niemals. Warum sollte ich? Mein Schnurrbart ist meine Mannheit.«

»Sie rasieren sich aber doch sonst auch. Das ist auch Ihre Mannheit.«

»Für meine Leute ist es der Schnurrbart.«

Seldon sah wieder zu Dors hinüber und murmelte: »Kahle Schädel, Schnurrbärte … Wahnsinn.«

»Was?«, fragte Amaryl ärgerlich.

»Nichts. Sagen Sie mir, was mögen die sonst noch an den Dahlitern nicht?«

»Die erfinden alles Mögliche, was ihnen nicht gefällt. Die sagen, dass wir stinken. Die sagen, dass wir schmutzig sind. Die sagen, dass wir stehlen. Die sagen, dass wir gewalttätig sind. Die sagen, dass wir *dumm* sind.«

»Warum sagen sie das alles?«

»Weil es leicht ist, das zu sagen, und weil es *ihnen* guttut. Sicher, wenn wir in den Glutsümpfen arbeiten, werden wir schmutzig und schwitzen auch. Wenn wir arm sind und man uns unterdrückt, dann stehlen einige von uns auch und werden gewalttätig. Aber das ist keineswegs bei allen von uns so. Was ist denn mit all diesen Großen, Gelbhaarigen im Kaiserlichen Bezirk, die sich einbilden, die Galaxis gehörte ihnen – nein, nein, sie bilden es sich nicht ein, sie *gehört* ihnen. Werden *die* nie gewalttätig? Stehlen *die* nicht auch manchmal? Und wenn sie meine Arbeit tun würden, würden sie genauso stinken wie ich. Und wenn sie so leben müssten wie ich, würden sie auch schmutzig werden.«

»Wer leugnet denn, dass es überall alle möglichen Leute gibt?«, sagte Seldon.

»Niemand redet auch nur darüber. Für die ist das selbstverständlich. Master Seldon, ich muss von Trantor weg. Auf Trantor habe ich keine Chance, keine Möglichkeit, Credits zu verdienen, keine Möglichkeit, eine Ausbildung zu bekommen, keine Chance, Mathematiker zu werden oder etwas anderes zu werden als die sagen, was ich bin ... ein wertloses Nichts.« Die beiden letzten Worte stieß er voll Enttäuschung – und Verzweiflung – hervor.

Seldon versuchte es mit Vernunftgründen. »Der Mensch, von dem ich dieses Zimmer gemietet habe, ist Dahliter. Er hat eine saubere Arbeit und eine Ausbildung.«

»Oh, sicher hat er das«, sagte Amaryl hitzig. »Einige gibt es. Ein paar lassen sie vorwärtskommen, damit sie sagen können, dass es möglich ist. Und diese paar können ordentlich leben, solange sie nur in Dahl bleiben. Lassen Sie sie doch hinausgehen, dann werden die schon sehen, wie man sie behandelt. Und solange sie hier drin sind, verschaffen sie sich selbst ein gutes Gefühl, indem sie uns Übrige wie Dreck behandeln. Das macht sie in ihren eigenen Augen zu Gelbhaaren. Was hat denn dieser nette Mensch, von dem Sie dieses Zimmer gemietet haben, gesagt, als Sie ihm erklärten, Sie würden einen aus den Glutsümpfen hierherbringen? Was hat er denn über mich gesagt und darüber, wie ich wohl sein würde? Jetzt sind die weg, weil sie doch nicht mit mir unter einem Dach sein können.«

Seldon feuchtete sich die Lippen an. »Ich werde Sie nicht vergessen. Ich werde dafür sorgen, dass Sie Trantor verlassen können und dass meine Universität in Helicon Sie aufnimmt – sobald ich selbst wieder dort bin.«

»Versprechen Sie das? Ihr Ehrenwort? Obwohl ich Dahliter bin?«

»Dass Sie Dahliter sind, ist für mich absolut unwichtig. Worauf es für mich ankommt, ist, dass Sie bereits Mathematiker sind! Aber ich kann das, was Sie mir sagen, immer noch nicht ganz erfassen. Für mich ist es einfach unvorstellbar, dass man gegen harmlose Menschen so unvernünftige Gefühle hegen kann.«

»Das kommt nur daher, weil Sie nie Gelegenheit hatten, sich für solche Dinge zu interessieren«, erwiderte Amaryl verbittert. »So etwas kann vor Ihrer Nasenspitze geschehen, und Sie würden nichts davon mitbekommen, weil es *Sie* nicht betrifft.«

Nun mischte Dors sich ein. »Master Amaryl, Dr. Seldon ist Mathematiker wie Sie, und sein Kopf steckte manchmal in den Wolken. Das müssen Sie verstehen. Aber ich bin Historikerin und weiß, es ist keineswegs ungewöhnlich, dass eine Gruppe von Menschen auf eine andere Gruppe herabblickt. Es gibt eine Art von fast rituellem Hass, der keinerlei vernünftige Begründung hat und durchaus ernsthaften historischen Einfluss ausüben kann. Das ist sehr schlimm.«

»Zu sagen, etwas sei ›sehr schlimm‹, ist leicht«, meinte Amaryl. »Sie sagen, dass Sie das missbilligen, und damit sind Sie nett, und dann gehen Sie wieder Ihren eigenen Angelegenheiten nach, und es interessiert Sie nicht mehr. Es ist viel schlimmer als nur ›sehr schlimm‹, es widerspricht allem, was anständig und natürlich ist. Wir sind alle gleich, Gelbhaarige und Schwarzhaarige, Große und Kleine, Ostler, Westler, Südler, Außenweltler. Wir alle sind wir, Sie und ich und selbst der Kaiser. Schließlich stammen wir ja alle von den Menschen der Erde ab, nicht wahr?«

»Von *was* stammen wir ab?«, fragte Seldon und wandte sich mit geweiteten Augen zu Dors um.

»Von den Menschen der Erde!«, schrie Amaryl. »Dem einen Planeten, auf dem die Menschen ihren Ursprung hatten.«

»Einem Planeten? Nur *einem* Planeten?«

»Dem einzigen Planeten. Sicher. Der Erde.«

»Wenn Sie sagen, Erde, meinen Sie Aurora, nicht wahr?«

»Aurora? Was ist das? – Ich meine ›*Erde*‹. Haben Sie nie von der Erde gehört?«

»Nein«, sagte Seldon. »Das habe ich allerdings nicht.«

»Das ist eine mythische Welt«, begann Dors, »die …«

»Daran ist nichts Mythisches. Die Erde war einmal ein richtiger Planet.«

Seldon seufzte. »All das habe ich schon einmal gehört. Nun, dann fangen wir eben noch einmal damit an. Gibt es ein dahlitisches Buch, das von der Erde berichtet?«

»Was?«

»Dann eben irgendwelche Computersoftware?«

»Ich weiß nicht, wovon Sie reden.«

»Junger Mann, wo haben Sie von der Erde gehört?«

»Mein Vater hat mir davon erzählt. Jeder weiß darüber.«

»Gibt es jemanden, der speziell darüber Bescheid weiß? Hat man Sie das in der Schule gelehrt?«

»Dort fiel nie ein Wort darüber.«

»Wie wissen die Leute dann davon?«

Amaryl zuckte die Achseln, und sein Gesichtsausdruck ließ erkennen, dass er das Gefühl hatte, unnötig bedrängt zu werden. »Nun, jeder weiß es einfach. Wenn Sie Geschichten darüber hören wollen, dann gehen Sie zu Mutter Rittah. Soweit ich weiß, ist sie noch nicht gestorben.«

»Ihre Mutter? Würden Sie denn nicht wissen …«

»Sie ist nicht *meine* Mutter. Man nennt sie nur so. Mutter Rittah. Das ist eine alte Frau. Sie lebt in Billibotton. Wenigstens hat sie einmal dort gelebt.«

»Wo ist das?«

»Da hinten«, sagte Amaryl mit einer unbestimmten Handbewegung.

»Wie komme ich dorthin?«

»Wie Sie dort hinkommen? Das wollen Sie ganz sicher nicht. Da würden Sie nämlich nie mehr zurückkommen.«

»Warum nicht?«

»Glauben Sie es mir ruhig. Keiner will dorthin.«

»Aber ich würde gerne Mutter Rittah kennenlernen.«

Amaryl schüttelte den Kopf. »Können Sie mit einem Messer umgehen?«

»Wozu denn? Mit was für einem Messer?«

»Einem Messer zum Schneiden. So etwas.« Amaryl griff in den Gürtel, der seine Hosen festhielt. Ein Stück davon löste sich, und plötzlich blitzte in seiner Hand eine Messerklinge.

Dors' Hand schoss im selben Augenblick vor und packte sein rechtes Handgelenk.

Amaryl lachte. »Ich wollte es nicht benutzen. Ich wollte es Ihnen nur zeigen. Sie brauchen eines, um sich zu verteidigen, und wenn Sie keines haben oder doch eines haben und nicht wissen, wie man damit umgeht, dann werden Sie Billibotton nie lebend verlassen. Jedenfalls …« – plötzlich wurde er sehr ernst – »… ist das wirklich Ihr Ernst, Master Seldon, dass Sie mir helfen wollen, nach Helicon zu kommen?«

»Mein voller Ernst. Ich habe es Ihnen versprochen. Schreiben Sie mir Ihren Namen auf und wo man Sie über Hypercomputer erreichen kann. Sie haben doch einen Code, nehme ich an.«

»Meine Schicht in den Glutsümpfen hat einen. Reicht das?«

»Ja.«

»Nun denn«, sagte Amaryl und musterte Seldon ernst, »das bedeutet, dass meine ganze Zukunft von Ihnen abhängt, Master Seldon. Also gehen Sie *bitte nicht* nach Billibotton. Ich kann es mir jetzt nicht mehr leisten, Sie zu verlieren.« Er wandte sich zu Dors und sah sie mit flehender Miene an. »*Bitte*, Mistress Venabili«, sagte er mit eindringlicher Stimme, »wenn er auf Sie hört, lassen Sie ihn nicht gehen! *Bitte*.«

BILLIBOTTON

Dahl – … Eigenartigerweise ist der bekannteste Teil dieses Bezirks Billibotton, ein beinahe legendärer Ort, über den es unzählige Geschichten gibt. Tatsächlich existiert eine ganze Literaturgattung, in der Helden und Abenteurer (und Opfer) die Gefahren bestehen müssen, die eine Reise durch Billibotton mit sich bringt. Diese Geschichten sind so stilisiert, dass die wohl bekannteste und wahrscheinlich authentische Geschichte über eine solche Reise, die von Hari Seldon und Dors Venabili, durch reine Assoziation schon fantastisch erscheint …

ENCYCLOPAEDIA GALACTICA

66

Als Hari Seldon und Dors Venabili allein waren, fragte Dors nachdenklich: »Haben Sie wirklich vor, diese ›Mutter‹ aufzusuchen?«

»Ich denke darüber nach, Dors.«

»Sie sind ein seltsamer Mensch, Hari. Bei Ihnen hat man den Eindruck, als würden Sie beständig vom Regen in die Traufe streben. Als Sie in Streeling waren, sind Sie mit ganz rationalem Ziel an die Oberseite gegangen. Was ganz harmlos schien. Dann sind Sie in Mykogen in den Horst der Ältesten eingedrungen, was viel gefährlicher war und auch mit viel unsinnigerer Zielsetzung. Und jetzt, in Dahl, wollen Sie an diesen Ort gehen, was dieser junge Mann für schlichten Selbstmord zu halten scheint, und dies mit einem völlig unsinnigen Ziel.«

»Dieser Hinweis auf die Erde hat mich neugierig gemacht – ich muss einfach wissen, ob etwas daran ist.«

»Das ist eine Legende«, erklärte Dors, »und nicht einmal eine besonders interessante. Das ist reine Routine. Die Namen wechseln von Planet zu Planet. Aber der Inhalt ist stets derselbe. Überall gibt es diesen Mythos von einer Welt des Ursprungs und einem Goldenen Zeitalter. Diese Sehnsucht nach einer angeblich einfachen, tugendhaften Vergangenheit ist ein fast universeller Zug in einer komplizierten, dem Wesen nach bösartigen Gesellschaft. Auf die eine oder andere Weise gilt das für jede Gesellschaft, da jeder das Gefühl hat, seine Gesellschaft sei zu kompliziert und böse, so einfach sie auch sein mag. Sie sollten sich das für Ihre Psychohistorik notieren.«

»Trotzdem«, sagte Seldon. »Ich muss die Möglichkeit in Betracht ziehen, dass einmal eine einzige Welt existiert hat, Aurora ... Erde ... Der Name hat nichts zu besagen. Tatsächlich ...«

Er hielt inne, und schließlich fragte Dors: »Nun?«

Seldon schüttelte den Kopf. »Erinnern Sie sich noch an die Geschichte von dem jungen Mann, der Ihnen die Hand auf den Schenkel gelegt hat, die Geschichte, die Sie mir in Mykogen erzählt haben? Das war gleich nachdem ich das Buch von Regentropfen Dreiundvierzig bekommen hatte ... Nun, sie kam mir neulich, eines Abends, in den Sinn, als wir mit den Tisalvers sprachen. Ich sagte etwas, und das erinnerte mich einen Augenblick lang ...«

»An was hat es Sie erinnert?«

»Das weiß ich nicht mehr. Es kam mir in den Sinn, und dann war es gleich wieder weg. Aber irgendwie habe ich jedes Mal, wenn ich an diese Idee von der einen Welt denke, das Gefühl, ich hätte etwas in greifbarer Nähe und verliere es dann wieder.«

Dors sah Seldon überrascht an. »Ich verstehe nicht, was das sein könnte. Meine Geschichte hat überhaupt nichts mit der Erde oder mit Aurora zu tun.«

»Ich weiß, aber dieses ... dieses Etwas, das irgendwie am Rand meines Bewusstseins schwebt, scheint jedenfalls mit dieser einen einzigen Welt in Verbindung zu stehen, und ich habe das Gefühl, dass ich um jeden Preis mehr darüber herausfinden *muss*. Das ... und über die Roboter.«

»Roboter auch? Ich dachte immer, der Horst der Ältesten hätte dem ein Ende gemacht.«

»Überhaupt nicht. Ich habe viel über sie nachgedacht.« Er starrte Dors einen langen Augenblick mit besorgter Miene an und sagte dann: »Aber sicher bin ich nicht.«

»Sicher in Bezug auf was, Hari?«

Aber Seldon schüttelte bloß den Kopf und sagte nichts mehr.

Dors runzelte die Stirn und meinte dann: »Hari, eines will ich Ihnen sagen. In der ganz nüchternen Geschichte – und glauben Sie mir, ich weiß, wovon ich spreche – wird kein einziges Mal eine Welt des Ursprungs erwähnt. Ich gebe ja zu, es ist eine populäre Ansicht. Ich meine, nicht nur bei ungebildeten Anhängern der Folklore, wie den Mykogeniern oder den Leuten aus den Glutsümpfen von Dahl. Nein, es gibt auch Biologen, die darauf bestehen, dass es einmal eine Ursprungswelt gegeben haben muss. Sie führen dafür Gründe an, von denen ich nichts verstehe. Und dann gibt es auch noch mystische Historiker, die ebenfalls Spekulationen darüber anstellen. Und dann ist mir zu Ohren gekommen, dass solche Spekulationen auch bei der untätigen intellektuellen Oberschicht in Mode kommen. Trotzdem. Die Geschichtswissenschaft weiß nichts davon.«

»Ein Grund mehr«, meinte Seldon, »über die rein wissenschaftliche Betrachtungsweise hinauszugehen. Ich will ja nur ein Mittel, das mir die Psychohistorik vereinfacht. Und es ist mir ganz gleichgültig, was das für ein Mittel ist, ob es nun ein mathematischer Trick oder ein historischer Trick oder etwas völlig Imaginäres ist. Wenn der junge Mann, mit dem wir uns gerade unterhalten haben, ein wenig mehr formale Ausbildung gehabt hätte, dann hätte ich ihn auf das Problem angesetzt. Sein Denken scheint mir durch beträchtliche Findigkeit und Originalität gekennzeichnet ...«

»Dann werden Sie ihm also wirklich helfen?«, fragte Dors.

»Unbedingt. Sobald ich dazu in der Lage bin.«

»Aber sollten Sie eigentlich Versprechungen machen, von denen Sie nicht sicher sind, ob Sie sie einhalten könnten?«

»Ich *will* das Versprechen halten. Und wenn Sie in Bezug auf unmögliche Versprechungen so konsequent sind, dann sollten Sie vielleicht bedenken, dass Hummin Sonnenmeister Vierzehn gesagt hat, ich würde die Psychohistorik einsetzen, um den Mykogeniern ihre Welt wiederzugeben. Die Chance dafür ist praktisch gleich null. Selbst wenn ich es schaffe – wer weiß dann, ob man die Psychohistorik für einen so eng definierten, spezialisierten Zweck einsetzen kann? Da haben Sie ein *echtes* Beispiel für ein unerfüllbares Versprechen.«

Aber Dors gab nicht klein bei. »Chetter Hummin hat versucht, unser Leben zu retten und uns vor Demerzel und dem Kaiser zu schützen. Das sollten Sie nicht vergessen. Und ich glaube, er würde den Mykogeniern wirklich gerne helfen.«

»Und ich würde Yugo Amaryl wirklich gerne helfen. Und die Wahrscheinlichkeit, dass ich ihm helfen kann, ist wesentlich größer, als dass ich etwas für die Mykogenier tun kann. Wenn Sie also das zweite Versprechen rechtfertigen, sollten Sie bitte das erste nicht kritisieren. Und darüber hinaus …« – und dabei blitzten seine Augen zornig –, »… ich würde *wirklich* gerne Mutter Rittah finden und bin bereit, auch allein zu ihr zu gehen.«

»Niemals!«, brauste Dors auf. »Wenn Sie gehen, gehe ich auch.«

67

Zwei Stunden nachdem Amaryl die Wohnung verlassen hatte, kehrte Mistress Tisalver mit ihrer Tochter im Schlepptau zurück. Sie sagte weder zu Seldon noch Dors ein Wort, sondern nickte nur, als sie sie begrüßten, und sah sich prüfend im Zimmer um, wie um sich zu vergewissern, dass der Kerl aus den Glutsümpfen keine Spur hinterlassen hatte. Dann zog sie prüfend die Luft ein und sah Seldon anklagend an, ehe sie den Raum verließ, um ins Familienschlafzimmer zu gehen.

Tisalver selbst traf später zu Hause ein, und als Seldon und Dors beim Abendbrot erschienen, nutzte Tisalver die Tatsache, dass seine Frau noch mit einigen Handreichungen beschäftigt war, um mit leiser Stimme zu fragen: »Ist die Person hier gewesen?«

»Und wieder gegangen«, sagte Seldon würdevoll. »Ihre Frau war zu der Zeit abwesend.«

Tisalver nickte und wollte wissen: »Werden Sie das noch einmal tun müssen?«

»Ich glaube nicht«, sagte Seldon.

»Gut.«

Die Abendmahlzeit wurde schweigend eingenommen, aber als die Tochter dann ihr Zimmer aufgesucht hatte, um sich den zweifelhaften Freuden ihres Computers hinzugeben, lehnte Seldon sich zurück und sagte: »Erzählen Sie mir von Billibotton.«

Tisalver blickte erstaunt, und sein Mund bewegte sich, ohne dass ein Ton herauskam. Casilia freilich war weniger leicht sprachlos zu machen.

»Ist das der Ort, wo Ihr neuer Freund lebt?«, fragte sie. »Werden Sie seinen Besuch erwidern?«

»Bis jetzt«, meinte Seldon ruhig, »habe ich mich lediglich nach Billibotton erkundigt.«

»Ein Slum ist das«, erregte sich Casilia. »Der Abschaum lebt dort. Niemand geht dorthin, nur das Pack, das dort wohnt.«

»Wie ich höre, wohnt dort eine gewisse Mutter Rittah.«

»Von der habe ich nie gehört«, sagte Casilia, und ihr Mund klappte heftig zu. Es war ganz klar, dass sie nicht die Absicht hatte, jemanden, der in Billibotton lebte, auch nur dem Namen nach zu kennen.

Tisalver meinte, wobei er seiner Frau einen etwas verlegenen Blick zuwarf: »Ich habe von ihr gehört. Das ist eine verrückte alte Frau, die angeblich wahrsagen kann.«

»Und lebt sie in Billibotton?«

»Das weiß ich nicht, Master Seldon. Ich habe sie nie gesehen. Manchmal wird sie in den Nachrichtenholos erwähnt, wenn sie ihre Vorhersagen macht.«

»Erfüllen sich die dann?«

Tisalver gab einen schnaubenden Laut von sich. »Erfüllen sich denn Vorhersagen je? Die, die sie macht, geben nicht einmal Sinn.«

»Spricht sie je von der Erde?«

»Das weiß ich nicht. Überraschen würde es mich nicht.«

»Dass ich die Erde erwähne, scheint sie nicht zu verwundern. Wissen Sie etwas über die Erde?«

Jetzt sah ihn Tisalver überrascht an. »Aber sicherlich, Master Seldon. Das ist die Welt, von der alle Menschen gekommen sind – heißt es.«

»Heißt es? Glauben Sie das nicht?«

»Ich? Ich bin ja schließlich ein gebildeter Mensch. Aber viele unwissende Leute glauben es.«

»Gibt es Buchfilme über die Erde?«

»In Kindergeschichten wird die Erde manchmal erwähnt. Ich erinnere mich, als ich noch ein Junge war, fing meine Lieblingsgeschichte so an: ›Vor langer Zeit auf der Erde, als die Erde noch der einzige Planet war, auf dem es Menschen gab, da war einmal ...‹ Erinnerst du dich, Casilia? Du hast die Geschichte auch gemocht.«

Casilia zuckte die Achseln, sie war sichtlich noch nicht bereit, eine freundlichere Miene aufzusetzen.

»Die würde ich gerne einmal sehen«, sagte Seldon. »Aber ich meine richtige Buchfilme ... wissenschaftliche Filme ... oder Ausdrucke.«

»Von solchen habe ich nie gehört, aber die Bibliothek ...«

»Das will ich versuchen – gibt es irgendwelche Tabus bezüglich der Erde?«

»Was sind ›Tabus‹?«

»Ich meine, ist es Brauch und Sitte, dass man nicht von der Erde reden darf oder dass Fremde nicht danach fragen dürfen?«

Tisalver sah ihn so ehrlich verblüfft an, dass es sich erübrigte, auf eine Antwort zu warten.

Jetzt schaltete Dors sich zum ersten Mal in das Gespräch ein. »Gibt es eine Vorschrift, dass Leute von außerhalb nicht nach Billibotton gehen dürfen?«

Tisalver sagte ernst: »Eine *Vorschrift* nicht. Aber es empfiehlt sich für *niemanden*, dorthin zu gehen. Ich würde es nicht tun.«

»Warum nicht?«, wollte Dors wissen.

»Weil es gefährlich ist. Alle sind dort bewaffnet – ich meine, in Dahl trägt man ohnehin Waffen, aber in Billibotton *benutzt* man sie auch. Bleiben Sie in dieser Umgebung. Hier ist es ungefährlich.«

»Bis jetzt«, meinte Casilia finster. »Es wäre wahrscheinlich besser, wenn wir ganz weggingen. Heutzutage kommen überall diese Stinker aus den Glutsümpfen hin.« Und dabei warf sie Seldon wieder einen finsteren Blick zu.

Seldon wollte wissen: »Was meinen Sie damit, dass in Dahl alle bewaffnet sind? Es gibt strenge kaiserliche Vorschriften gegen das Tragen von Waffen.«

»Das weiß ich«, sagte Tisalver, »und es gibt hier auch keine Lähmpistolen oder Psychosonden oder dergleichen. Aber Messer gibt es.« Er wirkte verlegen, als er das sagte.

»Tragen Sie ein Messer, Tisalver?«, fragte Dors.

»Iiich?« Er sah sie erschrocken an. »Ich bin ein Mann des Friedens, und dies hier ist eine sichere Umgebung.«

»Wir haben ein paar im Haus«, sagte Casilia und schniefte dabei. »*So* gewiss ist es auch nicht, dass dies eine sichere Umgebung ist.«

»Trägt jeder ein Messer?«, fragte Dors.

»Fast jeder, Mistress Venabili«, sagte Tisalver. »Das ist üblich. Aber das heißt nicht, dass jeder sie benutzt.«

»Aber in Billibotton benutzt man sie, vermute ich«, sagte Dors.

»Manchmal. Wenn die aufgeregt sind, dann gibt es Kämpfe.«

»Und die Regierung lässt das zu? Die kaiserliche Regierung, meine ich.«

»Manchmal versuchen die, in Billibotton Ordnung zu machen. Aber Messer lassen sich zu leicht verstecken, und der Brauch ist auch zu ausgeprägt. Außerdem werden fast immer Dahliter umgebracht. Und ich glaube nicht, dass die kaiserliche Regierung sich darüber übermäßig aufregt.«

»Und wenn jemand von außerhalb ums Leben kommt?«

»Wenn es gemeldet würde, könnte es sein, dass die Kaiserlichen sich aufregen. Aber das läuft dann immer so, dass keiner etwas gesehen hat und niemand etwas weiß. Manchmal schnappen sich die Kaiserlichen ein paar Leute, einfach aus Prinzip, aber beweisen können sie nie etwas. Wahrscheinlich sagen sie am Ende, dass jeder selbst schuld hat, wenn er dorthin geht – also gehen Sie nicht nach Billibotton, selbst wenn sie ein Messer haben.«

Seldon schüttelte verdrießlich den Kopf. »Ich würde kein Messer tragen. Ich weiß nicht, wie man mit einem umgeht. Jedenfalls wäre ich viel zu ungeschickt.«

»Dann ist es ganz einfach, Master Seldon. Bleiben Sie draußen!« Tisalver schüttelte mit Unheil verkündender Miene den Kopf. »Bleiben Sie draußen!«

»Das kann ich möglicherweise auch nicht«, sagte Seldon.

Dors funkelte ihn sichtlich verärgert an und meinte, zu Tisalver gewandt: »Wo kann man ein Messer kaufen? Oder können wir eines von den Ihren haben?«

»Man nimmt kein fremdes Messer«, erklärte Casilia schnell. »Sie müssen sich selbst eins kaufen.«

»Es gibt überall Messerläden«, sagte Tisalver. »Eigentlich sollte es sie nicht geben, weil sie theoretisch verboten sind, müssen Sie wissen. Aber sie werden in jedem Haushaltswarengeschäft verkauft. Wenn Sie eine Waschmaschine ausgestellt sehen, ist das ein sicheres Zeichen.«

»Und wie kommt man nach Billibotton?«, fragte Seldon.

»Mit dem Express.« Als Tisalver das sagte, zog er etwas den Kopf ein, als er Dors' finstere Miene sah.

»Und sobald ich beim Express bin?«, fragte Seldon.

»Nehmen Sie die östliche Richtung, und achten Sie auf die Anzeigen. Aber wenn Sie wirklich gehen müssen, Master Seldon …« – Tisalver zögerte und fügte dann hinzu: »dürfen Sie Mistress Venabili nicht mitnehmen. Frauen werden manchmal … noch schlechter … behandelt.«

»Sie wird nicht mitkommen«, sagte Seldon.

»Ich fürchte, das wird sie doch«, sagte Dors mit eisiger Entschlossenheit.

68

Der Schnurrbart des Haushaltswarenhändlers war noch so buschig, wie er in seinen jüngeren Jahren gewesen sein mochte, aber jetzt war er angegraut, obwohl sein Haar noch kohlschwarz war. Er griff sich aus reiner Gewohnheit an den Schnurrbart, als er Dors ansah, und strich ihn sich dann auf beiden Seiten zurück.

»Sie sind keine Dahliterin«, sagte er.

»Ja, aber ich will trotzdem ein Messer.«

»Es ist verboten, Messer zu verkaufen«, erwiderte er.

»Ich bin weder Polizistin noch eine Agentin der Regierung«, sagte Dors. »Ich gehe nach Billibotton.«

Er starrte sie an. »Allein?«

»Mit einem Freund.« Sie deutete mit dem Daumen über die Schulter in Richtung auf Seldon, der mit mürrischer Miene draußen wartete.

»Für ihn kaufen Sie es?« Er starrte Seldon an und brauchte nicht lange, um seine Entscheidung zu treffen. »Er ist auch ein Fremder. Soll er doch hereinkommen und es selbst kaufen.«

»Er ist auch kein Agent der Regierung. Und ich kaufe es für mich.«

Der Händler schüttelte den Kopf. »Außenseiter sind verrückt. Aber wenn Sie das Geld ausgeben wollen, dann meinetwegen.« Er griff unter die Theke, brachte einen kleinen Stummel zum Vorschein, drehte ihn mit einer schnellen, fachmännischen Bewegung, und die Messerklinge schoss hervor.

»Ist das das größte, das Sie haben?«

»Das beste Frauenmesser, das es gibt.«

»Zeigen Sie mir ein Männermesser.«

»Sie wollen aber doch keines, das zu schwer ist. Wissen Sie, wie man mit diesen Dingern umgeht?«

»Das werde ich lernen, und ich habe keine Angst, dass es zu schwer sein könnte. Zeigen Sie mir ein Männermesser.«

Der Händler lächelte. »Nun, wenn Sie eines sehen wollen …« Er ging ein paar Schritte weiter und brachte diesmal ein viel dickeres Stummelgebilde zum Vorschein. Er drehte es, und so etwas wie ein Schlachtermesser stach daraus hervor.

Er reichte es ihr mit dem Griff voran und lächelte dabei.

»Zeigen Sie mir diese Drehbewegung«, bat sie.

Er zeigte sie ihr an einem zweiten Messer, indem er es langsam in eine Richtung drehte, dass die Klinge hervortrat, und dann in die andere, um sie wieder zum Verschwinden zu bringen. »Drehen *und* Drücken«, sagte er.

»Noch einmal bitte.« Der Händler tat ihr den Gefallen.

»Gut«, sagte Dors, »jetzt werfen Sie mir das Heft herüber.«

Das tat er in einem langsamen, nach oben gerichteten Bogen.

Sie fing es auf, reichte es ihm zurück und sagte: »Schneller.«

Er hob die Augenbrauen und warf es ihr dann ohne Warnung mit einer schnellen Rückhandbewegung nach links zu. Sie machte keine Anstalten, mit der rechten Hand danach zu greifen, sondern fing es mit der linken auf, und die Klinge schoss sofort vor – und verschwand wieder. Dem Händler blieb der Mund offen stehen.

»Und das ist das größte, das Sie haben?«, fragte sie.

»Ja. Wenn Sie es wirklich benutzen wollen, wird es Sie bloß ermüden.«

»Dann werde ich tief durchatmen. Ich nehme noch ein zweites mit.«

»Für Ihren Freund?«

»Nein. Für mich.«

»Sie haben vor, *zwei* Messer zu benutzen?«

»Ich habe zwei Hände.«

Der Händler seufzte. »Mistress, *bitte*, gehen Sie nicht nach Billibotton. Sie wissen nicht, was die dort mit Frauen anstellen.«

»Ich kann es mir vorstellen. Wie befestige ich diese Messer an meinem Gürtel?«

»Nicht an dem, den Sie tragen, Mistress. Das ist kein Messergurt. Aber ich kann Ihnen einen verkaufen.«

»Wird er zwei Messer aufnehmen?«

»Ich könnte irgendwo einen Doppelgürtel haben. Die sind nicht sehr gefragt.«

»Ich frage danach.«

»Vielleicht habe ich ihn nicht in Ihrer Größe.«

»Dann werden wir ihn eben zuschneiden.«

»Er wird Sie eine Menge kosten.«

»Meine Kreditkarte wird dafür ausreichen.«

Als sie schließlich aus dem Laden kam, meinte Seldon mit säuerlicher Miene: »Mit diesem schweren Gürtel wirken Sie lächerlich.«

»Wirklich, Hari? Zu lächerlich, um mit Ihnen nach Billibotton zu gehen? Dann gehen wir am besten beide in die Wohnung zurück.«

»Nein. Ich gehe allein weiter. Das ist ungefährlicher.«

»Damit erreichen Sie gar nichts, Hari«, verwies ihn Dors. »Wir kehren beide um oder gehen beide weiter. Wir trennen uns unter keinen Umständen.« Und der entschlossene Blick ihrer blauen Augen, der gerade Strich, den ihre Lippen bildeten, und die Art und Weise, wie ihre Hände nach den Messergriffen an ihrem Gürtel fassten, überzeugten Seldon, dass es ihr ernst war.

»Also schön«, sagte er, »aber wenn Sie überleben und ich je Hummin wieder zu sehen bekomme, wird mein Preis dafür, dass ich meine Arbeit an der Psychohistorik fortsetze – so lieb Sie mir inzwischen geworden sind –, sein, dass er Sie entfernt. Verstehen Sie?«

Und plötzlich lächelte Dors. »Vergessen Sie es! An mir brauchen Sie Ihren Charme nicht zu üben. *Nichts* wird mich entfernen. Haben *Sie* das verstanden?«

69

Als eine in der Luft flimmernde Anzeige BILLIBOTTON verkündete, verließen sie den Express. Wie um vielleicht anzudeuten, was sie erwartete, war das zweite I verschmiert, nur ein schwacher Lichtfleck.

Sie verließen die Kabine und gingen zu dem Steg unter ihnen. Es war früher Nachmittag, und auf den ersten Blick wirkte Billibotton auch nicht anders als der Teil von Dahl, den sie verlassen hatten.

Aber es lag ein etwas strenger Geruch in der Luft, und der Fußweg war mit Unrat übersät. Man sah, dass es in dieser Gegend keine Autofeger gab.

Und obwohl der Weg eigentlich ganz normal aussah, herrschte doch eine unbehagliche Stimmung, wie eine zu straff gespannte Feder.

Vielleicht waren es die Leute. Die Zahl der Fußgänger schien ganz normal, aber sie waren anders als Fußgänger das sonst waren, dachte Seldon. Gewöhnlich waren Fußgänger ganz auf sich selbst konzentriert, und in den endlosen Menschenmengen in den endlosen Passagen von Trantor konnten die Menschen nur überleben – in psychologischer Hinsicht –, indem sie einander ignorierten. Augen wandten sich ab, Wahrnehmungsvermögen wurde abgeschaltet. Es war dies eine Art künstliche Abgeschiedenheit, wobei jeder Mensch in einem Samtnebel eingehüllt war, den er sich selbst erzeugte. Und im Gegensatz dazu gab es in jenen Gegenden, die daran Freude fanden, die ritualistische Freundlichkeit abendlicher Promenaden.

Aber hier in Billibotton war weder Freundlichkeit noch individuelle Zurückgezogenheit zu erkennen. Wenigstens nicht, soweit es um Fremde ging, Außenseiter, wie man sie hier nannte, und Seldon hatte den Eindruck, als wäre dieser Ausdruck noch nie so passend gewesen wie hier. Jeder Vorübergehende drehte sich um, um Seldon und Dors anzustarren, und jedes Augenpaar folgte ihnen unfreundlich, als wäre es mit unsichtbaren Fäden an den beiden Außenseitern befestigt.

Die Kleidung der Billibottoner war überwiegend abgewetzt, alt und manchmal zerrissen. Über allem lag eine Patina ungewaschener Armut, und Seldon kam sich in der offenkundigen Gepflegtheit seiner neuen Kleider unbehaglich vor.

»Wo in Billibotton, meinen Sie, wird Mutter Rittah denn wohnen?«, fragte er Dors.

»Das weiß ich nicht«, antwortete sie. »Sie haben uns hierher gebracht, also zerbrechen auch Sie sich den Kopf. Ich beabsichtige, mich auf Ihren Schutz zu beschränken und glaube, dass das hier sehr notwendig sein wird.«

»Ich hatte angenommen, man braucht nur irgendeinen Passanten zu fragen«, sagte Seldon darauf, »aber irgendwie fühle ich mich dazu nicht ermutigt.«

»Das kann ich Ihnen nicht übel nehmen. Ich glaube auch nicht, dass sich jemand beeilen wird, Ihnen zu Hilfe zu kommen.«

»Andererseits gibt es hier auch junge Leute.« Er wies mit einer Handbewegung auf einen. Ein Junge, der aussah, als wäre er etwa zwölf – jedenfalls jung genug, um noch nicht den allgegenwärtigen Schnurrbart zu tragen –, war stehen geblieben und starrte sie an.

»Sie meinen also, ein Junge seines Alters hat noch nicht die volle billibottonische Abneigung gegenüber Außenseitern entwickelt«, meinte Dors.

»Jedenfalls vermute ich, dass er noch nicht groß genug ist, um die Neigung zur Gewalttätigkeit in sich zu tragen, die wohl zu Billibotton gehört. Ich kann mir vorstellen, dass er vielleicht wegrennt, wenn wir ihn ansprechen und uns aus der Ferne Beleidigungen nachruft. Aber ich bezweifle, dass er uns angreifen wird.«

Er hob die Stimme. »Junger Mann.«

Der Junge machte einen Schritt rückwärts und starrte sie weiterhin an.

»Komm her!«, rief Seldon.

»Wozu 'n, Mann?«, fragte der Junge.

»Damit ich dich um Auskunft fragen kann. Komm näher, damit ich nicht so schreien muss!«

Der Junge kam zwei Schritte auf sie zu. Er hatte ein schmutziges Gesicht, aber seine Augen leuchteten hell und wachsam. Er trug am rechten Fuß eine andere Sandale als am linken, und eines seiner Hosenbeine war mit einem andersfarbigen Stück Stoff ausgebessert. »Was 'n für 'ne Auskunft?«, fragte er.

»Wir sind auf der Suche nach Mutter Rittah.«

Die Augen des Jungen flackerten. »Wozu 'n, Mann?«

»Ich bin Gelehrter. Weißt du, was ein Gelehrter ist?«

»Sind Se zur Schule gegang'n?«

»Ja. Du nicht?«

Der Junge spuckte verächtlich aus. »Nee.«

»Ich will einen Rat von Mutter Rittah – wenn du mich zu ihr bringen willst ...«

»Soll Se Ihn' wahrsagen? Wenn Se so rausgeputzt nach Billibotton komm', Mann, kann *ich* Ihn' auch wahrsagen. Ganz schlimm.«

»Wie heißt du denn, junger Mann?«

»Geht Sie das was an?«

»Nun, damit wir auf freundlichere Art miteinander reden können. Und damit du mich zu Mutter Rittah bringen kannst. Weißt du, wo sie wohnt?«

»Vielleicht ja, vielleicht nein. Ich bin Raych. Was bringt's mir denn, wenn ich Se hinbring?«

»Was hättest du denn gerne, Raych?«

Die Augen des Jungen blieben an Dors' Gürtel haften und dann meinte er: »Die Lady hat zwei Messer. Geben Se mir eins, und ich bring Se zu Mutter Rittah.«

»Das sind Messer für Erwachsene, Raych. Du bist zu jung.«

»Dann bin ich, schätz ich, auch zu jung, um zu wissen, wo Mutter Rittah wohnt.« Und dann musterte er sie verschlagen durch das zottige Haar, das ihm über die Augen fiel.

Seldon begann unruhig zu werden. Wenn sie hier noch lange stehen blieben, würde sich vielleicht eine Menschenmenge um sie sammeln. Einige Männer waren bereits stehen geblieben, dann aber weitergegangen, als nichts Interessantes geschah. Aber wenn der Junge jetzt ärgerlich wurde und anfing laut zu werden oder sonst irgendetwas unternahm, dann würden sich ohne Zweifel Menschen sammeln.

Er lächelte und fragte: »Kannst du lesen, Raych?«

Raych spuckte erneut aus. »Nee! Wer will'n lesen?«

»Kannst du einen Computer bedienen?«

»Ein', der spricht? Na klar. Kann jeder.«

»Dann will ich dir was sagen. Du bringst mich jetzt zum nächsten Computerladen, dann kauf ich dir dort einen kleinen Computer, ganz für dich alleine, und Software, damit du lesen lernen kannst. Ein paar Wochen, und du kannst lesen.«

Seldon hatte den Eindruck, als würden die Augen des Jungen dabei aufleuchten, aber dann – wenn er das richtig gesehen hatte – verhärten. »Nee. Messer oder gar nix.«

»Weißt du, es ist so, Raych. Wenn du lesen lernst und es keinem sagst, kannst du die Leute überraschen. Nach einer Weile kannst du mit ihnen wetten, dass du lesen kannst. Wette mit ihnen um fünf Credits. Auf die Weise kannst du ein paar extra Credits gewinnen und dir selbst ein Messer kaufen.«

Der Junge zögerte. »Nee! Keiner wird mit mir wetten. Keiner hat Credits.«

»Wenn du lesen kannst, kannst du dir eine Stelle in einem Messerladen besorgen, und dann kannst du deinen Lohn sparen und mit Rabatt ein Messer kaufen. Was hältst du davon?«

»Wann kaufen Sie denn den Computer?«

»Jetzt gleich. Ich gebe ihn dir, wenn du mich zu Mutter Rittah bringst.«

»Ham Se Credits?«

»Ich hab eine Kreditkarte.«

»Ich will zuerst sehen, wie Se den Computer kaufen.«

Die Transaktion wurde abgewickelt, aber als der Junge dann nach dem Computer griff, schüttelte Seldon den Kopf und steckte ihn ein. »Zuerst musst du mich zu Mutter Rittah bringen, Raych. Weißt du auch ganz bestimmt, wo sie zu finden ist?«

Raych verzog verächtlich das Gesicht. »Na sicher. Ich bring Se hin, aber wenn wir dort sind, geben Se mir besser den Computer, sonst hole ich 'n paar Jungs, damit die Sie und die Lady biss'n aufmischen, also passen Se bloß auf!«

»Du brauchst uns nicht zu bedrohen«, sagte Seldon. »Wir werden unseren Teil des Handels einhalten.«

Raych führte sie schnell an all den neugierigen Blicken vorbei. Seldon blieb die ganze Zeit stumm, und Dors auch. Das hieß freilich nicht, dass Dors in Gedanken versunken war. Vielmehr ließ sie die Leute, die sie umgaben, keine Sekunde aus den Augen. Sie wich keinem der Blicke aus, die sich ihnen zuwandten, und wenn sie gelegentlich Schritte hinter ihnen hörte, drehte sie sich um und fixierte den Betreffenden finster.

Schließlich blieb Raych stehen und sagte: »Da drin. Wissen Se, sie hat ja schließlich 'n Zuhause.«

Sie folgten ihm in einen Apartmentbau, und Seldon, der ursprünglich vorgehabt hatte, genau auf den Weg zu achten, um nachher wieder nach draußen zu finden, kam sich schnell verloren vor.

»Wie kommt es denn, dass du dich in all den Gassen so gut zurechtfindest, Raych?«

Der Junge zuckte die Achseln. »Schließlich hab ich mer ja die ganze Zeit hier aufgehalten, seit ich 'n Kind war«, sagte er. »Außerdem haben die einzelnen Apartments Nummern – wo se nich abgebrochen sind –, und dann sind da Pfeile und so. Wenn man Bescheid weiß, verläuft man sich nich.«

Raych wusste offenbar Bescheid, und sie drangen immer tiefer in den Komplex ein. Über allem lag eine Aura völligen Verfalls: Unrat in allen Ecken, Bewohner, die sich mürrisch an ihnen vorbeischoben und erkennen ließen, dass sie ihr Eindringen missbilligten. Ungebärdige Kinder rannten durch die Gassen, irgendwelchen lautstarken Vergnügungen hinterher. Einige von ihnen schrien: »Hey, aufpassen!« als ihr Ball Dors nur um Haaresbreite verfehlte. Schließlich blieb Raych vor einer dunklen, zerkratzten Tür stehen, auf der schwach die Zahl 2782 leuchtete.

»Da wären wir« – und streckte die Hand aus.

»Zuerst wollen wir sehen, wer drinnen ist«, sagte Seldon leise. Er drückte den Signalknopf, aber nichts geschah.

»Der funktioniert nicht«, sagte Raych. »Sie müssen schon klopfen. Laut. Sie hört nicht besonders gut.«

Seldon schlug mit der Faust gegen die Tür und vernahm von drinnen das Geräusch von Schritten. Eine schrille Stimme rief: »Wer sucht Mutter Rittah?«

Seldon brüllte zurück: »Zwei Gelehrte!«

Er warf den kleinen Computer mit seinen Softwarepaketen Raych zu, der ihn geschickt auffing, grinste und wegrannte. Seldon drehte sich um und blickte auf die sich öffnende Tür und Mutter Rittah.

70

Mutter Rittah mochte Mitte der Siebzig sein, hatte aber jene Art von Gesicht, die dieses Alter auf den ersten Anblick Lügen zu strafen scheinen. Volle Wangen, ein kleiner Mund, ein kleines, rundes Kinn mit einem leichten Doppelkinnansatz. Sie war sehr klein – nicht einmal einen Meter fünfzig – und ziemlich dick.

Aber sie hatte kleine Fältchen um die Augen, und wenn sie lächelte, wie sie es jetzt bei ihrem Anblick tat, tauchten überall auf ihrem Gesicht weitere Fältchen auf. Und sie schien Schwierigkeiten zu haben, sich zu bewegen.

»Kommen Sie herein, kommen Sie herein!«, sagte sie mit weicher, hoher Stimme und sah sie mit zusammengekniffenen Augen an, als würde ihr Sehvermögen nachlassen. »Außenseiter … sogar Außenweltler. Habe ich recht? Sie haben nicht den typischen Trantorgeruch an sich.«

Seldon wäre es lieber gewesen, sie hätte das Wort Geruch nicht erwähnt. Die ganze Wohnung, überfüllt und vollgestopft mit kleinen Besitztümern, die alle irgendwie staubig und verblichen schienen, verströmte einen ranzigen Lebensmittelgestank, dass er überzeugt war, dass seine Kleider ihn annehmen würden.

»Sie haben recht, Mutter Rittah«, sagte er. »Ich bin Hari Seldon von Helicon. Und meine Freundin hier ist Dors Venabili von Cinna.«

»So«, sagte sie und sah sich auf der Suche nach einem freien Platz auf dem Boden um, wo sie sie zum Sitzen einladen konnte, fand aber keinen.

»Wir stehen gerne, Mutter«, sagte Dors.

»Was?« Sie blickte zu Dors auf. »Sie müssen deutlich sprechen, mein Kind. Ich höre nicht mehr so gut wie früher, als ich in Ihrem Alter war.«

»Warum besorgen Sie sich dann kein Hörgerät?«, fragte Seldon mit erhobener Stimme.

»Das würde nichts nützen, Master Seldon. Es scheint etwas am Nerv nicht zu stimmen, und ich habe nicht das Geld, den Nerv wiederaufbauen zu lassen – sind Sie gekommen, um von der alten Mutter Rittah die Zukunft zu erfahren?«

»Nein«, sagte Seldon. »Ich bin gekommen, um die Vergangenheit zu erfahren.«

»Ausgezeichnet. Zu entscheiden, was die Leute hören wollen, ist so anstrengend.«

»Das muss eine schwierige Kunst sein«, sagte Dors lächelnd.

»Es erscheint ganz einfach, aber man muss überzeugend dabei wirken. Ich verdiene mir mein Honorar.«

»Dann ist es gut«, sagte Seldon. »Wir bezahlen jeden vernünftigen Betrag dafür, wenn Sie uns über die Erde erzählen – ohne das, was Sie uns sagen, zu verdrehen, dass es dem entspricht, was wir hören wollen. Wir wollen die Wahrheit erfahren.«

Die alte Frau, die im Zimmer herumgeschlurft war und einige Gegenstände verrückt hatte, wie um den Raum für wichtige Besucher hübscher und passender zu machen, blieb plötzlich stehen. »Was wollen Sie über die Erde wissen?«

»Zuerst einmal, was sie ist.«

Die alte Frau drehte sich um und schien in die Leere des Weltraums zu starren. Als sie dann wieder sprach, war ihre Stimme tiefer geworden und klang irgendwie gleichmäßiger.

»Die Erde ist eine Welt, ein sehr alter Planet. Ein vergessener und verlorener Planet.«

»Aber die Geschichte weiß nichts von ihm«, sagte Dors. »So viel ist uns bekannt.«

»Die Erde kommt vor der Geschichte, Kind«, sagte Mutter Rittah würdevoll. »Sie existierte in der Morgendämmerung der Galaxis und sogar noch vor dieser Dämmerung. Sie war die einzige Welt, auf der es eine einzige Menschheit gab.« Sie nickte entschieden.

Seldon fragte: »Gab es noch einen anderen Namen für die Erde … etwa Aurora?«

Mutter Rittah runzelte die Stirn. »Wo haben Sie das gehört?«

»Da und dort. Ich habe von einer alten, vergessenen Welt gehört, die Aurora hieß, und auf der die Menschheit in urtümlichem Frieden lebte.«

»Das ist eine *Lüge.*« Sie wischte sich über den Mund, als würde sie damit den Geschmack dessen, was sie gerade gehört hatte, loswerden. »Jener Name, den Sie da erwähnen, darf *niemals* erwähnt werden, nur als der Ort des Bösen. Er war der Anfang des Bösen. Die Erde war allein, bis das Böse kam und mit ihm die Schwesternwelten. Das Böse hat die Erde beinahe vernichtet, aber die Erde erhob sich und vernichtete das Böse – mithilfe von Helden.«

»Dann gab es die Erde also *vor* diesem Bösen. Sind Sie da sicher?«

»Lange vorher. Die Erde war Tausende von Jahren allein in der Galaxis – Millionen von Jahren.«

»Millionen von Jahren? Dann hat die Menschheit Millionen von Jahren auf ihr existiert – und auf keiner anderen Welt hat es Menschen gegeben?«

»Das ist wahr. Das ist wahr. Das ist *wahr!*«

»Aber woher wissen Sie das alles? Ist das alles in einem Computerprogramm? Oder einem Ausdruck? Haben Sie irgendetwas, das ich lesen kann?«

Mutter Rittah schüttelte den Kopf. »Ich habe die alten Geschichten von meiner Mutter gehört und die von der ihren und so weiter, bis weit zurück in die Vergangenheit. Ich habe keine Kinder, also erzähle ich anderen die Geschichten, aber vielleicht wird das ein Ende haben. Dies ist eine Zeit des Unglaubens.«

»Eigentlich nicht, Mutter«, widersprach Dors. »Es gibt Leute, die Spekulationen über prähistorische Zeiten anstellen und die einige der Geschichten über verlorene Welten studieren.«

Mutter Rittah machte eine wegwerfende Handbewegung. »Sie betrachten das alles mit kalten Augen. Wie Gelehrte. Sie versuchen, das alles mit Ihren Ansichten abzustimmen. Ich könnte Ihnen ein Jahr lang Geschichten von dem Helden Ba-Lih erzählen, aber Sie würden keine Zeit haben, um mir zuzuhören, und ich habe nicht mehr die Kraft zu erzählen.«

»Haben Sie je von Robotern gehört?«, fragte Seldon.

Die alte Frau schauderte, und ihre Stimme wurde laut, fast ein Schrei. »*Warum fragen Sie solche Dinge?* Jene waren künstliche menschliche Wesen, in sich böse und das Werk der Bösen Welten. Sie wurden vernichtet, und man sollte sie nie mehr erwähnen.«

»Es gab doch einen ganz besonderen Roboter, nicht wahr, den die Bösen Welten hassten?«

Rittah wackelte auf Seldon zu, und ihre Augen bohrten sich in die seinen. Er spürte ihren heißen Atem im Gesicht. »Sind Sie hierhergekommen, um mich zu verspotten? Sie wissen von diesen Dingen, und doch stellen Sie Fragen? Warum fragen Sie?«

»Weil ich mehr erfahren will.«

»Es gab ein künstliches menschliches Wesen, das der Erde half. Das war Da-Nih, Freund von Bah-Lih. Er ist nie gestorben und lebt irgendwo und wartet seine Zeit ab, um zurückzukehren. Keiner weiß, wann jene Zeit sein wird, aber eines Tages wird er kommen und den alten Glanz wiederherstellen und alle Grausamkeit, alle Ungerechtigkeit und alles Leid beseitigen. So lautet das Versprechen.« Und als sie das gesagt hatte, schloss sie die Augen und lächelte, als erinnerte sie sich …

Seldon wartete eine Weile schweigend. Dann seufzte er und sagte: »Ich danke Ihnen, Mutter Rittah. Das war sehr hilfreich für uns. Was schulde ich Ihnen?«

»Es ist mir ein Vergnügen, Außenweltler kennenzulernen«, erwiderte die alte Frau. »Zehn Credits. Darf ich Ihnen eine Erfrischung anbieten?«

»Nein, danke«, sagte Seldon ernst. »Bitte nehmen Sie zwanzig. Sie brauchen uns nur zu sagen, wie man von hier zum Express kommt. – Und, Mutter Rittah, wenn Sie es so einrichten könnten, dass ein paar von Ihren Geschichten von der Erde auf eine Computerdiskette eingegeben werden, dann bezahle ich Sie gut dafür.«

»Das würde so viel Kraft erfordern. Wie gut?«

»Das würde davon abhängen, wie lang die Geschichte ist und wie gut sie erzählt wird. Ich könnte tausend Credits bezahlen.«

Mutter Rittah leckte sich die Lippen. »Tausend Credits? Aber wie finde ich Sie, sobald die Geschichte erzählt ist?«

»Ich gebe Ihnen den Computercode, unter dem man mich erreichen kann.«

Nachdem Seldon Mutter Rittah die Codenummer gegeben hatte, verließen er und Dors sie und waren für den vergleichsweise sauberen Geruch der Gasse vor dem Haus dankbar. Sie gingen mit schnellen Schritten in die Richtung, die ihnen die alte Frau gewiesen hatte.

71

»Das war kein sehr langes Gespräch, Hari«, sagte Dors.

»Ich weiß. Die Umgebung war schrecklich unangenehm, und ich hatte das Gefühl, genug erfahren zu haben. Erstaunlich, nicht wahr, wie diese Sagen vergrößern.«

»Was meinen Sie mit ›vergrößern‹?«

»Nun, die Mykogenier füllen ihre Aurora mit menschlichen Wesen an, die jahrhundertelang gelebt haben, und die Dahliter füllen ihre Erde mit einer Menschheit, die Millionen Jahre gelebt hat. Und beide sprechen von einem Roboter, der ewig lebt. Trotzdem macht es einen nachdenklich.«

»Was die Millionen von Jahren angeht, so ist da genügend Platz – wohin gehen wir?«

»Mutter Rittah hat gesagt, wir sollten in diese Richtung gehen, bis wir einen Rastplatz erreichen, und dann den Anzeigen zum ZENTRALWEG folgen, uns links halten und weiterhin den Zeichen folgen. Sind wir auf dem Herweg auf einem Rastplatz vorbeigekommen?«

»Vielleicht ist das hier ein anderer Weg als der, auf dem wir gekommen sind. Ich kann mich nicht an einen Rastplatz erinnern, aber ich habe nicht aufgepasst. Ich habe mehr auf die Leute geachtet, an denen wir vorbeikamen ...«

Sie verstummte. Vor ihnen weitete sich die Gasse nach beiden Seiten aus.

Jetzt erinnerte sich Seldon. Sie waren tatsächlich hier vorbeigekommen. Zu beiden Seiten des Weges waren ihm ein paar abgewetzte Kissen aufgefallen, die offenbar für die Öffentlichkeit bereitlagen.

Aber Dors brauchte diesmal nicht so auf die Passanten zu achten wie auf dem Weg zu Mutter Rittah. Es gab keine. Dafür entdeckten sie vor sich auf dem Rastplatz eine Gruppe von Männern, die für Dahliter ziemlich groß waren, mit gesträubten Schnurrbärten und nackten, muskulösen Armen, die in der gelben Wegbeleuchtung ölig glänzten.

Sie warteten ganz offensichtlich auf die Außenweltler, und Seldon und Dors blieben unwillkürlich stehen. Einen Augenblick lang war die Szene wie erstarrt. Dann sah Seldon sich hastig um. Zwei oder drei weitere Männer waren hinter ihnen aufgetaucht.

»Wir sind in der Falle«, sagte Seldon mit zusammengepressten Zähnen. »Ich hätte Sie nicht mitkommen lassen dürfen, Dors.«

»Im Gegenteil. Deshalb bin ich hier. Aber war es das Gespräch mit Mutter Rittah wert?«

»Wenn wir hier rauskommen, ja.«

Und dann sagte Seldon mit lauter und fester Stimme: »Dürfen wir bitte vorbeigehen?«

Einer der Männer vor ihnen trat vor. Er war ebenso groß wie Seldon – 1,73 Meter –, aber breitschultriger und viel muskulöser.

»Ich bin Marron«, sagte der Mann selbstgefällig, als ob der Name etwas zu bedeuten hätte. »Und ich bin hier, um Ihnen zu sagen, dass wir in unserem Viertel keine Außenweltler mögen. Reinkommen dürfen Sie schon – aber wenn Sie gehen wollen, werden Sie zahlen müssen.«

»Nun gut. Wie viel?«

»Alles, was Sie haben. Ihr reichen Außenweltler habt Kreditkarten, stimmt's? Gebt sie her!«

»Ich denke nicht daran.«

»Das nützt Ihnen wenig. Wir nehmen sie uns einfach.«

»Sie können sie nicht nehmen, ohne mich umzubringen oder mich zu verletzen, und ohne meinen Stimmabdruck funktioniert die Karte nicht. Mein *normaler* Stimmabdruck.«

»Das stimmt nicht, Master – Sie sehen, ich bin höflich –, wir können sie Ihnen wegnehmen, ohne Ihnen *sehr* wehzutun.«

»Wie viele große starke Männer brauchen Sie denn dazu? Neun? Nein.« Seldon zählte schnell. »Zehn.«

»Nur einen. Mich.«

»Ohne Hilfe?«

»Nur ich.«

»Wenn die übrigen Herren zurücktreten und uns Platz machen würden, würde ich gerne sehen, wie Sie das machen wollen.«

»Sie haben kein Messer, Master. Wollen Sie eins?«

»Nein, benutzen Sie ruhig das Ihre, damit es ein ausgeglichener Kampf wird. Ich kämpfe ohne Messer.«

Marron sah sich zu den anderen um und sagte: »Hey, dieser Knirps ist ja ein Sportsmann. So wie man ihn reden hört, hat er nicht einmal Angst. Irgendwie ist das nett. Wäre eigentlich jammerschade, ihm wehzutun. – Ich will Ihnen was sagen, Master. Ich werde mir das Mädchen nehmen. Wenn Sie das nicht wollen, dann geben Sie mir Ihre Kreditkarte und die ihre auch und aktivieren Sie sie. Wenn Sie damit nicht einverstanden sind, dann werde ich Ihnen, nachdem ich mit dem Mädchen fertig bin … und das wird eine Weile dauern …« – er lachte –, »… vielleicht doch wehtun müssen.«

»Nein«, sagte Seldon. »Lassen Sie die Frau gehen. Ich habe Sie zum Kampf herausgefordert – Mann gegen Mann, Sie mit Messer und ich ohne. Wenn Sie eine bessere Chance wollen, dann kämpfe ich gegen zwei von Ihnen. Aber lassen Sie die Frau gehen.«

»Halt, Hari!«, rief Dors. »Wenn er mich haben will, dann soll er doch kommen und mich holen. Sie bleiben, wo Sie sind, Hari, und machen keine Bewegung.«

»Habt ihr das gehört?«, sagte Marron mit einem breiten Grinsen. »›Sie bleiben, wo Sie sind, Hari, und keine Bewegung.‹ Ich glaube, die Kleine will mich haben. Ihr zwei, haltet ihn fest!«

Eiserne Fäuste packten Seldons Arme, und er spürte die scharfe Spitze eines Messers im Rücken.

»Keine Bewegung!«, zischte es an seinem Ohr. »Und Sie dürfen zusehen. Wahrscheinlich wird es der Lady gefallen. Marron ist recht gut.«

»Hari, keine Bewegung!«, rief Dors erneut. Dann drehte sie sich zu Marron herum, und ihre halb geschlossenen Hände schwebten über ihrem Gürtel.

Er näherte sich ihr, und sie wartete, bis er auf Armeslänge heran war. Dann zuckten ihre beiden Arme plötzlich herunter, und Marron sah sich zwei großen Messern gegenüber.

Für einen Augenblick fuhr er zurück, dann lachte er. »Die kleine Frau hat zwei Messer – Messer, wie sie die großen Jungs haben. Und ich hab nur eins. Aber das reicht auch.«

Er hielt es plötzlich in der Hand. »Es ist mir ja sehr unangenehm, Sie schneiden zu müssen, meine Liebe, weil es für uns beide sehr viel mehr Spaß macht, wenn ich das nicht tue. Vielleicht kann ich sie Ihnen einfach aus der Hand schlagen, hm?«

»Ich will Sie nicht töten«, sagte Dors. »Ich werde mir die größte Mühe geben, das nicht zu tun. Trotzdem rufe ich für den Fall, dass ich Sie töte, alle zum Zeugen auf, dass ich das getan habe, um meinen Freund zu schützen, wie es meine Ehre von mir verlangt.«

Marron tat so, als wäre er verängstigt. »O bitte, töten Sie mich nicht!« Dann lachte er brüllend, und die anderen Dahliter fielen mit ein.

Dann stieß er zu – verfehlte sein Ziel aber weit. Er versuchte es noch einmal und ein drittes Mal, aber Dors rührte sich nicht von der Stelle. Sie machte keine Anstalten, einem Messerstoß auszuweichen, der nicht wirklich auf sie gerichtet war.

Marrons Gesicht verfinsterte sich. Er versuchte, sie in Panik zu versetzen, machte sich dabei aber nur lächerlich. Der nächste Stoß war direkt auf sie gerichtet, und Dors' linkes Messer schoss wie der Blitz vor und traf das seine mit solcher Gewalt, dass sein Arm zur Seite gerissen wurde. Ihre rechte Klinge zuckte vor und schlitzte ihm das T-Shirt auf. Ein dünner, blutiger Strich verschmierte schräg die dunkel behaarte Haut darunter.

Marron blickte erschreckt an sich hinunter, während die Zuschauer überrascht aufstöhnten. Seldon spürte, wie der Griff an seinen Armen sich etwas lockerte, als die beiden, die ihn festhielten, von einem Duell abgelenkt wurden, das nicht ganz so verlief, wie sie es erwartet hatten. Er spannte die Muskeln.

Marron stieß erneut zu, und diesmal schoss seine linke Hand vor, um Dors' rechtes Handgelenk zu packen. Wieder traf Dors' linkes Messer das seine und blockierte es, während ihre rechte Hand geschickt nach unten auswich, als Marrons linke Hand sich um ihr Gelenk schließen wollte und daher ins Messer griff. Als er die Hand öffnete, zog sich ein tiefer blutiger Strich über die Handfläche.

Dors sprang zurück, und Marron, der das Blut an seiner Brust und der Hand sah, brüllte halb erstickt: »Ein anderes Messer her, schnell!«

Ein kurzes Zögern, dann warf einer der Zuschauer sein Messer hinüber. Marron griff danach, aber Dors war schneller. Ihre rechte Klinge traf das geworfene Messer, sodass es zu Boden klirrte.

Seldon spürte, wie sich der Griff an seinen Armen weiter lockerte. Er riss sie plötzlich in die Höhe und warf sich dabei nach vorne – und war frei. Die beiden Männer versuchten sich auf ihn zu stürzen, aber er trieb dem einen schnell das Knie in den Unterleib und rammte dem anderen den Ellbogen in den Solarplexus, worauf beide zu Boden gingen.

Er kniete nieder, um beiden die Messer wegzunehmen und richtete sich doppelt bewaffnet wie Dors auf. Im Gegensatz zu Dors wusste Seldon nicht, wie man mit dem Messer umging, aber ebenso war ihm auch bewusst, dass die Dahliter das wohl kaum wissen würden.

»Halten Sie sie bloß zurück, Hari!«, sagte Dors. »Greifen Sie noch nicht an – Marron, wenn ich jetzt wieder zustoße, bleibt es nicht bei einem Kratzer.«

Marron brüllte von Wut erfüllt auf und stürmte blindlings auf sie los, versuchte, seine Gegnerin durch die schiere Wucht seines Aufpralls zu überwältigen. Dors duckte sich, wich zur Seite aus, duckte sich unter seinem rechten Arm weg, trat ihm gegen das rechte Schienbein, und er krachte zu Boden. Das Messer flog ihm aus der Hand.

Sie kniete nieder, presste ihm das eine Messer von hinten gegen den Hals, das andere gegen seine Kehle und sagte: »Geben Sie auf!«

Mit einem wilden Schrei versuchte Marron, sie mit einem Arm wegzustoßen, schaffte es, sie zur Seite zu schieben und rappelte sich hoch.

Er war noch nicht ganz auf den Beinen, als sie bereits über ihm war und mit einem Messer nach unten hackte, sodass ein Stück von seinem Schnurrbart wegflog. Diesmal heulte er auf wie ein verwundetes Tier und presste sich die Hand ans Gesicht. Als er sie wieder wegzog, lief ihm das Blut herunter.

»Der wird Ihnen nicht nachwachsen, Marron«, schrie Dors. »Da ist ein Stück Lippe mitgegangen. Wenn Sie jetzt noch einmal angreifen, sind Sie totes Fleisch!«

Sie wartete, aber Marron hatte genug. Er taumelte stöhnend davon und hinterließ eine Blutspur auf dem Boden.

Dors wandte sich den anderen zu. Die zwei, die Seldon niedergeschlagen hatte, lagen noch auf dem Boden, unbewaffnet und nicht sonderlich darauf erpicht, wieder aufzustehen. Sie beugte sich vor, schnitt ihnen die Gürtel durch und schlitzte ihnen die Hosen auf.

»So müssen sie sich beim Gehen die Hosen festhalten«, sagte sie.

Sie starrte die sieben Männer an, die noch auf den Beinen waren, die sie mit einer Mischung aus Ehrfurcht und Faszination anstarrten. »Und welcher von *Ihnen* hat das Messer geworfen?«

Schweigen.

»Ist mir auch gleichgültig«, sagte sie. »Kommt nur her, einer nach dem anderen oder alle zusammen, aber jedes Mal, wenn ich zusteche, stirbt einer!«

Und die sieben machten wie auf Kommando kehrt und trollten sich.

Dors hob die Brauen und sagte zu Seldon gewandt: »Diesmal kann Hummin sich zumindest nicht beklagen, dass ich Sie nicht beschützt habe.«

Seldon sah sie groß an. »Ich kann immer noch nicht glauben, was ich gerade gesehen habe. Ich hätte nie geahnt, dass Sie zu so etwas imstande wären oder dass Sie so reden können.«

Dors lächelte nur. »Sie haben auch Ihre Talente. Wir geben ein gutes Paar ab. Da, ziehen Sie Ihre Messerklingen ein und stecken sie sich in die Tasche. Ich glaube, das wird sich ungeheuer schnell herumsprechen, und wir können Billibotton verlassen, ohne Angst zu haben, dass man uns aufhält.«

Und damit hatte sie recht.

UNTERGRUND

Davan – … In den unruhigen Zeiten, die die letzten Jahrhunderte des Ersten Galaktischen Imperiums kennzeichneten, entstanden die meisten Unruhen aus der Tatsache, dass politische und militärische Führer miteinander um die »höchste« Macht wetteiferten (eine Übermacht, die von einem Jahrzehnt zum nächsten mehr an Wert verlor). So gab es vor der Einführung der Psychohistorik nur selten etwas, das man als »Volksbewegung« hätte bezeichnen können. In diesem Zusammenhang ist vielleicht Davan erwähnenswert, über den nur wenig bekannt ist, der aber möglicherweise mit Hari Seldon zusammentraf als …

ENCYCLOPAEDIA GALACTICA

72

Hari Seldon und Dors Venabili hatten das etwas primitive Bad in der Wohnung der Tisalvers benutzt und sich mit dem Baden einigermaßen Zeit gelassen. Sie hatten sich umgezogen und befanden sich in Seldons Zimmer, als Jirad Tisalver am Abend zurückkehrte. Sein Türsignal war (oder schien) recht verschüchtert. Das Summen dauerte nur kurze Zeit.

Seldon öffnete und sagte freundlich: »Guten Abend, Master Tisalver. Und Mistress.«

Sie stand dicht hinter ihrem Mann und hatte die Stirn gerunzelt, als versuchte sie, irgendein schwieriges Problem zu lösen.

Tisalver meinte vorsichtig, als wüsste er nicht recht, wie er die Lage einschätzen sollte: »Fühlen Sie sich beide wohl, Sie und Mistress Venabili?« Er nickte dabei, als könnte er durch bloße Körpersprache eine bejahende Antwort herbeiführen.

»Durchaus. Wir hatten keinerlei Schwierigkeiten, nach Billibotton zu gelangen und es wieder zu verlassen, und haben uns inzwischen gewaschen und umgezogen. Und an uns ist keinerlei Geruch hängen geblieben.« Seldon hob dabei das Kinn und lächelte und warf den Satz über Tisalvers Schulter hinweg seiner Frau zu.

Sie schniefte laut, als wollte sie seine Aussage prüfen.

Immer noch unsicher, meinte Tisalver: »Wie ich höre, hat es einen Messerkampf gegeben.«

Seldon hob die Augenbrauen. »So, erzählt man das?«

»Sie und die Mistress gegen hundert Rowdys, hat man uns erzählt. Und Sie hätten sie alle getötet. Stimmt das?« In seiner Stimme klang widerstrebender Respekt.

»Absolut nicht«, erklärte Dors. »Das ist lächerlich. Wofür halten Sie uns? Massenmörder? Und glauben Sie wirklich, hundert

Rowdys würden einfach dableiben und die beträchtliche Zeit abwarten, die ich – die wir – brauchen würden, um sie alle zu töten? Ich meine, *überlegen* Sie doch!«

»Das sagen wir ja«, erklärte Casilia Tisalver schrill. »So etwas können wir in diesem Haus nicht dulden.«

»Zunächst einmal war es nicht in diesem Haus«, erklärte Seldon. »Zum Zweiten waren es nicht hundert Männer, sondern zehn. Zum Dritten ist niemand getötet worden. Es hat einen kleinen Wortwechsel gegeben, und dann sind sie gegangen und haben uns Platz gemacht.«

»Sie haben Ihnen einfach Platz gemacht. Und Sie erwarten, dass ich das glaube, Außenweltler?«, fragte Mistress Tisalver aggressiv.

Seldon seufzte. Menschen schienen unter der geringsten Belastung streitsüchtig zu werden. »Nun, ich will ja zugeben, dass einer von ihnen einen kleinen Schnitt abbekam«, sagte er. »Aber nichts Ernstes.«

»Und Sie sind überhaupt nicht verletzt?«, fragte Tisalver, und die Bewunderung klang noch deutlicher aus seiner Stimme.

»Kein Kratzer«, erklärte Seldon. »Mistress Venabili kann hervorragend mit zwei Messern umgehen.«

»Das kann man wohl sagen«, meinte Mistress Tisalver und blickte auf Dors' Gürtel, »und genau das will ich hier im Hause nicht haben.«

Und Dors meinte streng: »Solang uns hier niemand angreift, *werden* Sie das auch nicht haben.«

»Aber Ihretwegen«, ereiferte sich Mistress Tisalver, »drängt sich jetzt das Pack von der Straße vor der Tür.«

»Meine Liebe«, versuchte Tisalver sie zu besänftigen, »wir sollten unsere Gäste nicht ärgern …«

»Warum denn?«, fauchte seine Frau. »Hast du Angst vor ihren Messern? Ich möchte doch sehen, wie sie sie hier gebraucht.«

»Ich habe nicht die Absicht, sie hier zu gebrauchen«, sagte Dors und schniefte ebenso laut wie vorher Mistress Tisalver.

»Und was ist mit diesem Pack von der Straße, von dem Sie reden?«

Tisalver erklärte es ihr. »Meine Frau meint, dass ein Straßenbengel aus Billibotton – dafür halte ich ihn seinem Aussehen nach – Sie zu sprechen wünscht, und dergleichen sind wir in dieser Gegend nicht gewöhnt. Das unterhöhlt unseren Status.« Seine Stimme klang dabei Nachsicht heischend.

»Nun, Master Tisalver«, sagte Seldon, »wir werden hinausgehen und feststellen, was das zu bedeuten hat, und ihn so schnell wie möglich ...«

»Nein. Warten Sie«, sagte Dors verstimmt. »Das sind *unsere* Zimmer. Wir bezahlen dafür. *Wir* entscheiden, wer uns besucht und wer nicht. Wenn da ein junger Mann von Billibotton draußen ist, ist er dennoch ein Dahliter. Und was wichtiger ist, er ist ein Trantorianer. Und was noch wichtiger ist, er ist ein Bürger des Imperiums, ein menschliches Wesen. Und das Allerwichtigste – indem er uns zu sprechen wünscht, ist er unser Gast. Und deshalb laden wir ihn ein, uns zu besuchen.«

Mistress Tisalver machte keine Bewegung. Tisalver selbst wirkte unsicher.

Und Dors fuhr fort: »Nachdem Sie sagen, ich hätte in Billibotton hundert Rowdys getötet, glauben Sie doch sicher nicht, dass ich vor einem Jungen Angst habe, oder was das betrifft, vor Ihnen beiden.« Und damit bewegte sich ihre Hand beiläufig auf ihren Gürtel zu.

Tisalver wurde plötzlich energisch. »Mistress Venabili, wir haben nicht die Absicht, Sie zu beleidigen. Natürlich sind das Ihre Zimmer, und Sie können dort empfangen, wen Sie wollen.« Er trat zurück, zog seine verärgerte Frau hinter sich her und legte damit ein Maß an Entschlossenheit an den Tag, für das er möglicherweise später würde zu bezahlen haben.

Dors blickte ihnen streng nach.

Seldon lächelte trocken. »Das passt gar nicht zu Ihnen, Dors. Ich dachte immer, ich sei derjenige, der immer wieder in Schwierigkeiten gerät, während Sie die Ruhige und Bedächtige sind, die nichts anderes im Sinn hat, als Schwierigkeiten zu vermeiden.«

Dors schüttelte den Kopf. »Ich kann es einfach nicht ertragen, dass man mit solcher Geringschätzigkeit von einem menschlichen Wesen spricht. Nur weil er einer bestimmten Gruppe angehört – und noch dazu aus dem Munde anderer menschlicher Wesen. Diese so ehrenwerte Leute sind es doch, die die anderen zu Raufbolden machen.«

»Und dann gibt es andere ehrenwerte Leute«, fügte Seldon hinzu, »die diese ehrenwerten Leute *hier* zu dem machen, was sie sind. Diese wechselseitige Feindseligkeit ist ebenso ein Teil der Menschheit …«

»Dann werden Sie sich in Ihrer Psychohistorik damit befassen müssen, nicht wahr?«

»Ganz sicherlich, wenn es je eine Psychohistorik gibt, die sich mit irgendetwas befasst. – Ah, da kommt ja der Straßenbengel, von dem die Rede ist. Und es ist Raych, was mich gar nicht überrascht.«

73

Raych trat ein und sah sich sichtlich verstört um. Der Zeigefinger seiner rechten Hand tastete nach seiner Oberlippe, als überlegte er, wann er wohl dort den ersten Flaum verspüren würde.

Er wandte sich der sichtlich wütenden Mistress Tisalver zu und verbeugte sich linkisch. »Danke, Missus. Schön ham Se's hier.«

Und als dann die Tür hinter ihm zuknallte, wandte er sich mit kennerhafter Miene Seldon und Dors zu. »Wirklich nett hier, Leute.«

»Freut mich, dass es dir gefällt«, sagte Seldon unbewegt. »Woher wusstest du denn, dass wir hier wohnen?«

»Weil ich Ihn' nachgegang' bin. Was ham Sie denn gedacht? Hey, Lady …« – er wandte sich Dors zu –, »… Sie kämpfen aber nich wie 'n Weib.«

»Hast du schon vielen Weibern beim Kämpfen zugesehen?«, fragte Dors amüsiert.

Raych rieb sich die Nase. »Nee. Nie keine nich gesehn. Die tragen keine Messer, bloß kleine, damit se den Kindern Angst machen. Mir ham se nie Angst gemacht.«

»Ganz sicher nicht. Was machst du denn, um Weiber dazu zu bringen, dass sie das Messer ziehen?«

»Gar nix. Bloß 'n bisschen rumalbern. Da schreit man vielleicht: ›Hey Lady, lassen Se mich mal …‹«

Er hielt inne, überlegte einen Augenblick lang und sagte dann: »Ach nichts.«

»Nun, an mir solltest du das nicht ausprobieren«, meinte Dors.

»Se mach'n wohl Witze? Nach dem, was Se mit Marron gemacht ham? Hey, Lady, wo haben Se gelernt, so mit'm Messer umzugehen?«

»Auf meiner Welt.«

»Könnten Se ma das beibring'?«

»Bist du deshalb hierhergekommen?«

»Eigentlich nich. Ich soll Ihn'n was ausricht'n.«

»Von jemandem, der mit mir kämpfen will?«

»Keiner will mit Ihn' kämpfen, Lady. Hören Se, Lady. Sie sin' jetzt berühmt, jeder kennt Se. Sie brauchen bloß in Billibotton irgendwo hingehen, dann wird jeder auf de Seite gehen und Sie vorbeilassen und grinsen und gut aufpassen, dass er Sie nicht schief ansieht. O Lady, Sie ham's echt geschafft. Deshalb will er Se auch sehen.«

»Raych, etwas deutlicher bitte. *Wer* will uns sehen?«, fragte Seldon.

»Davan heißt der Typ.«

»Und wer ist das?«

»Eben ein Typ. Er lebt in Billibotton und trägt kein Messer.«

»Und bleibt trotzdem am Leben, Raych?«

»Er liest 'ne Menge und hilft den anderen Typen, wenn die mit der Regierung Ärger kriegen. Die lassen ihn alle in Frieden. Er brauch kein Messer nich.«

»Warum ist er dann nicht selbst gekommen?«, wollte Dors wissen. »Warum hat er dich geschickt?«

»Dem gefällt's hier nich. Er sagt, ihm wird dabei übel. Er sagt, die Leute hier, die kriechen der Regierung alle in'n …« Er hielt inne, sah die beiden Außenweltler unsicher an und fuhr dann fort: »Nu, jedenfalls kommt er nich hierher. Er hat gesagt, die würden mich reinlassen, weil ich bloß 'n Junge bin.« Er grinste. »Fast hätten Se mich nich reingelassen, wie? Ich mein, diese Lady dort, die hat mich so angesehen, als würd se was riechen.«

Plötzlich hielt er verdutzt inne und blickte an sich hinab. »Dort wo ich her bin, kann man sich auch nich oft waschen.«

»Ist schon gut«, sagte Dors und lächelte. »Wo sollen wir uns denn dann mit ihm treffen, wenn er nicht hierherkommen will? Schließlich – ich hoffe ja, es macht dir nichts aus –, uns ist eigentlich gar nicht danach, nach Billibotton zu gehen.«

»Ich hab's Ihn' doch gesagt«, meinte Raych gereizt. »Keiner in Billibotton wird Se anfassen, das schwör ich. Außerdem, dort, wo er lebt, tut Ihn' sowieso keiner was.«

»Und wo ist das?«, fragte Seldon.

»Ich kann Se hinbring'. Is nich weit.«

»Und warum will er mit uns reden?«, fragte Dors.

»Keine Ahnung. Was er gesagt hat …« – Raych schloss halb die Augen, um sich besser erinnern zu können –, »›… sag ihnen, ich will den Mann sehen, der mit einem aus den dahlitischen Glutsümpfen geredet hat, als ob der ein menschliches Wesen wäre, und die Frau, die Marron mit dem Messer geschlagen und ihn dann nicht getötet hat, als sie es hätte tun können.‹ Ich glaub, ich hab's richtig hingekriegt.«

Seldon lächelte. »Das glaub ich auch. Hat er jetzt für uns Zeit?«

»Er wartet.«

»Dann gehen wir mit dir.« Er sah Dors mit etwas zweifelnder Miene an.

»Schon gut«, sagte sie. »Ich bin bereit. Vielleicht ist es gar keine Falle. Die Hoffnung soll man nie aufgeben ...«

74

Als sie ins Freie traten, lag ein angenehmes Leuchten in der Luft, ein schwach violetter Schimmer und rosafarbener Saum an den nachgemachten Wolken, die über den Himmel zogen. Dahl mochte nicht damit zufrieden sein, wie die kaiserlichen Herrscher von Trantor es behandelten, aber an dem Wetter, das die Computer lieferten, war nichts auszusetzen.

»Anscheinend sind wir Berühmtheiten«, sagte Dors leise. »Das ist nicht zu übersehen.«

Seldon wandte den Blick von dem imitierten Himmel und bemerkte erst jetzt die Menschenmenge, die sich um den Wohnblock drängte, in dem die Tisalvers wohnten.

Und alle starrten sie an. Als kein Zweifel mehr daran bestand, dass die beiden Außenweltler das ihnen entgegengebrachte Interesse bemerkt hatten, ging ein Raunen durch die Menge, und man hatte den Eindruck, als würde es jeden Augenblick in Applaus übergehen.

»Jetzt begreife ich, dass das Mistress Tisalver lästig war«, sagte Dors. »Ich hätte vielleicht ein wenig mehr Mitgefühl zeigen sollen.«

Die Menschenmenge war größtenteils armselig gekleidet, und es war nicht schwer zu erraten, dass viele der Leute aus Billibotton kamen.

Einem Impuls nachgehend, lächelte Seldon und hob grüßend die Hand, was Beifall auslöste. Eine Stimme, in der Anonymität der Menge sicher, rief: »Kann die Lady uns ein paar Tricks mit dem Messer zeigen?«

Als Dors laut zurückrief: »Nein, ich ziehe nur, wenn ich mich ärgere«, hallte Gelächter.

Ein Mann trat vor. Er kam sichtlich nicht aus Billibotton und trug auch nicht die offenkundigen Merkmale eines Dahliters. Er hatte nur einen kleinen Schnurrbart, und der war braun, nicht etwa schwarz. »Marlo Tanto von den Trantor HV Nachrichten«, stellte er sich vor. »Haben Sie für unsere Abendsendung ein paar Augenblicke Zeit?«

»Nein«, erwiderte Dors kurz angebunden. »Keine Interviews.«

Aber der Reporter blieb hartnäckig. »Wie ich höre, hatten Sie eine Auseinandersetzung mit einer größeren Zahl von Männern in Billibotton – und haben gewonnen.« Er lächelte. »Das ist doch eine Nachricht, nicht wahr?«

»Nein«, sagte Dors. »Wir begegneten einigen Männern in Billibotton, haben mit ihnen geredet und sind weitergegangen. Sonst ist nichts zu sagen, und mehr kriegen Sie auch nicht.«

»Wie heißen Sie? Sie sind offenbar keine Trantorianerin.«

»Ich habe keinen Namen.«

»Und Ihr Freund?«

»Hat auch keinen Namen.«

Jetzt schien der Reporter verstimmt. »Hören Sie, Lady, ich versuche nur meine Arbeit zu tun.«

Raych zog an Dors' Ärmel. Sie beugte sich zu ihm hinunter und hörte sich an, was er ihr ins Ohr flüsterte. Dann nickte sie und richtete sich wieder auf. »Ich glaube nicht, dass Sie Reporter sind, Herr Tanto. Ich glaube vielmehr, Sie sind ein kaiserlicher Agent, der hier in Dahl Ärger machen möchte. Es hat keinen Kampf gegeben, und Sie versuchen, hier etwas aufzubauschen, um damit eine kaiserliche Expedition nach Billibotton zu rechtfertigen. An Ihrer Stelle würde ich nicht hierbleiben. Ich glaube nicht, dass Sie bei diesen Leuten hier besonders populär sind.«

Die Menge hatte zu murren begonnen, als sie Dors' erste Worte hörte. Jetzt wurde das Murren lauter, und die Menschenmenge drängte sich langsam und drohend auf Tanto zu. Er blickte nervös in die Runde und zog sich zurück.

Dors hob die Stimme. »Lasst ihn gehen! Keiner soll ihn anfassen. Sonst hätte er einen Vorwand, Gewalttätigkeiten zu melden.«

Und die Menge öffnete sich vor ihm.

»Hey, Lady, sagen Sie den'n doch, die soll'n ihn 'n wenig aufmischen«, sagte Raych.

»Du bist ein blutdürstiger Junge«, sagte Dors. »Bring uns zu deinem Freund!«

75

Der Mann, der sich Davan nannte, erwartete sie in einem Raum hinter einer heruntergekommenen Imbissstube. Weit dahinter.

Raych ging voraus, wobei sich erneut zeigte, dass er in den Eingeweiden von Billibotton ebenso zu Hause war, wie das ein Maulwurf in den Tunnels von Helicon gewesen wäre.

Dors Venabili fühlte sich als Erste zur Vorsicht aufgerufen. Sie blieb stehen und sagte: »Komm zurück, Raych! Wo gehen wir da hin?«

»Zu Davan«, sagte Raych und musterte sie verdutzt. »Hab ich Ihn' doch gesagt.«

»Aber das hier ist ein völlig verlassenes Gebiet. Niemand lebt hier.« Dors blickte sich unbehaglich um. Die Umgebung war leblos und verlassen, und die wenigen Lichttafeln, die es hier gab, leuchteten nicht – oder nur ganz schwach.

»Davan gefällt es so«, sagte Raych. »Er wechselt die ganze Zeit den Platz, bleibt mal hier, mal dort. Sie wissen schon …«

»Warum?«, wollte Dors wissen.

»Weil das sicherer ist, Lady.«

»Vor wem?«

»Vor der Regierung.«

»Was sollte die Regierung denn von Davan wollen?«

»Keine Ahnung, Lady. Ich will Ihn' was sagen. Ich sag Ihn', wo er is', sag Ihn', wie man hinkommt, und dann gehn Se allein weiter – wenn Se nich wollen, dass ich Se hinbring'.«

»Nein, Raych«, sagte Seldon. »Ohne dich verlaufen wir uns womöglich. Du solltest vielleicht sogar besser warten, bis wir fertig sind, damit du uns wieder zurückführen kannst.«

Das weckte sofort Raychs Habgier. »Und was is' da für mich drin? Sie erwarten wohl, dass ich warte, wenn ich hungrig werd?«

»Wenn du wartest und hungrig wirst, Raych, dann kauf ich dir was zu essen. Was du haben willst.«

»Das sagen Se *jetzt*, Mister. Woher weiß ich denn, dass das auch gilt, wenn ich hungrig bin?«

In Dors' Hand blitzte plötzlich eine Messerklinge. »Du willst doch nicht etwa sagen, dass wir lügen, oder, Raych?«

Raychs Augen weiteten sich. Aber die Bedrohung schien ihm keine Angst zu machen. »Hey, das hab ich nich mitgekriegt«, sagte er. »Mach'n Se das noch mal.«

»Nachher werde ich das machen – wenn du noch hier bist. Und wenn nicht ...« – Dors funkelte ihn an –, »... dann werden wir Jagd auf dich machen.«

»Hey, Lady, machen Se halblang«, sagte Raych. »Sie wern nich Jagd auf mich machen. Dazu sind Se nich der Typ. Aber ich werd hier sein.« Er warf sich in Positur. »Se ham mein Wort drauf.«

Und dann führte er sie schweigend weiter, nur ihre Schritte hallten hohl in den leeren Korridoren.

Davan blickte auf, als sie eintraten, finster zuerst, erst als er dann Raych erkannte, hellte sich sein Gesicht auf. Er deutete mit einem Kopfnicken auf Dors und Hari – das sollte eine Frage sein.

»Das sind die beiden«, sagte Raych und ging grinsend hinaus.

»Ich bin Hari Seldon«, erklärte Seldon. »Und die junge Dame ist Dors Venabili.«

Er musterte Davan neugierig. Davans Gesichtsfarbe war dunkel, und er trug den buschigen schwarzen Schnurrbart eines Dahliters, hatte aber außerdem auch Bartstoppeln im Gesicht. Er war der erste Dahliter, den Seldon zu Gesicht bekam, der nicht glatt rasiert war. Selbst die Schlägertypen von Billibotton waren sauber rasiert gewesen.

»Wie ist Ihr Name?«, fragte Seldon.

»Davan. Das muss Raych Ihnen doch gesagt haben.«

»Und wie noch?«

»Ich heiße nur Davan. Ist man Ihnen hierher gefolgt, Master Seldon?«

»Nein, da bin ich ganz sicher. Sonst hätte Raych das ganz sicherlich bemerkt. Und wenn nicht er, dann Mistress Venabili.«

Dors lächelte. »Sie haben großes Vertrauen zu mir, Hari.«

»Von Stunde zu Stunde mehr«, sagte er nachdenklich.

Doch Davan schien beunruhigt. »Und doch hat man Sie bereits gefunden.«

»Gefunden?«

»Ja, ich habe von diesem angeblichen Reporter gehört.«

»Jetzt schon?« Seldon blickte überrascht. »Aber ich denke, dass er wirklich ein Reporter war … und harmlos. Wir haben ihn auf Empfehlung von Raych einen kaiserlichen Agenten genannt, und das war auch gut so. Die Menge, die uns umgab, nahm eine bedrohliche Haltung an, und auf die Weise sind wir ihn losgeworden.«

»Nein«, sagte Davan, »er war genau das, als was Sie ihn bezeichnet haben. Meine Leute kennen den Mann, er arbeitet *tatsächlich* für das Imperium – aber Sie verhalten sich natürlich völlig anders als ich. Sie benutzen keinen falschen Namen und wechseln auch Ihren Wohnort nicht. Sie reisen unter Ihrem Namen und versuchen in keiner Weise, sich zu verstecken. Sie sind Hari Seldon, der Mathematiker.«

»Ja, das bin ich«, sagte Seldon. »Warum sollte ich einen falschen Namen erfinden?«

»Das Imperium ist hinter Ihnen her, nicht wahr?«

Seldon zuckte die Achseln. »Ich halte mich an Orten auf, wo das Imperium keinen Zugriff auf mich hat.«

»Nun, nicht offen, aber das Imperium braucht nicht offen zu arbeiten. Ich würde Ihnen dringend raten, zu verschwinden … wirklich zu verschwinden!«

»So wie Sie … wie Sie sagen«, erwiderte Seldon und sah sich mit einem leichten Gefühl des Unbehagens um. Der Raum, in dem sie sich befanden, war ebenso tot wie die Korridore, durch die er gegangen war. Er wirkte durch und durch muffig und geradezu überwältigend bedrückend.

»Ja«, sagte Davan. »Sie könnten uns nützlich sein.«

»In welcher Weise?«

»Sie haben mit einem jungen Mann namens Yugo Amaryl gesprochen.«

»Ja, allerdings.«

»Amaryl sagt mir, Sie könnten die Zukunft vorhersagen.«

Seldon seufzte tief. Er war es leid, in diesem leeren Raum zu stehen. Davan saß auf einem Kissen, und es gab weitere Kissen, aber sie sahen nicht sauber aus. Er verspürte auch nicht den Wunsch, sich an die verschimmelt aussehende Wand anzulehnen.

»Entweder haben Sie Amaryl missverstanden oder Amaryl hat mich missverstanden«, meinte er. »Ich habe lediglich bewiesen, dass es möglich ist, Ausgangsbedingungen zu wählen, von denen aus historische Vorhersagen nicht in chaotische Zustände münden, sondern innerhalb gewisser Grenzen vorhersagbar werden. Aber ich weiß nicht, was das für Ausgangsbedingungen sein könnten, und bin auch keineswegs sicher, dass irgendjemand in endlicher Zeit diese Bedingungen finden kann. Verstehen Sie mich?«

»Nein.«

Seldon seufzte erneut. »Dann lassen Sie es mich noch einmal versuchen. Es ist möglich, die Zukunft vorherzusagen, aber vielleicht ist es unmöglich herauszufinden, wie man jene Möglichkeit nutzen kann. Verstehen Sie?«

Davan sah zuerst Seldon, dann Dors an. »Dann können Sie die Zukunft *nicht* vorhersagen.«

»Jetzt haben Sie es richtig erkannt, Master Davan.«

»Sagen Sie einfach Davan. Aber vielleicht lernen Sie eines Tages, die Zukunft vorherzusagen.«

»Das ist vorstellbar.«

»Dann ist das der Grund, weshalb das Imperium Sie haben will.«

»Nein«, erklärte Seldon und hob belehrend den Finger. »Meine Vorstellung ist, dass das Imperium sich aus genau diesem Grund *keine* große Mühe gibt, mich in seine Gewalt zu bekommen. Die Kaiserlichen würden mich vielleicht gerne haben wollen, wenn man mich ohne Umstände ergreifen könnte, aber sie wissen auch, dass ich *im Augenblick* nichts weiß und dass es sich deshalb nicht lohnt, das empfindliche Gleichgewicht Trantors zu stören, indem man die lokalen Rechte in diesem oder jenen Bezirk beeinträchtigt. Und das ist auch der Grund, weshalb ich mich einigermaßen sicher unter meinem eigenen Namen bewegen kann.«

Davan vergrub einen Augenblick lang den Kopf in den Händen und sagte: »Das ist Wahnsinn.« Dann blickte er müde auf und sagte zu Dors: »Sind Sie Master Seldons Frau?«

»Ich bin seine Freundin und seine Beschützerin«, erklärte Dors ruhig.

»Wie gut kennen Sie ihn?«

»Wir sind jetzt seit einigen Monaten beisammen.«

»Nicht länger?«

»Nein.«

»Sagt er Ihrer Meinung nach die Wahrheit?«

»Ich weiß, dass er die Wahrheit spricht, aber welchen Anlass hätten Sie, mir zu vertrauen, wenn Sie ihm nicht vertrauen? Wenn

Hari Sie aus irgendeinem Grund anlügen würde, würde ich Sie dann nicht ebenfalls belügen, um ihn zu unterstützen?«

Davans Blick wanderte hilflos zwischen seinen beiden Besuchern hin und her. Dann sagte er: »Würden Sie uns jedenfalls helfen?«

»Wen meinen Sie mit ›uns‹? Und in welcher Weise benötigen Sie Hilfe?«

Davan nickte langsam. »Sie sehen ja, wie die Lage hier in Dahl ist. Man unterdrückt uns. Ich bin sicher, dass Ihnen das bekannt ist. Und danach zu schließen, wie Sie Yogo Amaryl behandelt haben, kann ich einfach nicht glauben, dass Sie keine Sympathie für uns empfinden.«

»Wir empfinden Sympathie für Sie.«

»Und Sie müssen auch wissen, von wem die Unterdrückung ausgeht.«

»Wahrscheinlich werden Sie mir jetzt sagen, dass es die kaiserliche Regierung ist, und ich räume durchaus ein, dass sie ihren Anteil daran hat. Andererseits stelle ich fest, dass es in Dahl eine Mittelklasse gibt, die die Leute in den Glutsümpfen verachtet, und eine Klasse von Kriminellen, die den Rest des Bezirks terrorisiert.«

Davans Lippen pressten sich zusammen, aber sonst war ihm keine Bewegung anzumerken. »Völlig richtig. Völlig richtig. Aber das Imperium unterstützt diesen Zustand aus Prinzip. Dahl besitzt das Potenzial, ernsthafte Schwierigkeiten zu bereiten. Falls die Leute in den Glutsümpfen streiken sollten, würde das augenblicklich zu ernsthaften Energieversorgungsproblemen in Trantor führen – mit allen Folgen, die man sich ausmalen kann. Aber Dahls Oberklasse würde Geld dafür ausgeben, die Schlägertypen von Billibotton – und anderen Orten – dafür einzustellen, um den Streik in den Glutsümpfen zu brechen. Es wäre nicht das erste Mal. Das Imperium erlaubt es einigen Dahlitern, in bescheidenem Wohlstand zu leben, um sie zu imperialistischen Lakaien zu machen, weigert sich aber andererseits, den Waffengesetzen genügenden Nachdruck zu verleihen, um so die kriminellen Elemente zu schwächen.

Die kaiserliche Regierung handelt überall gleich, nicht nur in Dahl. Gewalt kann sie nicht mehr einsetzen, um ihren Willen durchzusetzen wie früher, als sie noch totalitär herrschte. Heutzutage ist Trantor so kompliziert geworden und lebt in einem so empfindlichen Gleichgewichtszustand, den man so leicht stören kann, dass die kaiserlichen Streitkräfte sich zurückhalten müssen.«

»Auch eine Form der Degeneration«, sagte Seldon, dem Hummins Klagen in den Sinn kamen.

»Was?«, sagte Davan.

»Nichts«, erklärte Seldon. »Fahren Sie fort!«

»Die kaiserlichen Behörden müssen sich zurückhalten, stellen aber fest, dass sie trotzdem eine ganze Menge bewirken können. Jeder Bezirk wird ermutigt, seine Nachbarn zu beargwöhnen. In jedem Bezirk werden die einzelnen gesellschaftlichen Gruppen dazu ermutigt, eine Art kalten Bürgerkrieg gegeneinander zu führen. Die Folge ist, dass es auf ganz Trantor den Menschen unmöglich ist, gemeinsam zu handeln. Überall ziehen es die Leute vor, gegeneinander zu kämpfen, als sich gemeinsam gegen die zentrale Tyrannei aufzulehnen. Und so kann das Imperium regieren, ohne seine Macht einsetzen zu müssen.«

»Und was kann man Ihrer Meinung nach tun?«, fragte Dors.

»Ich habe mich seit Jahren bemüht, unter den Menschen von Trantor ein Gefühl der Solidarität aufzubauen.«

»Ich kann nur vermuten«, erklärte Seldon trocken, »dass Sie erkennen müssen, dass dies eine unmöglich schwierige und weithin undankbare Aufgabe ist.«

»Sie vermuten ganz richtig«, erwiderte Davan. »Aber die Partei wird immer stärker. Viele unserer Messerhelden erkennen langsam, dass Messer dann den größten Nutzen bringen, wenn sie sie nicht gegeneinander einsetzen. Das Pack, das Sie in den Korridoren von Billibotton angegriffen hat, ist ein Beispiel für diejenigen, die noch nicht bekehrt sind. Aber jene, die Sie jetzt unterstützen, die bereit waren, Sie gegen den Agenten zu verteidigen, der sich für einen Reporter ausgab, das sind meine Leute. Ich lebe hier in ihrer Mitte. Es ist keine besonders attraktive Art zu leben, aber ich bin hier in Sicherheit. Wir haben Anhänger in den umliegenden Bezirken und breiten uns von Tag zu Tag weiter aus.«

»Aber was haben wir mit all dem zu tun?«, wollte Dors wissen.

»Zum einen«, erklärte Davan, »sind Sie beide Außenweltler, Gelehrte. Wir brauchen Menschen wie Sie in unserem Führungskreis. Unsere größte Stärke beziehen wir von den Armen, Ungebildeten, weil die am meisten leiden. Aber sie sind auch am wenigsten zur Führung fähig. Jemand wie Sie ist hundert von denen wert.«

»Das ist aber eine höchst eigenartige Schätzung für jemanden, der sich vorgenommen hat, die Unterdrückten zu befreien«, sagte Seldon.

»Ich meine nicht als Menschen«, sagte Davan hastig. »Ich meine in Bezug auf Führungseigenschaften. Die Partei braucht Männer und Frauen von intellektueller Kraft als Führer.«

»Sie meinen, man braucht Leute wie uns, um Ihrer Partei die Fassade von Solidität und Achtbarkeit zu verleihen.«

»Man kann edle Dinge immer ins Lächerliche ziehen«, meinte Davan, »das kostet nicht viel Mühe. Aber Sie, Master Seldon, sind mehr als angesehen, mehr als nur ein Intellektueller. Selbst wenn Sie nicht zugeben, dass Sie durch die Nebel der Zukunft blicken können …«

»Davan«, sagte Seldon, »jetzt werden Sie bitte nicht poetisch, und sprechen Sie bitte nicht in der Möglichkeitsform. Es geht nicht darum, was ich zugebe. Ich bin nicht imstande, die Zukunft vorherzusagen. Hier geht es nicht um Nebel, die mir die Sicht versperren, sondern eher um Platten aus Chromstahl.«

»Lassen Sie mich ausreden. Selbst wenn Sie nicht mit – wie nennen Sie es? – psychohistorischer Genauigkeit vorhersagen können, haben Sie doch die Geschichte studiert und besitzen vielleicht ein gewisses intuitives Gefühl für die Konsequenzen. Stimmt das?«

Seldon schüttelte den Kopf. »Es mag sein, dass ich ein gewisses intuitives Verständnis für mathematische Wahrscheinlichkeiten habe, aber wie weit ich das in etwas von historischer Signifikanz übersetzen kann, ist ganz unsicher. Tatsächlich stimmt es auch *nicht, dass* ich die Geschichte studiert habe. Ich wünschte, ich hätte das. Ich empfinde das als großen Mangel.«

»Die Historikerin bin ich, Davan«, sagte Dors ruhig, »und wenn Sie wollen, kann ich dazu einiges sagen.«

»Bitte, tun Sie das!«, sagte Davan und brachte es so heraus, dass es zugleich ein Akt der Höflichkeit wie auch eine Herausforderung war.

»Zum einen hat es in der galaktischen Geschichte viele Revolutionen gegeben, in denen tyrannische Herrscher gestürzt wurden. Manchmal auf einzelnen Planeten, manchmal auf Planetengruppen, gelegentlich im Imperium selbst oder in den Regionalregierungen, die dem Imperium vorangingen. Häufig bedeutete dies nur einen Wechsel der Tyrannen. Mit anderen Worten, eine herrschende Klasse wird durch eine andere ersetzt – manchmal von einer effizienteren, die deshalb auch besser imstande ist, ihren Fortbestand zu sichern –, während die armen Unterdrückten arm und unterdrückt bleiben, falls sich ihre Lage nicht sogar verschlechtert.«

»Das ist mir klar«, meinte Davan, der aufmerksam zugehört hatte. »Das ist uns allen klar. Vielleicht können wir von der Vergangenheit lernen und dann besser erkennen, was es zu vermeiden gibt. Außerdem ist die Tyrannei, die jetzt existiert, greifbar, echt. Diejenige, die vielleicht einmal in der Zukunft existieren wird, ist nur eine potenzielle Tyrannei. Wenn wir uns immer deshalb dem Wandel entziehen, weil wir fürchten, es könnte ein Wandel zum Schlechteren sein, gibt es überhaupt keine Hoffnung, dass wir die Ungerechtigkeit je abschütteln.«

»Da ist noch etwas, das Sie bedenken müssen«, meinte Dors. »Selbst wenn Sie das Recht auf Ihrer Seite haben, selbst wenn die Gerechtigkeit die bestehenden Zustände verdammt, so hat doch gewöhnlich die existierende Tyrannei die Macht auf ihrer Seite. Ihre Leute mit den Messern können sich noch so sehr zusammenrotten und demonstrieren und werden doch nichts erreichen, solange es im Extremfall eine Armee gibt, die mit genetischen, chemischen und neurologischen Waffen ausgerüstet ist und bereit ist, sie gegen das Volk einzusetzen. Sie können alle Unterdrückten und selbst alle angesehenen Leute auf ihre Seite ziehen – am Ende müssen Sie doch irgendwie die Sicherheitskräfte und die Kaiserliche Armee für sich gewinnen oder zumindest deren Loyalität gegenüber ihren Herrschern ernsthaft schwächen.«

Davan erwiderte darauf: »Trantor ist eine Welt vieler Regierungen. Jeder Bezirk hat seine eigenen Herrscher, und nicht wenige sind antikaiserlich eingestellt. Wenn wir einen starken Bezirk auf unsere Seite ziehen können, dann würde das die Situation verändern, nicht wahr? Dann wären wir nicht mehr nur ein zerlumptes Pack, das mit Messern und Steinen kämpft.«

»Heißt das, dass Sie *tatsächlich* einen starken Sektor auf Ihrer Seite haben oder nur, dass Sie den Ehrgeiz haben, das zu erreichen?«

Davan blieb stumm.

»Ich will annehmen, dass Sie an den Bürgermeister von Wye denken«, sagte Dors. »Falls der Bürgermeister in der Stimmung sein sollte, die öffentliche Unzufriedenheit dazu zu nutzen, seine Chancen zu verbessern, den Kaiser zu stürzen – kommt es Ihnen dann nicht in den Sinn, dass der Bürgermeister dabei das Ziel im Auge haben könnte, selbst die Nachfolge auf dem Kaiserthron anzutreten? Warum sollte der Bürgermeister seine augenblickliche durchaus nicht unbedeutende Position für irgendetwas Geringeres aufs Spiel setzen? Lediglich um des Segens der Gerechtigkeit und der anständigen Behandlung von Leuten willen, die für ihn von sehr geringem Interesse sein dürften?«

»Sie meinen«, sagte Davan, »jeder mächtige Führer, der bereit ist, uns zu helfen, könnte uns anschließend verraten.«

»Das wäre eine Situation, die in der galaktischen Geschichte nur allzu geläufig wäre.«

»Wenn wir dafür bereit sind, könnten dann nicht *wir* diejenigen sein, die *ihn* verraten?«

»Sie meinen, ihn benutzen und dann, im geeigneten Augenblick, den Anführer seiner Streitkräfte – oder jedenfalls irgendeine führende Persönlichkeit – bestechen und ihn ermorden lassen?«

»Das vielleicht nicht gerade, aber es könnte ja irgendeine Möglichkeit geben, ihn loszuwerden, falls sich das als notwendig erweisen sollte.«

»Dann haben wir es mit einer revolutionären Bewegung zu tun, in der die führenden Spieler jederzeit bereit sein müssen, einander zu verraten, wobei jeder einfach nur auf die Gelegenheit wartet. Das klingt für mich wie das perfekte Rezept für das Chaos.«

»Dann werden Sie uns also nicht helfen?«, sagte Davan.

Seldon, der dem Wortwechsel zwischen Davan und Dors mit gerunzelter Stirn zugehört hatte, sagte: »So einfach lässt sich das nicht formulieren. Wir würden Ihnen gerne helfen. Wir stehen auf Ihrer Seite. Mir scheint, dass kein vernünftiger Mensch ein kaiserliches System stützen kann, das sich selbst dadurch am Leben erhält, indem es gegenseitigen Hass und Argwohn schürt. Selbst wenn es den Anschein erweckt zu funktionieren, kann man es doch nur als metastabil bezeichnen; das heißt, als ein System, das nur zu leicht in die eine oder andere Richtung abstürzt. Die Frage ist nur: *Wie* können wir helfen? Wenn ich über eine funktionsfähige Psychohistorik verfügte, wenn ich Ihnen sagen könnte, was mit einiger Wahrscheinlichkeit geschehen wird, oder wenn ich Ihnen sagen könnte, welche

Maßnahme aus einer Anzahl alternativer Möglichkeiten mit der größten Wahrscheinlichkeit zu glücklichen Konsequenzen führt, würde ich Ihnen meine Fähigkeiten zur Verfügung stellen. – Aber das ist nicht der Fall. Ich kann Ihnen am besten helfen, indem ich weiter versuche, die Psychohistorik zu entwickeln.«

»Und wie lange wird das dauern?«

Seldon zuckte die Achseln. »Das kann ich nicht sagen.«

»Wie können Sie von uns verlangen, dass wir unbestimmte Zeit warten?«

»Welche Alternative habe ich denn, wo ich Ihnen doch, so wie die Dinge stehen, nicht nützen kann? Aber so viel will ich sagen: Bis vor ganz kurzer Zeit war ich noch davon überzeugt, dass die Entwicklung der Psychohistorik absolut unmöglich sei. Jetzt bin ich dessen nicht mehr so sicher.«

»Sie meinen, Sie haben eine Lösung im Sinn?«

»Nein, bloß das intuitive Gefühl, dass eine Lösung möglich sein könnte. Bis jetzt ist mir noch nicht klar, was mich zu diesem Gefühl veranlasst hat. Vielleicht ist es eine Illusion, aber ich bemühe mich weiter. Lassen Sie mich damit fortfahren – vielleicht begegnen wir einander wieder.«

»Aber ebenso gut ist möglich«, sagte Davan, »dass Sie am Ende in eine kaiserliche Falle tappen, wenn Sie dorthin zurückkehren, wo Sie jetzt untergekommen sind. Es mag ja sein, dass das Imperium sie vorläufig in Frieden lässt, während Sie sich mit Ihrer Psychohistorik abmühen, aber ich bin sicher, dass der Kaiser und sein Lakai Demerzel genauso wenig gewillt sind, ewig zu warten, wie ich das bin.«

»Eile wird nur nichts nützen«, sagte Seldon ruhig. »Kommen Sie, Dors!«

Sie machten kehrt und ließen Davan allein in seinem schäbigen Zimmer sitzen. Raych wartete draußen auf sie.

76

Raych hatte gerade seine Mahlzeit beendet; er leckte sich die Finger ab und zerknüllte die Tüte, die das Essen – was auch immer es gewesen war – enthalten hatte. Ein kräftiger Zwiebelgeruch lag in der Luft – irgendwie anders, vielleicht auf Hefebasis hergestellt.

Dors wich ein wenig vor dem Geruch zurück und sagte: »Wo hast du das Essen her, Raych?«

»Davans Leute. Die haben's mir gebracht. Davan is' in Ordnung.«

»Dann brauchen wir dich ja nicht zum Abendessen einzuladen, oder?«, fragte Seldon, dem plötzlich ein Gefühl der Leere im Magen bewusst wurde.

»Aber *irgendwas* sind Se mir schuldig«, sagte Raych und blickte gierig zu Dors hinüber. »Wie wär's mit'm Messer der Lady? Eins davon.«

»Messer kommt nicht infrage«, sagte Dors. »Wenn du uns sicher zurückführst, geb ich dir fünf Credits.«

»Für fünf Credits krieg ich kein Messer nich«, brummelte er.

»Mehr als fünf Credits gibt's nicht«, sagte Dors.

»Sie sind aber 'ne lausige Dame, Lady«, sagte Raych.

»Ich bin eine lausige Dame mit einem schnellen Messer, Raych. Also los jetzt!«

»Schon gut, schon gut. Fang' Se nich gleich an zu schwitzen.« Raych machte eine weit ausholende Bewegung mit der rechten Hand. »Hier lang!«

Der Weg führte sie durch die leeren Korridore zurück, aber diesmal sah Dors sich ein paarmal um und blieb dann stehen. »Bleib mal stehen, Raych. Man verfolgt uns.«

Raych warf ihr einen wütenden Blick zu. »Eigentlich sollt'n Se se nich hören.«

Seldon neigte den Kopf. »Ich höre nichts.«

»Ich schon«, sagte Dors. »Jetzt pass mal auf, Raych, mach bloß keinen Unsinn! Du sagst mir jetzt sofort, was hier los ist, oder es setzt Ohrfeigen, dass du eine Woche nicht gerade sehen kannst. Und glaub mir, dass das mein Ernst ist.«

Raych hob abwehrend den Arm. »Probieren Se's nur, Sie lausige Dame, probieren Se's – das sind Davans Leute. Die passen bloß auf uns auf, falls irgendwelche Messerstecher sich hier rumtreiben.«

»Davans Leute?«

»Sag ich doch. Die sin in den Wartungskorridoren.«

Dors' rechte Hand schoss vor und packte Raych am Kragen. Sie hob ihn in die Höhe, und er schlug wie wild mit Armen und Beinen und schrie: »Hey, Lady. Hey!«

Seldon tat der Kleine leid. »Dors! Sie dürfen ihn nicht so hart anpacken.«

»Ich werde ihn noch viel härter anpacken, wenn ich glaube, dass er mich anlügt. Sie sind derjenige, auf den ich aufpassen muss, nicht er.«

»Ich lüge nicht«, sagte Raych, immer noch um sich schlagend. »Ehrlich.«

»Das glaube ich auch nicht«, meinte Seldon.

»Nun, wir werden ja sehen. Raych, sag ihnen, dass sie herauskommen sollen, damit wir sie sehen können.«

Sie ließ ihn fallen und wischte sich die Hände ab.

»Irgendwie spinnen Se, Lady«, sagte Raych beleidigt und hob dann die Stimme: »Hey, Davan! Kommt raus, Leute!«

Sie mussten etwas warten, dann traten zwei Männer mit dunklen Schnurrbärten aus einer unbeleuchteten Öffnung in der Korridorwand. Einer davon hatte eine Narbe über der ganzen rechten Wange. Jeder hielt ein Messer mit eingezogener Klinge in der Hand.

»Wie viele sind Sie denn?«, fragte Dors schroff.

»Ein paar«, erklärte einer der beiden. »Wir haben Befehl, Sie zu bewachen. Davan will nicht, dass Ihnen was passiert.«

»Vielen Dank. Versuchen Sie, leiser zu sein. Raych, gehen wir weiter!«

Der Kleine war beleidigt. »Ich hab die Wahrheit gesagt, und Sie haben mich so angepackt.«

»Du hast recht«, sagte Dors. »Zumindest glaube ich das … und ich bitte um Entschuldigung.«

»Ich weiß nich', ob ich das annehm' soll«, sagte Raych und versuchte sich aufzurichten, um ein wenig größer zu wirken. »Aber mein'wegen, dies eine Mal.« Er trottete weiter.

Als sie den Fußweg erreichten, verschwand die unsichtbare Leibgarde. Zumindest konnte selbst Dors mit ihrem scharfen Gehör sie nicht mehr wahrnehmen. Aber inzwischen hatten sie auch den etwas respektableren Teil des Bezirks erreicht.

Dors meinte nachdenklich: »Ich glaube nicht, dass wir Kleider haben, die dir passen würden, Raych.«

»Warum wollen Se denn Kleider, die mir passen, Missus?«, fragte Raych. (Seit sie die Korridore verlassen hatten, schien Raych einen Anfall von Manierlichkeit zu haben.)

»Ich dachte, du würdest gern zu uns kommen und ein Bad nehmen.«

»Wozu denn?«, fragte Raych verwundert. »Irgendwann mal werde ich mich schon waschen. Und dann zieh ich mein anderes Hemd an.« Er sah Dors pfiffig an. »Tut Ihnen wohl leid, dass Se mich so angepackt haben, stimmt's? Jetzt wollen Se mer was Gutes tun.«

Dors lächelte. »Ja, irgendwie schon.«

Raych machte eine großspurige Handbewegung. »Is schon in Ordnung. Ha'm mir ja nicht wehgetan. Hören Se. Für 'ne Lady sind Se stark. Sie ham mich hochgehoben wie nix.«

»Ich war verärgert, Raych. Ich muss auf Master Seldon aufpassen.«

»Sind Se so was wie sein Leibwächter?« Raych warf Seldon einen fragenden Blick zu. »Sie ham 'ne Lady als Leibwächter?«

»Ich kann nichts dafür«, sagte Seldon und lächelte dabei schief. »Sie besteht darauf, und gut ist sie ja.«

»Überleg dir's noch mal, Raych«, sagte Dors. »Bist du auch ganz sicher, dass du kein Bad nehmen willst? Ein hübsches, warmes Bad.«

»Ich hab doch keine Chance«, erwiderte Raych. »Glauben Se, dass die Lady mich noch mal ins Haus lässt?«

Dors blickte auf und sah Casilia Tisalver vor der Haustür stehen und abwechselnd Dors und den Jungen aus den Slums anstarren. Wen von beiden sie mit finstereren Blicken musterte, war unmöglich zu erkennen.

»Also dann, Wiedersehn, Mister und Missus«, sagte Raych. »Ich weiß nicht mal, ob die *Sie beide* ins Haus lässt.« Er steckte die Hände in die Taschen und stolzierte mit unnachahmlicher Gleichgültigkeit davon.

»Guten Abend, Mistress Tisalver«, sagte Seldon. »Es ist ziemlich spät, nicht wahr.«

»Es ist sehr spät«, erwiderte sie. »Hier hat es heute fast einen Aufstand gegeben wegen dieses Reporters, auf den Sie das Pack gehetzt haben.«

»Wir haben niemand auf irgendjemanden gehetzt«, sagte Dors.

»Ich hab's doch gesehen.« Sie trat beiseite, um sie eintreten zu lassen, ließ sich dabei aber so viel Zeit, dass ihr Unwille nicht zu übersehen war.

»Jetzt scheint sie sich mit uns abgefunden zu haben«, sagte Dors, als sie und Seldon ihre Zimmer aufsuchten.

»So? Was hätte sie denn schon machen können?«, fragte Seldon.

»Nun, wir werden ja sehen«, sagte Dors.

BEAMTE

Raych – … Nach Hari Seldon ergab sich das erste Zusammentreffen mit Raych völlig zufällig. Er war ganz einfach ein Straßenjunge, den Seldon nach dem Weg gefragt hatte. Aber von diesem Angenblick an schien sein Leben irgendwie mit dem des großen Mathematikers verflochten, bis schließlich …

ENCYCLOPAEDIA GALACTICA

77

Als Seldon sich am nächsten Morgen gewaschen und rasiert hatte, klopfte er, nur mit einer Hose bekleidet, an die Tür, die zu Dors' Zimmer führte, und sagte leise: »Bitte, machen Sie auf, Dors.«

Das tat sie. Ihre kurzen, roten Locken waren noch feucht, und auch sie war nur von der Hüfte abwärts bekleidet.

Seldon wich verlegen zurück. Dors blickte gleichgültig an sich hinab und schlang sich ein Handtuch um den Kopf. »Was ist denn?«, fragte sie.

»Ich wollte Sie wegen Wye fragen«, meinte Seldon und sah verlegen an ihr vorbei.

»Um was geht's denn?«, fragte Dors ganz unbefangen. »Und um Himmels willen, sehen Sie mich gefälligst an, wenn Sie mit mir reden. Sie sind doch ganz bestimmt keine Jungfrau.«

»Ich hab mich nur bemüht, höflich zu sein«, sagte Seldon verletzt. »Wenn es *ihnen* nichts ausmacht, *mir* macht es ganz bestimmt nichts. Und für Wye interessiere ich mich, weil dieser Bezirk immer wieder erwähnt wird – genauer gesagt, der Bürgermeister von Wye. Hummin hat ihn erwähnt, Sie haben ihn erwähnt, Davan auch. Ich weiß überhaupt nichts darüber, weder über den Bezirk noch den Bürgermeister.«

»Ich bin auch keine geborene Trantorianerin, Hari. Ich weiß sehr wenig, aber das sollen Sie gerne erfahren. Wye liegt in der Nähe des Südpols – ziemlich groß, dicht bevölkert …«

»Dicht bevölkert und das am Südpol?«

»Wir sind nicht auf Helicon, Hari. Und auch nicht auf Cinna. Dies hier ist Trantor. Alles ist unterirdisch, und da macht es wenig Unterschied, ob man sich am Äquator oder an den Polen befindet. Ich kann mir natürlich auch vorstellen, dass sie die Tag-Nacht-Anordnung ziemlich extrem gestalten – lange Tage im Sommer, lange Nächte im Winter –, fast so, wie es an der Oberfläche sein würde. Aus reiner Affektiertheit machen die das so – sie sind stolz darauf, am Pol zu leben.«

»Aber an der Oberseite muss es dort doch sehr kalt sein.«

»O ja. Die Oberseite von Wye ist Schnee und Eis, aber nicht so dick, wie Sie vielleicht glauben. Wenn das der Fall wäre, würde die Last die Kuppel eindrücken, aber das ist nicht der Fall. Und das ist auch der wesentliche Grund für Wyes Macht.«

Sie drehte sich zum Spiegel um, nahm das Handtuch von ihrem Kopf und warf sich das Trockennetz übers Haar, das ihm in weniger als fünf Sekunden einen angenehmen Schimmer verlieh. »Sie haben ja keine Ahnung, wie froh ich bin, keine Mütze mehr tragen zu müssen«, sagte sie, während sie das Oberteil ihrer Kleidung anlegte.

»Was hat die Eisschicht denn mit Wyes Macht zu tun?«

»Überlegen Sie doch selbst! Vierzig Milliarden Menschen verbrauchen eine ganze Menge Energie, und jede Kalorie davon wird schließlich zu Wärme und muss irgendwie weggeschafft werden. Man leitet sie zu den Polen, ganz besonders zum Südpol, dem höher entwickelten der beiden Pole, und strahlt sie dort in den Weltraum ab. Dabei wird der größte Teil des Eises geschmolzen. Und ich bin sicher, dass das für die Wolken und häufigen Regenfälle auf Trantor verantwortlich ist, und wenn diese Meteorologieschwachköpfe noch so sehr darauf bestehen, dass das Ganze viel komplizierter wäre.«

»Nutzt Wye diese Energie, ehe sie sie abstrahlen?«

»Möglich ist das durchaus. Ich hab übrigens nicht die leiseste Ahnung, was für technische Mittel man einsetzt, um die Hitze abzuleiten, sondern spreche von politischer Macht. Wenn Dahl aufhören würde, nutzbare Energie zu produzieren, würde das sicherlich für Trantor unangenehm sein. Aber es gibt auch andere Bezirke, die Energie produzieren und ihre Produktion steigern könnten. Und außerdem gibt es natürlich gespeicherte

Energie in der einen oder anderen Form. Am Ende würde man sich Dahls annehmen müssen, aber das würde keine Eile haben. Wye hingegen …«

»Ja?«

»Nun, Wye entsorgt mindestens neunzig Prozent aller auf Trantor entwickelten Wärme. Und dafür gibt es keinen Ersatz. Wenn Wye seine Anlagen stilllegen würde, dann würde die Temperatur auf ganz Trantor steigen.«

»In Wye aber auch.«

»Ah, aber nachdem Wye am Südpol liegt, könnte es für Zufluss von kalter Luft sorgen. *Viel* würde es nicht nutzen, aber Wye könnte das länger als der Rest Trantors ertragen. Das Entscheidende ist, dass Wye für den Kaiser ein recht kniffliges Problem ist, und der Bürgermeister von Wye ist – oder kann das zumindest sein – äußerst mächtig.«

»Und was für ein Mensch ist der gegenwärtige Bürgermeister von Wye?«

»Das weiß ich nicht. Was ich gelegentlich aufgeschnappt habe, deutet darauf hin, dass er sehr alt und ein ziemlich einsiedlerischer Mensch ist, aber hart wie der Rumpf eines Hyperschiffs. Und die ganze Zeit geschickt darauf aus, seine Macht zu mehren.«

»Ich möchte nur wissen, warum? Wenn er so alt ist, könnte er diese Macht doch nicht lange halten.«

»Wer weiß, Hari? Wahrscheinlich eine fixe Idee. Oder es ist einfach das Spiel … das *Manövrieren* um Macht, ohne besondere Sehnsucht nach der Macht selbst. Wenn er die Macht hätte und Demerzels Position übernähme oder den Kaiserthron selbst, würde er vielleicht enttäuscht sein, weil das Spiel vorüber wäre. Er könnte sich dann natürlich das nächste Spiel vornehmen, das darin besteht, die Macht zu *halten*. Und das ist vielleicht ebenso schwierig und ebenso befriedigend.«

Seldon schüttelte den Kopf. »Ich kann mir nicht vorstellen, dass jemand Kaiser sein möchte.«

»Jemand mit Verstand nicht, da gebe ich Ihnen recht, aber der ›Kaiserwunsch‹, wie man ihn häufig nennt, ist wie eine Krankheit, die jede Vernunft verdrängt, wenn man sich einmal angesteckt hat. Und je näher man dem hohen Amt kommt, desto wahrscheinlicher ist es, dass man sich die Krankheit zuzieht. Und mit jeder darauffolgenden Beförderung …«

»Wird die Krankheit akuter. Ja, das kann ich mir vorstellen. Aber schließlich ist Trantor auch eine so riesige Welt, eine in ihren Bedürfnissen so verstrickte und in ihrem Ehrgeiz von so vielen Konflikten erfüllte, dass dies zwangsläufig zu der Unfähigkeit des Kaisers führt, es zu regieren. Weshalb verlässt er Trantor nicht einfach und etabliert sich auf irgendeiner einfacheren Welt?«

Dors lachte. »Das würden Sie nicht fragen, wenn Sie in Geschichte etwas bewanderter wären. Trantor ist das Imperium, daran hat die Galaxis sich in all den Jahrtausenden gewöhnt. Ein Kaiser, der nicht im kaiserlichen Palast residiert, ist nicht der Kaiser. Er ist ein Ort, mehr als eine Person.«

Seldon versank in Schweigen, und sein Gesicht nahm einen maskenhaften Ausdruck an. Schließlich fragte Dors: »Was ist denn, Hari?«

»Ich denke nach«, sagte er mit gedämpfter Stimme. »Seit Sie mir diese Geschichte von dem Mann erzählt haben, der Sie am Schenkel berührt hat, habe ich immer wieder flüchtige Gedanken – und jetzt scheint diese Bemerkung von Ihnen, dass der Kaiser eher ein Ort als eine Person sei, wieder etwas ausgelöst zu haben.«

»Was denn?«

Seldon schüttelte den Kopf. »Vielleicht täusche ich mich.« Der Blick, mit dem er Dors musterte, wurde schärfer, und seine Augen verloren den glasigen Schimmer. »Jedenfalls sollten wir hinuntergehen und frühstücken. Es ist schon spät, und ich glaube nicht, dass Mistress Tisalver so gut auf uns zu sprechen ist, um uns das Frühstück von auswärts kommen zu lassen.«

»Sie Optimist«, sagte Dors. »Ich habe sogar das Gefühl, dass sie überhaupt nicht danach gestimmt ist, uns bleiben zu lassen – mit oder ohne Frühstück. Sie will uns hier weg haben.«

»Das mag sein, aber wir bezahlen ja schließlich.«

»Ja, aber ich habe den Verdacht, sie hasst uns inzwischen so, dass sie selbst unser Geld verschmäht.«

»Vielleicht hegt ihr Mann im Hinblick auf die Miete etwas freundlichere Gefühle.«

»Wenn der auch nur ein Wort zu sagen hat, dann wäre Mistress Tisalver die Einzige, die das noch mehr überraschen würde als mich. – Also gut, ich bin fertig.«

Und sie stiegen die Treppe in den von den Tisalvers bewohnten Teil der Wohnung hinunter, wo die Dame sie mit etwas ganz anderem als dem Frühstück erwartete.

78

Casilia Tisalver stand aufrecht und gerade da, als hätte sie ein Lineal verschluckt. Ihr rundes Gesicht hatte sich zu einem säuerlichen Lächeln verzogen, und ihre dunklen Augen funkelten. Ihr Mann lehnte verstimmt an der Wand. In der Mitte des Zimmers standen zwei Männer steif da, als hätten sie die Polster auf dem Boden zwar bemerkt, verschmähten sie aber.

Beide hatten das dunkle, wellige Haar und den dicken schwarzen Schnurrbart, den man von einem Dahliter erwartete. Beide waren extrem schlank und trugen dunkle Kleidung, die sich so ähnelte, dass es sich um Uniformen handeln musste. An den Schultern waren schmale weiße Biesen zu sehen und ebenso an den eng anliegenden Hosenbeinen. Jeder trug auf der rechten Brusthälfte das Symbol, das auf jeder bewohnten Welt der Galaxis das Galaktische Imperium verkörperte – das Raumschiff mit der Sonne, in diesem Fall mit einem dunklen »D« in der Mitte der Sonne.

Seldon begriff, dass es sich um zwei Angehörige der dahlitischen Sicherheitskräfte handelte.

»Was hat das zu bedeuten?«, fragte Seldon streng.

Einer der beiden Männer trat vor. »Ich bin Bezirkswachtmeister Lanel Russ. Das hier ist mein Partner, Gebore Astinwald.«

Beide zeigten glitzernde Identifikationsholos. Seldon machte sich nicht die Mühe, sie anzusehen. »Was wollen Sie?«

Russ sagte ruhig: »Sind Sie Hari Seldon von Helicon?«

»Der bin ich.«

»Und sind Sie Dors Venabili von Cinna, Mistress?«

»Die bin ich«, sagte Dors.

»Ich habe Ermittlungen wegen einer Anzeige vorzunehmen, dass ein gewisser Hari Seldon gestern einen Aufruhr angezettelt hat.«

»Ich habe nichts dergleichen getan«, sagte Seldon.

»Uns liegt die Information vor«, sagte Russ nach einem Blick auf den Bildschirm eines kleinen Computerblocks, »dass Sie einen Reporter beschuldigt haben, ein kaiserlicher Agent zu sein, und auf diese Weise einen Aufruhr gegen ihn ausgelöst haben.«

»Ich war es, die gesagt hat, dass er ein kaiserlicher Agent sei«, erklärte Dors. »Ich hatte Grund zu der Annahme, dass er das war. Es ist doch ganz sicher kein Verbrechen, seine Meinung zu sagen. Im Imperium herrscht Redefreiheit.«

»Das gilt aber nicht für eine Meinung, die ganz bewusst mit der Absicht ausgedrückt wird, einen Aufruhr anzuzetteln.«

»Wie können Sie behaupten, dass das so war, Bezirkswachtmeister?«

Jetzt schaltete sich Mistress Tisalver mit schriller Stimme ein: »Ich kann es behaupten. Sie hat gesehen, dass sich eine Menge angesammelt hatte, eine Menge von Pöbel, der Ärger wollte. Sie hat ganz bewusst behauptet, er sei kaiserlicher Agent, obwohl sie nichts dergleichen wusste, und sie hat es der Menge zugerufen, um sie aufzuhetzen. Es war ganz offensichtlich, dass sie genau wusste, was sie tat.«

»Casilia«, sagte ihr Mann flehentlich, aber sie warf ihm nur einen Blick zu, und er verstummte.

Russ wandte sich Mistress Tisalver zu. »Stammt die Anzeige von Ihnen, Mistress?«

»Ja. Diese beiden wohnen seit ein paar Tagen hier und haben in der Zeit nichts als Ärger verursacht. Sie haben Leute von schlechtem Ruf in *meine* Wohnung eingeladen und damit meinen Ruf bei meinen Nachbarn geschädigt.«

»Ist es denn gegen das Gesetz, saubere, ruhige Bürger von Dahl in sein Zimmer einzuladen?«, fragte Seldon. »Die beiden Zimmer gehören uns, wir haben sie gemietet und für sie bezahlt. Ist es ein Verbrechen in Dahl, mit Dahlitern zu sprechen, Wachtmeister?«

»Nein, das ist es nicht«, sagte Russ. »Das gehört auch nicht zu der Anzeige. Was hat Sie denn zu der Annahme veranlasst, Mistress Venabili, dass die Person, die Sie so beschuldigt haben, tatsächlich kaiserlicher Agent ist?«

»Er hatte einen kleinen braunen Schnurrbart«, erwiderte Dors, »woraus ich schloss, dass er kein Dahliter war. Ich nahm an, dass er kaiserlicher Agent sei.«

»Sie nahmen an? Ihr Begleiter, Master Seldon, hat überhaupt keinen Schnurrbart. Nehmen Sie an, dass *er* kaiserlicher Agent ist?«

»Jedenfalls«, warf Seldon ein, »hat es ja überhaupt keinen Aufstand gegeben. Wir haben die Menge gebeten, nichts gegen den angeblichen Reporter zu unternehmen. Und ich bin sicher, dass auch nichts passiert ist.«

»Sie sind sicher, Master Seldon?«, sagte Russ. »Nach unseren Informationen sind Sie sofort, nachdem Sie ihn beschuldigt haben, weggegangen. Wie können Sie wissen, was nachher geschehen ist?«

»Das kann ich nicht«, sagte Seldon, »aber lassen Sie mich fragen – ist der Mann tot? Ist der Mann verletzt?«

»Der Mann ist verhört worden. Er leugnet entschieden ab, kaiserlicher Agent zu sein. Und wir besitzen keine Informationen, dass er einer wäre. Außerdem behauptet er, dass man ihn misshandelt habe.«

»Möglicherweise lügt er in beiden Fällen«, sagte Seldon. »Ich würde eine Psychosonde vorschlagen.«

»Das ist beim Opfer eines Verbrechens nicht zulässig«, sagte Russ. »In der Beziehung hat die Bezirksregierung sehr klare Vorschriften. Es könnte höchstens gehen, wenn Sie beide als die *Beschuldigten* in diesem Falle sich der Psychosonde unterziehen würden. Möchten Sie, dass wir das tun?«

Seldon und Dors wechselten Blicke, und dann erklärte Seldon: »Nein, selbstverständlich nicht.«

»*Selbstverständlich* nicht«, wiederholte Russ mit einem Anflug von Sarkasmus, »aber für jemand anderen schlagen Sie sie ohne Weiteres vor.«

Der andere Beamte, Astinwald, der bis jetzt noch kein Wort gesagt hatte, lächelte.

Russ fuhr fort: »Uns liegen außerdem Informationen vor, dass Sie vor zwei Tagen in Billibotton in eine Messerstecherei verwickelt waren und dabei einen dahlitischen Bürger namens …« – er drückte einen Knopf an seinem Computer und studierte den Bildschirm – »… Elgin Marron schwer verletzt haben.«

»Enthält Ihre Information auch Einzelheiten darüber, wie der Kampf begonnen hat?«, fragte Dors.

»Das ist im Augenblick ohne Belang, Mistress. Leugnen Sie, dass der Kampf stattgefunden hat?«

»Natürlich leugnen wir nicht, dass der Kampf stattgefunden hat«, meinte Seldon hitzig, »aber wir leugnen, dass wir ihn in irgendeiner Weise angefangen haben. Man hat uns *angegriffen*. Mistress Venabili wurde von diesem Marron gepackt, und es war offenkundig, dass er die Absicht hatte, sie zu vergewaltigen. Was anschließend geschah, war reine Notwehr. Oder wird Vergewaltigung in Dahl gebilligt?«

»Sie sagen, man hat Sie angegriffen?«, fragte Russ leise. »Wie viele waren es denn?«

»Zehn Männer.«

»Und Sie allein – mit einer Frau – haben sich gegen zehn Männer verteidigt?«

»Mistress Venabili und ich haben uns verteidigt. Ja.«

»Wie kommt es dann, dass keiner von Ihnen beiden irgendwelche Verletzungen aufzuweisen hat? Oder haben Sie irgendwelche Stiche oder sonstigen Verletzungen abbekommen, die im Augenblick nicht zu sehen sind?«

»Nein, Wachtmeister.«

»Wie kommt es dann, dass Sie in einem solchen Kampf – allein mit einer Frau gegen zehn – in keiner Weise verletzt sind, während der Mann, der Sie angezeigt hat, Elgin Marron, sich wegen seiner Verletzungen in ein Krankenhaus begeben musste und eine Hautverpflanzung an der Oberlippe benötigen wird?«

»Wir haben gut gekämpft«, erklärte Seldon grimmig.

»Unglaublich gut. Was würden Sie sagen, wenn ich Ihnen erklärte, dass drei Männer bezeugt haben, dass Sie und Ihre Freundin Marron ohne jede Provokation angegriffen haben?«

»Ich würde sagen, dass das recht unglaubwürdig wäre. Ich bin sicher, dass Marron als Raufbold und Messerstecher berüchtigt ist. Ich sage Ihnen, dass dort zehn waren. Sechs haben es offensichtlich abgelehnt, eine Lüge zu beschwören. Können die drei anderen erklären, warum sie ihrem Freund nicht zu Hilfe gekommen sind, wenn sie doch mit ansehen mussten, wie er ohne jede Provokation angegriffen wurde und in Lebensgefahr geriet? Ihnen muss doch klarsein, dass sie lügen.«

»Schlagen Sie die Psychosonde für sie vor?«

»Ja. Und ehe Sie fragen – ich weigere mich immer noch, sie für uns in Betracht zu ziehen.«

Russ fuhr fort: »Wir haben ferner Information erhalten, dass Sie gestern, nachdem Sie den Schauplatz des Aufruhrs verlassen hatten, mit einem gewissen Davan zusammen waren, einem notorischen Umstürzler, der von der Sicherheitspolizei gesucht wird. Ist das wahr?«

»Sie werden das schon ohne unsere Hilfe beweisen müssen«, sagte Seldon. »Wir beantworten keine weiteren Fragen.«

Russ steckte seinen Block weg. »Ich muss Sie leider bitten, mit uns aufs Revier zu kommen, damit wir die Befragung fortsetzen können.«

»Ich glaube nicht, dass das notwendig ist, Wachtmeister«, sagte Seldon. »Wir sind Außenweltler und haben nichts Ungesetzliches getan. Wir haben versucht, einem Reporter auszuweichen, der uns belästigte, haben versucht, uns in einem Teil des Bezirks, der wegen seiner Kriminalität bekannt ist, vor Vergewaltigung und möglicherweise Mord zu schützen, und haben mit verschiedenen Dahlitern gesprochen. Wir können daran nichts erkennen, was ein weiteres Verhör rechtfertigen würde. Ich würde das als Schikane ansehen.«

»Die Entscheidung darüber müssen Sie schon uns überlassen«, sagte Russ. »Würden Sie bitte mitkommen?«

»Nein, das werden wir nicht«, sagte Dors.

»Vorsicht!«, rief Mistress Tisalver. »Sie hat zwei Messer.«

Wachtmeister Russ seufzte und sagte: »Danke, Mistress, aber das ist mir bekannt.« Er wandte sich Dors zu. »Wissen Sie, dass es eine Ordnungswidrigkeit ist, in diesem Bezirk ein Messer ohne Lizenz zu tragen? Haben Sie eine Lizenz?«

»Nein, Herr Wachtmeister, die habe ich nicht.«

»Dann haben Sie Marron also ganz offenkundig mit einem illegalen Messer angegriffen. Ist Ihnen bewusst, dass das die Ernsthaftigkeit Ihres Vergehens noch steigert?«

»Das war kein Vergehen, Herr Wachtmeister«, sagte Dors. »Verstehen Sie doch. Marron hatte ebenfalls ein Messer, und ganz sicherlich keine Lizenz.«

»Dafür haben wir keine Beweise, und im Gegensatz zu Marron, der einige schwere Wunden abgekriegt hat, haben Sie beide keine.«

»Natürlich hatte er ein Messer, Herr Wachtmeister. Wenn Sie nicht wissen, dass jeder Mann in Billibotton und praktisch überall sonst in Dahl Messer trägt, für die er wahrscheinlich keine Lizenz besitzt, dann sind Sie der einzige Mensch in Dahl, der das nicht weiß. Es gibt hier auf Schritt und Tritt Geschäfte, wo ganz offen Messer verkauft werden. Ist Ihnen das nicht bekannt?«

»Was mir bekannt ist und was nicht, ist in dieser Beziehung ohne Belang«, erklärte Russ. »Es ist auch unwichtig, ob andere Leute das Gesetz brechen und wie viele von ihnen das tun. Das Einzige, worauf es in diesem Augenblick ankommt, ist, dass Mistress Venabili gegen das Waffengesetz verstoßen hat. Ich muss Sie auffordern, mir jetzt sofort diese Messer zu übergeben, Mistress, und dann müssen Sie beide mit mir aufs Revier mitkommen.«

»In dem Fall müssen Sie mir die Messer wegnehmen«, erklärte Dors.

Russ seufzte. »Sie dürfen nicht denken, Mistress, dass Messer hier in Dahl die einzigen Waffen sind oder dass ich mich mit Ihnen auf einen Messerkampf einlassen muss. Mein Partner und ich haben beide Blaster, und damit können wir Sie töten, ehe Sie die Hand am Messergriff haben, Mistress – so schnell Sie auch sein mögen. Wir werden natürlich den Blaster nicht benutzen, weil wir nicht hier sind, um Sie zu töten. Außerdem haben wir beide aber auch noch eine Neuronenpeitsche, die wir ungehindert gegen Sie einsetzen können. Ich hoffe, Sie werden keine Demonstration verlangen. Das würde nicht zu Ihrem Tod führen und Ihnen keinen dauernden Schaden zufügen oder irgendwelche Spuren hinterlassen – aber der Schmerz ist unerträglich. Mein Partner hat in diesem Augenblick eine Neuronenpeitsche auf Sie gerichtet, und hier ist die meine – und jetzt geben Sie uns bitte Ihre Messer, Mistress Venabili.«

Einen Augenblick lang herrschte Stille, dann sagte Seldon: »Es hat keinen Sinn, Dors. Geben Sie ihm Ihre Messer!«

In dem Augenblick war ein heftiges Klopfen an der Tür zu hören, und eine schrille Stimme ertönte.

79

Raych hatte das Stadtviertel nicht ganz verlassen, nachdem er sie zu ihrem Haus zurückbegleitet hatte.

Er hatte gut und reichlich gegessen, während er das Gespräch mit Davan abwartete, und hatte anschließend eine Weile geschlafen, nachdem er ein Badezimmer gefunden hatte. Jetzt, wo all das erledigt war, wusste er eigentlich nicht, wo er hingehen sollte. Er besaß so etwas wie ein Zuhause und eine Mutter, die wahrscheinlich nicht gleich beunruhigt sein würde, wenn er eine Weile wegblieb. Das war sie nie.

Wer sein Vater war, wusste er nicht, manchmal fragte er sich, ob er überhaupt einen hatte. Man hatte ihm gesagt, dass er einen haben musste und ihm da auch die Gründe dafür auf recht einfache Weise erklärt. Manchmal fragte er sich, ob er eine so seltsame Geschichte eigentlich glauben sollte, aber die Einzelheiten reizten ihn irgendwie.

Jetzt dachte er im Zusammenhang mit der Lady daran. Sie war natürlich eine alte Lady, aber sie war hübsch und konnte kämpfen wie ein Mann – sogar besser als ein Mann. Das ließ in ihm unbestimmte Gefühle aufsteigen.

Und sie hatte angeboten, ihn ein Bad nehmen zu lassen. Er konnte manchmal im Pool von Billibotton schwimmen, wenn er ein paar Credits hatte, die er nicht für etwas anderes brauchte, oder sich hineinschleichen konnte. An solchen Anlässen konnte er am ganzen Körper nass werden, aber dann pflegte er zu frösteln und musste abwarten, bis er wieder trocken wurde.

Ein Bad zu nehmen, war etwas völlig anders. Dabei gab es heißes Wasser, Seife, Handtücher und warme Luft. Er wusste nicht recht, wie sich das anfühlen würde, nur dass es hübsch sein müsste, wenn *sie* dabei wäre.

Das Leben auf den Laufgängen hatte ihn gelehrt, wie man sich in einer Gasse in der Nähe des Zugangs zu einem Badezimmer postierte und doch nahe genug bei ihr, aber so, dass man ihn nicht finden und verjagen konnte.

Er verbrachte die ganze Nacht mit fremdartigen Gedanken. Was, wenn er lesen und schreiben lernte? Würde er damit etwas anfangen können? Was damit anzufangen war, wusste er nicht genau, aber das würde *sie* ihm vielleicht sagen können. Er hatte unbestimmte Vorstellungen davon, dass man ihn mit Geld dafür bezahlte, dass er Dinge tat, von denen er jetzt nicht wusste, wie man sie tat. Aber was das für Dinge sein würden, wusste er nicht. Man würde es ihm sagen müssen, aber wie sagte man einem so etwas?

Wenn er bei dem Mann und der Lady blieb, würden sie ihm vielleicht helfen. Aber warum sollten sie den Wunsch verspüren, ihn bei sich zu haben?

Er döste ein und wachte wieder auf, nicht weil das Licht heller wurde, sondern weil seine scharfen Ohren hörten, wie die Geräusche vom Weg zunahmen und tiefer wurden, als die Aktivitäten des Tages anfingen.

Er hatte gelernt, so ziemlich jede Art von Geräusch zu identifizieren, weil man in dem unterirdischen Labyrinth von Billibotton, wollte man auch nur mit einem Mindestmaß an Komfort überleben, die Dinge vorher bemerken musste, ehe man sie zu sehen bekam. Und an dem Geräusch des Bodenwagenmotors, den er jetzt hörte, war etwas, das ihm Gefahr signalisierte. Es war ein irgendwie amtliches Geräusch, ein feindseliges Geräusch …

Er schlich sich lautlos zum Laufgang. Eigentlich hätte er das Raumschiff und die Sonne auf dem Bodenwagen gar nicht zu sehen brauchen. Seine Silhouette reichte schon aus. Er wusste, dass sie gekommen waren, den Mann und die Lady abzuholen, weil die Davan aufgesucht hatten. Er machte sich gar nicht erst die Mühe, seine Gedanken infrage zu stellen und zu analysieren. Er fing bereits zu rennen an, bahnte sich seinen Weg durch die ersten Menschenansammlungen des Tages.

In weniger als fünfzehn Minuten war er zurück. Der Bodenwagen war immer noch da, und jetzt umringten ihn neugierige Zuschauer, starrten ihn von allen Seiten und aus respektvoller Distanz an. Bald würden noch mehr Leute kommen. Er trampelte die Stufen hinauf und versuchte, sich daran zu erinnern, an welche Tür er klopfen musste. Für den Aufzug war keine Zeit.

Er fand die Tür – zumindest nahm er das an – und polterte dagegen und schrie dabei mit schriller Stimme: »Lady! Lady!«

Er war zu aufgeregt, um sich an ihren Namen zu erinnern, aber der des Mannes fiel ihm ein: »Hari!«, schrie er. »Lassen Sie mich ein!«

Die Tür öffnete sich, und er rannte hinein – *versuchte* hineinzurennen. Die raue Hand eines Beamten packte seinen Arm. »Mal langsam, Kleiner! Wo willst du hin?«

»Loslassen! Ich hab nix getan.« Er sah sich um. »Hey, Lady, was machen die denn?«

»Sie verhaften uns«, erklärte Dors grimmig.

»Weshalb denn?«, sagte Raych keuchend und um sich schlagend. »Hey, loslassen! Se dürfen nicht mit ihm gehen, Lady. Se brauchen nicht mit ihm zu gehen.«

»Verschwinde!«, sagte Russ und schüttelte den Jungen heftig.

»Nein, ich verschwinde nicht. Und Sie auch nicht, Sie mit Ihrer Sonnenplakette. Meine Clique kommt. Und wenn Sie die Leute hier nicht freilassen, dann komm' Se hier auch nich weg.«

»Was für eine Clique?«, fragte Russ mit gerunzelter Stirn.

»Die sind jetzt draußen. Wahrscheinlich nehm die Ihren Bodenwagen aus'nander, und *Sie* nehm die auch aus'nander.«

Russ drehte sich zu seinem Partner um. »Rufen Sie die Zentrale! Die sollen ein paar Lkws mit Makros schicken.«

»Nein!«, kreischte Raych, der sich jetzt endlich losgerissen hatte, und sprang Astinwald an. »Nicht anrufen!«

Russ richtete seine Neuronenpeitsche auf ihn und feuerte.

Raych stieß einen quietschenden Laut aus, griff sich an die rechte Schulter und fiel in wilden Zuckungen zu Boden.

Russ hatte sich noch nicht wieder zu Seldon umgedreht, als der ihn am Handgelenk packte, die Neuronenpeitsche nach oben schob und dann nach hinten riss, während er ihm auf den Fuß stampfte, damit er sich nicht bewegen konnte. Hari spürte, wie das Schultergelenk nachgab, während Russ einen heiseren Schmerzensschrei ausstieß.

Astinwald hob seinen Blaster, aber Dors' linker Arm umschloss seine Schulter, während das Messer in ihrer rechten Hand ihm an die Kehle fuhr.

»Keine Bewegung!«, sagte sie. »Bewegen Sie sich auch nur einen Millimeter, und ich schneide Ihnen den Hals bis zur Wirbelsäule durch – lassen Sie den Blaster fallen. Fallen lassen! Und die Neuronenpeitsche!«

Seldon hob den immer noch leise vor sich hin jammernden Raych auf und drückte ihn an sich. Er drehte sich zu Tisalver um und sagte: »Dort draußen sind Leute. Zornige Leute. Die lass ich jetzt hier rein, und dann werden die alles in Stücke schlagen, was Sie haben. Die Wände werden sie Ihnen einreißen. Wenn Sie nicht wollen, dass das passiert, dann heben Sie jetzt schleunigst diese Waffe auf und werfen Sie sie ins Nebenzimmer. Dann nehmen Sie die Waffen des Sicherheitsoffiziers, der auf dem Boden liegt, und machen damit das Gleiche. Schnell! Ihre Frau soll Ihnen dabei helfen. Das nächste Mal wird sie es sich zweimal überlegen, ehe sie unschuldige Leute anzeigt. – Dors, der hier auf dem Boden wird eine Weile überhaupt nichts mehr unternehmen. Schlagen Sie den anderen kampfunfähig, aber töten Sie ihn nicht.«

»Geht in Ordnung«, sagte Dors. Sie drehte ihr Messer herum und versetzte ihm mit dem Griff einen Schlag auf den Schädel.

Der Uniformierte ging in die Knie. Sie schnitt eine Grimasse. »Ich tu das wirklich ungern.«

»Die haben auf Raych geschossen«, sagte Seldon, bemüht sich die Übelkeit nicht anmerken zu lassen, die in ihm aufgestiegen war.

Sie verließen eilig die Wohnung und fanden sich draußen auf dem Weg von Männern umdrängt, die alle zu schreien anfingen, als sie sie herauskommen sahen. Sie drängten sich näher, und der Geruch ungewaschener Menschen war überwältigend.

Jemand schrie: »Wo sind denn die Scheißer mit den Sonnenplaketten?«

»Drinnen«, rief Dors mit durchdringender Stimme. »Lasst sie in Ruhe. Sie werden eine Weile außer Gefecht sein, aber sie bekommen sicher Verstärkung. Also verschwindet besser schleunigst von hier!«

»Und was ist mit Ihnen?«, rief einer.

»Wir verschwinden ebenfalls. Wir kommen nicht wieder.«

»Ich werd auf sie aufpassen«, schrie Raych und befreite sich aus Seldons Griff. Er rieb sich die schmerzende Schulter. »Ich kann gehen. Lass mich durch!«

Die Menge machte ihm Platz, und er sagte: »Mister, Lady, kommen Sie mit! – Schnell!«

Ein paar Dutzend Männer begleiteten sie den Laufsteg hinunter, und dann deutete Raych auf eine Öffnung und murmelte: »Da hinein, Leute! Ich bring' Se zu 'nem Platz, wo keiner Sie je finden wird. Selbst Davan weiß wahrscheinlich nicht Bescheid. Das Unangenehme ist nur, wir müssen durch die Abflussetagen. Keiner wird uns sehen, aber dort stinkt's gewaltig … Se verstehen schon, was ich meine?«

»Ich nehme an, dass wir am Leben bleiben werden«, murmelte Seldon.

Und damit begannen sie den Abstieg über eine schmale spiralförmige Rampe, von der ihnen ein Pesthauch entgegenschlug.

80

Raych fand ein Versteck für sie. Sie hatten dazu die Metallsprossen einer Leiter in einen großen, an einen Dachboden erinnernden Raum hinaufklettern müssen. Seldon fragte sich, wozu er eigentlich dienen mochte. Er war mit allerlei großem Gerät angefüllt, aber keines bewegte sich, und ihre Funktion blieb ihnen ein Geheimnis. Es war einigermaßen sauber und frei von Staub; ein gleichmäßiger Luftzug wehte und verhinderte, dass Staub sich ablagerte, und – was viel wichtiger war – machte den Geruch etwas erträglicher.

Raych schien zufrieden. »Ist das nicht hübsch?«, fragte er. Er rieb sich immer noch die schmerzende Schulter und verzog dabei das Gesicht.

»Es könnte schlimmer sein«, sagte Seldon. »Weißt du, wozu man diesen Ort benutzt, Raych?«

Raych zuckte die Achseln und fuhr dabei zusammen. »Keine Ahnung«, sagte er. Und dann fügte er in einem Anflug von Großspurigkeit hinzu: »Wen juckt das schon?«

Dors, die sich auf den Boden gesetzt hatte, nachdem sie ihn mit der Hand abgewischt und argwöhnisch ihre Handfläche betrachtet hatte, meinte: »Wenn Sie eine Vermutung hören wollen, dann glaube ich, dass dies hier Teil eines größeren Komplexes ist, der sich mit der Entgiftung und dem Recycling von Abfällen befasst. Das Zeug muss doch ganz sicher am Ende als Dünger benutzt werden.«

»Dann«, meinte Seldon niedergeschlagen, »könnten diejenigen, die den Komplex leiten, jeden Moment hier auftauchen.«

»Ich bin schon einmal hier gewesen«, erklärte Raych. »Ich hab hier nie ein' gesehen.«

»Ich vermute, dass Trantor, wo immer möglich, weitgehend automatisiert ist, und wenn irgendetwas Automation verlangt, dann wäre es diese Abfallaufbereitung«, sagte Dors. »Möglicherweise sind wir hier sicher – wenigstens für eine Weile.«

»Aber nicht lang. Wir werden Hunger und Durst bekommen, Dors.«

»Lebensmittel und Wasser kann ich beschaffen«, erklärte Raych.

»Danke, Raych«, sagte Seldon abwesend, »aber im Augenblick habe ich keinen Hunger.« Er schnüffelte. »Vielleicht bekomme ich nie wieder Hunger.«

»Doch, das werden Sie«, sagte Dors, »und selbst wenn Sie eine Weile den Appetit verlieren, werden Sie doch durstig werden.«

Eine Weile herrschte Schweigen. Das Licht war schwach, und Seldon fragte sich, warum die Trantorianer den Raum nicht in völliger Dunkelheit ließen. Aber dann kam ihm in den Sinn, dass er noch nie an irgendeinem öffentlichen Platz echte Dunkelheit vorgefunden hatte. Wahrscheinlich war dies die Angewohnheit einer energiereichen Gesellschaft. Seltsam eigentlich, dass eine Welt mit vierzig Milliarden Bewohnern energiereich war, aber mit Zugang zur inneren Wärme des Planeten, ganz zu schweigen von Solarenergie und Kernverschmelzungen im Weltraum, war Trantor eine energiereiche Welt. Genau genommen gab es im ganzen Imperium keinen Planeten, auf dem Energieknappheit herrschte. Hatte es einmal Zeiten gegeben, wo die Technik so primitiv gewesen war, dass Energieknappheit geherrscht hatte?

Er lehnte sich gegen ein Rohr, durch das sicher – so stellte er sich das vor – Abwässer rannen. Er löste sich ruckartig von dem Rohr, als ihm das einfiel, und setzte sich neben Dors.

»Gibt es irgendeine Möglichkeit, mit Chetter Hummin in Verbindung zu treten?«, fragte er.

»Ich habe ihm eine Nachricht übermittelt«, erklärte Dors, »obwohl ich das höchst ungern tat.«

»Ungern?«

»Ich habe Anweisung, Sie zu schützen. Jedes Mal, wenn ich mit ihm Verbindung aufnehme, bedeutet das, dass ich meinen Auftrag nicht erfüllt habe.«

Seldon sah sie aus zusammengekniffenen Augen an. »Müssen Sie eigentlich so zwanghaft handeln, Dors? Schließlich können Sie mich nicht gegen die Sicherheitsbeamten eines ganzen Bezirks schützen.«

»Ja, wahrscheinlich nicht. Ein paar konnten wir ja außer Gefecht setzen …«

»Ich weiß, das haben wir ja getan. Aber man wird Verstärkung schicken … gepanzerte Bodenwagen … Neuronenkanone … Schlafnebel. Ich weiß nicht genau, was sie alles haben, aber die werden ihr ganzes Arsenal gegen uns einsetzen, da bin ich ganz sicher.«

»Wahrscheinlich haben Sie recht«, sagte Dors und presste die Lippen zusammen.

»Die wer'n Se nich finden, Lady«, sagte Raych plötzlich. Sein Blick war zwischen Dors und Hari hin und her gewandert, während sie geredet hatten. »Davan finden die nie.«

Dors lächelte und zauste dem Jungen das Haar und sah dann etwas verunsichert auf ihre Handfläche. Dann meinte sie: »Ich weiß nicht recht, ob du bei uns bleiben solltest, Raych. Ich möchte nicht, dass die *dich* finden.«

»Die werd'n mich nich finden. Und wenn ich Se allein lasse, wer besorgt Ihn'n dann Essen und Wasser und wer findet neue Unterschlupfe, damit die Typen mit der Sonnenplakette nie wissen, wo se suchen sollen?«

»Nein, Raych, die werden uns finden. Davan suchen die in Wirklichkeit gar nicht so. Er ist ihnen lästig, aber ich nehme an, dass die ihn nicht ernst nehmen. Weißt du, was ich meine?«

»Sie mein'n, er is … bloß lästig, und die mein'n, dass er gar nich wert ist, dass man die ganze Zeit hinter ihm herjagt.«

»Ja, das meine ich. Aber weißt du, wir haben zwei Beamten ziemlich wehgetan, und *das* werden die uns nicht durchgehen lassen. Und wenn sie ihre ganze Polizeistreitmacht einsetzen müssen – und sie jeden versteckten oder unbenutzten Korridor im ganzen Bezirk durchstöbern müssten – die werden uns kriegen.«

Raych wirkte bedrückt. »Jetzt komm ich mir richtig ... *mies* vor. Wenn ich nich da reingerannt wär und eins abgekriegt hätte, dann hätten Se die Beamten nich fertiggemacht. Und dann hätten Se kein'n solchen Ärger.«

»Nein, über kurz oder lang hätten wir die ... ah so oder so fertiggemacht. Wer weiß – vielleicht müssen wir noch ein paar mehr fertigmachen.«

»Nun, das ham Se Klasse gemacht«, sagte Raych. »Wenn mir nich alles wehgetan hätte, hätt ich bestimmt noch mehr Spaß dran gehabt.«

»Aber uns würde es nichts nützen, wenn wir versuchten, uns mit dem ganzen Sicherheitssystem hier anzulegen«, erklärte Seldon. »Die Frage ist nur: Was werden sie mit uns machen, sobald sie uns haben? Ganz sicherlich eine Gefängnisstrafe.«

»O nein. Wenn nötig, müssen wir an den Kaiser appellieren«, warf Dors ein.

»Den Kaiser?«, sagte Raych mit weit aufgerissenen Augen. »Sie kenn'n den Kaiser?«

Seldon machte eine weit ausholende Handbewegung. »Jeder galaktische Bürger kann an den Kaiser appellieren. – Aber ich habe das Gefühl, dass das genau das Verkehrte wäre, Dors. Seit Hummin und ich den Kaiserlichen Bezirk verlassen haben, waren wir die ganze Zeit auf der *Flucht* vor dem Kaiser.«

»Aber das geht nicht so weit, dass wir uns in ein dahlitisches Gefängnis werfen lassen. Der Appell an den Kaiser wird uns einen Zeitgewinn verschaffen – jedenfalls wird das ein Ablenkungsmanöver sein. Und unterdessen fällt uns vielleicht etwas anderes ein.«

»Da ist immer noch Hummin.«

»Ja, natürlich.« Dors nickte verlegen. »Aber wir dürfen uns nicht einbilden, dass er allmächtig ist. Zum einen, selbst wenn ihn meine Nachricht erreicht hat und er Gelegenheit hatte, sofort nach Dahl zu kommen, wie sollte er uns hier finden? Und selbst wenn er das täte, was kann er gegen die ganze Sicherheitsorganisation von Dahl ausrichten?«

»In dem Fall«, meinte Seldon, »müssen wir uns irgendetwas einfallen lassen, ehe die uns finden.«

»Wenn Se mir folgen«, warf Raych ein, »dann sorg ich dafür, dass die Se nie erwischen. Ich kenn hier jeden Winkel.«

»Du kannst dafür sorgen, dass ein Einzelner uns nicht erwischt, aber die werden in ziemlich großer Zahl anrücken und sämtliche Korridore besetzen. Wir werden vielleicht der einen Gruppe entkommen und der anderen in die Arme laufen.«

Sie saßen eine Weile in unbehagliches Schweigen versunken da, während jeder sich ausmalte, wie hoffnungslos ihre Lage war. Und dann fuhr Dors Venabili plötzlich zusammen und sagte in angespanntem Flüsterton: »Die sind hier. Ich höre sie.«

Eine Weile lauschten sie, und dann sprang Raych auf und zischte: »Die kommen da lang. Also müssen wir dorthin.«

Seldon hörte in seiner Verwirrung überhaupt nichts, wäre aber wohl bereit gewesen, auf das überlegene Gehör des anderen zu vertrauen, aber als Raych sich gerade in Bewegung setzte, hallte eine Stimme von den Wänden des unterirdischen Kanals wider. »Nicht bewegen! Nicht bewegen!«

Und Raych sagte: »Das ist Davan. Woher weiß *der* denn, dass wir hier sind?«

»Davan?«, sagte Seldon. »Bist du da sicher?«

»Klar bin ich sicher. Er wird uns helfen.«

81

»Was ist passiert?«, fragte Davan.

Seldon fühlte sich nicht sonderlich erleichtert. Dass Davan jetzt bei ihnen war, sollte gegen die ganze Polizeistreitmacht des Bezirks Dahl nicht viel ausmachen, aber immerhin verfügte er über eine Anzahl von Leuten, die vielleicht genügend Durcheinander erzeugen konnten.

»Das sollten Sie ja eigentlich wissen, Davan«, sagte er. »Ich nehme an, dass in der Menschenmenge, die sich heute Morgen vor Tisalvers Haus versammelt hatte, eine ganze Menge von ihren Leuten waren.«

»Ja, allerdings. Ich habe gehört, dass man Sie verhaften wollte und dass Sie eine ganze Polizeischwadron überwältigt hätten. Aber *warum* hat man Sie verhaften wollen?«

»Zwei«, sagte Seldon und hob zwei Finger. »Zwei Polizisten, und das ist schlimm genug. Unter anderem hat man uns deshalb verhaften wollen, weil wir Sie aufgesucht hatten.«

»Das genügt nicht. Im Allgemeinen macht die Polizei mit mir keine großen Umstände.« Und dann fügte er etwas verbittert hinzu: »Die unterschätzen mich.«

»Mag sein«, sagte Seldon, »aber die Frau, bei der wir unsere Zimmer gemietet haben, hat uns angezeigt, weil wir angeblich einen Aufruhr ausgelöst haben sollen. Wegen des Reporters, auf den wir stießen, als wir zu Ihnen unterwegs waren. Sie wissen ja Bescheid. Wenn man bedenkt, dass Ihre Leute gestern in Erscheinung getreten sind und heute Morgen wieder, und dass jetzt zwei Beamte ziemlich schwer verletzt sind, kann sehr wohl sein, dass die beschließen, in diesen Korridoren sauber zu machen – und das bedeutet, dass *Sie* davon in Mitleidenschaft gezogen werden. Es tut mir wirklich leid. Ich hatte es nicht vor und habe auch nicht damit gerechnet, dass ich all das auslösen würde.«

Aber Davan schüttelte den Kopf. »Nein, Sie kennen diese Typen mit den Sonnenplaketten nicht. Und Sie verstehen das auch noch nicht ganz. Die wollen hier keine Säuberungsaktion. Wenn sie das tun würden, dann würde der Bezirk einschreiten. Die sind ganz damit zufrieden, wenn wir in Billibotton und den anderen Slums langsam verfaulen. Nein, die sind nur hinter Ihnen her – hinter *Ihnen*. Was haben Sie getan?«

»Gar nichts haben wir getan«, antwortete Dors ungeduldig, »und außerdem, was hat das schon zu bedeuten? Wenn die nicht hinter Ihnen her sind, sondern hinter uns, dann werden sie trotzdem hier herunterkommen, um uns auszuräuchern. Und wenn Sie Ihnen dabei über den Weg laufen, kriegen Sie Ärger.«

»Nein, ich nicht. Ich habe Freunde – einflussreiche Freunde«, sagte Davan. »Das habe ich Ihnen doch schon gestern Abend gesagt. Und diese Freunde können Ihnen ebenso gut helfen wie mir. Als Sie es ablehnten, uns offen zu unterstützen, habe ich mit diesen Leuten Verbindung aufgenommen. Die wissen, wer Sie sind, Dr. Seldon. Sie sind ein berühmter Mann. Meine Freunde können sich Zugang zum Bürgermeister von Dahl verschaffen und dafür sorgen, dass man Sie in Frieden lässt, ganz gleich, was Sie getan haben. Aber man wird Sie wegschaffen müssen – aus Dahl heraus.«

Seldon lächelte. Er war sichtlich erleichtert. »Sie kennen also jemand Einflussreichen, was, Davan? Jemand, der sofort reagiert und die Fähigkeit besitzt, es den Behörden von Dahl auszureden, dass sie irgendwelche drastischen Schritte unternehmen, und der dann auch dafür sorgen kann, dass wir hier wegkommen? Eigentlich überrascht mich das gar nicht.« Er wandte sich zu Dors um und lächelte. »Das ist wieder genau wie in Mykogen. Wie macht Hummin das?«

Aber Dors schüttelte den Kopf. »Das geht alles viel zu schnell – ich verstehe das nicht.«

»Ich glaube, ihm ist nichts unmöglich«, sagte Seldon.

»Ich kenne ihn besser als Sie – und schon länger –, und ich glaube das einfach nicht.«

Seldon lächelte. »Sie sollten ihn nicht unterschätzen.« Und dann, als bereite es ihm Unbehagen, sich länger mit dem Thema zu befassen, drehte er sich zu Davan um. »Aber wie haben Sie uns gefunden? Raych hat gesagt, Sie würden diesen Ort hier nicht kennen.«

»Kennt er auch nicht«, ereiferte sich Raych. »Das hier gehört mir. Ich habe das gefunden.«

»Ich bin bisher noch nie hier gewesen«, sagte Davan und sah sich dabei um. »Das ist ein interessanter Ort. Raych ist ein typischer Korridorbewohner und in diesem Labyrinth zu Hause.«

»Ja, Davan, das haben wir uns auch gedacht. Aber wie haben *Sie* hierher gefunden?«

»Mit einem Wärmesucher. Ich habe ein Gerät, das infrarote Strahlung registriert, und zwar das ganz spezielle Wärmemuster, das bei siebenunddreißig Grad Celsius abgegeben wird. Das Gerät reagiert auf die Anwesenheit von Menschen und auf sonst keine Wärmequellen.«

Dors runzelte die Stirn. »Was nutzt so etwas auf Trantor, wo es überall Menschen gibt? Auf anderen Welten gibt es solche Geräte, aber …«

»Aber nicht auf Trantor«, unterbrach Davan sie. »Ich weiß. Nur dass sie in den Slums nützlich sind, in den vergessenen, zerfallenen Korridoren und Gassen.«

»Und wo haben Sie das Gerät her?«, fragte Seldon.

»Nun, es genügt doch, dass ich es habe«, sagte Davan. »Aber wir müssen Sie hier wegschaffen, Master Seldon. Zu viele Leute sind hinter Ihnen her, und ich möchte, dass mein einflussreicher Freund Sie bekommt.«

»Wo ist er denn, dieser einflussreiche Freund?«

»Er nähert sich uns. Zumindest registriert das Gerät eine neue Siebenunddreißig-Grad-Wärmequelle, und ich wüsste nicht, wer das sonst sein könnte.«

Jemand trat durch die Tür, aber Seldons erfreuter Ausruf erstarb ihm auf den Lippen. Es war nicht Chetter Hummin.

WYE

Wye – … Ein Bezirk der antiken Stadt Trantor … in den späteren Jahrhunderten des Galaktischen Imperiums war Wye der mächtigste und stabilste Teil jener Metropole. Seine Herrscher hatten lange Zeit Ansprüche auf den Kaiserthron angemeldet und diese Ansprüche durch ihre Abstammung von früheren Kaisern untermauert. Unter Mannix IV. baute Wye eine starke Militärmacht auf und plante (wie später die Kaiserlichen Behörden behaupteten) einen den ganzen Planeten umfassenden Putsch.

ENCYCLOPAEDIA GALACTICA

82

Der Mann, der eintrat, war groß und muskulös. Er hatte einen langen, blonden, an den Spitzen aufgezwirbelten Schnurrbart und breite Koteletten, die sich unter seinem Kinn trafen, sodass die Kinnspitze und die Unterlippe glatt und, wie es schien, ein wenig feucht blieben. Sein Kopfhaar war so kurz gestutzt und so hell, dass Seldon sich einen unangenehmen Augenblick lang an Mykogen erinnert sah.

Der Neuankömmling war mit etwas bekleidet, das zweifellos eine Uniform war. Sie war rot und weiß, und um die Hüften trug er einen mit Silbernieten geschmückten breiten Gürtel.

Er sprach in tiefem Bass und mit einem Akzent, wie ihn Seldon noch nie gehört hatte. Gewöhnlich wirkten fremde Akzente auf Seldon irgendwie ungepflegt, aber diesmal schien er beinahe musikalisch, vielleicht wegen der Tonfülle.

»Ich bin Sergeant Emmer Thalus«, dröhnte er gemessen. »Ich bin gekommen, um Dr. Hari Seldon zu suchen.«

»Der bin ich«, sagte Seldon und fügte halblaut, zu Dors gewandt, hinzu: »Wenn Hummin schon selbst nicht kommen konnte, dann hat er jedenfalls einen würdevollen Vertreter geschickt.«

Der Sergeant warf Seldon einen abwägenden Blick zu und sagte dann: »Ja. Man hat Sie mir beschrieben. Bitte kommen Sie mit, Dr. Seldon.«

»Gehen Sie voraus«, sagte Seldon.

Der Sergeant wich einen Schritt zurück; Seldon und Dors Venabili traten vor.

Der Sergeant hielt inne und hob die Hand, um Dors aufzuhalten. »Ich habe Anweisung, Dr. Hari Seldon mitzunehmen. Ich habe keine Anweisung, sonst jemanden mitzunehmen.«

Einen Augenblick lang sah Seldon ihn verständnislos an. Dann schlug seine Überraschung in Ärger um. »Es ist völlig unmöglich, dass man Ihnen das gesagt hat, Sergeant. Dr. Dors Venabili ist meine Begleiterin und meine Gefährtin. Sie *muss* mit mir kommen.«

»Das entspricht aber nicht meinen Instruktionen, Doktor.«

»Ihre Instruktionen interessieren mich nicht im Geringsten, Sergeant Thalus. Wenn sie nicht mitkommt, rühre ich mich nicht von der Stelle.«

»Und darüber hinaus«, fügte Dors sichtlich gereizt hinzu, »habe ich Anweisung, Dr. Seldon zu beschützen. Und das kann ich nicht tun, wenn ich nicht bei ihm bin. Deshalb werde ich überall dort hingehen, wohin er geht.«

Der Sergeant schien irritiert. »Meine Instruktionen sind sehr strikt, dass Ihnen kein Schaden zugefügt werden darf, Dr. Seldon. Wenn Sie nicht freiwillig kommen wollen, muss ich Sie zu meinem Fahrzeug tragen. Ich werde versuchen, das möglichst sanft zu tun.«

Er streckte beide Arme aus, als wollte er Seldon an der Hüfte packen, um ihn wegzutragen.

Seldon wich behende zurück und außer Reichweite des Uniformierten. Dabei zuckte seine rechte Hand auf den rechten Oberarm des Sergeanten herunter, wo die Muskeln am dünnsten waren, sodass er den Knochen traf.

Der Sergeant atmete tief durch und schien sich zu schütteln, drehte sich dann aber mit ausdruckslosem Gesicht um und rückte erneut vor. Davan beobachtete ihn, rührte sich aber nicht von der Stelle, während Raych sich hinter den Sergeanten schob.

Seldon wiederholte seinen Handkantenschlag ein zweites und dann ein drittes Mal, aber Sergeant Thalus war jetzt vorbereitet und schob die Schulter etwas vor, sodass der Schlag auf harte Muskeln traf.

Dors hatte ihre Messer gezogen.

»Sergeant«, sagte sie entschlossen. »Bitte drehen Sie sich um. Sind Sie sich klar darüber, dass ich gezwungen sein könnte, Sie ernsthaft zu verletzen, falls Sie darauf beharren, Dr. Seldon gegen seinen Willen wegtragen zu wollen.«

Der Sergeant schien zu überlegen und dabei die beiden Messer zur Kenntnis zu nehmen. Dann sagte er: »Meine Anweisungen schreiben lediglich vor, dass ich davon Abstand nehmen muss, *Dr. Seldon* zu verletzen.«

Seine rechte Hand zuckte mit erstaunlicher Geschwindigkeit auf die Neuronenpeitsche zu, die er in dem Halfter an seiner Hüfte trug. Dors sprang ebenso schnell mit blitzendem Messer vor.

Keiner von beiden führte die Bewegung zu Ende. Raych war mit einem Satz nach vorn gesprungen, hatte mit der linken Hand den Sergeanten von hinten angestoßen und gleichzeitig mit der rechten dem Sergeanten die Waffe aus dem Halfter gerissen. Er sprang blitzartig zurück, hielt die Neuronenpeitsche mit beiden Händen und schrie: »Hände hoch, Sergeant, sonst kriegen Se's ab!«

Der Sergeant wirbelte herum. Bis jetzt hatte er völlig unerschütterlich gewirkt, nun war er sichtlich nervös. »Weg damit, Kleiner!«, schrie er. »Du weißt ja gar nicht, wie das funktioniert.«

Raych schrie zurück: »Ich weiß über die Sicherung Bescheid. Dieses Ding ist schussbereit. Wenn Se mich angreifen, schieße ich.«

Der Sergeant erstarrte. Er wusste offenbar ganz genau, wie gefährlich ein aufgeregter Zwölfjähriger mit einer Waffe in der Hand sein konnte.

Auch Seldon fühlte sich nicht viel besser. »Vorsichtig, Raych!«, sagte er. »Schieß nicht! Lass den Finger vom Kontakt!«

»Aber angreifen lasse ich mich nicht.«

»Das wird er nicht. – Sergeant, bitte bewegen Sie sich nicht. Wir wollen doch etwas klarstellen. Man hat Ihnen gesagt, dass Sie mich von hier wegbringen sollen. Stimmt das?«

»Das stimmt«, sagte der Sergeant, der mit starrem Blick Raych fixierte.

»Aber man hat Ihnen nicht gesagt, dass Sie sonst jemanden mitnehmen sollen, stimmt das?«

»Das stimmt, Doktor«, sagte der Sergeant entschlossen. Nicht einmal die Drohung mit einer Neuronenpeitsche reichte aus, um ihn in seiner Entschlossenheit wanken zu machen. Das konnte man deutlich erkennen.

»Also gut, aber hören Sie mir bitte gut zu, Sergeant! Hat man Ihnen gesagt, dass Sie sonst niemand mitbringen *dürfen?*«

»Ich sagte doch gerade …«

»Nein, nein, hören Sie zu, Sergeant! Das ist ein großer Unterschied. Lautete Ihre Anweisung einfach: ›Nehmen Sie Dr. Seldon mit!‹? War das die ganze Anweisung, ohne dass jemand anderer erwähnt wurde, oder waren die Anweisungen deutlicher? Lautete Ihre Anweisung folgendermaßen: ›Nehmen Sie Dr. Seldon mit, aber sonst niemanden‹?«

Der Sergeant ließ sich das durch den Kopf gehen und meinte dann: »Man hat mir aufgetragen, Sie mitzubringen, Dr. Seldon.«

»Dann ist also sonst niemand erwähnt worden, so oder so nicht, stimmt's?«

Eine Pause. Und dann: »Nein.«

»Man hat Ihnen nicht gesagt, dass Sie Dr. Venabili mitnehmen sollen, aber Ihnen auch nicht gesagt, dass sie sie *nicht* mitnehmen dürfen. Stimmt das?«

Wieder eine Pause. »Ja.«

»Dann können Sie sie entweder mitnehmen oder sie nicht mitnehmen, ganz wie es Ihnen beliebt?«

Eine lange Pause. »Ja, ich glaube schon.«

»Nun gut. Und hier ist Raych, der junge Bursche, der eine Neuronenpeitsche auf Sie gerichtet hat. *Ihre* Neuronenpeitsche, vergessen Sie das nicht – und er ist scharf darauf, sie zu benutzen.«

»Und wie!«, schrie Raych.

»Noch nicht, Raych!«, bremste ihn Seldon. »Und hier ist Dr. Venabili mit zwei Messern, mit denen sie sehr geschickt umgehen kann, und ich, der ihnen, wenn man mir Gelegenheit dazu gibt, mit einer Hand den Kehlkopf brechen kann, sodass Sie nie mehr anders als im Flüsterton reden können. Wie ist es also, wollen Sie Dr. Venabili mitnehmen oder nicht? Ihre Anweisungen erlauben Ihnen beides.«

Und jetzt endlich stieß der Sergeant mit bedrückter Stimme hervor: »Ich werde die Frau mitnehmen.«

»Und den Jungen, Raych.«

»Und den Jungen.«

»Gut. Habe ich Ihr Ehrenwort – Ihr Ehrenwort als Soldat, dass Sie das tun werden, das Sie gerade gesagt haben … ehrlich?«

»Mein Ehrenwort als Soldat«, erklärte der Sergeant.

»Gut. Raych, gib ihm die Peitsche zurück! – Jetzt sofort – lass mich nicht warten!«

Raych, dessen Gesicht sich zu einer verdrießlichen Grimasse verzogen hatte, sah zu Dors hinüber, die etwas zögerte und dann langsam nickte. Ihr Gesicht wirkte ebenso unzufrieden wie das von Raych.

Raych hielt dem Sergeanten die Neuronenpeitsche hin und sagte: »Die *zwingen* mich, Sie großer …« Was er dann noch sagte, blieb unverständlich.

»Stecken Sie Ihre Messer weg!«, sagte Seldon.

Dors schüttelte den Kopf, steckte sie aber weg.

»Und jetzt, Sergeant?«, sagte Seldon.

Der Sergeant sah zuerst die Neuronenpeitsche, dann Seldon an. Schließlich meinte er: »Sie sind ein Ehrenmann, Dr. Seldon, und mein Ehrenwort gilt.« Damit steckte er mit einer entschlossenen Bewegung die Neuronenpeitsche ins Halfter zurück.

Seldon drehte sich zu Davan um und sagte: »Davan, bitte vergessen Sie, was Sie hier gerade gesehen haben. Wir drei gehen freiwillig mit Sergeant Thalus. Sagen Sie Yugo Amaryl, wenn

Sie ihn zu sehen bekommen, dass ich ihn nicht vergessen werde. Wenn das einmal alles vorbei ist, und ich mich wieder frei bewegen kann, werde ich dafür sorgen, dass er auf eine Universität kommt. Und wenn es je etwas Vernünftiges gibt, was ich für Ihre Sache tun kann, Davan, dann werde ich das. – So, Sergeant, gehen wir!«

83

»Bist du je zuvor mit einer Düsenmaschine geflogen, Raych?«, fragte Hari Seldon.

Raych schüttelte sprachlos den Kopf. Er blickte mit einer Mischung aus Angst und Ehrfurcht zur Oberseite hinab, die unter ihnen vorüberhuschte.

Seldon kam erneut in den Sinn, wie sehr Trantor doch eine Welt von Tunnels und Expresswegen war. Selbst längere Reisen wurden von der allgemeinen Bevölkerung gewöhnlich unterirdisch gemacht. Flugreisen, so selbstverständlich sie auch auf den anderen Welten sein mochten, waren auf Trantor ein Luxus, und eine Düsenmaschine wie diese …

Wie hatte Hummin das nur zuwege gebracht?, fragte sich Seldon.

Er blickte zum Fenster hinaus auf die vorbeiziehenden Kuppeln, auf das weit verbreitete Grün in diesem Bereich des Planeten, die gelegentlichen Dschungelpartien und die Ausläufer des Meeres, über die sie gelegentlich flogen, und die schwerfällig wirkenden Wellen, die gelegentlich ganz kurz aufblitzten, wenn die Sonne einen Augenblick lang unter der schweren Wolkenschicht hervorlugte.

Als sie etwa eine Stunde geflogen waren, schaltete Dors, die ohne besonderes Vergnügen einen neuen historischen Roman gesichtet hatte, ihr Gerät ab und sagte: »Ich wünschte, ich wüsste, wo die Reise hingeht.«

»Wenn Sie das nicht sagen können«, meinte Seldon, »dann ich ganz gewiss nicht. Schließlich sind Sie schon länger als ich auf Trantor.«

»Ja, aber nur innen«, erklärte Dors. »Hier draußen, wo unter mir nur die Oberseite ist, komme ich mir ebenso verloren wie ein ungeborenes Kind vor.«

»Nun ja – Hummin weiß doch wohl, was er tut.«

»Sicher tut er das«, erwiderte Dors sarkastisch, »aber das hat möglicherweise gar nichts mit der augenblicklichen Situation zu tun. Warum nehmen Sie eigentlich immer noch an, dass das hier auf seine Initiative zurückgeht?«

Seldons Augenbrauen schoben sich in die Höhe. »Jetzt, wo Sie fragen, weiß ich das auch nicht. Ich hab es einfach angenommen. Aber warum sollte das nicht von ihm ausgehen?«

»Weil derjenige, der es arrangiert hat, nicht angeordnet hat, dass man mich mitnimmt. Ich kann mir einfach nicht vorstellen, dass Hummin meine Existenz völlig vergessen haben sollte. Und weil er nicht selbst gekommen ist wie in Streeling und Mykogen.«

»Das können Sie schließlich nicht immer von ihm erwarten, Dors. Vielleicht ist er anderweitig beschäftigt. Das Erstaunliche ist nicht, dass er diesmal nicht mitgekommen ist, sondern dass er die beiden letzten Male auftauchte.«

»Würde er dann einen auffälligen, luxuriösen fliegenden Palast wie das hier schicken?« Sie machte eine allumfassende Handbewegung, die das luxuriöse Innere des Flugzeugs einschloss.

»Der Grund ist vielleicht, weil die Maschine gerade zur Verfügung stand, und er könnte ja angenommen haben, dass niemand erwarten würde, Flüchtlinge würden mit etwas so Auffälligem reisen. Doppelte Tarnung sozusagen.«

»Nun, für meinen Geschmack ist das zu abgedroschen. Und würde er an seiner Stelle einen Idioten wie Sergeant Thalus schicken?«

»Der Sergeant ist kein Idiot. Er ist einfach auf bedingungslosen Gehorsam trainiert. Mit den richtigen Instruktionen könnte er absolut verlässlich sein.«

»Da haben Sie es, Hari. Jetzt haben wir uns im Kreis gedreht. Warum hat er keine korrekten Instruktionen bekommen? Mir ist es einfach unbegreiflich, dass Chetter Hummin ihn anweisen würde, Sie aus Dahl herauszuholen, ohne dabei auch nur ein Wort über mich zu sagen. Unvorstellbar.«

Darauf wusste Seldon keine Antwort.

Eine weitere Stunde verstrich, und Dors sagte: »Draußen scheint es kälter zu werden. Das Grün der Oberseite geht in Braun über, und ich glaube, die Heizung ist eingeschaltet.«

»Worauf deutet das hin?«

»Dahl befindet sich in der Tropenzone, also sind wir offensichtlich nach Norden oder Süden unterwegs – und zwar über eine beträchtliche Distanz. Wenn ich nur die leiseste Ahnung hätte, in welcher Richtung Nacht war, könnte ich das sagen.«

Schließlich passierten sie einen Uferstreifen, wo sich der Eisrand einer Küste an den Kuppelrändern spiegelte.

Und im nächsten Moment ging die Maschine in Sinkflug über.

»Wir werden aufprallen!«, schrie Raych. »Der baut Bruch!«

Seldons Magenmuskeln spannten sich, und er klammerte sich an seinen Armlehnen fest.

Dors schien das Ganze nichts auszumachen. »Die Piloten scheinen nicht beunruhigt«, sagte sie. »Wir werden gleich in einen Tunnel eintauchen.«

Und noch während sie das sagte, klappten die Tragflächen der Düsenmaschine nach hinten, und die Maschine jagte wie eine Kugel in einen Tunnel hinein. Dunkelheit umgab sie, und im nächsten Augenblick flammte die Innenbeleuchtung des Tunnels auf. Die Tunnelwände rasten beiderseits an ihnen vorbei.

»Wahrscheinlich werde ich nie ganz sicher sein, ob die auch wirklich wissen, dass der Tunnel nicht schon besetzt ist«, murmelte Seldon.

»Ich bin sicher, dass die schon vor ein paar Kilometern die Durchsage bekommen haben, dass ein Tunnel frei ist«, sagte Dors. »Jedenfalls nehme ich an, dass dies die letzte Etappe der Reise ist und wir bald wissen werden, wo wir sind.« Sie machte eine kleine Pause und fügte dann hinzu: »Und ich nehme ferner an, dass wir dann gar nicht sonderlich erbaut sein werden.«

84

Die Düsenmaschine jagte aus dem Tunnel auf eine lange Piste mit einem Dach, das so hoch war, dass Seldon den Eindruck hatte, sich im Freien zu befinden, ein Eindruck, den er nicht mehr gehabt hatte, seit er den Kaiserlichen Bezirk verlassen hatte.

Sie kamen in kürzerer Zeit zum Stillstand, als Seldon das erwartet hätte, aber um den Preis eines recht unangenehmen Drucks nach vorn. Insbesondere Raych wurde gegen den Vordersitz gedrückt und hatte Atemschwierigkeiten, bis Dors ihn mit der Hand wieder zurückzog.

Sergeant Thalus, eindrucksvoll und aufrecht, verließ die Maschine und ging nach hinten, wo er die Tür des Passagierabteils öffnete und ihnen nacheinander beim Aussteigen behilflich war.

Seldon war der Letzte. Als er an dem Sergeanten vorüberging, drehte er sich halb zur Seite und sagte: »Das war eine angenehme Reise, Sergeant.«

Ein Lächeln breitete sich über das Gesicht des Uniformierten aus, und seine Oberlippe mit dem mächtigen Schnurrbart schob sich in die Höhe. Er tippte in einer Art militärischer Ehrenbezeugung an den Schirm seiner Mütze und sagte: »Nochmals vielen Dank, Doktor.«

Dann komplimentierte man sie auf den Rücksitz eines luxuriösen Bodenwagens, während der Sergeant selbst auf dem Vordersitz Platz nahm und das Fahrzeug mit erstaunlich leichter Hand lenkte.

Sie kamen durch breite Straßen, die von hohen, vornehm gestalteten Gebäuden gesäumt waren, die alle in strahlendem Tageslicht glänzten. Wie überall auf Trantor, hörten sie das ferne Dröhnen eines Express. Die Fußwege waren mit gut gekleideten Menschen gefüllt. Die Umgebung wirkte bemerkenswert – beinahe übermäßig – sauber.

Seldons Gefühl, in Sicherheit zu sein, nahm ab. Dors' Besorgnis hinsichtlich ihres Ziels schien jetzt doch berechtigt. Er lehnte sich zu ihr hinüber und sagte: »Meinen Sie, dass man uns in den Kaiserlichen Bezirk zurückgebracht hat?«

Sie schüttelte den Kopf. »Nein, im Kaiserlichen Bezirk sind die Gebäude mehr im Rokokostil gehalten, und dieser Bezirk hat nichts von einem Parkcharakter an sich – wenn Sie wissen, was ich meine.«

»Wo sind wir dann, Dors?«

»Ich fürchte, wir werden fragen müssen, Hari.«

Die Fahrt dauerte nicht lange, und kurze Zeit später rollten sie vor einem imposanten vierstöckigen Gebäude auf einen Parkplatz. Ein Fries von Fantasietieren säumte die Oberkante des Gebäudes aus rosafarbenem Stein. Es war eine eindrucksvolle, recht freundlich wirkende Fassade.

»*Das* scheint mir aber doch recht Rokoko zu sein«, meinte Seldon.

Dors zuckte die Achseln.

Raych pfiff anerkennend und meinte in dem nicht ganz geglückten Versuch, dennoch unbeeindruckt zu wirken: »Hey, das is vielleicht 'n klasse Bau.«

Sergeant Thalus machte eine Handbewegung, die Seldon so auffasste, dass er ihm folgen sollte. Seldon rührte sich nicht von der Stelle, sondern antwortete ebenfalls in der universellen Zeichensprache, indem er beide Arme ausstreckte und damit unzweideutig Dors und Raych mit einschloss.

Der Sergeant zögerte etwas vor dem eindrucksvollen rosafarbenen Portal. Sein Schnurrbart wirkte beinahe traurig.

Schließlich meinte er mürrisch: »Dann eben alle drei. Mein Ehrenwort gilt ja schließlich – aber andere könnten sich natürlich davon nicht gebunden fühlen, müssen Sie wissen.«

Seldon nickte. »Ich mache Sie nur für das verantwortlich, was Sie selbst tun, Sergeant.«

Der Sergeant war davon sichtlich beeindruckt, und einen Augenblick lang hellte sich sein Gesicht auf, so als würde er erwägen, ob er Seldon die Hand schütteln oder auf irgendeine andere Art seine Anerkennung ausdrücken sollte. Dann entschied er sich dagegen und betrat die unterste Stufe der zur Tür führenden Treppe, woraufhin die Stufen sich in bedächtigem Tempo nach oben in Bewegung setzten.

Seldon und Dors folgten ihm. Raych sprang mit einem Satz auf die sich bewegenden Treppenstufen, schob beide Hände in die Taschen und pfiff vor sich hin.

Die Tür öffnete sich, und zwei Frauen traten heraus. Sie waren jung und attraktiv. Ihre mit einem Gürtel um die Taille gerafften Kleider reichten fast bis zu den Knöcheln und raschelten bei jeder Bewegung. Beide hatten braunes Haar, das sie in zwei dicken Zöpfen beiderseits am Kopf festgesteckt hatten. (Seldon fand das zwar attraktiv, fragte sich aber, wie lange sie wohl jeden Morgen brauchen mochten, um sich so zu frisieren.)

Die zwei Frauen musterten die Neuankömmlinge mit sichtlicher Geringschätzung. Seldon überraschte das nicht. Nach den Ereignissen des Tages sahen er und Dors fast so heruntergekommen wie Raych aus.

Trotzdem brachten es die beiden Frauen irgendwie über sich, sich anmutig zu verbeugen und in perfektem Gleichklang und mit sorgfältig bewahrter Symmetrie in einer halben Drehung nach innen zu weisen. Es war offenkundig, dass sie zum Eintreten aufgefordert wurden.

Sie betraten einen mit Möbeln und Seldon völlig unbegreiflichen Dekorationsgegenständen angefüllten Raum. Der Boden war von heller Farbe, fühlte sich unter ihren Füßen elastisch an und leuchtete von innen heraus. Seldon registrierte etwas verlegen, dass ihre Schuhe Staubspuren darauf hinterließen.

Dann wurde eine innere Tür vor ihnen aufgerissen, und eine weitere Frau trat hervor. Sie war älter als die beiden anderen, die sich bei ihrem Eintreten tief verbeugten und dabei symmetrisch auf eine Art und Weise die Beine kreuzten, dass Seldon sich wunderte, wie sie das Gleichgewicht halten konnten.

Seldon fragte sich, ob man wohl auch von ihm irgendeine rituelle Form der Ehrerbietung erwartete, aber da er auch nicht die leiseste Ahnung hatte, welcher Art die wohl sein mochte, beugte er nur leicht den Kopf. Dors blieb aufrecht und, wie es Seldon schien, mit einer gewissen Geringschätzung stehen. Raych starrte mit offenem Mund in alle Richtungen und sah so aus, als hätte er die Frau, die soeben eingetreten war, überhaupt nicht gesehen.

Sie war rundlich – nicht fett, aber gut gepolstert. Sie trug ihr Haar genauso wie die jungen Frauen, und auch ihr Kleid ließ den gleichen Stil erkennen, nur trug sie mehr Schmuck – für Seldons ästhetische Vorstellungen eindeutig zu viel davon.

Sie war in mittleren Jahren, und ihr Haar zeigte eine Andeutung von Grau, aber die Grübchen in ihren Wangen verliehen ihr dennoch ein jugendliches Aussehen. Ihre hellbraunen Augen leuchteten fröhlich, und insgesamt wirkte sie eher mütterlich als alt.

»Wie geht es Ihnen?«, fragte sie. »Ihnen allen.« (Sie ließ wegen der Anwesenheit von Dors und Raych keine Überraschung erkennen, sondern schloss sie mit in ihre Begrüßung ein.) »Ich habe schon einige Zeit auf Sie gewartet und hätte Sie fast an der Oberseite in Streeling bekommen. Sie sind Dr. Hari Seldon, und ich habe mich darauf gefreut, Ihre Bekanntschaft zu machen. Und Sie, denke ich, müssen Dr. Dors Venabili sein, denn man hat mir gemeldet, dass Sie sich in seiner Gesellschaft befinden. Diesen jungen Mann, fürchte ich, kenne ich aber nicht, aber es freut mich, ihn kennenzulernen. Aber wir sollten unsere Zeit nicht mit Reden vergeuden, denn ich bin sicher, dass Sie sich zuerst ein wenig ausruhen möchten.«

»Und baden, Madame«, sagte Dors recht heftig. »Wir könnten alle eine gründliche Dusche gebrauchen.«

»Ja, natürlich«, sagte die Frau, »und frische Kleidung. Ganz besonders der junge Mann.« Sie blickte ohne die Geringschätzung und Verachtung auf Raych, die die beiden jungen Frauen gezeigt hatten.

»Wie heißt du denn, junger Mann?«, sagte sie.

»Raych«, sagte er mit etwas verlegener Stimme. Und dann fügte er probeweise »Missus« hinzu.

»Was für ein seltsamer Zufall«, sagte die Frau mit blitzenden Augen. »Ein gutes Omen vielleicht. Mein Name ist Rashelle. Ist das nicht seltsam? – Aber kommen Sie, wir werden uns um Sie alle kümmern. Und dann wird reichlich Zeit sein, um zu Abend zu essen und zu reden.«

»Warten Sie, Madame«, sagte Dors. »Darf ich fragen, wo wir uns befinden?«

»In Wye, meine Liebe. Und bitte sagen Sie Rashelle zu mir, wenn Sie sich dann hier etwas mehr zu Hause fühlen. Ich fühle mich immer wohler, wenn nicht alles so formell zugeht.«

»In Wye?«, fragte Seldon verblüfft.

»Ja, so ist es, Dr. Seldon. Wir haben uns für Sie interessiert, seit Sie Ihren Vortrag auf dem Mathematikerkongress gehalten haben. Und wir sind wirklich froh, Sie jetzt bei uns zu haben.«

85

Tatsächlich brauchten sie einen ganzen Tag, um sich auszuruhen. Sie badeten, schliefen sich aus, und erhielten neue Kleider (samtig und ziemlich locker im Stile Wyes).

So kam es erst am zweiten Abend in Wye zu dem Essen, das Madame Rashelle ihnen versprochen hatte.

Der Tisch war groß – zu groß in Anbetracht der Tatsache, dass nur vier Leute speisten: Hari Seldon, Dors Venabili, Raych und Rashelle. Die Wände und die Decke waren weich beleuchtet, und die Farben änderten sich dauernd, gerade so schnell, dass das Auge es wahrnehmen konnte, aber nicht zu schnell, um in irgendeiner Weise unangenehm zu sein. Selbst das Tischtuch, das kein Tuch war (was es wirklich war, hatte Seldon noch nicht herausgefunden), glitzerte vielfarbig.

Die zahllosen Bediensteten, die ihnen die Speisen reichten, waren lautlos, und als die Tür sich öffnete, glaubte Seldon draußen bewaffnete Soldaten zu sehen. Der Raum war ein Samthandschuh, aber die eiserne Faust war nicht weit.

Rashelle war freundlich und liebenswürdig und hatte offenkundig zu Raych besondere Zuneigung gefasst. Sie bestand darauf, dass er neben ihr Platz nahm.

Raych – geschrubbt und in neuen Kleidern, mit geschnittenem Haar, gesäubert und gebürstet kaum wiederzuerkennen – wagte kaum ein Wort zu sagen. Es war gerade, als hätte er das Gefühl, seine Grammatik passte nicht mehr zu seinem Aussehen. Er fühlte sich jämmerlich unbehaglich und beobachtete Dors scharf, wie sie mit dem Besteck umging, und bemühte sich, es ihr in jeder Hinsicht gleichzutun.

Das Essen war wohlschmeckend, wenn auch sehr stark gewürzt – so stark, dass Seldon nicht erraten konnte, was sie eigentlich zu sich nahmen.

Rashelle, deren breites Gesicht stets lächelte und deren weiße Zähne dauernd blitzten, sagte: »Wahrscheinlich glauben Sie, dass wir mykogenische Additive im Essen haben. Das ist nicht der Fall. Alles, was Sie hier essen, ist in Wye gewachsen. Es gibt auf dem ganzen Planeten keinen Bezirk, der autarker ist als Wye. Wir geben uns große Mühe darum, dass es so bleibt.«

Seldon nickte bedächtig und meinte: »Alles, was Sie uns gegeben haben, ist erstklassig, Rashelle. Wir sind Ihnen sehr zu Dank verpflichtet.«

Und doch dachte er bei sich, dass das Essen nicht ganz dem mykogenischen Standard entsprach, und darüber hinaus hatte er das Gefühl, dass er, wie er Dors vor einer Weile zugeflüstert hatte, seine eigene Niederlage feierte. Oder jedenfalls Hummins Niederlage, und das schien ihm das Gleiche zu sein.

Schließlich war er von Wye eingefangen worden, und genau das war es, was Hummin bei dem Zwischenfall an der Oberseite so beunruhigt hatte.

»Vielleicht verzeihen Sie es mir als Gastgeberin, wenn ich persönliche Fragen stelle«, meinte Rashelle. »Gehe ich richtig in der Annahme, dass Sie drei keine Familie sind; dass Sie, Hari, und Sie, Dors, nicht verheiratet sind und dass Raych nicht Ihr Sohn ist?«

»Wir drei sind in keiner Weise verwandt«, sagte Seldon. »Raych ist auf Trantor geboren, ich auf Helicon und Dors auf Cinna.«

»Und wie sind Sie dann zusammengekommen?«

Seldon erklärte es ihr kurz und mit so wenig Einzelheiten, wie es die Umstände erlaubten. »Und an unserer Bekanntschaft ist nichts Romantisches oder Bedeutsames«, fügte er hinzu.

»Und doch hat man mir zu verstehen gegeben, dass Sie meiner persönlichen Ordonnanz, Sergeant Thalus, Schwierigkeiten machten, als er nur Sie aus Dahl herausholen wollte.«

»Dors und Raych waren mir lieb geworden, und ich wollte nicht von ihnen getrennt werden«, erwiderte Seldon mit Nachdruck.

Rashelle lächelte. »Ich sehe, Sie sind ein sentimentaler Mann.«

»Ja, das bin ich. Sentimental. Und auch verwirrt.«

»Verwirrt?«

»Nun ja. Und da Sie so freundlich waren, uns persönliche Fragen zu stellen, darf ich Ihnen auch eine stellen?«

»Aber natürlich. Fragen Sie alles, was Sie wollen.«

»Bei unserer Ankunft sagten Sie, Wye hätte mich von dem Tage an haben wollen, wo ich meinen Vortrag auf dem Kongress hielt. Aus welchem Grund?«

»Sie sind doch sicherlich nicht so einfältig, dass Sie das nicht wissen. Wir wollen Sie wegen Ihrer Psychohistorik.«

»So viel verstehe ich. Aber was veranlasst Sie zu der Meinung, dass Sie, wenn Sie mich haben, auch die Psychohistorik haben?«

»Sie waren doch sicherlich nicht so unvorsichtig, sie zu verlieren.«

»Viel schlimmer, Rashelle. Ich habe sie nie gehabt.«

Die Grübchen in Rashelles Wangen wurden noch ausgeprägter. »Aber in Ihrem Vortrag haben Sie doch gesagt, Sie hätten sie. Nicht dass ich Ihren Vortrag verstanden hätte. Ich bin keine Mathematikerin. Ich hasse Zahlen. Aber in meinen Diensten gibt es Mathematiker, die mir dann erklärt haben, worum es in Ihrem Vortrag ging.«

»In diesem Fall müssen Sie genauer hinhören. Ich kann mir gut vorstellen, dass Ihre Mathematiker Ihnen gesagt haben, ich hätte bewiesen, dass psychohistorische Vorhersagen vorstellbar sind. Aber sie müssen Ihnen sicherlich auch gesagt haben, dass sie nicht praktikabel sind.«

»Das kann ich nicht glauben, Hari. Am nächsten Tag hat man Sie zu einer Audienz mit diesem Pseudokaiser Cleon gerufen.«

»Dem *Pseudo*kaiser?«, murmelte Dors ironisch.

»Aber ja«, sagte Rashelle, als beantworte sie damit eine ernsthafte Frage. »*Pseudo*kaiser. Er hat keinen verbrieften Anspruch auf den Thron.«

»Rashelle«, sagte Seldon und wischte die Bemerkung ein wenig ungeduldig beiseite. »Ich habe Cleon genau das gesagt, was ich Ihnen gerade sagte, und er hat mich gehen lassen.«

Jetzt lächelte Rashelle nicht mehr. Eine Andeutung von Schärfe schlich sich in ihre Stimme. »Ja, er hat Sie gehen lassen, so wie die Katze in der Fabel eine Maus gehen lässt. Er hat Sie seitdem die ganze Zeit verfolgt – in Streeling, in Mykogen, in Dahl. Er würde Sie auch hierher verfolgen, wenn er das wagte. Aber kommen Sie – unser ernstes Gespräch ist zu ernst. Wir wollen vergnügt sein. Lassen Sie uns Musik genießen.«

Und gleichzeitig mit ihren Worten erklang plötzlich eine weiche Melodie. Sie lehnte sich zu Raych hinüber und sagte leise: »Mein Junge, wenn du dich mit der Gabel schwertust, dann nimm doch den Löffel oder die Finger. Mir macht das nichts aus.«

Raych sagte: »Ja, Mam«, und schluckte heftig. Aber Dors sah ihn an, und ihre Lippen formten lautlos das Wort: »Gabel.«

Er setzte die Mahlzeit mit der Gabel fort.

»Das ist reizende Musik, Madame«, sagte Dors – sie vermied bewusst die vertrautere Anrede –, »aber wir sollten uns davon nicht ablenken lassen. Ich denke die ganze Zeit, dass der Verfolger an all den Orten im Dienste des Bezirks Wye hätte stehen können. Sie wären doch sicherlich nicht so gut mit den Ereignissen vertraut, wenn Wye nicht hinter allem stünde.«

Rashelle lachte laut. »Wye hat natürlich überall seine Augen und Ohren, aber wir waren nicht die Verfolger. Wären wir sie gewesen, hätte man Sie ohne Zweifel zu fassen bekommen – wie es ja am Ende in Dahl der Fall war, als wir tatsächlich die Verfolger waren. Wenn eine Verfolgung hingegen scheitert, eine Hand zupackt und das nicht zu packen bekommt, was sie haben möchte, dann können Sie sicher sein, dass es Demerzel ist.«

»Halten Sie so wenig von Demerzel?«, murmelte Dors.

»Ja. Überrascht Sie das? Wir haben ihn geschlagen.«

»Sie? Oder der Bezirk Wye?«

»Der Bezirk natürlich, aber insoweit als Wye der Sieger ist, bin ich es auch!«

»Wie seltsam«, sagte Dors. »Auf ganz Trantor hält sich hartnäckig die Ansicht, dass die Bewohner von Wye nichts mit Sieg oder Niederlage oder mit sonst etwas zu tun haben. Man hat das Gefühl, dass es in Wye nur einen Willen und eine Faust gibt, und das ist die des Bürgermeisters. Ganz sicher wiegen Sie – oder jeder andere Wyaner im Vergleich dazu nur sehr leicht.«

Rashelle lächelte breit. Dann wandte sie sich Raych zu, lächelte wohlwollend, kniff ihn in die Wange und meinte schließlich: »Wenn Sie glauben, dass unser Bürgermeister ein Autokrat ist und dass es vielleicht nur einen gibt, der Wye führt, dann haben Sie möglicherweise recht. Trotzdem kann ich das persönliche Fürwort gebrauchen, denn mein Wille ist von Belang.«

»Warum der Ihre?«, sagte Seldon.

»Warum nicht?«, sagte Rashelle, während die Bediensteten das Geschirr abtrugen. »*Ich* bin der Bürgermeister von Wye.«

86

Raych war der Erste, der auf ihre Worte reagierte. Der Mantel der Höflichkeit, der ihn so unbehaglich einhüllte, schien plötzlich vergessen, und er lachte schrill und sagte: »Hey, Lady, Sie könn' nich Bürgermeister sein, Bürgermeister sind Kerls.«

Rashelle sah ihn freundlich an und sagte, wobei sie seine Sprechweise perfekt imitierte: »Hey, Kleiner, 's gibt Bürgermeister, wo Kerls sin, und andere sin Mädels. Kannste mir glauben.«

Raych traten die Augen hervor, und er wirkte, als hätte man ihm einen Schlag über den Kopf verpasst. Schließlich brachte er hervor: »Hey, Sie redn ja ganz normal, Lady.«

»Na klar. So normal wie de willst«, sagte Rashelle und lächelte ihm zu.

Seldon räusperte sich und sagte: »Sie haben aber einen Akzent, Rashelle.«

Rashelle warf den Kopf in den Nacken. »Ich hatte seit vielen Jahren nicht mehr Gelegenheit, so zu reden. Aber vergessen tut man diese Sprache nie. Ich hatte, als ich noch sehr jung war, einen Freund, einen guten Freund, der Dahliter war.« Sie seufzte. »Er hat natürlich nicht so geredet – er war sehr intelligent –, aber er konnte es, wenn er wollte, und er hat es mir beigebracht. Es war aufregend, so mit ihm zu reden. Das schuf eine Welt, die unsere ganze Umgebung ausschloss. Es war wunderbar. Aber es war auch unmöglich. Mein Vater hat mir das klargemacht. Und jetzt kommt dieser junge Bursche hier hereinspaziert und erinnert mich an diese Zeit, die so weit zurückliegt. Er hat genau denselben Akzent, dieselben Augen, den unverschämten Blick, und in sechs Jahren wird er die jungen Frauen in Angst und Schrecken versetzen – zu ihrem größten Vergnügen. Oder nicht, Raych?«

»Weiß nich, Lady«, stieß Raych hervor. »Äh … Mam.«

»Ganz sicher wirst du das, und dann wirst du auch ganz bestimmt wie mein … wie mein alter Freund aussehen, und für mich wird es dann sehr viel besser sein, wenn ich dich nicht mehr sehe. Aber jetzt ist das Essen vorbei, und für dich ist's Zeit, auf dein Zimmer zu gehen, Raych. Kannst ja eine Weile Holovision ansehen, wenn du Lust hast. Lesen kannst du ja wahrscheinlich nicht.«

Raychs Gesicht rötete sich. »Ich werd mal lesen können. Master Seldon hat es versprochen.«

»Dann wirst du's auch ganz bestimmt.«

Eine junge Frau näherte sich Raych und machte in Richtung Rashelle einen respektvollen Knicks. Seldon hatte das Zeichen nicht wahrgenommen, das sie herbeigerufen hatte.

»Darf ich nicht bei Master Seldon und Missus Venabili bleiben?«, bettelte Raych.

»Du wirst sie später wiedersehen«, sagte Rashelle freundlich aber bestimmt, »aber Master und Missus und ich müssen jetzt miteinander reden – also musst du gehen.«

Dors formte mit dem Mund ein bestimmtes »Geh jetzt!«, und der Junge rutschte, nachdem er eine Grimasse geschnitten hatte, aus dem Stuhl und folgte der Bediensteten.

Rashelle wandte sich Seldon und Dors zu, als Raych den Raum verlassen hatte, und sagte: »Der Junge wird natürlich in völliger Sicherheit sein und gut behandelt werden. Bitte, seien Sie in der Beziehung völlig unbesorgt. Und ich werde auch in Sicherheit sein. So wie jetzt diese Dienerin erschien, können auch ein Dutzend Bewaffnete – aber viel schneller – erscheinen, wenn ich sie rufe. Ich möchte, dass Sie das wissen.«

Seldon meinte dazu gleichmütig: »Wir denken in keiner Weise daran, Sie anzugreifen, Rashelle – oder muss ich jetzt ›Frau Bürgermeister‹ sagen?«

»Bitte sagen Sie Rashelle. Wie ich höre, sind Sie eine Art Ringer, Hari, und Sie, Dors, verstehen sehr geschickt mit den Messern umzugehen, die wir aus Ihrem Zimmer entfernt haben. Ich möchte nicht, dass Sie sich unsinnigerweise auf Ihre Geschicklichkeit verlassen, da ich Hari lebend, unverletzt und mir freundlich gesonnen möchte.«

»Es ist doch allgemein bekannt, Frau Bürgermeister«, sagte Dors betont förmlich, »dass der Herrscher von Wye, jetzt und seit vierzig Jahren, Mannix, vierter Träger jenes Namens, ist, und dass er immer noch lebt und im Vollbesitz seiner Kräfte ist. Wer also sind Sie wirklich?«

»Genau die, als die ich mich vorgestellt habe, Dors. Mannix der Vierte ist mein Vater. Er ist, wie Sie sagen, noch am Leben und im Vollbesitz seiner Kräfte. In den Augen des Kaisers und des ganzen Imperiums ist er Bürgermeister von Wye, aber er ist der Last der Macht müde und deshalb bereit und willens, sie in meine Hände zu legen, die ebenso willens sind, sie zu empfangen. Ich bin sein einziges Kind und bin mein ganzes Leben lang zum Herrschen erzogen worden. Mein Vater ist deshalb nach Gesetz und Namen Bürgermeister, ich aber bin es in der Tat. Die bewaffneten Streitkräfte Wyes haben mir den

Treueid geschworen, und das ist in Wye alles, worauf es ankommt.«

Seldon nickte. »Mag sein, wie Sie sagen. Aber trotzdem, ob hier nun Bürgermeister Mannix IV. oder Bürgermeisterin Rashelle I. – die Erste stimmt doch, nehme ich an? – die Macht ausübt, hat es keinen Zweck, dass Sie mich hier festhalten. Ich habe Ihnen gesagt, dass ich nicht über eine funktionsfähige Psychohistorik verfüge, und ich glaube nicht, dass ich oder ein anderer je eine besitzen werden. Das habe ich dem Kaiser gesagt. Ich bin daher weder für Sie noch für ihn von Nutzen.«

»Wie naiv Sie doch sind«, sagte Rashelle. »Kennen Sie die Geschichte des Imperiums?«

Seldon schüttelte den Kopf. »In letzter Zeit wünsche ich mir, ich würde sie besser kennen.«

»*Ich* kenne die Geschichte des Imperiums recht gut«, erklärte Dors. »Obwohl ich mich auf die Zeiten vor dem Imperium spezialisiert habe, Frau Bürgermeister. Aber was macht es schon aus, ob wir die Geschichte kennen oder nicht?«

»Wenn Sie die Geschichte kennen, wissen Sie, dass das Haus Wye uralt ist und von der Dakia-Dynastie abstammt.«

»Die Dakianer haben vor fünftausend Jahren regiert«, sagte Dors. »Die Zahl ihrer Abkömmlinge, die in den hundertfünfzig Generationen, die seitdem vergangen sind, gelebt haben und gestorben sind, mag die halbe Bevölkerung der Galaxis ausmachen – wenn alle genealogischen Ansprüche, und wären sie noch so unsinnig, akzeptiert würden.«

»Unsere genealogischen Ansprüche, Dr. Venabili …« – Rashelles Stimme klang zum ersten Mal kalt und unfreundlich, und ihre Augen blitzten wie Stahl –, »… sind nicht unsinnig. Sie sind in vollem Maße dokumentiert und verbrieft. Das Haus Wye hat in all den Generationen seine Machtpositionen gehalten, und es hat Zeiten gegeben, wo *wir* auf dem Kaiserthron saßen und als Kaiser regierten.«

»In den historischen Buchfilmen werden die Wyeherrscher gewöhnlich als ›Antikaiser‹ erwähnt«, meinte Dors. »Das Gros des Imperiums hat sie nie anerkannt.«

»Das hängt davon ab, wer die Buchfilme schreibt. In Zukunft werden wir das, denn der Thron, der uns gehört hat, wird wieder uns gehören.«

»Um das herbeizuführen, müssen Sie einen Bürgerkrieg führen.«

»Das Risiko, dass es dazu kommt, ist nicht sehr groß«, sagte Rashelle. Sie lächelte wieder. »Und genau das muss ich Ihnen erklären, weil ich möchte, dass Dr. Seldon mithilft, eine solche Katastrophe zu verhindern. Mein Vater, Mannix IV., ist sein Leben lang ein Mann des Friedens gewesen. Wer immer im Kaiserlichen Palast regierte, konnte seiner Loyalität sicher sein, und er hat dafür gesorgt, dass Wye eine wohlhabende, kräftige Säule der trantorianischen Wirtschaft zum Nutzen des ganzen Imperiums blieb.«

»Soweit mir bekannt ist, hat das den Kaiser aber keineswegs dazu veranlasst, ihm besonders zu vertrauen«, sagte Dors.

»Ganz sicherlich«, erklärte Rashelle ruhig, »denn die Kaiser, die zu Zeiten meines Vaters den Palast besetzt hielten, wissen selbst, dass sie Usurpatoren sind. Usurpatoren können es sich aber nicht leisten, den wahren Herrschern zu vertrauen. Und doch hat mein Vater den Frieden bewahrt. Selbstverständlich hat er eine hervorragende Sicherheitsstreitmacht aufgebaut und ausgebildet, um den Frieden, den Wohlstand und die Stabilität des Bezirks zu bewahren. Und die Kaiserlichen Behörden haben das zugelassen, weil sie ein friedliches, wohlhabendes und stabiles Wye haben wollten. Und eines, das loyal war.«

»Aber ist Wye loyal?«, fragte Dors.

»Dem wahren Kaiser natürlich«, sagte Rashelle, »und wir haben jetzt das Stadium erreicht, wo unsere Kraft dazu ausreicht, schnell die Regierung zu übernehmen – mit einem einzigen Blitzschlag praktisch –, und ehe jemand das Wort ›Bürgerkrieg‹ aussprechen kann, wird es einen wahren Kaiser – oder eine Kaiserin, wenn Sie das vorziehen – geben. Und Trantor wird so friedlich wie zuvor sein.«

Dors schüttelte den Kopf. »Darf ich Sie aufklären? Als Historikerin?«

»Ich höre stets gerne zu.« Und sie neigte leicht den Kopf, zu Dors gewandt.

»Wie groß auch immer Ihre Sicherheitsstreitmacht sein mag, wie gut auch immer ausgebildet und ausgerüstet, kann sie doch unmöglich in Umfang und Stärke den kaiserlichen Streitkräften gleichkommen, hinter denen fünfundzwanzig Millionen Welten stehen.«

»Ah, und genau damit legen Sie den Finger auf die Schwäche des Usurpators, Dr. Venabili. Es gibt fünfundzwanzig Millionen Welten, und die kaiserlichen Streitkräfte sind über sie verstreut. Diese Streitkräfte sind dünn verteilt über den unendlich weiten Weltraum und unterstehen dem Befehl unzähliger Offiziere, von denen keiner sonderlich auf irgendwelche Aktionen außerhalb ihrer eigenen Provinzen vorbereitet ist, von denen viele eher nach ihren eigenen Interessen als nach denen des Imperiums handeln wollen. Unsere Streitkräfte andererseits sind alle hier, alle auf Trantor. Wir können handeln und das durchsetzen, was wir wollen, ehe die weit entfernten Generale und Admirale auch nur begreifen, dass man sie braucht.«

»Aber diese Reaktion wird kommen – und zwar mit unwiderstehlicher Gewalt.«

»Sind Sie da sicher?«, fragte Rashelle. »Wir werden im Palast sein, und Trantor wird uns gehören, und es wird Frieden herrschen. Warum sollten die kaiserlichen Streitkräfte eingreifen, wo doch jeder Militärgouverneur sich um seine eigenen Angelegenheiten kümmert und seine eigene Welt haben und beherrschen kann, seine eigene Provinz?«

»Aber wollen Sie das denn?«, fragte Seldon erstaunt. »Wollen Sie damit sagen, dass Sie darauf hinarbeiten, ein Reich zu beherrschen, dass in Splitter zerbrechen wird?«

»Genau das«, sagte Rashelle. »Ich möchte über Trantor herrschen, über seine außenliegenden Weitraumsiedlungen, über die paar benachbarten Planetensysteme, die Teil der Provinz Trantor sind. Ich möchte viel lieber Kaiser von Trantor als Kaiser der Galaxis sein.«

»Sie wären mit Trantor allein zufrieden«, sagte Dors mit einer Stimme, aus der tiefer Unglaube klang.

»Warum nicht?«, sagte Rashelle plötzlich erregt. Sie lehnte sich vor und presste beide Hände auf den Tisch. »Genau das hat mein Vater seit vierzig Jahren geplant. Er klammert sich jetzt nur noch an sein Leben, um die Erfüllung dieses Traums mitzuerleben. Was brauchen wir Millionen von Welten, ferne Welten, die uns nichts bedeuten, die uns nur schwächen, die unsere Streitkräfte von uns abziehen, hinaus in bedeutungslose Kubikparsek des Weltraums, Welten, die uns in administrativem Chaos ertrinken lassen, mit ihren endlosen Streitereien und Problemen ruinieren, wo sie doch für uns nur ein fernes Nichts sind. Unsere eigene, dicht bevölkerte Welt – unsere planetarische Stadt – ist uns Galaxis genug. Wir haben alles, was wir brauchen, um uns selbst zu erhalten. Was den Rest der Galaxis angeht, soll er sich doch zersplittern. Jeder einzelne Militär kann seinen eigenen Splitter haben. Sie brauchen nicht zu kämpfen, es ist genug für alle da.«

»Aber sie *werden* dennoch kämpfen«, sagte Dors. »Keiner wird mit seiner eigenen Provinz zufrieden sein. Jeder wird Angst haben, sein Nachbar könnte mit *seiner* Provinz nicht zufrieden sein. Jeder wird sich unsicher fühlen und davon träumen, dass nur die Herrschaft über die ganze Galaxis eine Garantie für Sicherheit bietet. Das steht fest, Kaiserin des Nichts. Es wird endlose Kriege geben, und Sie und Trantor werden unvermeidlich in diese Kriege hineingezogen werden – bis alles vernichtet ist.«

»So könnte es scheinen«, sagte Rashelle mit unverhohlener Geringschätzung, »aber nur, wenn man nicht weitersehen kann als Sie, wenn man sich nur auf das verließe, was die Geschichte im Allgemeinen lehrt.«

»Was gibt es denn zu sehen, wenn man weiterblickt?«, erwiderte Dors. »Und worauf soll man sich denn verlassen, als auf das, was die Geschichte lehrt?«

»Auf was sonst?«, sagte Rashelle. »Nun, auf *ihn!*« Und dabei schoss ihr Arm vor, und ihr Zeigefinger wies wie eine Lanze auf Seldon.

»Ich?«, sagte Seldon. »Ich habe Ihnen doch bereits gesagt, dass die Psychohistorik …«

»Sie brauchen nicht zu wiederholen, was Sie bereits gesagt haben, mein guter Dr. Seldon. Das bringt uns nichts ein. – Glauben Sie denn, Dr. Venabili, dass mein Vater sich der Gefahr endloser Bürgerkriege nicht bewusst war? Glauben Sie, dass er nicht seinen ganzen Verstand eingesetzt hat, um sich eine Abhilfe dagegen einfallen zu lassen? In diesen letzten zehn Jahren war er jeden Tag darauf vorbereitet, das Imperium in einem einzigen Tag zu übernehmen. Er brauchte nur eine über den Sieg hinausgehende Sicherheit.«

»Die Sie nicht haben können«, sagte Dors.

»Die wir in dem Augenblick hatten, als wir von Dr. Seldons Vortrag beim Kongress hörten. Ich habe sofort erkannt, dass es das war, was wir brauchen. Mein Vater war zu alt, um die Bedeutung sofort zu erkennen. Aber als ich es ihm erklärte, hat er es auch so gesehen. Und an diesem Tag hat er seine Macht formell auf mich übertragen. Ihnen, Hari Seldon, verdanke ich daher meine Position, und Ihnen werde ich meine noch bedeutendere Position in der Zukunft verdanken.«

»Ich sage Ihnen doch immer wieder, dass es unmöglich …«, begann Seldon verärgert.

»Was geschehen oder nicht geschehen kann, ist unwichtig. Wichtig ist nur, was die Leute *glauben* oder nicht glauben. Und die Leute werden Ihnen glauben, Hari, wenn Sie ihnen sagen, dass die Psychohistorik erkennen lässt, Trantor könne sich selbst regieren, und die Provinzen könnten Königreiche werden, die in Frieden miteinander leben.«

»Ich werde keine derartige Voraussage machen«, sagte Seldon, »solange es keine echte Psychohistorik gibt. Ich werde nicht den Scharlatan spielen. Wenn Sie so etwas wollen, dann sagen doch *Sie* es.«

»Aber Hari. Mir wird man doch nicht glauben. Ihnen werden die Leute glauben. Ihnen, dem großen Mathematiker. Warum wollen Sie ihnen nicht den Gefallen tun?«

»Interessanterweise dachte auch der Kaiser daran, mich als Quelle solcher sich selbst erfüllender Prophezeiungen zu benutzen«, sagte Seldon. »Ich habe abgelehnt, das für ihn zu tun. Meinen Sie also, dass ich es für Sie tun will?«

Rashelle schwieg eine Weile, und als sie wieder sprach, war alle Erregung aus ihrer Stimme verschwunden, und sie klang fast einschmeichelnd.

»Hari«, sagte sie, »denken Sie doch ein wenig über den Unterschied zwischen Cleon und mir nach. Was Cleon ohne Zweifel von Ihnen wollte, war Propaganda, um seinen Thron zu bewahren. Es wäre sinnlos, ihm das zu geben, weil der Thron nicht bewahrt werden kann. Wissen Sie denn nicht, dass das Galaktische Imperium sich in einem Zustand des Zerfalls befindet, dass es sich nicht mehr länger halten kann? Trantor selbst wird von der wachsenden Last einer fünfundzwanzig Millionen Welten umfassenden Verwaltung langsam in den Ruin getrieben. Was vor uns liegt, ist der Zusammenbruch, ist der Bürgerkrieg, ganz gleich, was Sie für Cleon tun.«

»So etwas Ähnliches habe ich schon einmal gehört«, meinte Seldon. »Vielleicht stimmt es sogar. Aber was dann?«

»Nun denn, dann helfen Sie eben mit, es in Fragmente zu zerbrechen, *ohne dass* es zu Krieg kommt. Helfen Sie mir, Trantor zu übernehmen. Helfen Sie mir, eine funktionsfähige Regierung über ein Reich zu errichten, das klein genug ist, um effizient regiert zu werden. Lassen Sie mich dem Rest der Galaxis die Freiheit geben, dass jedes einzelne Stück gemäß seiner eigenen Bräuche und seiner Kultur seine eigenen Wege gehen kann. Dann wird die Galaxis wieder ein funktionierendes Ganzes werden, ohne Behinderung des Handels, des Tourismus und der Kommunikation. Damit wäre das Schicksal abgewandt, dass es unter der augenblicklichen Herrschaft der Gewalt, die sie doch kaum zusammenhalten kann, in eine Katastrophe hineinschlittert. Mein Ehrgeiz ist doch wirklich bescheiden; eine Welt, nicht Millionen; Frieden, nicht Krieg; Freiheit, nicht Sklaverei. Denken Sie darüber nach und helfen Sie mir!«

»Warum sollte denn die Galaxis mir mehr Glauben schenken als Ihnen?«, meinte Seldon. »Niemand kennt mich, und wer von unseren Flottenkommandanten wird schon von dem bloßen Wert ›Psychohistorik‹ beeindruckt sein?«

»*Jetzt* wird man Ihnen nicht glauben, aber ich erwarte ja auch nicht, dass Sie jetzt handeln. Das Haus Wye hat jahrtausende lang gewartet und kann auch noch ein paar Tausend Tage warten. Arbeiten Sie mit mir zusammen, und ich werde Ihren Namen berühmt machen. Ich werde dafür sorgen, dass die Verheißung der Psychohistorik auf allen Welten leuchtet, und im richtigen Augenblick, wenn ich glaube, dass die Zeit reif ist, werden Sie Ihre Prophezeiung bekanntgeben. Und dann werden wir zuschlagen. Und dann wird in einer Sternstunde der Geschichte die Galaxis unter einer neuen Ordnung existieren, und diese neue Ordnung wird sie für Äonen stabil und glücklich machen. Kommen Sie, Hari, können Sie das ablehnen?«

UMSTURZ

Thalus, Emmer – … Ein Sergeant in den bewaffneten Streitkräften des Bezirks Wye auf dem antiken Trantor …

… Abgesehen von diesen völlig belanglosen Details ist über den Mann nichts bekannt, nur dass er einen kurzen Augenblick lang das Geschick der ganzen Galaxis in der Hand hielt.

ENCYCLOPAEDIA GALACTICA

87

Das Frühstück wurde am nächsten Morgen in einem Alkoven in der Nähe der Zimmer der drei Gefangenen serviert, und es war wahrhaft luxuriös. Die Vielfalt des Gebotenen war unbeschreiblich, und von allem war mehr als genug vorhanden.

Seldon saß vor einem Berg scharf gewürzter Würstchen und ignorierte Dors Venabilis finstere Prophezeiungen hinsichtlich möglicher Magenkoliken.

»Das Weib ...«, begann Raych und verbesserte sich dann: »Die Frau Bürgermeister sagte, als sie gestern zu mir kam ...«

»Sie ist zu dir gekommen?«, sagte Seldon.

»Mhm. Sie hat gesagt, sie wollt nachsehn, ob alles in Ordnung is. Sie hat gesagt, wenn se Zeit hat, nimmt se mich mit in' Zoo.«

»Einen Zoo?« Seldon sah Dors verblüfft an. »Welchen Zoo kann es denn auf Trantor geben? Katzen? Hunde?«

»Es gibt einige urtümliche Tiere«, sagte Dors, »und wahrscheinlich haben sie auch von anderen Welten welche eingeführt, und dann gibt es auch die Tiere, die es auf allen Welten gibt. Wye besitzt tatsächlich einen berühmten Zoo, wahrscheinlich den besten auf dem ganzen Planeten – nach dem Kaiserlichen Zoo.«

»Sie ist 'ne nette alte Lady«, erklärte Raych.

»*So* alt auch nicht«, meinte Dors, »aber jedenfalls füttert sie uns gut.«

»Kann man wohl sagen«, räumte Seldon ein.

Nach dem Frühstück verließen sie Raych, um kundschaften zu gehen.

Als sie in Dors' Zimmer zurückgekehrt waren, meinte Seldon, sichtlich unzufrieden: »Ich weiß nicht, wie lange wir für uns allein bleiben können. Sie hat sich offenbar einiges ausgedacht, um uns zu beschäftigen.«

»Eigentlich können wir uns ja im Augenblick nicht beklagen«, wandte Dors ein. »Hier ist es jedenfalls viel behaglicher als in Mykogen oder Dahl.«

»Sie lassen sich aber doch nicht etwa von dieser Frau einlullen, oder, Dors?«

»Ich? Von Rashelle? Aber ganz sicherlich nicht. Wie können Sie das nur glauben?«

»Nun, Sie fühlen sich behaglich und haben gerade gut gegessen. Es wäre doch ganz natürlich, sich zu entspannen und abzuwarten, was das Schicksal bringt, und es einfach hinzunehmen.«

»Ja, sehr natürlich. Und warum wollen wir das nicht tun?«

»Hören Sie, Sie haben mir gestern Abend doch gesagt, was passieren wird, wenn sie ihre Absicht verwirklicht. Mag ja sein, dass ich selbst kein großer Historiker bin, aber ich verlasse mich eben auf das, was Sie sagen, und es klingt ja auch vernünftig – selbst für einen Nichthistoriker. Das Imperium wird zerfallen, und seine Splitter werden gegeneinander kämpfen und das – praktisch in alle Ewigkeit. Man muss sie daran hindern.«

»Das finde ich auch«, sagte Dors. »Unbedingt muss man das. Ich vermag bloß im Augenblick nicht zu erkennen, wie wir diese Kleinigkeit schaffen sollten.« Sie sah Seldon mit zusammengekniffenen Augen an. »Hari, Sie haben letzte Nacht nicht geschlafen, nicht wahr?«

»*Sie* etwa?« Es war offensichtlich, dass er wach gelegen hatte.

Dors starrte ihn an, und ihr Gesicht wurde besorgt. »Haben Sie wegen dem, was ich gesagt habe, wach gelegen und über den Untergang der Galaxis nachgedacht?«

»Das und noch ein paar andere Dinge. Ist es möglich, Chetter Hummin zu erreichen?« Er sagte das im Flüsterton.

»Ich habe versucht, ihn von Dahl aus zu erreichen, als wir zum ersten Mal vor der Verhaftung fliehen mussten. Er kam nicht. Ich bin sicher, dass er die Nachricht erhalten hat, aber er ist nicht gekommen. Dafür kann es natürlich eine Menge Gründe geben, und ich bin sicher, dass er sobald wie möglich kommen wird.«

»Glauben Sie, dass ihm etwas zugestoßen ist?«

»Nein«, sagte Dors geduldig. »Das denke ich nicht.«

»Wie können Sie das wissen?«

»Ich würde es irgendwie erfahren. Ganz sicher. Und ich habe nichts erfahren.«

Seldon runzelte die Stirn und sagte: »Ich bin da nicht so zuversichtlich wie Sie, was all diese Dinge betrifft. Tatsächlich bin ich überhaupt nicht zuversichtlich. Selbst wenn Hummin käme, was könnte er in diesem Fall schon tun? Er kann ja nicht gegen ganz Wye kämpfen. Wenn die, wie Rashelle behauptet, die bestorganisierte Armee auf Trantor haben, was kann er dann dagegen tun?«

»Es nützt wenig, das zu diskutieren. Glauben Sie, Sie könnten Rashelle davon überzeugen – es ihr irgendwie in den Schädel prügeln –, dass Sie die Psychohistorik nicht beherrschen?«

»Ich bin sicher, dass ihr das bewusst ist. Aber sie wird *sagen, dass* ich die Psychohistorik habe. Und wenn sie das geschickt genug tut, dann werden die Leute ihr glauben, und am Ende werden sie nach dem handeln, was sie als meine Vorhersagen und Ankündigungen ausgibt – selbst wenn ich kein Wort sage.«

»Das wird aber doch ganz sicherlich Zeit in Anspruch nehmen. Sie wird Sie nicht über Nacht aufbauen können. Nicht in einer Woche. Um das richtig anzupacken, braucht sie vielleicht ein Jahr.«

Seldon ging im Zimmer auf und ab. »Das mag sein, aber ich weiß es nicht. Möglicherweise steht sie unter Druck, schnell handeln zu müssen. Sie wirkt auf mich nicht wie eine besonders geduldige Frau. Und ihr alter Vater, Mannix IV., ist wahrscheinlich noch ungeduldiger. Er muss die Nähe des Todes spüren. Wenn er sein ganzes Leben dafür gearbeitet hat, dann wird er sicher vorziehen, dass seine Arbeit eine Woche vor seinem Tode und nicht eine Woche danach ihren krönenden Abschluss findet. Außerdem …« Er blieb plötzlich stehen und sah sich im leeren Zimmer um.

»Was außerdem?«

»Nun, wir *müssen* unsere Freiheit haben. Sehen Sie, ich habe nämlich das Problem der Psychohistorik gelöst.«

Dors' Augen weiteten sich. »Sie haben es! Sie haben es gelöst!«

»Nicht ganz gelöst, das dauert vielleicht noch Jahrzehnte … vielleicht sogar Jahrhunderte. Aber jetzt weiß ich jedenfalls, dass es eine praktikable Lösung gibt, nicht nur eine theoretische. Ich weiß, dass es möglich ist, also brauche ich die Zeit, den Frieden und die äußeren Voraussetzungen, um daran zu arbeiten. Das Imperium muss zusammengehalten werden, bis ich – oder möglicherweise meine Nachfolger – lernen, wie man es am besten zusammenhält oder wie man die Katastrophe mildern kann, wenn es trotz unserer Bemühungen zerfällt. Der Gedanke, dass ich jetzt weiß, wie ich meine Aufgabe anpacken muss, und doch nicht daran arbeiten zu können, hat mich letzte Nacht wach gehalten.«

88

Es war ihr fünfter Tag in Wye. Dors war am Morgen damit beschäftigt, Raych beim Anlegen eines formellen Kostüms zu helfen, mit dem sie beide nicht sehr vertraut waren. Raych betrachtete sich zweifelnd in dem Holospiegel und sah ein reflektiertes Bild, das präzise all seine Bewegungen nachahmte, ohne dass dabei links und rechts vertauscht gewesen wären. Raych hatte noch nie zuvor einen Holospiegel benutzt und hatte sich nicht davon abhalten lassen, ihn zu betasten, und dann fast verlegen gelacht, als seine Hand durch den »Spiegel«

hindurchging, während die Hand des Abbilds wirkungslos an seinem Körper herumtastete.

Schließlich meinte er: »Ich sehe komisch aus.«

Er studierte sein tunikaähnliches Obergewand, das aus einem sehr weichen Material bestand und mit einem schmalen Gürtel zusammengehalten wurde, und griff dann an den steifen Kragen, der ihm zu beiden Seiten fast bis an die Ohren reichte.

»Mein Kopf sieht wie 'n Ball in 'ner Schüssel aus.«

»Aber so etwas tragen reiche Kinder in Wye«, meinte Dors. »Jeder, der dich sieht, wird dich bewundern und beneiden.«

»Wo mir die Haare festgeklitscht sind?«

»Sicherlich. Du wirst diesen runden kleinen Hut tragen.«

»Da sieht mein Kopf ja noch mehr wie 'n Ball aus.«

»Dann pass auf, dass keiner danach tritt. Und jetzt vergiss nicht, was ich dir gesagt habe. Pass auf und benimm dich nicht wie ein Kind!«

»Aber ich *bin* 'n Kind«, sagte er und blickte mit unschuldig geweiteten Augen zu ihr auf.

»Das überrascht mich, dass du das sagst«, meinte Dors. »Ich hatte immer gedacht, du würdest dich für einen zwölfjährigen Erwachsenen halten.«

Raych grinste. »Okay. Ich werd 'n guter Spion sein.«

»Das verlange ich doch nicht von dir. Du darfst kein Risiko eingehen! Lausch nie an Türen! Wenn man dich dabei erwischt, nützt du keinem – ganz besonders dir selbst nicht.«

»Och, jetzt komm' Se schon, Missus, für was halten Se mich denn? 'n kleinen Jungen oder was?«

»Du hast doch gerade gesagt, dass du ein Kind bist. Du hörst dir einfach alles an, was gesagt wird, lässt dir aber nichts anmerken. Und merk dir das, was du hörst. Und sag es uns. Das ist doch ganz einfach.«

»Einfach genug für Sie, das zu sagen, Missus Venabili«, sagte Raych und grinste, »und auch ganz einfach für mich.«

»Und sei vorsichtig!«

Raych zwinkerte ihr zu. »Drauf könn' Se wetten.«

Ein Lakai (kühl und unhöflich, wie es nur ein arroganter Lakai sein kann) kam, um Raych abzuholen und zu Rashelle zu bringen.

Seldon blickte ihnen nach und meinte nachdenklich: »Wahrscheinlich wird er den Zoo gar nicht sehen, weil er so aufmerksam lauschen wird. Ich bin nicht sicher, ob es richtig ist, einen Jungen solcher Gefahr auszusetzen?«

»Gefahr? Das bezweifle ich. Sie sollten nicht vergessen, dass Raych in den Slums von Billibotton aufgewachsen ist. Ich kann mir vorstellen, dass der Kleine sich auf so etwas besser versteht als wir beide zusammen. Außerdem mag ihn Rashelle und wird alles, was er tut, zu seinen Gunsten auslegen. – Die arme Frau.«

»Tut sie Ihnen wirklich *leid*, Dors?«

»Soll das heißen, dass sie keine Sympathie verdient, weil sie die Tochter eines Bürgermeisters ist und sich selbst als Bürgermeister betrachtet und weil sie es darauf abgesehen hat, das Imperium zu vernichten? Mag sein, dass Sie recht haben. Aber da sind doch einige Aspekte an ihr, für die man etwas Sympathie zeigen kann. So hat sie beispielsweise eine unglückliche Liebesaffäre hinter sich. Das ist ziemlich offensichtlich. Dabei ist ihr ohne Zweifel das Herz gebrochen – für eine Weile zumindest. Hatten Sie je eine unglückliche Liebe, Dors?«, fragte Seldon.

Dors überlegte ein paar Augenblicke, ehe sie antwortete: »Nein, eigentlich nicht. Ich bin zu sehr auf meine Arbeit konzentriert, als dass mir jemand das Herz brechen könnte.«

»Das habe ich mir gedacht.«

»Warum fragen Sie dann?«

»Es hätte ja sein können, dass ich mich geirrt habe.«

»Und wie steht's mit Ihnen?«

Seldon wurde verlegen. »Tatsächlich ja. Ich habe mir die Zeit für ein gebrochenes Herz genommen. Ziemlich angeknackst jedenfalls.«

»Das habe ich mir gedacht.«

»Warum haben *Sie* dann gefragt?«

»Nicht weil ich dachte, ich hätte mich irren können, das verspreche ich Ihnen. Ich wollte nur sehen, ob Sie lügen würden. Das haben Sie nicht, und darüber bin ich froh.«

Eine Weile herrschte Stille im Raum, dann sagte Seldon: »Jetzt sind fünf Tage vergangen, und es ist nichts passiert.«

»Nur dass man uns gut behandelt, Hari.«

»Wenn Tiere denken könnten, würden sie auch glauben, dass man sie gut behandelt, wo man sie doch nur für die Schlachtung mästet.«

»Ich gebe ja zu, dass sie das Imperium für die Schlachtung mästet.«

»Aber wann?«

»Ich nehme an, dann, wenn sie so weit ist.«

»Sie hat sich damit gebrüstet, dass sie den Coup in einem Tag erledigen könnte, und ich bekam dabei den Eindruck, dass sie das *jederzeit* auch wirklich schaffen könnte.«

»Selbst wenn sie das könnte, würde sie doch dafür sorgen wollen, nachteilige Reaktionen des Imperiums zu verhindern. Und das nimmt vielleicht Zeit in Anspruch.«

»Aber wie viel? Sie will mich dazu einsetzen, unternimmt aber in der Beziehung nichts. Es gibt keinerlei Anzeichen dafür, dass sie versuchen würde, meinen Ruf aufzubauen. Wo auch immer ich in Wye hingehe, niemand kennt mich. Es gibt keine Menschenmengen, die sich sammeln, um mir zuzujubeln. Und in den Nachrichten im Holo ist auch nichts zu sehen.«

Dors lächelte. »Man könnte ja fast annehmen, dass Sie beleidigt sind, weil man Sie nicht berühmt macht. Sie sind naiv, Hari, oder kein Historiker, und das ist dasselbe. Ich glaube, Sie sollten sich mehr darüber freuen, dass das Studium der Psychohistorik mit Sicherheit einen Historiker aus Ihnen machen wird, als darüber, dass es vielleicht das Imperium retten wird. Wenn alle Menschen die Geschichte begreifen würden, dann würden sie vielleicht aufhören, immer dieselben dummen Fehler zu machen.«

»In welcher Hinsicht bin ich naiv?« Seldon hob den Kopf und starrte sie über seine lange Nase hinweg an.

»Jetzt seien Sie nicht beleidigt, Hari. Ich halte das sogar für einen Ihrer attraktiveren Züge.«

»Ich weiß. Das weckt Ihre mütterlichen Instinkte, und man hat Sie ja schließlich darum gebeten, für mich zu sorgen. Aber in welcher Hinsicht bin ich naiv?«

»Indem Sie glauben, Rashelle würde versuchen, die Bevölkerung des Imperiums im Allgemeinen dahin zu bringen, Sie als Seher zu akzeptieren. Auf die Weise würde sie gar nichts bewirken. Es ist schwierig, Trillionen von Menschen schnell zu bewegen; ebenso wie es eine physische Massenträgheit gibt, gibt es die auch in sozialer und psychologischer Hinsicht. Und wenn sie an die Öffentlichkeit träte, würde sie damit nur Demerzel warnen.«

»Was wird sie dann tun?«

»Ich vermute, dass die Sie betreffende Information – natürlich entsprechend aufgebauscht und glorifiziert – an einige wenige geht. Sie geht zu jenen Vizekönigen von Sektoren, jenen Flottenadmiralen und jenen einflussreichen Leuten, von denen sie annimmt, dass sie ihr freundlich gesonnen sind – oder dem Kaiser feindlich. Etwa hundert davon, die sich auf ihre Seite schlagen könnten, würden die Loyalisten lange genug in Verwirrung stürzen, um es Rashelle I. zu ermöglichen, ihre neue Ordnung fest genug zu etablieren, um etwaigen Widerstand abzuwehren. Zumindest vermute ich, dass sie so denkt.«

»Und doch haben wir noch nichts von Hummin gehört.«

»Ich bin trotzdem sicher, dass er irgendetwas tut. Das ist einfach zu wichtig, um es zu ignorieren.«

»Ist es Ihnen in den Sinn gekommen, dass er tot sein könnte?«

»Die Möglichkeit besteht natürlich, aber ich glaube es nicht. Wenn er das wäre, dann würde ich es auch erfahren.«

»Hier?«

»Selbst hier.«

Seldon hob die Augenbrauen, sagte aber nichts.

Raych kam am späten Nachmittag vergnügt und aufgekratzt zurück und erzählte von Affen und von bakarianischen Demoren und bestritt während des Abendessens die ganze Unterhaltung.

Erst nach dem Abendessen, als sie wieder ihre Räumlichkeiten aufgesucht hatten, meinte Dors: »Und jetzt sag mir, was mit Frau Bürgermeister geschehen ist, Raych. Sag mir alles, was sie getan oder gesagt hat.«

»Eines«, sagte Raych, und sein Gesicht hellte sich dabei auf. »Ich wette, dass sie deshalb nicht zum Abendessen gekommen ist.«

»Und was war das?«

»Der Zoo war geschlossen, nur nicht für uns, wissen Se. Wir warn 'ne ganze Menge – Rashelle und ich und alle möglichen Typen in Uniform und Weiber in komischen Kleidern und so. Und dann kam dieser Typ in Uniform – ein anderer Typ, der zuerst gar nicht da war – gegen Ende und hat leise was gesagt, und Rashelle hat sich rumgedreht und 'ne Bewegung mit der Hand gemacht, dass die sich nicht bewegen sollten, und das ham se nich. Und dann isse mit diesem neuen Typen 'n Stück weggegangen, damit se mit ihm reden konnte und es sonst keiner hören kann. Aber ich hab nich drauf geachtet und mir die Käfige angesehen und mich näher an Rashelle rangemacht, damit ich sie hören konnte.

Sie hat gesagt: ›Wie können die das wagen?‹ – Richtig böse war se, und der Typ in Uniform hat nervös ausgesehn. Ich hab nur kurz hingesehn, hab so getan, als würd ich mir die Tiere ansehen, also hab ich meistens bloß gehört, was er gesagt hat. Er sagte, jemand – an den Namen erinner' ich mich nich, aber er war ein General oder so was. Er hat gesagt, dieser General hat gesagt, die Offiziere hätten was auf Rashelles Alten abgelegt ...«

»Den Treueid«, sagte Dors.

»Irgend so was, und sie wären nervös, weil sie das tun sollten, was 'n Weib sagt. Er sagte, sie wollten den Alten, oder wenn der krank wär, soll der irgend 'n Kerl zum Bürgermeister machen, nich 'n Weib.«

»*Nicht* ein Weib? Bist du da sicher?«

»Das hat der gesagt. Geflüstert hat er's. Er war so nervös und Rashelle so wütend, dass se kaum was sagen konnte. Und dann hat se gesagt: ›Das kostet den den Kopf. Die werden morgen den Treueid auf mich ablegen, und wer sich weigert, wird das sehr bedauern, noch ehe eine Stunde um ist.‹ *Genau* das hat se gesagt. Und dann war alles Schluss, und wir sind zurückgekommen, und se hat die ganze Zeit nix zu mir gesagt, hat bloß dagesessen und finster geguckt.«

»Gut«, lobte Dors. »Dass du mir das zu niemandem sagst.«

»Na klar werd ich nich. Isses das, was Se wollten?«

»Und ob es das ist. Das hast du gut gemacht, Raych. Und jetzt geh in dein Zimmer und vergiss das Ganze! Nicht einmal denken darfst du daran.«

Als er gegangen war, wandte Dors sich zu Seldon und sagte: »Das ist sehr interessant. Töchter haben oft das Erbe ihrer Väter – oder ihrer Mütter, was das betrifft – angetreten und häufig das Bürgermeisteramt oder andere hohe Ämter bekleidet. Wie Sie ohne Zweifel wissen, hat es sogar Regierende Kaiserinnen gegeben, und ich kann mich nicht erinnern, dass es je in der Geschichte des Reiches ernsthaft deshalb Probleme gegeben hätte. Da fragt man sich, warum das jetzt in Wye der Fall sein soll.«

Seldon war da anderer Ansicht. »Warum nicht? Wir waren doch erst kürzlich in Mykogen, wo Frauen überhaupt keinen Status haben und keinerlei Machtposition innehaben können, so belanglos diese Position auch sein mag.«

»Ja, natürlich, aber das ist eine Ausnahme. Es gibt andere Orte, wo die Frauen dominieren. Zum größten Teil sind Regierung und Macht etwas, wofür das Geschlecht keine Bedeutung mehr hat. Wenn Männer mehr dazu neigen, hohe Ämter innezuhaben, dann liegt das gewöhnlich daran, dass Frauen meist – aus biologischen Gründen – an ihre Kinder gebunden sind.«

»Aber wie ist die Situation in Wye?«

»Nun, soweit mir bekannt war, herrscht hier Gleichheit der Geschlechter. Rashelle hat nicht gezögert, die Macht des Bürgermeisteramts zu übernehmen, und ich kann mir vorstellen, dass der alte Mannix auch nicht zögerte, sie ihr zu überlassen. Und sie war überrascht und wütend, jetzt männliche Opposition vorzufinden. Sie kann nicht damit gerechnet haben.«

»Ihnen scheint das sichtlich Freude zu machen«, meinte Seldon. »Warum?«

»Einfach, weil es so unnatürlich ist, dass jemand es arrangiert haben muss. Und ich kann mir vorstellen, dass Hummin dahintersteckt.«

»Das meinen Sie?«, sagte Seldon nachdenklich.

»Ja, allerdings«, sagte Dors.

»Hm.« Seldon nickte. »Ich auch.«

89

Es war ihr zehnter Tag in Wye, und Hari Seldons Türsignal ertönte am Morgen, und draußen schrie Raych mit schriller Stimme: »Master! Master Seldon! Es ist Krieg!«

Seldon brauchte einen Augenblick dazu, um vollends wach zu werden, dann sprang er aus dem Bett und riss die Tür auf.

Raych schoss ins Zimmer, erregt und mit geweiteten Augen. »Master Seldon, se haben Mannix, den alten Bürgermeister! Se haben …«

»*Wer* hat, Raych?«

»Die Kaiserlichen. Ihre Düsenflieger waren heute Nacht überall. Und die Holos sind voll davon. Im Zimmer von Missus auch. Sie hat gesagt, ich soll Se schlafen lassen, aber ich hab mer gedacht, dass Se das auch wissen wolln.«

»Womit du völlig recht hattest.« Seldon nahm sich nur so lange Zeit, sich einen Bademantel überzuwerfen und platzte dann in

Dors' Zimmer. Sie war völlig angezogen und blickte auf den Holovisionsempfänger im Alkoven.

Hinter dem klaren, kleinen Bild eines Schreibtischs saß ein Mann, der auf der linken Seite seines Waffenrocks deutlich das Raumschiff und die Sonne trug. Links und rechts von ihm standen zwei bewaffnete Soldaten, ebenfalls mit dem Raumschiff-und-Sonne-Abzeichen. Der Offizier am Tisch sagte gerade: »… steht unter der friedlichen Kontrolle seiner Kaiserlichen Majestät. Bürgermeister Mannix ist in Sicherheit und befindet sich wohl und ist im Vollbesitz seiner bürgermeisterlichen Macht unter der Lenkung freundlicher Kaiserlicher Truppen. Er wird bald zu Ihnen sprechen, um allen Wyanern Ruhe und Besonnenheit anzuempfehlen und alle etwa noch unter Waffen stehenden wyanischen Soldaten aufzufordern, diese niederzulegen.«

Es kamen weitere Nachrichten von verschiedenen Reportern, und alle trugen sie kaiserliche Armbänder. Die Nachrichten, die sie verbreiteten, liefen alle auf dasselbe hinaus: Übergabe dieser oder jener Einheit der wyanischen Sicherheitskräfte nach Abgabe einiger Schüsse – manchmal auch ohne jeglichen Widerstand. Dieses Stadtzentrum und jenes Stadtzentrum besetzt – und immer wieder dazwischen Bilder von Ansammlungen von Wyanern, die ernst zusahen, wie kaiserliche Truppen die Straßen entlangmarschierten.

»Eine perfekte Aktion, Hari«, erklärte Dors. »Die Überraschung ist vollständig gelungen. Sie hatten keine Chance, Widerstand zu leisten, und es ist auch keiner geleistet worden.«

Dann erschien, wie versprochen, Bürgermeister Mannix IV. Er stand hoch aufgerichtet und gerade da, und, vielleicht um den Schein zu wahren, waren keine kaiserlichen Soldaten zu sehen, obwohl Seldon ziemlich sicher war, dass außerhalb des Blickfelds der Kamera eine ausreichende Zahl postiert war.

Mannix war alt, aber seine Stärke, wenn auch etwas abgenutzt, war unverkennbar. Seine Augen blickten nicht in die Holokamera, und was er sagte, klang, als wären ihm die Worte aufgezwungen – aber wie angekündigt, empfahl er den Wyanern, ruhig und besonnen zu bleiben, keinen Widerstand zu leisten, damit Wye kein Schaden widerfahre, und mit dem Kaiser zusammenzuarbeiten, der, wie er hoffe, lange auf dem Thron bleiben würde.

»Kein Wort von Rashelle«, sagte Seldon. »Es ist, als existierte seine Tochter nicht.«

»Niemand hat sie erwähnt«, sagte Dors, »und dieser Bau hier, der ja schließlich ihre Residenz ist – eine ihrer Residenzen –, ist nicht angegriffen worden. Selbst wenn es ihr gelingt, irgendwie zu entkommen und in einem benachbarten Bezirk Zuflucht zu finden, bezweifle ich, dass sie irgendwo auf Trantor längere Zeit in Sicherheit sein wird.«

»Wahrscheinlich nicht«, ertönte eine Stimme, »aber hier würde ich eine Weile in Sicherheit sein.«

Rashelle trat ins Zimmer. Sie war sorgfältig gekleidet und strahlte gemessene Ruhe aus. Sie lächelte, aber es war kein Lächeln der Freude, sondern ein eisiges Zähnefletschen.

Die drei starrten sie einen Augenblick lang überrascht an, und Seldon überlegte, ob wohl noch einige ihrer Bediensteten bei ihr waren oder ob sie sie beim ersten Anzeichen der Niederlage verlassen hatten.

Dors meinte ziemlich kühl: »Wie ich sehe, Frau Bürgermeister, hat sich Ihre Hoffnung auf einen Coup nicht verwirklichen lassen. Offenbar ist man Ihnen zuvorgekommen.«

»Man ist mir nicht zuvorgekommen, man hat mich verraten. Meine Offiziere sind manipuliert worden, und sie haben es – gegen alle geschichtliche Tradition und jede Vernunft – abgelehnt, für eine Frau zu kämpfen, nur für ihren alten Herrn. Und dann, Verräter, die sie sind, haben sie zugelassen, dass man ihren alten Herrn festnahm, sodass er sie nicht im Widerstand führen kann.«

Sie sah sich nach einem Sessel um und setzte sich. »Und jetzt muss das Imperium weiterhin zerfallen und schließlich sterben, wo ich doch bereit war, ihm ein neues Leben anzubieten.«

»Ich meine«, widersprach Dors, »dass das Imperium so eine endlose Periode sinnloser Kämpfe und Verwüstungen verhindert hat. Trösten Sie sich damit, Frau Bürgermeister.«

Es war, als hätte Rashelle nicht gehört. »So viele Jahre der Vorbereitung in einer Nacht zunichte gemacht.« Da saß sie, geschlagen, besiegt, und wirkte, als wäre sie zwanzig Jahre gealtert.

»In einer Nacht kann das wohl kaum geschehen sein«, sagte Dors. »Wenn man Ihnen Ihre Offiziere wirklich abspenstig gemacht hat, muss das doch Zeit in Anspruch genommen haben.«

»Darin ist Demerzel ein Meister, und ich habe ihn ganz offensichtlich unterschätzt. Wie er es gemacht hat, weiß ich nicht – Drohungen, Bestechungen, glattzüngige Argumente. Er ist ein Meister in der Kunst des Verrats und der Hinterlist – das hätte ich wissen müssen.«

Nach einer kurzen Pause fuhr sie fort: »Wenn er offene Gewalt eingesetzt hätte, wäre es mir nicht schwergefallen, alles zu vernichten, was er hätte gegen uns schicken können. Doch wer hätte gedacht, dass Wye durch Verrat fallen würde, dass ein Treueid so leichthin gebrochen würde.«

Darauf erwiderte Seldon, ohne zu denken und aus schierer Vernunft: »Aber ich stelle mir vor, dass der Eid nicht Ihnen, sondern Ihrem Vater galt.«

»Unsinn«, widersprach Rashelle heftig. »Als mein Vater mir das Bürgermeisteramt übergab, wozu er legal befugt war, hat er automatisch alle ihm geleisteten Treueide auf mich übertragen. Dafür gibt es genügend Präzedenzfälle. Es ist üblich, dass der Eid dem neuen Herrscher gegenüber wiederholt wird, aber das ist nur eine Zeremonie und nicht verfassungsmäßig vorgeschrieben. Meine Offiziere wissen das, wenn sie es auch vorgezogen haben, es zu vergessen. Sie benutzen die Tatsache, dass ich eine Frau bin, nur als Vorwand, weil sie in Furcht vor der kaiserlichen Rache zittern – einer Rache, die nie gekommen wäre, hätten sie ihre Pflicht getan, und zittern vor Gier auf versprochene Belohnungen, die sie sicherlich nie bekommen werden, wie ich Demerzel kenne.«

Sie drehte sich ruckartig herum und sah Seldon an. »Sie will er haben, das wissen Sie. Ihretwegen hat Demerzel uns geschlagen.«

Seldon zuckte zusammen. »Warum mich?«

»Seien Sie kein Narr! Aus demselben Grund, aus dem ich Sie haben wollte – um Sie als Werkzeug zu benutzen, natürlich.« Sie seufzte. »Zumindest bin ich nicht von allen verraten worden. Es gibt immer noch loyale Soldaten. Sergeant!«

Sergeant Emmer Thalus trat mit zögernden Schritten ein, die angesichts seiner Größe irgendwie nicht zu ihm passten. Seine Uniform sah aus, als käme sie frisch vom Schneider, und sein langer, blonder Schnurrbart stach martialisch in die Höhe.

»Bürgermeisterin«, sagte er und nahm zackig Haltung an.

Er war immer noch der grobschlächtige Hohlkopf, für den Hari ihn hielt – der blindlings seine Befehle befolgte und die veränderten Umstände überhaupt nicht zur Kenntnis nahm.

Rashelle sah Raych mit einem traurigen Lächeln an. »Und wie geht es dir, Raych? Ich hatte vorgehabt, etwas aus dir zu machen. Wie es scheint, werde ich das jetzt nicht mehr können.«

»Hello, Missus … Madame«, sagte Raych verlegen.

»Und aus Ihnen hätte ich auch etwas gemacht, Dr. Seldon«, sagte Rashelle, »und auch Sie muss ich um Nachsicht bitten. Das kann ich jetzt nicht mehr.«

»Um meinetwillen brauchen Sie sich keine Sorgen zu machen, Madame.«

»Das tue ich aber. Ich kann schließlich nicht zulassen, dass Demerzel Sie bekommt. Das wäre ein Sieg zu viel für ihn. Das zumindest kann ich verhindern.«

»Ich würde nicht für ihn tätig werden, Madame, das versichere ich Ihnen, ebenso wenig wie ich nicht für Sie tätig geworden wäre.«

»Es ist keine Frage des Tätigseins. Es ist eine Frage des Benutztwerdens. Leben Sie wohl, Dr. Seldon. Sergeant, erschießen Sie ihn!«

Der Sergeant zog seinen Blaster. Dors stürmte mit einem lauten Schrei los, aber Seldons Hand packte sie am Ellbogen und hielt sie zurück.

»Lassen Sie das, Dors!«, schrie er, »sonst tötet er Sie. Mich wird er nicht töten. Du auch, Raych. Zurück! Keine Bewegung!«

Seldon sah den Sergeant an. »Sie zögern, Sergeant, weil Sie wissen, dass Sie nicht schießen können. Ich hätte Sie vor zehn Tagen töten können, aber das habe ich nicht getan. Damals haben Sie mir Ihr Ehrenwort gegeben, dass Sie mich schützen würden.«

»Worauf warten Sie?«, herrschte Rashelle ihn an. »Ich habe gesagt, Sie sollen ihn niederschießen, Sergeant!« Seldon sagte nichts mehr. Er stand einfach da, während der Sergeant mit hervorquellenden Augen seinen Blaster auf Seldons Kopf gerichtet hielt.

»Sie haben Ihren Befehl!«, kreischte Rashelle.

»Ich habe Ihr Wort«, sagte Seldon ruhig.

Und Sergeant Thalus sagte mit erstickter Stimme: »So oder so entehrt.« Seine Hand sank herunter, und der Blaster klirrte zu Boden.

»Dann verraten Sie mich auch!«, schrie Rashelle.

Ehe Seldon eine Bewegung machen konnte, packte Rashelle den Blaster, richtete ihn auf den Sergeant und drückte den Abzug.

Seldon hatte noch nie mit ansehen müssen, wie jemand von einem Blasterschuss getroffen wurde. Irgendwie hatte er, vielleicht wegen des Namens der Waffe, ein lautes Geräusch, eine Explosion von Fleisch und Blut erwartet. Aber dieser wyanische Blaster zumindest bewirkte nichts dergleichen. Wie er die Organe in der Brust des Sergeants zerfetzte, konnte Seldon natürlich nicht erkennen, aber jedenfalls sackte der Sergeant, ohne dass sein Ausdruck sich veränderte und ohne vor Schmerz zusammenzuzucken, einfach in sich zusammen und stürzte zu Boden – tot, ohne jeden Zweifel und ohne jede Hoffnung.

Und Rashelle richtete den Blaster mit einer Entschlossenheit auf Seldon, die jede Hoffnung für ihn zunichte machte.

Aber in dem Augenblick, in dem der Sergeant stürzte, trat Raych in Aktion. Er warf sich mit einem Satz zwischen Seldon und Rashelle und fuchtelte wild mit den Händen.

»Missus, Missus!«, rief er. »Nicht schießen!«

Einen Augenblick lang wirkte Rashelle verwirrt. »Aus dem Weg, Raych. Dir will ich nicht wehtun.«

Und dieser Augenblick des Zögerns war alles, was Dors brauchte. Mit einem Hechtsprung warf sie sich auf Rashelle; diese ging mit einem Schrei zu Boden und ließ den Blaster fallen.

Raych schnappte ihn sich.

Seldon atmete tief durch; er spürte, wie seine Lungen dabei erzitterten. »Raych, gib her!«, sagte er.

Aber Raych zog sich zurück. »Sie werden Se nicht umbringen, oder, Master Seldon? Sie war nett zu mir.«

»Ich werde niemanden töten, Raych«, sagte Seldon. »Sie hat den Sergeant getötet und hätte mich getötet, aber sie hat nicht geschossen, um dich nicht zu verletzen. Dafür werden wir sie leben lassen.«

Dann setzte sich Seldon, den Blaster locker in der Hand, während Dors die Neuronenpeitsche aus dem anderen Halfter des toten Sergeanten holte.

»Ich kümmere mich jetzt um sie, Seldon«, versicherte eine Männerstimme.

Seldon blickte auf und sagte, von plötzlicher Freude erfüllt: »Hummin! Endlich!«

»Tut mir leid, dass es so lang gedauert hat, Seldon. Ich hatte eine Menge zu tun. Wie geht es Ihnen, Dr. Venabili? Ich nehme an, dass dies Mannix' Tochter Rashelle ist, aber wer ist der Junge?«

»Raych ist ein junger dahlitischer Freund von uns«, erklärte Seldon.

Soldaten strömten ins Zimmer und hoben Rashelle auf eine kleine Geste Hummins hin respektvoll auf.

Jetzt, wo Dors nicht mehr auf die andere Frau achten musste, bürstete sie mit den Händen an ihren Kleidern und glättete ihre Bluse. Seldon wurde erst zu diesem Augenblick bewusst, dass er immer noch seinen Bademantel trug.

Rashelle schüttelte verächtlich die Hände der Soldaten ab, deutete auf Hummin und sagte zu Seldon gewandt: »Wer ist das?«

»Das ist Chetter Hummin, ein Freund von mir und mein Beschützer auf diesem Planeten«, erklärte der.

»Ihr *Beschützer?*« Rashelle lachte wie eine Irre. »Sie Narr! Sie Idiot! Dieser Mann ist Demerzel, und wenn Sie sich Ihre Freundin ansehen, werden Sie in ihrem Gesicht lesen, dass ihr das wohlbewusst ist. Sie steckten die ganze Zeit in der Falle, einer schlimmeren Falle als bei mir!«

90

Hummin und Seldon aßen an dem Tag gemeinsam zu Mittag, ganz allein, und die meiste Zeit hing lastendes Schweigen zwischen ihnen.

Erst gegen Ende der Mahlzeit riss Seldon sich aus seinen Gedanken und fragte mit lebhafter Stimme: »Nun, Sir, wie soll ich Sie ansprechen? Für mich sind Sie immer noch ›Chetter Hummin‹, aber selbst wenn ich Sie als jenen anderen akzeptiere, kann ich Sie doch nicht als ›Eto Demerzel‹ ansprechen. In dieser Eigenschaft haben Sie einen Titel, und ich weiß nicht, wie man ihn anwendet. Bitte, unterweisen Sie mich.«

Der andere meinte ernst: »Nennen Sie mich ›Hummin‹ – wenn es Ihnen nichts ausmacht. Oder ›Chetter‹. Ja, ich bin Eto Demerzel, aber was Sie betrifft, bin ich Hummin. Die beiden unterscheiden sich natürlich nicht. Ich sagte Ihnen ja, dass das Imperium in Auflösung begriffen ist, im Zerfall. Der Meinung bin ich sowohl als Hummin als auch als Demerzel. Ich sagte Ihnen, dass ich an der Psychohistorik interessiert sei, als einem Mittel, diesen Zerfall und den Untergang zu verhindern, oder, wenn es dafür schon zu spät ist, eine Erneuerung und neuen Schwung herbeizuführen. Und *das* glaube ich auch in meinen beiden Eigenschaften.«

»Aber Sie hatten mich doch in Ihrer Gewalt – ich nehme an, dass Sie in der Nähe waren, als ich mit dem Kaiser zusammentraf.«

»Mit Cleon. Ja natürlich.«

»Da hätten Sie doch genauso zu mir sprechen können, so wie Sie das später als Hummin getan haben.«

»Und was hätte ich bewirkt? Als Demerzel ist meine Aufgabe enorm. Ich muss mich um Cleon kümmern, einen wohlmeinenden, aber nicht sehr fähigen Herrscher, und muss ihn, soweit ich das kann, davon abhalten, Fehler zu machen. Und dann muss ich das meine dazu beitragen, Trantor und das Imperium zu regieren. Und wie Sie sehen, musste ich viel Zeit dafür aufwenden, um Wye davon abzuhalten, Schaden anzurichten.«

»Ja, ich weiß«, murmelte Seldon.

»Es war nicht einfach, und fast wäre es mir nicht geglückt. Ich habe Jahre im vorsichtigen Geplänkel mit Mannix verbracht und gelernt, seine Gedanken zu begreifen und für jeden Zug, den er unternahm, einen Gegenzug zu tun. Ich habe nicht damit gerechnet, dass er seine Macht zu Lebzeiten auf seine Tochter übertragen würde. Ich hatte sie nicht studiert und war nicht auf das Fehlen jeglicher Vorsicht vorbereitet. Im Gegensatz zu ihrem Vater ist sie in einer Umgebung aufgewachsen, in der die Macht für sie etwas Selbstverständliches war, und deshalb kannte sie ihre Grenzen nicht. Also hat sie Sie in Ihre Gewalt gebracht und mich zum Handeln gezwungen, ehe ich ganz darauf vorbereitet war.«

»Dabei hätten Sie mich beinahe verloren. Ich sah zweimal in die Mündung eines Blasters.«

»Ich weiß«, sagte Hummin. »Und an der Oberseite hätten wir Sie auch verlieren können – ein weiterer Unfall, den ich nicht vorhersehen konnte.«

»Sie haben eigentlich meine Frage nicht beantwortet. Warum haben Sie mich über ganz Trantor gejagt, um vor Demerzel zu entkommen, wo Sie doch selbst Demerzel waren?«

»Sie haben Cleon gesagt, die Psychohistorik sei ein rein theoretisches Konzept, eine Art mathematisches Spiel ohne praktischen Nutzen. Das hätte in der Tat so sein können, aber wenn ich offiziell an Sie herangetreten wäre, hätten Sie, dessen war ich sicher, einfach weiterhin dasselbe behauptet. Und doch fühlte ich mich zu der Idee der Psychohistorik hingezogen. Ich fragte mich, ob sie nicht vielleicht doch nur ein Spiel war. Sie müssen verstehen, dass ich wirklich nicht beabsichtigte, Sie nur zu benutzen, ich wollte eine echte, praktikable Psychohistorik.

Also habe ich Sie, so wie Sie das formulieren, über ganz Trantor gejagt, die ganze Zeit den gefürchteten Demerzel auf Ihren Fersen. Ich war sicher, damit erreichen zu können, dass Sie sich mit aller Macht konzentrieren würden und dass dies die Psychohistorik zu etwas Erregendem machen würde, viel mehr als nur ein mathematisches Spiel. Für den aufrichtigen Idealisten Hummin würden Sie viel eher versuchen, sie praktikabel zu machen, als für den kaiserlichen Lakai Demerzel. Außerdem würden Sie verschiedene Seiten Trantors kennenlernen, und auch das würde nützen – ganz sicherlich mehr, als wenn Sie auf einem weit entfernten Planeten im Elfenbeinturm lebten, ringsum von Mathematikerkollegen umgeben. Habe ich recht? Haben Sie Fortschritte gemacht?«

»In der Psychohistorik?«, fragte Seldon. »Ja, das habe ich. Ich dachte, das wüssten Sie.«

»Wie sollte ich es wissen?«

»Ich habe es Dors gesagt.«

»Aber mir haben Sie es nicht gesagt. Aber das tun Sie ja jetzt. Das ist eine gute Nachricht.«

»Nicht ganz«, sagte Seldon. »Ich stehe noch ganz am Anfang. Aber ein *Anfang* ist es immerhin.«

»Ist es die Art von Anfang, die man einem Nichtmathematiker erklären kann?«

»Ich denke doch. Sehen Sie, Hummin, ich habe die Psychohistorik von Anfang an als eine Wissenschaft gesehen, die auf die Wechselwirkung von fünfundzwanzig Millionen Welten aufbaut, von denen jede eine durchschnittliche Bevölkerung von vier Milliarden hat. Das ist einfach zu viel. Mit etwas so Kompliziertem kann man einfach nicht umgehen. Wenn ich überhaupt Erfolg haben sollte, wenn es einen Weg geben sollte, eine brauchbare Psychohistorik zu entwickeln, muss ich zuerst ein einfacheres System finden.

Also dachte ich, ich würde in der Zeit zurückgehen und mit einer einzelnen Welt anfangen, einer Welt, die in jener grauen Vorzeit vor der Kolonisierung der Galaxis die einzige war, die von der Menschheit bewohnt wurde. In Mykogen redete man von einer Ursprungswelt, die Aurora hieß, und in Dahl hörte ich von einer Ursprungswelt namens Erde. Ich dachte, das könnte vielleicht dieselbe Welt mit verschiedenen Namen sein, aber in einem wichtigen Punkt zumindest unterschieden sie sich hinreichend, dass dies ausgeschlossen werden konnte. Doch es spielte keine Rolle. Von beiden war so wenig bekannt und dieses wenige so von Mythen und Legenden verhüllt, dass nicht die geringste Hoffnung bestand, in Verbindung mit diesen Welten die Psychohistorik zu nutzen.«

Er machte eine Pause, um einen Schluck Saft zu trinken, ließ dabei aber Hummin nicht aus den Augen.

»Nun?«, sagte der. »Was dann?«

»Unterdessen hatte Dors mir etwas erzählt, was ich die ›Schenkelgeschichte‹ nenne. Eine Geschichte ohne besondere Bedeutung, trivial und eher spaßig. Aber dabei erwähnte Dors die verschiedenen Einstellungen zum Sex auf verschiedenen Welten und in verschiedenen Bezirken Trantors. Mir kam dabei in den Sinn, dass sie die verschiedenen trantorianischen Bezirke so betrachtete, als wären es verschiedene Welten; und dabei dachte ich, dass ich es anstatt mit fünfundzwanzig Millionen verschiedenen Welten mit achthundert zu tun hätte. Der Unterschied schien mir so trivial, dass ich ihn wieder vergaß und nicht weiter darüber nachdachte.

Aber als ich dann vom Kaiserlichen Bezirk nach Streeling, nach Mykogen, nach Dahl und nach Wye reiste, konnte ich für mich selbst beobachten, wie unterschiedlich jeder einzelne Bezirk war. Die Vorstellung von Trantor – nicht als einer Welt, sondern als einem vielfältigen Komplex von Welten – wurde stärker, aber den wesentlichen Punkt erkannte ich dabei immer noch nicht.

Erst als ich Rashelle zuhörte – Sie sehen, es war gut, dass ich schließlich von Wye gefangen wurde, und es war gut, dass Rashelles Ungestüm sie in die grandiosen Pläne trieb, die sie mir mitteilte –, als ich, wie gesagt, Rashelle zuhörte, sagte sie mir, alles, was sie wollte, sei Trantor und einige unmittelbar benachbarte Welten. Das war ein Imperium für sich, sagte sie, und die anderen Welten tat sie als ›ein fernes Nichts‹ ab.

Und in diesem Augenblick, als sie das sagte, wurde mir plötzlich klar, was ich schon einige Zeit vermutlich im Unterbewusstsein verarbeitet hatte. Einerseits besaß Trantor ein ungewöhnlich kompliziertes Gesellschaftssystem, wo es doch eine dicht bevölkerte Welt war, die aus achthundert kleineren Welten bestand. Trantor in sich war ein ausreichend kompliziertes System für eine sinnvolle Psychohistorik, und doch verglichen mit dem Imperium als Ganzem recht einfach. Und in diesem

Augenblick wurde mir klar, dass man hier vielleicht eine praktikable Psychohistorik entwickeln könnte.

Und die äußeren Welten, die waren ›ein fernes Nichts‹. Natürlich hatten sie Auswirkungen auf Trantor und Trantor seinerseits auch Auswirkungen auf sie. Aber das waren Auswirkungen zweiter Ordnung. Wenn ich es schaffte, die Psychohistorik als erste Näherung für Trantor allein zum Funktionieren zu bringen, dann konnte man ja die kleineren Auswirkungen der äußeren Welten später immer noch als Modifikationen hinzufügen. Verstehen Sie, was ich meine? Ich war auf der Suche nach einer einzigen Welt, auf der ich eine praktikable Wissenschaft der Psychohistorik etablieren konnte, und suchte in der fernen Vergangenheit nach ihr, wo doch die ganze Zeit die einzige Welt, die ich haben wollte, unter meinen Füßen war.«

»Wunderbar!«, sagte Hummin mit offenkundiger Erleichterung und Freude.

»Aber es muss noch alles getan werden, Hummin. Ich muss zunächst einmal Trantor in allen Details studieren. Ich muss die nötige Mathematik entwickeln, um mich damit gründlich auseinanderzusetzen.

Wenn ich Glück habe und mir ein langes Leben geschenkt wird, kann es sein, dass ich die nötigen Antworten finde, ehe ich sterbe. Wenn nicht, dann werden eben meine Nachfolger weitermachen müssen. Es ist aber durchaus vorstellbar, dass das Imperium bereits zerbrochen ist, ehe die Psychohistorik zu einer nützlichen angewandten Technik ausgebaut sein wird.«

»Ich werde alles in meiner Macht Stehende tun, um Ihnen zu helfen.«

»Das weiß ich«, sagte Seldon.

»Dann vertrauen Sie mir also, obwohl ich Demerzel bin?«

»Voll und ganz. Absolut. Aber das tue ich, weil Sie *nicht* Demerzel sind.«

»Aber der bin ich«, beharrte Hummin.

»Aber der sind Sie nicht. Was Sie betrifft, ist die Person Demerzel ebenso weit von der Wahrheit entfernt wie die Person Hummin.«

»Was meinen Sie damit?« Hummins Augen weiteten sich, und er wich ein Stück vor Seldon zurück.

»Ich meine, dass Sie den Namen ›Hummin‹ deshalb gewählt haben, weil er Ihnen in einer ganz bestimmten Art von Humor passend erschien. ›Hummin‹ ist eine Verballhornung des altgalaktischen Wortes ›human‹ – also menschlich, nicht wahr?«

Hummin gab keine Antwort, sondern starrte Seldon weiter unverwandt an.

Und schließlich sagte Seldon: »Weil Sie nicht menschlich sind, nicht wahr, ›Hummin/Demerzel‹? Sie sind ein Roboter.«

DORS

Seldon, Hari – … Wenn man sich mit Hari Seldon befasst, dann gewöhnlich nur im Zusammenhang mit der Psychohistorik. Man sieht ihn als den personifizierten Wandel in der Mathematik und der Soziologie. Ohne Zweifel hat er diese Betrachtungsweise selbst herbeigeführt, da er in seinen überlieferten Schriften keinerlei Hinweise darauf gegeben hat, wie er es angestellt hat, die verschiedenen Probleme der Psychohistorik zu lösen. Seine Gedankensprünge können ebenso gut Eingebungen gewesen sein, jedenfalls erläutert er sie uns nirgends. Ebenso wenig berichtet er uns von all den Sackgassen, in die er möglicherweise geriet, oder den Irrtümern, die er überwinden musste.

… Was sein Privatleben angeht, so ist dazu nichts überliefert. Was seine Eltern und Geschwister betrifft, sind uns nur einige wenige Fakten bekannt, sonst nichts. Von seinem einzigen Sohn Raych Seldon ist bekannt, dass es sich um einen Adoptivsohn handelte, aber wie es dazu kam, ist ebenfalls nicht bekannt. Bezüglich seiner Frau wissen wir nur, dass sie existierte. Seldon wollte ganz offenkundig anonym bleiben, soweit es nicht um die Psychohistorik ging. Es war gerade, als hätte er das Gefühl gehabt – oder dieses Gefühl vermitteln wollen –, dass er gar nicht lebte, sondern lediglich psychohistorifizierte.

ENCYCLOPAEDIA GALACTICA

91

Hummin saß ruhig da, ohne dass ein Muskel an ihm zuckte, und sah Hari Seldon an. Hari Seldon seinerseits wartete nur. Seiner Ansicht nach kam es Hummin zu, jetzt zu sprechen.

Das tat Hummin auch, aber er sagte lediglich: »Ein Roboter? Ich? – Unter Roboter verstehen Sie, wie ich annehme, ein künstliches Wesen, so wie das Objekt, das Sie in dem Sakratorium in Mykogen gesehen haben.«

»Nicht ganz«, sagte Seldon.

»Nicht Metall also? Kein lebloses Abbild?«, sagte Hummin noch immer ausdruckslos.

»Nein. Künstliches Leben heißt nicht notwendigerweise aus Metall gemacht. Ich spreche von einem Roboter, der dem Aussehen nach von einem menschlichen Wesen nicht zu unterscheiden ist.«

»Wenn er nicht zu unterscheiden ist, Hari, wie unterscheiden Sie dann?«

»Nicht dem *Aussehen* nach.«

»Erklären Sie!«

»Hummin, auf meiner Flucht vor Ihnen als Demerzel hörte ich, wie ich Ihnen erzählt habe, von zwei antiken Welten – Aurora und Erde. Jede wurde, wie mir schien, als eine erste Welt oder eine einzige Welt betrachtet. In beiden Fällen war von Robotern die Rede, aber in sehr unterschiedlicher Weise.«

Seldon starrte den Mann, der ihm gegenübersaß, nachdenklich an und fragte sich, ob er in irgendeiner Weise erkennen lassen würde, dass er weniger als ein Mensch war – oder mehr. »Soweit es um Aurora ging«, fuhr er fort, »sprach man von einem Roboter als einem Renegaten, einem Verräter, jemandem, der zum Deserteur geworden war. Und als von der Erde die Rede war, sprach man von einem Roboter als einem Helden, der die Erlösung verkörperte. Ginge die Vermutung zu weit, dass es derselbe Roboter war?«

»War er das?«, murmelte Hummin.

»Das dachte ich auch, Hummin. Ich dachte, dass Erde und Aurora zwei separate Welten waren, die zu derselben Zeit existierten. Ich weiß nicht, welche von beiden der anderen vorangegangen war. Aus der Arroganz und dem Bewusstsein der Überlegenheit der Mykogenier könnte ich vermuten, dass Aurora die ursprüngliche Welt war und dass sie die Erdenmenschen verachteten, die von ihnen abstammten – oder von ihnen degenerierten.

Andererseits war Mutter Rittah, die mir von der Erde erzählte, überzeugt, dass die Erde die ursprüngliche Heimat der Menschheit gewesen sei. Die winzige, isolierte Position der Mykogenier in einer ganzen Galaxis von Trillionen von Menschen, die alle den eigenartigen mykogenischen Ethos nicht besitzen, könnte bedeuten, dass tatsächlich die Erde die ursprüngliche Heimat war und dass Aurora erst später entstand und auf Irrwege geriet. Ich kenne die Antwort darauf nicht, aber ich gebe Ihnen meine Gedanken weiter, damit Sie die Schlüsse begreifen, die ich schließlich gezogen habe.«

Hummin nickte. »Ich verstehe. Bitte fahren Sie fort!«

»Die Welten waren Feinde. Jedenfalls klang es bei Mutter Rittah so. Wenn ich die Mykogenier vergleiche, die mir Aurora zu verkörpern scheinen, und die Dahliter, die die Erde zu verkörpern scheinen, stelle ich mir vor, dass Aurora, ob es nun die erste oder die zweite Welt war, nichtsdestoweniger die fortgeschrittenere war, diejenige, die höher entwickelte Roboter herstellen konnte, selbst solche, die man äußerlich nicht von Menschen unterscheiden konnte. Ein solcher Roboter wurde also auf Aurora entwickelt und gebaut. Aber er war ein Renegat, er hat also Aurora den Rücken gekehrt. Für die Erdmenschen war er ein Held, also muss er die Partei der Erde ergriffen haben.

Warum er das getan hat und was seine Motive waren, kann ich nicht sagen.«

Hummin unterbrach. »Sie meinen doch sicherlich, warum *es* das getan hat, nicht *er*.«

»Vielleicht, aber so, wie Sie mir gegenübersitzen«, meinte Seldon, »fällt es mir schwer, das Fürwort für eine Sache zu benutzen. Mutter Rittah war überzeugt, dass der heldenhafte Roboter – *ihr* heldenhafter Roboter – immer noch existierte, dass er zurückkehren würde, wenn man ihn brauchte. Mir schien, dass an der Vorstellung eines unsterblichen Roboters nichts Unmögliches war oder zumindest insoweit unsterblich, solange man den Ersatz abgenutzter Teile vernachlässigte.«

»Selbst das Gehirn?«, fragte Hummin.

»Selbst das Gehirn. Ich verstehe wirklich nichts von Robotern, aber ich kann mir vorstellen, dass man ein neues Gehirn von dem alten kopieren könnte. – Und Mutter Rittah machte Andeutungen von seltsamen geistigen Kräften. – Ich dachte: Es muss so sein. Vielleicht bin ich in mancher Hinsicht ein Romantiker, aber nicht in solchem Maße, dass ich glaube, ein Roboter könnte, indem er von einer Seite zur anderen überwechselt, den Lauf der Geschichte verändern. Ein Roboter könnte den Sieg der Erde nicht sicherstellen, ebenso wenig die Niederlage Auroras – wenn an dem Roboter nicht etwas Fremdartiges, etwas ganz Besonderes wäre.«

Er hielt inne, und Hummin meinte: »Ist es Ihnen denn nicht in den Sinn gekommen, Hari, dass Sie es hier mit Legenden zu tun haben könnten? Legenden, die vielleicht über die Jahrhunderte, die Jahrtausende hinweg verzerrt worden sind, in solchem Maße, dass sich über ganz normale Vorgänge der Schleier des Übernatürlichen gelegt hat? Können Sie sich wirklich selbst dazu bringen, an einen Roboter zu glauben, der nicht nur menschlich scheint, sondern auch ewig lebt und besondere mentale Kräfte besitzt? Fangen Sie nicht etwa an, an das Übermenschliche zu glauben?«

»Ich weiß sehr wohl, was Legenden sind, und lasse mich davon nicht verleiten, neige auch nicht dazu, an Märchen zu glauben. Trotzdem, angesichts gewisser eigenartiger Vorkommnisse, die ich selbst miterlebt habe …«

»Was zum Beispiel?«

»Hummin, ich bin Ihnen begegnet und habe Ihnen von Anfang an vertraut. Ja, Sie haben mir gegen diese zwei Raufbolde geholfen, als Sie das nicht brauchten, und das hat mich für Sie eingenommen, da mir zu dem Zeitpunkt nicht klar war, dass die beiden natürlich in Ihrem Dienst standen und genau das taten, was Sie ihnen aufgetragen hatten – aber lassen wir das.«

»Nein«, sagte Hummin, und zum ersten Mal war eine Andeutung von Belustigung in seiner Stimme zu erkennen.

»Ich habe Ihnen vertraut. Ich ließ mich leicht überzeugen, nicht nach Helicon zurückzukehren und vielmehr ein Wanderer auf Trantor zu werden. Ich habe alles geglaubt, was Sie mir gesagt haben, ohne irgendetwas in Zweifel zu ziehen. Ich habe mich ganz in Ihre Hand begeben. Wenn ich jetzt darauf zurückblicke, sehe ich mich fast als einen Fremden. Ich bin normalerweise kein Mensch, der sich so leicht lenken lässt, und doch habe ich genau das zugelassen. Ja, mehr noch, ich hielt es nicht einmal für eigenartig, dass ich mich so ungewöhnlich verhielt.«

»Sie kennen sich selbst am besten, Hari.«

»Das war nicht nur ich. Wie kommt es, dass Dors Venabili, eine schöne Frau mit einer eigenen beruflichen Karriere, einfach diese Karriere aufgibt und sich mir auf meiner Flucht anschließt? Wie kommt es, dass sie ihr Leben riskieren sollte, um das meine zu retten, dass sie geradezu wie eine heilige Pflicht die Aufgabe übernimmt, mich zu schützen und alles andere zu vernachlässigen? War das einfach, weil Sie sie darum gebeten haben?«

»Ich habe sie darum gebeten, Hari.«

»Und doch scheint sie mir nicht die Art von Frau zu sein, die ihr Leben so radikal verändert, nur weil man sie darum bittet. Ich könnte auch kaum glauben, dass das nur war, weil sie sich auf den ersten Blick unsterblich in mich verliebt hat und einfach nicht anders konnte. Irgendwie wünsche ich mir, dass es so gewesen wäre, aber sie scheint durchaus Herrin ihrer Gefühle zu sein, mehr – und da bin ich jetzt ganz offen zu ihnen –, mehr als ich selbst das in Bezug auf sie bin.«

»Sie ist eine wunderbare Frau«, sagte Hummin. »Ich kann es Ihnen nicht verübeln.«

Und Seldon fuhr fort: »Und wie kommt es ferner, dass Sonnenmeister Vierzehn, ein Monstrum an Arroganz, Führer eines Volkes, dessen Anmaßung kaum zu übertreffen ist, einfach bereit sein sollte, Stammesleute wie Dors und mich aufzunehmen und uns so gut zu behandeln, wie Mykogenier das nur können? Und als wir dann jede Regel brachen, jedes Sakrileg begingen, wie kommt es, dass Sie ihn trotzdem dazu überreden konnten, uns gehen zu lassen? Wie konnten Sie die Tisalvers mit ihren kleinkarierten Vorurteilen dazu bringen, uns aufzunehmen? Wie kommt es, dass Sie überall auf der Welt zu Hause sein können, jedermanns Freund, dass Sie jeden Menschen beeinflussen können, ohne Rücksicht auf all ihre Eigenschaften? Und was das betrifft, wie schaffen Sie es, auch Cleon zu manipulieren? Und wenn man ihn als leicht beeinflussbaren Menschen betrachtet, wie konnten Sie dann mit seinem Vater umgehen, der doch, nach allem, was überliefert ist, ein roher, unberechenbarer Tyrann war? Wie konnten Sie all das tun?

Und das Allerverblüffendste: Wie konnte Mannix IV. von Wye Jahrzehnte damit verbringen, eine Armee ohnegleichen aufzubauen – eine Armee, die in dem Augenblick einfach zerfiel, als seine Tochter versuchte, sie zu benutzen? Wie konnten Sie all seine Soldaten zum Verrat bewegen, so wie Sie das getan haben?«

Hummin ließ sich mit der Antwort eine Weile Zeit. »Könnte dies vielleicht nicht einfach bedeuten, dass ich ein taktvoller

Mensch bin, der es gewöhnt ist, mit Menschen von verschiedener Art umzugehen? Dass ich wichtigen Leuten Gefälligkeiten erwiesen habe und mich in einer Position befinde, um ihnen auch in Zukunft solche Gefälligkeiten zu erweisen? Nichts, was ich getan habe, so könnte es scheinen, erfordert übernatürliche Kräfte.«

»Nichts, was Sie getan haben? Nicht einmal die Neutralisierung der Wyanischen Armee?«

»Sie wollten keiner Frau dienen.«

»Sie müssen doch jahrelang gewusst haben, dass in dem Augenblick, wo Mannix seine Macht niederlegte oder jedenfalls bei seinem Tode, Rashelle ihr Bürgermeister sein würde. Und doch ließen sie sich keinerlei Unzufriedenheit anmerken, bis Sie es für notwendig hielten, dass sie das doch taten. Dors hat Sie einmal als einen Mann mit großer Überzeugungskraft geschildert, und das sind Sie auch. Mehr Überzeugungskraft als irgendein *Mensch* besitzen kann. Aber Sie haben nicht mehr Überzeugungskraft als ein unsterblicher Roboter mit seltsamen mentalen Kräften vielleicht besitzen könnte. Nun, Hummin?«

»Was erwarten Sie jetzt von mir, Hari?«, fragte Hummin. »Erwarten Sie, dass ich zugebe, ein Roboter zu sein? Dass ich nur wie ein Mensch aussehe? Dass ich unsterblich bin? Dass ich ein mentales Wunder bin?!«

Seldon beugte sich zu Hummin hinüber, der ihm auf der anderen Seite des Tisches gegenübersaß. »Ja, Hummin, das tue ich. Ich erwarte, dass Sie mir die Wahrheit sagen, und ich habe den starken Verdacht, dass das, was Sie gerade in ein paar Umrissen dargestellt haben, die *Wahrheit* ist. Sie, Hummin, sind der Roboter, von dem Mutter Rittah als Da-Nee, Freund von Ba-Lee, sprach. Sie müssen es zugeben. Sie haben keine Wahl.«

92

Es war, als säßen sie in einem winzigen Universum, das nur für sie existierte. Mitten in Wye, während rings um sie die wyanische Armee durch kaiserliche Truppen entwaffnet wurde, saßen sie still da. Dort, inmitten von Ereignissen, die ganz Trantor – und vielleicht die ganze Galaxis – beobachtete, war diese winzige Singularität völliger Isolation, in der Seldon und Hummin ihr Spiel aus Angriff und Verteidigung spielten –, wobei Seldon sich alle Mühe gab, eine neue Realität zu erzwingen, und Hummin keine Anstalten machte, jene neue Realität zu akzeptieren.

Seldon hatte keine Angst, unterbrochen zu werden. Er war sicher, dass das Universum, in dessen Innerem sie saßen, von Grenzen umgeben war, die nicht durchdrungen werden konnten, die die Kräfte Hummins – nein, des *Roboters* – aufrechterhalten konnten, bis das Spiel vorüber war.

Schließlich sagte Hummin: »Sie sind ein findiger Bursche, Hari, aber ich vermag wirklich nicht einzusehen, weshalb ich zugeben sollte, ein Roboter zu sein, und weshalb ich keine andere Wahl haben sollte. Alles, was Sie sagen, mag zutreffen, da die Fakten – Ihr eigenes Verhalten, Dors' Verhalten, das von Sonnenmeister, das der Tisalvers, der wyanischen Generäle – alle so gewesen sein mögen, wie Sie sagten, aber das zwingt nicht zu dem Schluss, dass Ihre *Interpretation* der Ereignisse zutreffen muss. Sicherlich kann doch alles Geschehene auch eine natürliche Erklärung haben. Sie haben mir vertraut, weil Sie das akzeptiert haben, was ich sagte. Dors hatte das Gefühl, dass Ihre Sicherheit wichtig sei, weil sie das Gefühl hatte, dass die Psychohistorik von wesentlicher Bedeutung war, wo sie doch schließlich selbst Historikerin ist; Sonnenmeister und Tisalver waren mir wegen Gefälligkeiten, von denen Sie nichts wissen, erkenntlich. Die wyanischen Generäle wollten einfach nicht von einer Frau regiert werden, nicht mehr und nicht weniger. Warum müssen wir uns also ins Übernatürliche flüchten?«

Doch Seldon ließ sich nicht abbringen. »Sehen Sie, Hummin, glauben Sie wirklich, dass das Imperium in Zerfall begriffen ist? Halten Sie es wirklich für wichtig, dass das verhindert wird und man sich bemüht, es zu retten oder den Fall zumindest zu mildern?«

»Ja, so ist es.« Irgendwie wusste Seldon, dass der andere das ehrlich meinte.

»Und wollen Sie wirklich, dass ich die Einzelheiten der Psychohistorik entwickle, und haben Sie das Gefühl, das selbst nicht zu können?«

»Mir fehlt die Fähigkeit dazu.«

»Und Sie haben das Gefühl, nur ich könnte damit fertigwerden – selbst wenn ich daran zweifle.«

»Ja.«

»Und deshalb müssen Sie das Gefühl haben, dass Sie – wenn Sie mir in irgendeiner Weise helfen können – das auch tun müssen.«

»Ja.«

»Persönliche Gefühle – selbstsüchtige Überlegungen – könnten da keine Rolle spielen?«

Ein flüchtiges Lächeln huschte kurz über Hummins sonst so ernst wirkendes Gesicht, und einen Augenblick lang ahnte Seldon eine endlose dürre Wüste der Müdigkeit hinter Hummins Gelassenheit. »Ich habe eine lange Karriere darauf aufgebaut, persönlichen Gefühlen oder selbstsüchtigen Überlegungen keinen Platz zu lassen.«

»Dann bitte ich Sie um Ihre Hilfe. Ich kann die Psychohistorik auf der Basis von Trantor allein entwickeln, werde aber dabei auf Schwierigkeiten stoßen. Mag sein, dass es mir gelingt, diese Schwierigkeiten zu überwinden, aber wie viel leichter wäre es doch, wenn mir bestimmte wesentliche Fakten bekannt wären. Zum Beispiel – war Erde oder Aurora die erste Welt der Menschen? Oder war es irgendeine andere Welt? Welche Beziehung herrschte zwischen der Erde und Aurora?

Hat die eine oder die andere Welt die Galaxis kolonisiert oder beide? Und wenn nur eine, warum dann nicht die andere? Wenn beide, wie wurde die Sache schließlich entschieden? Gibt es Welten, die von beiden abstammen und nur von einer? Wie kam es, dass man die Roboter aufgegeben hat? Wie kam es, dass Trantor die Kaiserliche Welt wurde und nicht ein anderer Planet? Und was geschah unterdessen mit Aurora und der Erde? Es gibt tausend Fragen, die ich jetzt stellen könnte, und hunderttausend, die mir später vielleicht in den Sinn kommen. Würden Sie zulassen, dass ich unwissend bleibe, Hummin, und vielleicht in meiner Aufgabe scheitere, wo Sie mich doch informieren und mir dabei zum Erfolg verhelfen könnten?«

Wieder ließ Hummin sich mit der Antwort viel Zeit. Und dann meinte er: »Wenn ich der Roboter wäre, hätte ich dann in meinem Gehirn Platz für zwanzigtausend Jahre Geschichte von Millionen verschiedener Welten?«

»Ich kenne die Kapazität von Robotergehirnen nicht. Ich kenne die Kapazität des Ihren nicht. Aber wenn Sie die Kapazität nicht haben, dann müssen Sie jene Information, die Sie nicht sicher in Ihrem Gehirn bewahren können, an einem Platz und in einer Art und Weise aufbewahrt haben, die es Ihnen ermöglichen, Zugriff zu haben. Und wenn das der Fall ist und ich Informationen brauche, wie können Sie das dann leugnen und mir die Information vorenthalten? Und wenn Sie sie mir nicht vorenthalten können, wie können Sie dann leugnen, dass Sie ein Roboter sind – *jener* Roboter – der Renegat?«

Seldon lehnte sich zurück und atmete tief. »Also frage ich Sie noch einmal: Sind Sie jener Roboter? Wenn Sie die Psychohistorik haben wollen, müssen Sie das zugeben. Wenn Sie immer noch leugnen, dass Sie ein Roboter sind, und wenn Sie mich überzeugen, dass Sie keiner sind, dann werden meine Chancen für die Psychohistorik viel, viel kleiner. Es liegt also bei Ihnen. Sind Sie ein Roboter? Sind Sie Da-Nee?«

Und Hummin sagte, so unerschütterlich wie stets: »Ihre Argumente sind unwiderlegbar. Ich bin R. Daneel Olivaw. Das ›R‹ steht für ›Roboter‹.«

93

R. Daneel Olivaw sprach immer noch mit leiser Stimme, aber Seldon schien es, als hätte sich seine Stimme etwas verändert, als spräche er jetzt leichter, wo er nicht länger genötigt war, eine Rolle zu spielen.

»In zwanzigtausend Jahren«, sagte Daneel, »hat niemand erraten, dass ich ein Roboter bin, wenn ich nicht wollte, dass er oder sie das wusste. Die Menschen haben vor so langer Zeit die Roboter aufgegeben, dass nur noch wenige sich überhaupt an Roboter erinnern. Hinzu kommt, dass ich die Fähigkeit besitze, menschliche Empfindungen wahrzunehmen und zu beeinflussen. Die Wahrnehmung macht keine Schwierigkeiten, aber Empfindungen zu beeinflussen, ist aus Gründen, die mit meiner Roboternatur zu tun haben, recht schwierig für mich – obwohl ich es kann, wenn ich es will. Ich besitze die Fähigkeit, muss mich aber mit meinem Willen auseinandersetzen, sie nicht zu gebrauchen. Ich versuche, mich nie einzumischen, nur dann, wenn ich keine andere Wahl habe. Und wenn ich mich einmische, dann tue ich selten mehr, als dass ich das bereits Vorhandene so wenig wie möglich verstärke. Wenn ich meine Ziele auch ohne Einmischung erreichen kann, vermeide ich jeglichen Eingriff.

Es war nicht nötig, dass ich mich an Sonnenmeister Vierzehn zu schaffen machte, damit er Sie akzeptierte – ich nenne es ›zu schaffen machen‹, wie Sie bemerken, weil es etwas Unangenehmes ist. Ich brauchte mich nicht an ihm zu schaffen zu machen, weil er wegen früherer Gefälligkeiten in meiner Schuld steht und ein ehrenwerter Mann ist, trotz der Eigenheiten, die

Sie an ihm festgestellt haben. Das zweite Mal, als Sie in seinen Augen ein Sakrileg begangen hatten, musste ich mich einschalten, Sie den Kaiserlichen Behörden zu übergeben, die er nicht mag. Ich habe lediglich seine Abneigung ein wenig verstärkt, und er übergab Sie meiner Obhut und akzeptierte meine Argumente, die ihm sonst vielleicht fadenscheinig erschienen wären.

Auch an Ihnen habe ich mich nicht besonders zu schaffen gemacht. Sie misstrauten den Kaiserlichen ebenfalls. Das tun heute die meisten Menschen, und das ist ein wichtiger Faktor im Niedergang des Imperiums. Darüber hinaus waren Sie auf das Konzept der Psychohistorik stolz, waren stolz darauf, es erdacht zu haben. Ihnen hätte es nichts ausgemacht, hätten Sie beweisen können, dass Ihre Entdeckung eine praktikable Disziplin ist. Das hätte Ihre Eitelkeit weiter genährt.«

Seldon runzelte die Stirn und sagte: »Verzeihen Sie, Master Robot, aber mir ist nicht bewusst, dass ich ein solches Ungeheuer an Eitelkeit bin.«

»Sie sind keineswegs ein Ungeheuer an Eitelkeit«, sagte Daneel mild. »Ihnen ist völlig bewusst, dass es weder bewundernswert noch nützlich ist, von Eitelkeit getrieben zu sein. Also versuchen Sie, sie zu unterdrücken. Aber ebenso könnten Sie missbilligen, dass Sie von Ihrem Herzschlag angetrieben werden. Sie können gegen beides nichts tun. Obwohl Sie, um Ihres eigenen Seelenfriedens willen Ihre Eitelkeit vor sich selbst verbergen, können Sie sie nicht vor mir verstecken. Sie existiert, so sorgfältig Sie sie auch tarnen. Und ich musste nur ganz leicht nachhelfen, und schon waren Sie bereit, Maßnahmen zu ergreifen, um sich vor Demerzel zu verstecken, Maßnahmen, denen Sie sich noch einen Augenblick zuvor widersetzt hätten. Und plötzlich waren Sie begierig darauf, an der Psychohistorik zu arbeiten, und zwar mit einer Intensität, die Sie noch kurz zuvor abgelehnt hätten.

Ich sah keine Notwendigkeit, an irgendetwas anderes zu rühren. Und so haben Sie sich mein Robotertum zusammenkombiniert. Hätte ich diese Möglichkeit vorhergesehen, dann hätte ich es vielleicht verhindert, aber meine Voraussicht und meine Fähigkeiten sind nicht unbeschränkt. Auch tut es mir jetzt nicht leid, dass es mir missglückt ist, denn Ihre Argumente sind gut. Und es ist wichtig, dass Sie wissen, wer ich bin und dass ich Ihnen helfen kann.

Gefühle, mein lieber Seldon, sind ein mächtiger Antrieb menschlichen Handelns, viel mächtiger, als das den Menschen selbst bewusst ist. Und Sie ahnen nicht, wie viel man mit dem Hauch einer Berührung bewirken kann und wie sehr es mir widerstrebt, eben das zu tun.«

Seldons Atem ging schwer, er litt sichtlich darunter, in sich einen von Eitelkeit getriebenen Menschen zu sehen. »Warum widerstrebt es Ihnen?«

»Weil es so leicht wäre, zu viel zu tun. Ich musste Rashelle davon abhalten, das Imperium in eine feudale Anarchie zu verwandeln. Ich hätte schnell handeln und das Bewusstsein vieler beugen können, und die Folge hätte leicht ein blutiger Aufstand sein können. Männer sind Männer – und die wyanischen Generäle sind alle Männer. Es gehört wirklich nicht viel dazu, in jedem Mann Abneigung und latente Angst vor Frauen zu wecken. Das ist vielleicht eine biologische Angelegenheit, die ich als Roboter nicht ganz begreifen kann. Ich brauchte nur dieses Gefühl zu verstärken, um das Scheitern ihrer Pläne herbeizuführen. Aber wenn ich auch nur einen Millimeter zu viel getan hätte, hätte ich das verloren, was ich wollte – eine unblutige Übernahme. Nichts war mir wichtiger, als keinen Widerstand vorzufinden, wenn meine Soldaten eintrafen.«

Daneel hielt inne, als müsse er sich die Worte zurechtlegen, und fuhr dann fort: »Ich möchte nicht auf die Mathematik meines Positronengehirns eingehen. Es übersteigt mein Verständnis, aber vielleicht das Ihre nicht, wenn Sie genügend darüber nachdenken. Jedenfalls werde ich von den Drei Gesetzen der Robotik gelenkt, die traditionell in Worte gefasst werden –

oder das einmal wurden, vor langer Zeit. Diese Regeln lauten folgendermaßen:

›Eins: Ein Roboter darf kein menschliches Wesen verletzen oder durch Untätigkeit gestatten, dass einem menschlichen Wesen Schaden zugefügt wird.‹

›Zwei: Ein Roboter muss den ihm von einem Menschen gegebenen Befehl gehorchen, es sei denn, ein solcher Befehl würde mit Regel eins kollidieren.‹

›Drei: Ein Roboter muss seine Existenz beschützen, solange dieser Schutz nicht mit Regel eins und zwei kollidiert.‹

Aber … vor zwanzigtausend Jahren hatte ich einen Freund. Auch einen Roboter. Aber nicht einen Roboter, wie ich es bin. Ihn konnte man nicht für ein menschliches Wesen halten, aber er war es, der die mentalen Kräfte besaß, und durch ihn erwarb ich die meinen. Ihm schien es, dass es eine noch allgemeinere Regel geben müsste, als diese drei Grundregeln. Er nannte diese Regel das nullte Gesetz, da null vor eins kommt. Und diese Regel lautet:

›Null: Ein Roboter darf die Menschheit nicht verletzen oder durch Untätigkeit gestatten, dass der Menschheit Schaden zugefügt wird.‹

Und dann muss die erste Regel lauten:

›Eins: Ein Roboter darf kein menschliches Wesen verletzen oder durch Untätigkeit gestatten, dass einem menschlichen Wesen Schaden zugefügt wird, es sei denn, wenn dadurch die Regel null verletzt würde.‹

Und die anderen beiden Regeln müssten in ähnlicher Weise modifiziert werden, verstehen Sie?«

Daneel hielt inne und sah Seldon mit ernster Miene an. Der meinte: »Ich verstehe.«

Und Daneel fuhr fort: »Das Problem ist nur, Hari, dass es so leicht ist, ein menschliches Wesen zu identifizieren. Ich kann darauf zeigen. Es ist leicht zu erkennen, was einem Menschen Schaden zufügt und was nicht – relativ leicht; aber was ist ›*die Menschheit*‹? Worauf können wir zeigen, wenn wir von der Menschheit sprechen? Und wie können wir einen Schaden für die Menschheit definieren? Wann wird eine Handlungsweise der Menschheit als Ganzem mehr Nutzen als Schaden bringen? Wie kann man das erkennen? Der Roboter, der das nullte Gesetz zum ersten Mal formulierte, ist gestorben – wurde dauerhaft inaktiv –, weil er zu einer Maßnahme gezwungen wurde, die seiner Ansicht nach zum Wohl der Menschheit war, von der er aber nicht *sicher* sein konnte, dass sie zum Wohl der Menschheit war. Und als er desaktiviert wurde, überließ er die Sorge für die Galaxis mir.

Und seitdem habe ich mich bemüht. Ich habe mich so wenig wie möglich eingemischt und mich auf die Menschen selbst verlassen, um darüber zu urteilen, was gut war. Sie konnten Risiken eingehen; ich nicht. Sie konnten ihre Ziele verfehlen; ich wagte das nicht. Sie konnten unwissentlich Schaden anrichten. Ich würde inaktiv werden, wenn ich das täte. Das nullte Gesetz lässt keinen Platz für unwissentlich zugefügten Schaden.

Aber manchmal bin ich gezwungen zu handeln. Dass ich immer noch in Funktion bin, zeigt, dass meine Maßnahmen stets gemäßigt und sehr diskret waren. Aber in dem Maße, wie das Imperium anfing zu zerfallen, musste ich mich immer häufiger einschalten. Und jetzt muss ich schon seit Jahrzehnten die Rolle von Demerzel spielen und versuchen, die Regierung auf diese Weise zu lenken, um Schaden abzuwenden – und doch funktioniere ich, wie Sie sehen, immer noch.

Als Sie Ihren Vortrag bei dem Kongress hielten, erkannte ich sofort, dass in der Psychohistorik ein Werkzeug vorlag, das es vielleicht möglich machen würde, das zu identifizieren, was für die Menschheit gut oder schlecht war. Damit würden die zu treffenden Entscheidungen weniger blind sein. Ich würde sogar menschlichen Wesen vertrauen, jene Entscheidungen zu treffen, und mich selbst nur den größten Katastrophen widmen müssen. Also sorgte ich schnell dafür, dass Cleon von Ihrer Rede erfuhr und Sie zu sich rief. Als ich dann hörte, dass Sie den Wert der Psychohistorik in Abrede stellten, war ich gezwungen, mir irgendetwas einfallen zu lassen, um Sie trotzdem zu einem Versuch zu motivieren. Verstehen Sie, Hari?«

»Ja … ich verstehe«, sagte Seldon eingeschüchtert.

»Für Sie muss ich bei jenen seltenen Gelegenheiten, wo ich Sie sehen kann, Hummin bleiben. Ich werde Ihnen alle Informationen geben, die Sie brauchen, und werde Sie in meiner Eigenschaft als Demerzel so weit wie möglich beschützen. Als Daneel dürfen Sie mich nie erwähnen.«

»Das will ich auch nicht«, sagte Seldon hastig, »da ich Ihre Hilfe brauche, würde es ja gefährlich sein, wenn man Ihre Pläne behinderte.«

»Ja, ich weiß, dass Sie das nicht wollen.« Daneel lächelte müde. »Schließlich sind Sie eitel genug, um den Ruhm der Psychohistorik für sich allein haben zu wollen. Sie würden nicht wollen, dass sonst jemand erfährt – jemals –, dass Sie dazu die Hilfe eines Roboters brauchten.«

Seldons Gesicht rötete sich. »Ich bin nicht …«

»Doch, das sind Sie, selbst wenn Sie es vor sich selbst verbergen. Und es ist wichtig, weil ich dieses Gefühl in Ihnen jetzt minimal verstärke, sodass Sie nie imstande sein werden, anderen gegenüber von mir zu sprechen. Es wird Ihnen nicht einmal in den Sinn kommen, das zu tun.«

»Ich vermute aber, dass Dors …«

»Sie weiß über mich Bescheid. Und sie kann auch nicht zu anderen von mir sprechen. Und jetzt, wo Sie es beide wissen, können Sie offen miteinander über mich sprechen, aber sonst mit niemandem.«

Daneel stand auf. »Hari, ich muss mich jetzt um meine Arbeit kümmern. In Kürze wird man Sie und Dors in den Kaiserlichen Sektor zurückbringen …«

»Raych muss mitkommen. Ich darf ihn nicht verlassen. Und dann ist da noch ein junger Dahliter, er heißt Yugo Amaryl …«

»Ich verstehe. Raych kommt mit und natürlich jeder andere Freund auch, wie Sie wünschen. Man wird sich angemessen um Sie kümmern. Und Sie werden an der Psychohistorik arbeiten. Sie werden Mitarbeiter bekommen. Sie werden die nötigen Computer und Nachschlagewerke haben. Ich werde mich so wenig wie möglich einschalten, und wenn es Widerstand gegenüber Ihren Ansichten gibt, die nicht gleich die ganze Mission gefährden, werden Sie sich selbst damit auseinandersetzen müssen.«

»Warten Sie, Hummin«, sagte Seldon eindringlich. »Was ist, wenn sich trotz aller Ihrer Hilfe und meiner Bemühungen herausstellt, dass man aus der Psychohistorik doch kein praktikables Werkzeug machen kann? Was, wenn ich scheitere?«

Daneel nickte. »Für den Fall habe ich einen zweiten Plan. Einen, an dem ich schon lange Zeit auf einer anderen Welt und in einer anderen Weise gearbeitet habe. Er ist ebenfalls sehr schwierig und in mancher Hinsicht sogar noch radikaler als die Psychohistorik. Mag sein, dass er ebenfalls scheitert. Aber die Aussicht auf Erfolg ist wesentlich größer, wenn zwei Wege offen stehen als einer allein.

Hören Sie auf meinen Rat, Hari! Wenn die Zeit kommt, wo Sie irgendeine Vorrichtung entwickeln können, die verhindert, dass das Schlimmste geschieht, dann überlegen Sie, ob Ihnen nicht eine zweite Vorrichtung einfällt, die dann wirkt, wenn die erste versagt. Das Imperium muss gestützt oder auf neue Grundlagen gestellt werden. Ich würde es vorziehen, wenn es davon zwei gäbe, nicht nur eine, falls das möglich ist.«

Er wandte sich zum Gehen. »Und jetzt muss ich mich wieder meiner alltäglichen Arbeit zuwenden und Sie der Ihren. Man wird sich um Sie kümmern.«

Er nickte und ging hinaus.

Seldon blickte ihm nach und sagte leise: »Zuerst muss ich mit Dors sprechen.«

94

»Der Palast ist frei«, sagte Dors. »Rashelle wird kein Leid geschehen. Und Sie werden in den Kaiserlichen Sektor zurückkehren, Hari.«

»Und Sie, Dors?«, sagte Seldon leise und mit angespannter Stimme.

»Ich nehme an, dass ich zur Universität zurückgehen werde«, sagte sie. »Ich habe meine Arbeit vernachlässigt und mich nicht um meine Vorlesungen gekümmert.«

»Nein, Dors. Sie haben eine wichtigere Aufgabe.«

»Und die wäre?«

»Die Psychohistorik. Ich kann das Projekt nicht ohne Sie in Angriff nehmen.«

»Natürlich können Sie das. Ich bin mathematisch völlig ungebildet.«

»Und ich in Geschichte – und wir brauchen beides.«

Dors lachte. »Ich vermute, dass Sie als Mathematiker ziemlich einmalig sind. Ich als Historikerin bin lediglich ausreichend, ganz sicher nicht hervorragend. Sie werden genügend Historiker finden, die sich besser für die Psychohistorik eignen als ich.«

»In dem Fall darf ich Ihnen erklären, Dors, dass die Psychohistorik mehr als nur einen Mathematiker und einen Historiker braucht. Sie erfordert auch den Willen, ein Problem in Angriff zu nehmen, das wahrscheinlich ein ganzes Leben beanspruchen wird. Ohne Sie, Dors, werde ich diesen Willen nicht haben.«

»Selbstverständlich werden Sie.«

»Dors, wenn Sie nicht bei mir sind, will ich ihn nicht haben.«

Dors sah Seldon nachdenklich an. »Dies ist eine ziemlich fruchtlose Diskussion. Ohne Zweifel wird Hummin die Entscheidung treffen. Wenn er mich auf die Universität zurückschickt …«

»Das wird er nicht.«

»Wie können Sie da so sicher sein?«

»Weil ich ihm keine Wahl lassen werde. Wenn er Sie auf die Universität zurückschickt, werde ich nach Helicon zurückkehren, und dann soll sich das Imperium meinetwegen selbst zerstören.«

»Das kann nicht Ihr Ernst sein.«

»Das ist es aber.«

»Ist Ihnen denn nicht klar, dass Hummin Ihre Gefühle ändern kann, was das betrifft? Dass Sie an der Psychohistorik arbeiten *werden* – selbst ohne mich?«

Seldon schüttelte den Kopf. »Hummin wird keine so willkürliche Entscheidung treffen. Ich habe mit ihm gesprochen. Er wagt es nicht, den menschlichen Geist stark zu beeinflussen, weil er von etwas gebunden ist, das er die Grundregeln der Robotik nennt. Meinen Geist so stark zu verändern, dass ich Sie nicht bei mir haben will, Dors, würde eine Änderung von einer Art bedeuten, die er nicht riskieren kann. Wenn er mich andererseits unbehelligt und Sie an dem Projekt teilnehmen lässt, wird er das haben, was er will. Eine echte Chance auf Psychohistorik. Warum sollte er nicht damit zufrieden sein?«

Dors schüttelte den Kopf. »Es könnte sein, dass er aus irgendwelchen Gründen, die nur er kennt, nicht einverstanden ist.«

»Warum aber? Er hat Sie aufgefordert, mich zu schützen, Dors. Hat er diesen Wunsch inzwischen widerrufen?«

»Nein.«

»Dann möchte er, dass Sie Ihren Schutz fortsetzen. Und *ich* möchte das auch.«

»Gegen was schützen? Sie haben jetzt Hummins Schutz – als Demerzel und als Daneel, und das ist doch ganz sicher alles, was Sie brauchen.«

»Selbst wenn ich den Schutz eines jeden Menschen und jeder Macht in der Galaxis hätte, würde ich doch den Ihren haben wollen.«

»Dann wollen Sie mich nicht wegen der Psychohistorik. Sie wollen mich zum Schutz.«

Seldon verzog das Gesicht. »Nein! Warum verdrehen Sie mir die Worte im Mund? Warum zwingen Sie mich, das auszusprechen, was Sie doch *wissen* müssen? Es ist weder die Psychohistorik noch der Schutz, den ich von Ihnen will. Das sind Vorwände, und ich werde jeden Vorwand benutzen, den es gibt. *Sie* will ich haben – nur Sie. Und wenn Sie den wirklichen Grund hören wollen, dann eben, weil Sie *Sie* sind.«

»Sie kennen mich ja nicht einmal.«

»Das spielt keine Rolle. Es ist mir gleichgültig. – Und doch kenne ich Sie in gewisser Weise. Besser als Sie glauben.«

»Wirklich?«

»Natürlich. Sie befolgen Befehle und riskieren Ihr Leben für mich, ohne zu zögern und ohne sich um die Folgen zu kümmern. Sie haben so schnell gelernt, Tennis zu spielen, und noch viel schneller haben Sie gelernt, mit Messern umzugehen. Und in dem Kampf mit Marron waren Sie perfekt. *Unmenschlich* – wenn ich das sagen darf. Ihre Muskeln sind erstaunlich stark, und Ihre Reaktionszeit ist verblüffend. Irgendwie können Sie es erkennen, ob ein Zimmer abgehört wird, und haben eine Möglichkeit, mit Hummin in Verbindung zu treten, wozu Sie keine Instrumente brauchen.«

»Und was denken Sie über alles das?«, fragte Dors.

»Mir ist in den Sinn gekommen, dass Hummin in seiner Eigenschaft als R. Daneel Olivaw eine unmögliche Aufgabe hat. Wie kann ein Roboter versuchen, das Imperium zu lenken? Er muss Helfer haben.«

»Das ist offensichtlich. Millionen, stelle ich mir vor. Ich bin ein Helfer. Und Sie. Und der kleine Raych auch.«

»Sie sind eine *andere* Art von Helfer.«

»In welcher Weise? Hari, *sagen* Sie es. Wenn Sie hören, wie Sie es sagen, wird Ihnen klar sein, wie verrückt es ist.«

Seldon sah sie lange an und meinte dann mit leiser Stimme: »Ich werde es *nicht* sagen, weil … weil es mir *gleichgültig* ist.«

»Wirklich? Sie wollen mich so haben, wie ich bin?«

»Ich will Sie haben, wie ich muss. Sie sind Dors, und was auch immer Sie sonst noch sein mögen – ich will auf der ganzen Welt niemand anderen.«

Darauf antwortete Dors mit weicher Stimme: »Hari, ich will das, was gut für Sie ist, weil ich das bin, was ich bin. Aber ich habe das Gefühl, dass ich das auch dann wollen würde, wenn ich nicht das wäre, was ich bin. Und ich glaube nicht, dass ich gut für Sie bin.«

»Gut für mich oder schlecht, mir ist das gleichgültig.« Hari blickte zu Boden und ging ein paar Schritte und wog ab, was er als Nächstes sagen würde. »Dors, hat man Sie je geküsst?«

»Natürlich, Hari. Das gehört mit zum gesellschaftlichen Leben, und ich lebe nicht isoliert von anderen Menschen.«

»Nein, nein! Ich meine, haben Sie je *wirklich* einen Mann geküsst? Sie wissen schon, leidenschaftlich?«

»Nun – ja, Hari.«

»Und hat es Spaß gemacht?«

Dors zögerte. Dann meinte sie: »Als ich so küsste, hat es mir mehr Spaß gemacht, als es mir Spaß gemacht hätte, einen jungen Mann zu enttäuschen, der mir gefiel, jemand, dessen Freundschaft mir etwas bedeutete.« An diesem Punkt wurde Dors rot und wandte sich ab. »Bitte Hari, es fällt mir schwer, das zu erklären.«

Aber Hari ließ nicht locker. »Dann haben Sie aus dem falschen Grund geküsst, um Gefühle nicht zu verletzen.«

»Vielleicht tut das in gewissem Sinne jeder.«

Seldon ließ sich das durch den Kopf gehen und sagte dann plötzlich: »Haben *Sie* je darum gebeten, dass man Sie küsst?«

Dors hielt inne, als müsste sie nachdenken. »Nein.«

»Oder hatten Sie den Wunsch, wieder geküsst zu werden, nachdem Sie geküsst hatten?«

»Nein.«

»Haben Sie je mit einem Mann geschlafen?«, fragte er mit weicher Stimme, verzweifelt.

»Natürlich. Das habe ich Ihnen doch gesagt, das gehört mit zum Leben.«

Hari packte sie an den Schultern, als wollte er sie schütteln. »Aber haben Sie je den Wunsch verspürt, ein Bedürfnis dieser Art Nähe mit einer ganz speziellen Person? Dors, haben Sie je *Liebe* empfunden?«

Dors blickte traurig auf und sah Seldon in die Augen. »Es tut mir leid, Hari, nein.«

Seldon ließ sie los, seine Arme hingen kraftlos herab.

Aber da legte Dors sanft die Hand auf seinen Arm und sagte: »Sie sehen also, Hari, ich bin wirklich nicht das, was Sie wollen.«

Seldon ließ den Kopf sinken und starrte zu Boden. Er grübelte, versuchte rational zu denken. Dann gab er es auf. Er wollte das, was er wollte, und er wollte es mehr, als er denken oder ergründen konnte.

Er blickte auf: »Dors, Liebes, trotzdem, mir ist es *gleich*.«

Er legte die Arme um sie und näherte sein Gesicht langsam dem ihren, als warte er darauf, dass sie zurückwiche.

Dors bewegte sich nicht, und er küsste sie – erst zögernd, dann leidenschaftlicher –, und plötzlich nahm der Druck ihrer Arme zu.

Als er sich schließlich von ihr löste, sah sie ihn mit Augen an, in denen sich sein Lächeln spiegelte, und sagte:

»Küss mich noch einmal, Hari – bitte!«